CONDIÇÕES E POSSIBILIDADES EFICACIAIS DOS DIREITOS FUNDAMENTAIS SOCIAIS

Os desafios do Poder Judiciário no Brasil

L435c Leal, Rogério Gesta
Condições e possibilidades eficaciais dos direitos fundamentais sociais: os desafios do poder judiciário no Brasil / Rogério Gesta Leal. – Porto Alegre: Livraria do Advogado Editora, 2009.
215 p.; 23 cm.
ISBN 978-85-7348-631-5

1. Direitos econômicos e sociais. 2. Direitos e garantias individuais. I. Título.

CDU – 342.7

Índices para catálogo sistemático:
Direitos econômicos e sociais   342.7
Direitos e garantias individuais   342.7

(Bibliotecária responsável: Marta Roberto, CRB-10/652)

Rogério Gesta Leal

CONDIÇÕES E POSSIBILIDADES EFICACIAIS DOS DIREITOS FUNDAMENTAIS SOCIAIS
Os desafios do Poder Judiciário no Brasil

Porto Alegre, 2009

© Rogério Gesta Leal, 2009

Capa, projeto gráfico e diagramação
Livraria do Advogado Editora

Pintura que ilustra a capa
James Ensor – Carnaval na Praia
exposta no Reais Museus de Bruxelas

Revisão
Rosane Marques Borba

Direitos desta edição reservados por
Livraria do Advogado Editora Ltda.
Rua Riachuelo, 1338
90010-273 Porto Alegre RS
Fone/fax: 0800-51-7522
editora@livrariadoadvogado.com.br
www.doadvogado.com.br

Impresso no Brasil / Printed in Brazil

Prefácio

Este novo trabalho do Desembargador e Professor Universitário Rogério Gesta Leal que vem ao mercado editorial brasileiro chega a boa hora, haja vista os níveis ainda deficitários de concretização dos Direitos Fundamentais Sociais em nosso país.

A despeito de as instituições democráticas terem se fortalecido nos últimos anos, a verdade é que nossa Democracia não para de amadurecer, tendo muito ainda a ser construído em nível de Direitos Sociais, notadamente em face das dimensões continentais do Brasil e do rico e multifacetado *modus vivendi* de nosso povo.

O debate acadêmico, por sua vez, tem dado contribuição internacional e nacional relevantíssimas para as questões que este livro traz, podendo-se encontrar na pesquisa de fôlego desenvolvida múltiplas perspectivas que se integram em vozes e esperanças promissoras, porém, independentemente das matrizes quer do Direito Romano-Germânico, quer do Direito Comunitário, o que se pode perceber é existir certa confluência de preocupações comuns e recorrentes atingindo os Direitos Sociais, a saber, as possibilidades de suas efetivações.

Demonstra o texto que ora apresento equilibrada análise dos chamados custos dos direitos, e como eles se inserem no âmbito de competências constitucionais e infraconstitucionais, envolvendo inclusive protagonismos político-institucionais distintos e complexos que migram do Poder Legislativo para o Poder Executivo e deste para o Poder Judiciário.

Ocorre que tenho dito reiteradamente que no chamado Estado de Direito não há soberano, razão pela qual ninguém pode exercer suas atribuições de forma ilimitada, não exclusivamente porque há competências previamente dadas na República ao Estado e à Sociedade, mas porque a natureza ao mesmo tempo individual e coletiva (por vezes difusa) dos Direitos Sociais reclama ponderada e racional gestão de interesses e recursos à concretização.

Pergunta-se, então: Qual o papel do Poder Judiciário na concretização dos Direitos Fundamentais Sociais? É a esta pergunta que o autor pretende trazer subsídios de entendimento e resposta – eis que concorda não existir uma solução absoluta ao interrogante –, com o diferencial importantíssimo de agregar às suas especulações filosóficas e jurídicas, exemplos de decisões judiciais sobre casos concretos, mostrando as dificuldades de escolhas por vezes trágicas que precisam ser tomadas neste particular.

Ao fim e ao cabo, o Doutor Rogério Leal apresenta aos profissionais do direito elementos reflexivos e argumentativos – sofisticados e práticos ao mesmo tempo – para se enfrentar a difícil tarefa de dar vida aos compromissos constitucionais e republicanos que a Carta Política de 1988 traz em termos de Direitos Fundamentais Sociais.

Uma boa leitura a todos.

Gilmar Ferreira Mendes
Ministro Presidente do STF
Presidente do Conselho Nacional de Justiça

Sumário

Introdução 9

Parte I – Aspectos teóricos dos Direitos Fundamentais Sociais 13
    Capítulo I – A natureza filosófica e jurídica dos Direitos Fundamentais Sociais
        1. Notas introdutórias 13
        2. Os Direitos Fundamentais como resultado do entrelaçamento
           necessário entre Direito e Moral 13
        3. Algumas matrizes filosóficas dos Direitos Fundamentais Sociais 23
        4. Aspectos políticos e culturais dos Direitos Fundamentais Sociais 37
        5. Marcos normativos internacionais e nacionais dos
           Direitos Fundamentais Sociais 59
    Capítulo II – Os Direitos Fundamentais Sociais e o mínimo existencial:
        desafios de uma equação político-jurídica 72
        1. Notas introdutórias 72
        2. Ainda o difícil problema da equação entre
           Estado Social *x* Direitos Sociais 72
        3. Reconformações Estatais em face dos compromissos
           constitucionais e sociais: o protagonismo judicial 76
        4. Qual mínimo existencial: variáveis demarcatórias 91

**Parte II – Estudos de casos concretos à luz das condições e possibilidades
eficaciais dos direitos fundamentais sociais no Brasil** 115
    Caso 1 – Parâmetros e perspectivas dos limites constitucionais das políticas públicas
        equalizadoras da igualdade racial no Brasil: um estudo de caso 115
        1. Notas introdutórias 115
        2. Para entender o caso concreto que anima esta reflexão 115
        3. Os aspectos multifacetados da discriminação positiva e negativa no âmbito
           da igualdade racial brasileira: quais os limites normativos às políticas
           públicas equalizadoras de direitos e garantias fundamentais? 116
        4. Possibilidades conclusivas do caso concreto 129
    Caso 2 – O problema da prestação de serviço público essencial enquanto direito social
        fundamental e sua contraprestação em face da incapacidade
        financeira do usuário 135
        1. Notas introdutórias 135
        2. O serviço público essencial de energia elétrica e suas características
           constitutivas de fundamentalidade 135
        4. Considerações finais 145

Caso 3 – A quem compete o dever de saúde no direito brasileiro?
Esgotamento de um modelo institucional
1. Notas introdutórias 150
2. A matriz normativa do direito à saúde no Brasil: uma perspectiva
   à luz da teoria da Constituição 150
3. Possibilidades de compartilhamento familiar do dever
   de sustento à saúde 159
4. Considerações finais 164

Caso 4 – Elementos jurídico-argumentativos de proteção do meio ambiente como
Direito Fundamental: uma perspectiva procedimental 166
1. Notas introdutórias 166
2. Elementos preliminares e identificatórios de uma
   Teoria Procedimental do Direito 166
3. Prognósticos do sistema jurídico brasileiro orientado pelos
   Direitos Fundamentais e sua dimensão ambiental 169
4. O estudo de caso 176

Caso 5 – Possibilidades normativo-constitutivas de gestão da cidade no
Brasil e suas dimensões eficaciais 182
1. Notas introdutórias 182
2. Da natureza política e social das cidades no Brasil 182
3. Marcos normativos e regulatórios das cidades brasileiras 184
4. A descrição sucinta do caso 188
5. Perspectivas de solução do caso 190

Considerações finais 197
Bibliografia 203

Introdução

O presente trabalho foi desenvolvido ao longo de minhas aulas junto ao Programa de Pós-Graduação *Stricto Sensu* da Universidade Estácio de Sá – Mestrado e Doutorado em Direito –, notadamente em minha disciplina Níveis de Proteção dos Direitos Fundamentais; de minhas aulas junto ao Programa de Pós-Graduação *Stricto Sensu* – Mestrado em Direito – da Universidade de Santa Cruz do Sul, em especial na minha disciplina Estado, Administração Pública e Sociedade, bem como em face de minha atividade jurisdicional, enquanto Desembargador do Tribunal de Justiça do Estado do Rio Grande do Sul, atuando em uma Câmara Cível especializada em Direito Público (3ª Câmara Cível). Fora decisivo o apoio obtido destas instituições à realização deste livro.

Esta experiência teórica da investigação acadêmica, associada à prática forense, sem sombra de dúvidas, trouxe-me uma dimensão mais objetificante dos desafios que se impõem hoje à efetivação dos Direitos Fundamentais Sociais, que estão a demandar ações prospectivas do Estado, do Mercado e da Sociedade Civil.

Ou seja, o que a magistratura e a academia têm me ensinado – e o que está nesta pesquisa – é que não há um único e absoluto caminho para o cumprimento daqueles Direitos, pelo simples fato de que eles, por sua natureza complexa, estão a depender da conjunção de múltiplas variáveis (políticas, econômicas, culturais, orçamentárias, internacionais etc.), o que desloca a centralidade obrigacional às suas concretizações para um universo maior de sujeitos de direito e cenários que não exclusivamente o Estado, chamando à colação tanto a Sociedade Civil como o Mercado para assumirem sua quota de responsabilidade no particular.

E é razoável que assim o seja, pois em nenhuma experiência histórica desde a modernidade se pode dizer que os Direitos Fundamentais Sociais foram efetivados graças às ações percucientes e únicas do Estado. Ao contrário, quando se buscou ancorar tal mister nas mãos exclusivas do Estado, este logo não conseguir responder sozinho às infinitas demandas que lhe acorrera, vindo, por vezes, a colapsar suas estruturas gerenciais e orçamentárias. Foi o que aconteceu com vários países da Europa Central na segunda metade do século XX, ensejando o esgotamento de recursos financeiros para dar conta a diversos direitos sociais assegurados à sua cidadania, oportunidade em que o protagonismo político migrou do Poder Executivo e Legislativo para o Poder Judiciário, *locus* privilegiado de deliberação sobre os fracassos e ausências do Estado Provedor (Bem-Estar).

Mas tampouco aí houve solução finalística aos problemas descritos, demonstrando ser inútil transferir poderes absolutos para outros centros de poder, sob pena de se substituir ditaduras legiferantes ou administrativas por ditadores de togas, usurpando igualmente o espaço público da arena política que é de todos.

As questões que exsurgem a partir daí não são nada fáceis de tratar ou mesmo compreender, eis que não dizem só com a eventual má gestão dos recursos públicos, de políticas públicas preventivas e curativas das demandas sociais, mas também com a ausência de fontes geradoras de rendas (fiscal e extrafiscal) para o próprio atendimento destas demandas, principalmente num tempo em que o capital especulativo, volátil transnacional e improdutivo, mais uma vez, está pregando um susto aos Estados Nacionais e à Comunidade Internacional, colocando em xeque ainda mais agudo institutos e instituições clássicos da Democracia Moderna, tais como, a Soberania Estatal, a Independência Política, a Autonomia dos Povos, o Mercado Livre, etc.

Pergunta-se: o voluntarismo ou ativismo estatal – de qualquer um dos Poderes instituídos – pode dar conta destes desafios? A resposta preliminar que trago é negativa, no sentido de reconhecer não a falência do modelo da Democracia Representativa, mas de que ela precisa ser revista e ampliada a todo o tecido social, gerando o que chamo de responsabilidades compartilhadas progressivamente em face dos problemas criados pela própria civilização no seu processo de conformação normativa do cotidiano (elaboração de Constituições, Leis Complementares, Leis Ordinárias, que demarcam as possibilidades de densificação material daqueles Direitos).

É óbvio que se não estou neste trabalho a fomentar um retorno ao niilismo utópico das grandes revoluções de massas, por dentro e a partir do Estado, tampouco estou dizendo que ele não deva responder por suas obrigações constitucionais, mas é preciso estender nossa leitura política da Constituição, para compreendê-la como efetivo instrumento de ordenação comunitária na qual todos têm suas tarefas a cumprir, observados os objetivos, finalidades e princípios reitores eleitos pelo espaço público que a constituiu.

Assim é que, na primeira parte do livro que ora apresento, procuro resgatar uma parte do debate teórico-acadêmico e também prático da Teoria do Direito, da Teoria da Constituição e da Teoria da Democracia sobre os Direitos Fundamentais Sociais, para, em seguida, na segunda parte, apresentar alguns casos jurisprudenciais julgados no Tribunal de Justiça do Estado do Rio Grande do Sul que se valeram daqueles contributos teóricos fundacionais, destacando que os casos escolhidos o foram em razão dos temas abordados se prestarem a universalizações paradigmáticas, tentando delimitar algumas premissas que podem ser replicadas em casos semelhantes ou mesmo em face de temas analógicos.

O que se pretende aqui é só provocar alguns questionamentos que são prementes em nosso tempo, para então buscar, ainda que em caráter provisório, respostas às indagações feitas, as quais, por sua vez, trazem tantos outros interrogantes, mostrando que não é mais o Estado (Legislador, Executor e Julgador) que possui o protagonismo original para tratar disto tudo, substituindo a Sociedade Civil e o Mercado, mas novas correlações de força precisam ser pensadas e criadas.

Talvez o Poder Judiciário brasileiro possa prestar um grande serviço à Democracia Constitucional, assumindo sim comportamentos pró-ativos dos Direitos Fundamentais Sociais, mas cuidando para que isto não fragilize a própria idéia de representação política existente, procurando intervir somente o necessário para que se recomponham as regras (formais e materiais) do jogo sempre tenso da *Pólis*.

Uma boa leitura a todos.

Parte I
Aspectos teóricos dos Direitos Fundamentais Sociais

Capítulo I – A natureza filosófica e jurídica dos Direitos Fundamentais Sociais

1. Notas introdutórias

Pretendo neste capítulo tratar de alguns marcos teóricos fundacionais previamente eleitos para os fins teleológico-pragmáticos desta pesquisa e livro, voltados que estão ao enfrentamento qualificado – sob a perspectiva acadêmico-forense – das possibilidades eficaciais dos Direitos Sociais no Brasil e os desafios do Poder Judiciário para tanto.

Neste particular, o sopesamento filosófico da natureza multifacetária destes Direitos é medida que se impõe, notadamente porque ela precisa ser levada em conta no âmbito da empiriocriticidade do seu cotidiano. Para tanto, vou explicitar algumas convicções que tenho sobre a relação entre Direito e Moral como momento constitutivo dos Direitos Fundamentais e Sociais, para logo identificar quais as bases filosóficas que apoiam tal proposição. Ato contínuo, passo a enfrentar os aspectos políticos e culturais dos Direitos Fundamentais e Sociais, para, enfim, fazer uma crítica às possibilidades de suas concreções num Estado Democrático de Direito.

2. Os Direitos Fundamentais como resultado do entrelaçamento necessário entre Direito e Moral

Quero tratar de algumas questões que a meu sentir são fundacionais no debate sobre os Direitos Humanos e Fundamentais – notadamente os sociais –, partir de interlocuções com autores contemporâneos que buscaram problematizar tais temas com reflexões filosóficas, a começar por Jürgen Habermas.

Assim, no campo da deliberação e ação individual ou coletiva (privada e pública), o homem livre habermasiano tem de levar em conta, sempre, como premissa fundamental de seu agir individual (que é sempre social), que seu comportamento racional sempre o relaciona com o seu semelhante e o entorno em que vive, e por tal razão, veicula pactos societais (inclusive através de leis gerais e abstratas forjadas no processo legislativo), devendo excluir do objeto de sua deliberação/ação que interessa ao social todos os interesses não generalizáveis.

Estas premissas de matizes kantianas ainda podem ser compreendidas em três etapas distintas: (a) a primeira é a da transferência da deliberação mental do indivíduo kantiano dentro de uma interativa deliberação pública entre todos a quem diga respeito à questão moral; (b) a segunda etapa diz com a mixagem entre racionalidade e razão, tomada a racionalidade aqui não como uma dedução da razão, mas como sua justificação. Nos discursos éticos, racionalidade significa dar boas razões para escolhas racionais; (c) a terceira etapa diz com ver a justiça não de acordo com categorias imperativas (normativamente estabelecidas por sistemas jurídicos postos), mas resultado de uma sequência de procedimentos de igual sorte racionalmente estabelecidos de forma consensual e por processos controláveis. Decorre daqui a elaboração de procedimentos postulando o caráter de universalidade cognitiva e de aceitação.[1]

Em face disto, não basta a entrada em vigor positivista das normas para assegurar duradouramente sua validez (verdade, correção e sinceridade) social. A imposição duradoura de uma norma depende também da possibilidade de mobilizar, num dado contexto da tradição, razões que sejam suficientes pelo menos para fazer parecer legítima a pretensão de validez no círculo das pessoas a que se endereça. Por tais razões que o princípio moral sustentado por Habermas, que resta impresso nas estruturas normativas e regulatórias das relações sociais cotidianas, é compreendido de tal maneira que exclui como inválidas as normas que não possam encontrar o assentimento qualificado de todos os concernidos possíveis. Ou seja, o princípio-ponte possibilitador do consenso deve, portanto, assegurar que somente sejam aceitas como válidas as normas que exprimem uma vontade universal; *é preciso que elas se prestem, para usar a fórmula que Kant repete sempre, a uma "lei universal"*.[2] O Imperativo Categórico pode ser entendido como um princípio que exige a possibilidade de universalizar as maneiras de agir e as máximas, ou antes, os interesses que elas levam em conta (e que, por conseguinte, tomam corpo nas normas da ação).

Essa espécie de acordo dá expressão a uma vontade comum. Mas, se as argumentações morais devem produzir um acordo desse gênero, não basta que um indivíduo reflita se poderia dar seu assentimento a uma norma. Não basta nem mesmo que todos os indivíduos, cada um por si, levem a cabo essa reflexão, para então registrar os seus votos. O que é preciso é, antes, uma argumentação "real", da qual participem cooperativamente os concernidos. *Só um processo de entendi-*

---

[1] HABERMAS, Jürgen. *Justice & Modern Moral Philosophy*. Yale: Yale University Press, 1990, p. 35. Neste texto, Habermas ainda esclarece que, em Kant, o direito natural ou moral, derivado *a priori* da razão prática, é tão forte que o direito positivo fica ameaçado de ficar absorvido pela moral: o direito é quase que graduado num modelo deficiente da moral, no que Habermas diverge, eis que há uma especificidade deontológica e ética no Direito cujo âmbito de atuação social, vinculada à questão da sanção, se projeta com maior pragmaticidade e eficácia em termos de regulação social.

[2] HABERMAS, Jürgen. *Consciência Moral e Agir Comunicativo*. Rio de Janeiro: Tempo Brasileiro, 1983, p. 86.

mento mútuo intersubjetivo pode levar a um acordo que é de natureza reflexiva; só então os participantes podem saber que eles chegaram a uma convicção comum.[3] Nessa perspectiva, também o Imperativo Categórico precisa de reformulação no sentido proposto:

> Ao invés de prescrever a todos os demais como válida uma máxima que eu quero que seja uma lei universal, tenho que apresentar minha máxima a todos os demais para o exame discursivo de sua pretensão de universalidade. O peso desloca-se daquilo que cada (indivíduo) pode querer sem contradição como lei universal para aquilo que todos querem de comum acordo reconhecer como norma universal. De fato, a formulação indicada do princípio da universalização visa à realização cooperativa da argumentação de que se trata em cada caso. Por um lado, só uma efetiva participação de cada pessoa concernida pode prevenir a deformação de perspectiva na interpretação dos respectivos interesses próprios pelos demais. Nesse sentido pragmático, cada qual é ele próprio a instância última para a avaliação daquilo que é realmente de seu próprio interesse. Por outro lado, porém, a descrição segundo a qual cada um percebe seus interesses deve também permanecer acessível à crítica pelos demais.[4]

Os procedimentos que constituem, pois, os diálogos democráticos dos sujeitos históricos e políticos que constituem o espaço público social – e suas regras de funcionamento –, são forjados a partir de argumentações (e axiologicamente normatizadas positivamente, como na ordem constitucional, por exemplo), as quais possuem, em tese, hipotéticas pretensões de validade, haja vista que, cada um que quiser argumentar seriamente, terá de aceitar as suposições ideais de uma forma exigente da comunicação, no sentido de que cada participante numa *práxis* da argumentação tem justamente que antever, de forma pragmática, que, em princípio, todos os indivíduos possivelmente atingidos poderiam participar como livres e iguais daqueles diálogos, numa procura cooperativa da verdade, na qual somente a coesão do melhor argumento teria a possibilidade de vencer.[5]

Essa prática comunicativa democrática e processual possibilita um entendimento mútuo orientado por aquelas pretensões de validez – e isso como única alternativa à atuação mais ou menos violenta de uns sobre os outros. Mas, como as pretensões de validez que associamos, no diálogo, às nossas convicções, visam à formação de acordos reproduzidos comunicativamente, elas devem se apoiar num potencial de razões que podem ser atacadas, mas não deixam de ser razões. *Razões são coisas de um estofo especial; elas forçam-nos a tomar posição por sim ou por não. Deste*

---

[3] HABERMAS, Jürgen. *Consciência Moral e Agir Comunicativo*. Rio de Janeiro: Tempo Brasileiro, 1983, p. 88

[4] Idem, p. 90.

[5] Neste sentido, ver o texto de GIBBARD, Allan. *Wise Choices, Apt Feelings. A Theory of Normative Discourse*. Oxford: Oxford University Press, 1990, p. 119. Tal posição se diferencia, pois, da de LUHMANN, Niklas. *Legitimação pelo Procedimento*. Brasília: Editora da UNB, 1980, p. 53 e seguintes, eis que, para este autor, os procedimentos institucionalizados na aplicação do direito vigente existem face aos destinatários para paralisar a disposição dos diferentes interessados subjugados no conflito, na medida em que absorvem decepções. No desenvolvimento de um procedimento as posições são, de tal maneira, especificadas perante o resultado obtido, e os temas de conflito são despidos das suas relevâncias no mundo da vida, reduzidos a meras exigências subjetivas, isolando o indivíduo resistente. Portanto, não se trata de conseguir um consenso, mas sim formar a imagem exterior (ou a probabilidade da suposição) de uma aceitação geral.

modo, nos fatores do agir orientado para o entendimento, está embutido um fator de incondicionalidade. E é este fator que distingue a validade que pretendemos para nossas concepções da validez meramente social de uma prática habitual.[6]

No caso de processos lingüísticos de entendimento mútuo, os atores erguem, com seus atos de fala, ao se entenderem uns com os outros sobre algo, pretensões de validez, mais precisamente, *pretensões de verdade, pretensões de correção e pretensões de sinceridade,* conforme se refiram a algo no mundo objetivo (enquanto totalidade dos estados de coisas existentes), a algo no mundo social comum (enquanto totalidade das relações interpessoais legitimamente reguladas de um grupo social), ou a algo no mundo subjetivo próprio (enquanto totalidade das vivências a que têm acesso privilegiado).[7]

Veja-se que quem participa de processos de comunicação, ao dizer algo e ao compreender o que é dito – quer se trate de uma opinião que é relatada, uma constatação que é feita, de uma promessa ou ordem que é dada; quer se trate de intenções, desejos, sentimentos ou estados de ânimo que são expressos –, tem sempre que assumir o que Habermas chama de uma *atitude performativa,* aqui entendida como uma orientação mútua por pretensões de validade (verdade, correção normativa, sinceridade), na qual o falante ergue na expectativa de uma tomada de posição por sim/não da parte do ouvinte. Essas pretensões desafiam a uma avaliação crítica, a fim de que o reconhecimento intersubjetivo de cada pretensão particular possa servir de fundamento a um consenso racionalmente motivado. Ao se entenderem mutuamente na atitude performativa, o falante e o ouvinte estão envolvidos, ao mesmo tempo, naquelas funções que as ações comunicativas realizam para a reprodução do mundo da vida comum.

Mas como isto se projeta para o campo específico da hermenêutica e interpretação do mundo e das regras que o balizam? Projeta-se no sentido de que os intérpretes devem renunciar a superioridade da posição privilegiada do observador, porque eles próprios se vêem envolvidos nas negociações sobre o sentido e a validez dos proferimentos. Ao tomarem parte em ações comunicativas, devem aceitar, por princípio, o mesmo status daqueles cujos proferimentos querem compreender, pelo simples fato de que eles não estão mais imunes às tomadas de posição por sim/não dos sujeitos de experiência ou dos leigos, mas empenham-se num processo de crítica recíproca. *No quadro de um processo de entendimento mútuo – virtual ou atual –, não há nada que permita decidir* a priori *quem tem de aprender de quem.*[8]

---

[6] HABERMAS, Jürgen. *Consciência Moral e Agir Comunicativo.* Op. cit., p. 35.

[7] Idem, p. 80.

[8] Idem, p. 43. Alerta devidamente Habermas que, ao assumir uma atitude performativa, os intérpretes não apenas renunciam à posição de superioridade em face de seu domínio de objetos, mas confrontam-se, além disso, com a questão de como superar a dependência de sua interpretação relativamente ao contexto. Eles não podem estar seguros de antemão de que eles próprios e seus sujeitos de experiência partem do mesmo fundo de suposições e práticas, razão pela qual deverão permanentemente fundamentar e legitimar suas pretensões.

Significa dizer que estes intérpretes não podem estar seguros de antemão de que eles próprios e seus sujeitos de experiência partem do mesmo fundo de suposições e práticas, razão pela qual a pré-compreensão global da situação hermenêutica por parte do intérprete só pode ser examinada fragmentariamente e não pode ser colocada em questão de forma absoluta – em face de seus próprios condicionantes pessoais.[9]

Por óbvio que o processo segundo o qual se pretende verificar se uma norma poderia obter, ou não, o consentimento incondicional de todos os atingidos ou afetados por ela, não garante infalibilidade nem inequívoco, nem realização do resultado dentro do prazo, isto porque uma moral autônoma dispõe, unicamente, de procedimentos falibilistas da fundamentação de normas. De mais a mais, este excesso de indeterminação é reforçado por se encontrar associado a uma aplicação sensível a diversos e diferentes contextos sociais, históricos, econômicos, culturais, etc. . Por tais razões é que os sistemas jurídicos têm a função de absorver as incertezas que surgiriam no caso dos comportamentos humanos caso fossem abandonados a uma direção de ações fundadas somente em postulados morais, restringindo tais possibilidades ao impor determinadas sanções em face de condutas instabilizadoras da *ordem instituída*.

Estou dizendo, em síntese, que características importantes do direito positivo tornam-se compreensíveis em face destes cenários, impondo-se a concepção do direito a partir do ponto de vista do equilíbrio das fraquezas de uma moral autônoma – não observada no cotidiano das pessoas que vivem em comunidades racionais e normativamente reguladas.[10] Em face disto, expectativas de comportamentos institucionalizadas juridicamente ganham uma *força obrigatória* através do seu acoplamento a um potencial estatal de sanção (em face dos comportamentos ilícitos eventualmente efetivados), que alcança aquilo que Kant chamou de aspecto *exterior do* agir, e não a motivos e atitudes morais que não podem ser impostos.[11] A *administração profissional* daquele direito (pela via da jurisdição, por exemplo), exarado e aperfeiçoado pública e sistematicamente, dispensa as

---

[9] Daqui vem o reconhecimento, no âmbito da aplicação do direito, da importância e inexorabilidade das escolhas judiciais subjetivas presentes em qualquer decisão sobre direitos, como bem destaca HIRSCHL. Ran. *Towards Juristocracy. The Origins and Consequences of the New Constitutionalism*. Cambridge: Harvard University Press, 2004, p. 81: *The second element characterizing the new interpretative approach is the discovery of the importance of choice in the judicial process. Choice means discretion, evaluation and balancing; it means giving consideration to the choice's practical and moral results; and it means employment of not only the arguments of abstract logic, but those of economic and politics, ethics, sociology and psychology.*

[10] Aqui é preciso entender bem a percepção de Habermas no sentido de que o princípio do direito realiza uma mediação entre o princípio da moral e o da democracia, e por isto, no horizonte de uma fundamentação pós-tradicional, o indivíduo singular forma uma consciência moral dirigida por princípios e orienta seu agir pela idéia da autodeterminação, ao que equivale, no âmbito da constituição de uma sociedade justa, a liberdade política do direito racional, isto é, da autolegislação democrática. Esta é uma premissa racional razoável, em face da capacidade de autodeterminação que se atribui ao homem moderno. Em face das quebras destas expectativas é que se impõe a dimensão coativa institucional do Estado. Ver o texto HABERMAS, Jürgen. *Direito e Democracia: entre faticidade e validade*. Rio de Janeiro: Tempo Brasileiro, 2003, p. 131.

[11] Ver o excelente texto de ELSTER, Jon. *The Cement of Society: A Study of Social Order*. Cambridge: Cambridge University Press, 1989, p. 71.

pessoas – enquanto sujeitos de direito – do esforço que é exigido do próprio indivíduo isolado na resolução moral de conflitos de ação (bem como da tarefa de justificar moralmente suas ações, eis que basta agora não violar o que é proíbido pelo Estado e seus aparatos normativos).

É neste ponto que sustento, com Habermas, que há um nítido entrelaçamento simultâneo de moral e direito. Este acontece assim que os meios do direito positivo são exigidos nas ordens jusnacionais para defender dificuldades de argumentação e institucionalizar vias de fundamentação dos próprios sistemas jurídicos (o que vai se dar também pelos Direitos Fundamentais), que estão abertas a argumentações morais. Neste sentido, *a moral não paira mais sobre o direito, como uma proposição suprapositiva de normas, tal como sugere a construção do direito racional; ela introduz-se no direito positivo sem, contudo, ficar aí absorvida.*[12]

Mas se esta é a posição de Habermas, porque vai sustentar que apesar de certos conteúdos extranormativos entrarem no direito, este é definido através de um sistema de direitos capaz de domesticar as orientações axiológicas e colocações de objetivos do legislador através da *primazia* estrita conferida a pontos de vista normativos, radicalizando inclusive na assertiva de que os que pretendem diluir a constituição numa ordem concreta de valores desconhecem seu caráter jurídico específico?[13]

Ocorre que para o autor a transformação conceitual de preceitos e valores fundamentais significa um mascaramento teleológico de direitos que encobre a circunstância de que, no contexto de fundamentação, normas e valores assumem papéis diferentes na lógica da argumentação, ou seja, *normas e princípios possuem uma força de justificação maior que a de valores, uma vez que podem pretender, além de uma especial dignidade de preferência, uma obrigatoriedade geral, devido ao seu sentido deontológico de validade; valores têm que ser inseridos, caso a caso, numa ordem transitiva de valores.*[14] Tal ordem de valores, por sua vez, é cambiante por natureza (fenomenológica), em face de múltiplas variáveis (econômicas, políticas, religiosas, étnicas, raciais etc), causando – de forma direta ou indireta – mudanças no próprio comportamento social e no sistema jurídico, enquanto a mudança do sistema normativo-positivo se dá de

---

[12] HABERMAS, Jürgen. *Direito e Moral*. Op. cit., p. 63. Veja-se que o conceito de Direito, diferente do conceito de Moral, não se refere primariamente à vontade livre, mas ao arbítrio dos destinatários; abrange a relação externa de uma pessoa com outra, e recebe a autorização para a coerção, que um está autorizado a usar contra o outro, em caso de abuso. O princípio do direito, então, limita o princípio da moral, notadamente em discursos jurídicos; o tratamento argumentativo de questões morais-práticas é controlado na via de uma institucionalização jurídica; na verdade, a argumentação moral é limitada, metodicamente, através da sua ligação objetiva ao direito vigente.

[13] HABERMAS, Jürgen. *Direito e Democracia: entre faticidade e validade*. Op. cit., p. 318.

[14] Idem, p. 321. Com tal assertiva, não se sustenta o argumento de Arango no sentido de que *las dificultades de Habermas parecen descansar sobre la falsa suposición de que las proposiciones normativas sobre derechos siempre exigen validez universal (análoga a la realidad, incondicional). Al hacer esa suposición vincula el carácter deontológico de los derechos con la supuesta validez universal de las proposiciones normativas.* ARANGO, Rodolfo. *El concepto de Derechos Sociales Fundamentales*. Colombia: Legis, 2008, p. 323.

forma mais controlável e por canais de comunicação cujos níveis de legitimidade podem ser aferidos (pelos indicadores e procedimentos da democracia representativa, por exemplo).

Os códigos de poder e de comunicação da moral e do direito, com tais distinções, são co-originários sim, mas constitutivos em ambiências distintas, gerando diferentes formas de manejo e envolvimento dos atores sociais, razão pela qual a institucionalização da moral no código jurídico demanda exatamente o processo legítimo de autoria autônoma da soberania popular e seus modelos de representação (ou presentação) democrática.[15] A morfologia estrutural do código moral é de natureza social (incontrolável de forma absoluta), enquanto que a do código jurídico é institucional, exatamente para garantir minimamente a legitimidade e equidade das regras do jogo, dando um mínimo de previsibilidade e certeza a todos os interlocutores/atores sobre os resultados e expectativas que se possam ter.[16]

Este entrelaçamento, pois, entre direito e moral, deve ser mediado/operado pela hermenêutica, aqui entendida a partir do pressuposto de que toda a expressão dotada de sentido – seja um proferimento (verbal ou não verbal), um artefato qualquer como, por exemplo, um utensílio, uma instituição ou um documento –, pode ser identificada numa perspectiva bifocal, tanto como uma ocorrência observável, quanto como a objetivação inteligível de um significado polissêmico e aberto às instâncias cognitivas (morais e positivas) do entorno em que se dá tal expressão. Nas palavras de Habermas:

> A hermenêutica tem de se ocupar, ao mesmo tempo, da tríplice relação de um proferimento que serve: (a) como expressão da intenção de um falante; (b) como expressão para o estabelecimento de uma relação interpessoal entre falante e ouvinte; e (c) como expressão sobre algo no mundo. A hermenêutica considera a linguagem, por assim dizer, em ação, a saber, da maneira como é empregada pelos participantes com o objetivo de chegar à compreensão conjunta de uma coisa ou a uma maneira de ver comum.[17]

---

[15] Tendo bem presente aqui que tudo isto ocorre levando em conta a complexidade das relações sociais em um mundo globalizado, em que *una parte crescente dell'umanità vive oggi fuori territorio, sottoposta alla triplice accelerazione della surmodernità, e cioè alla sobrabbondanza di avvenimenti, alla sovrabbondanza spaziale e all'individualizazione dei riferimenti*. AUGÉ, Ricardo. *Nonluoghi*. Milano: Giuffrè, 2005, p. 118.

[16] Neste ponto concordo com CHAMON JUNIOR, Lúcio Antônio. *Tertium non datur: pretensões de coercibilidade e validade em face de uma teoria da argumentação jurídica no marco de uma compreensão procedimental do Estado Democrático de Direito*. In: CATTONI DE OLIVEIRA, Marcelo Andrade. *Jurisdição e hermenêutica constitucional*. Belo Horizonte: Mandamentos: 2004, 110, quando assevera que as normas válidas correspondem a expectativas generalizadas no seio da sociedade, enquanto os valores expressam tãosomente a preferência por certos bens em determinado grupo ou entre certas experiências de vida compartilhadas e que não poderiam, portanto, ser estendidos aos demais por se tratar de preferências éticas. Os valores, aqui, são aplicados com vistas a determinados fins, de acordo com os fins deste determinado número de pessoas. A noção de *bom* é uma visão parcial, constituindo-se, segundo Habermas, em *bom para nós, ou para mim*, mas não necessariamente *válido* perante um sistema coerente de normas, como exige um discurso jurídico de aplicação.

[17] HABERMAS, Jürgen. *Consciência Moral e Agir Comunicativo*. Op. cit., p. 39.

Significa dizer que, quando o falante/intérprete/jurista diz algo dentro de um contexto quotidiano, ele se refere não somente a algo no mundo objetivo (como a totalidade daquilo que é ou poderia ser o caso), mas ao mesmo tempo a algo no mundo social (como a totalidade de relações interpessoais reguladas de um modo legítimo), e a algo existente no mundo próprio, subjetivo, do falante (como a totalidade das vivências manifestáveis, às quais tem um acesso privilegiado), questões estas que devem se inter-relacionar obrigatoriamente, formando um corpo só de enunciados comunicativos. Aqui a linguagem preenche três funções distintas e complementares entre si, a saber: (a) a função da reprodução cultural ou da *presentificação das tradições* (é nessa perspectiva que Gadamer desenvolve sua hermenêutica filosófica[18]); (b) *a função da integração social* ou da coordenação dos planos de diferentes atores na interação social (é nessa perspectiva que Habermas desenvolveu *teoria do agir comunicativo*[19]), e (c) a função da socialização da interpretação cultural das necessidades.

O problema na reflexão habermasiana neste ponto (e no que tange à dimensão jurídica desta reflexão) é o que diz com sua assertiva de que, na medida em que o Tribunal Constitucional (alemão) adota a doutrina da ordem dos valores e a toma como base de sua prática de decisão de casos envolvendo a concretização dos direitos fundamentais, cresce o perigo dos juízos irracionais, porque, neste caso, os argumentos funcionalistas prevalecem sobre os normativos.[20]

Em verdade, o que Habermas não admite é a aplicação de uma norma distanciada da perspectiva de um caso concreto, porque, nestes casos, notadamente os princípios (dimensão normativa positivada dos valores) que vem à cena são identificados por meio de um procedimento que os trata como *juízos de evidência*, pois não problematizados diante do próprio caso posto para julgamento.[21] Transformam-se, assim, em juízos que versam não mais sobre a idéia de correção de uma norma, mas sim sobre sua *verdade*, isto é, passa-se a adotar uma perspectiva descritiva, típica da ciência positiva, que intui princípios a partir do mundo da vida como se os mesmos fossem elementos objetivos do universo social. Além do mais, a perspectiva dos envolvidos (aqueles que sofrerão os efeitos da decisão) é simplesmente descartada, seja por pressupor uma identidade cultural (impossível de ser presumida em uma sociedade pluralista e complexa como a hodierna), seja por fechar-se à possibilidade de participação na construção de um consenso sobre a correção da norma.[22]

---

[18] Notadamente em GADAMER, Hans Georg. *Verdade e Método*. Rio de Janeiro: Vozes, 2000.

[19] HABERMAS, Jürgen. *Teoria de La Acción Comunicativa*. Madrid: Taurus, 2000.

[20] HABERMAS, Jürgen. *Direito e Democracia: entre faticidade e validade*. Op. cit., p. 321.

[21] Talvez este seja um dos pontos de controvérsia mais duros que Habermas mantém com Alexy, na medida em que este sustenta ser inviável o argumento habermasiano no sentido de que o caráter deontológico das normas compreende uma pretensão de validez absoluta ou incondicional. In ALEXY, Robert. *Teoría de los derechos fundamentales*. Madrid: Centro de Estudios Constitucionales, 1997, p. 168. Veja-se que no Faticidade e Validade, o próprio Habermas contesta Alexy, ao explicar que tem consciência de que as normas jurídicas sempre vinculam tão somente a uma comunidade histórica de pessoas, localizada espacial e temporalmente, e por isto não podem ser deontológicas no sentido estrito. HABERMAS, Jürgen. *Direito e Democracia: entre faticidade e validade*. Op. cit., p. 368.

[22] Aduz o autor alemão que a neutralidade do juiz em relação às partes conflitantes – a venda nos olhos da *Justitia* – é agora insuficiente como modelo da práxis de fundamentação exigida. Pois nela devem tomar parte, com

Esta sua percepção está fundada em um pressuposto argumentativo, qual seja, o de que é possível encontrar entre as normas aplicáveis (inclusive as principiológicas) aquela que se adapta melhor à situação de aplicação descrita no caso, de modo possivelmente exaustivo e sob todos os pontos de vista relevantes apresentados no espaço público da interlocução dos interessados. E por que argumentativo? Porque é

> (...) preciso estabelecer um nexo racional entre a norma pertinente e as normas que passam para o pano de fundo, de tal modo que a coerência do sistema de regras permaneça intocada em seu todo. As normas pertinentes e as retroativas não se relacionam entre si como valores concorrentes, os quais, na qualidade de mandamentos de otimização, seriam realizados em diferentes níveis: porém, como normas "adequadas" ou "não-adequadas". Ora, adequação significa a validade de um juízo deduzido de uma norma válida, através do qual a norma subjacente é satisfeita.[23]

Para o autor alemão, e concordo com ele, normas válidas (principiológicas ou regratórias) formam uma estrutura racional flexível, na qual as relações podem deslocar-se segundo as circunstâncias de cada caso; porém *esse* deslocamento está sob a reserva da coerência, a qual garante que todas as normas se juntam num sistema afinado, o qual admite para cada caso uma solução adequada. Não estou aqui sustentando de forma genérica a tese da existência de única resposta correta para casos judiciais, mas que os participantes de um discurso jurídico, independentemente da existência de uma única resposta correta para um caso concreto, devem elevar à pretensão de que sua resposta é a única correta contingencialmente. Em outras palavras, como quer Alexy, tais participantes devem pressupor a tese da resposta correta tão somente como *idéia regulativa* da argumentação.[24]

A idéia regulativa de resposta mais adequada não pressupõe que exista para cada caso uma única resposta correta, mas que, em alguns casos, pode-se dar solução mais ajustada – exatamente em face da qualidade das razões de justificação e fundamentação utilizadas na espécie –, todavia, não se sabe que casos são estes, de forma que valha a pena procurar encontrar em cada caso a resposta mais adequada.[25]

---

igualdade de direitos, todos os membros enquanto potencialmente envolvidos, de modo que não haja mais uma separação de papéis entre um terceiro privilegiado e as partes envolvidas em cada caso. Agora, todos igualmente se tornam partes que pretendem se convencer reciprocamente na competição pelo melhor argumento. HABERMAS, Jürgen. *Verdade e justificação: ensaios filosóficos*. São Paulo: Loyola, 2004, p. 298.

[23] Idem, p. 323.

[24] Neste sentido ver o texto de ALEXY, Robert. *Derecho y Razón Práctica*. México: Fontamara, 2002, p. 24. Aliás, vem à lume aqui a idéia de romance encadeado de Dworkin, no sentido de de que a "resposta correta" precisa ser construída permanentemente.

[25] Não tenho tempo de desenvolver esta temática aqui, mas como referência é preciso que se diga que, tomando como base a distinção entre princípios e regras, Alexy afirma a impossibilidade de uma *teoria forte* sobre os princípios capaz de determinar para cada caso uma resposta correta, verificando se isto é possível com uma *teoria fraca* dos princípios. Nesse caso, têm-se duas vias: uma primeira afirmaria que a resposta correta independe de um procedimento capaz de demonstrá-la, mas tal opção é de antemão descartada pelo autor; a segunda, que afirma que nem princípios ou regras são capazes de regular por si mesmos sua aplicação, de modo que se faz necessária uma compreensão da decisão jurídica, regrada por uma teoria da argumentação jurídica. Assim, o sistema

É interessante verificar-se que a problemática das relações entre moral e direito para Alexy abrange um universo demasiadamente extenso de preocupações teóricas que vai desde a definição do conceito de sistema jurídico até a teoria da argumentação. Em síntese, entende que esta relação enfrenta o tema de como se compreende o Direito e de que maneira a ciência e a prática jurídicas se veem a si mesmas. Sua tese central é a de que há uma relação conceitual necessária entre direito e moral que supõe que o positivismo jurídico falha como teoria geral, isto porque, para uma teoria positivista somente existem dois elementos definitórios: o da decisão da autoridade e o da efetividade social.[26]

Alexy destaca, neste particular, que os positivistas tentam justificar a separação entre direito e moral a partir de dois argumentos centrais, a saber: negando qualquer relação conceitual necessária entre direito e moral em nível analítico; no nível normativo, sustentam que há melhores razões para uma definição independente da moral que para uma definição que a inclua.

Os marcos conceituais de Alexy para sustentar a relação entre Direito e Moral são os seguintes: (1) um conceito de direito precisar ter incluído em seu centro neural o conceito de validez de forma ampliada, o que significa mais do que a inclusão do contexto meramente institucional de promulgação, aplicação e a coação do direito; (2) é preciso ter uma concepção do sistema jurídico como sistema normativo e sistema de procedimentos. Como sistema de procedimentos, o sistema jurídico é um sistema de ações baseadas em e guiadas por regras por meio das quais se criam, se justificam, se interpretam, se aplicam e se coacionam normas. No (3) terceiro marco, tem o autor que uma relação jurídica se dá sempre entre, no mínimo, uma perspectiva do observador e outra do participante (com base em MacCormick).[27]

---

jurídico, além de conter regras e princípios, comporta um *terceiro nível* no qual são feitas considerações sobre um procedimento – seguindo o modelo da razão prática – que permita alcançar e assegurar a racionalidade de aplicação do direito. A argumentação jurídica, então, é vista por Alexy como um caso especial da argumentação prática geral, ou seja, da argumentação moral. Sua peculiaridade, contudo, está na série de vínculos institucionais que a caracteriza, tais como a lei, o precedente e a dogmática jurídica. Mas, mesmo estes vínculos – concebidos como um sistema de regras, princípios e procedimento – são incapazes de levar a um resultado preciso. As regras do discurso serviriam, então, apenas para que se pudesse contar com um mínimo de racionalidade, mas não uma resposta correta. Assim, no máximo, ter-se-ia uma decisão aproximadamente correta. Tudo, então, para Alexy, gira em volta de um problema referente à racionalidade jurídica. Como não é possível uma teoria moral de cunho substantivo, somente se pode apelar para as teorias morais procedimentais, que formulariam regras ou condições para a argumentação ou para uma decisão racional, resumindo-se a questão de uma resposta correta ao desenvolvimento de um procedimento que conduza à mesma, devendo ainda ser capaz de gerar consenso, o que demandaria: (1) tempo ilimitado; (2) informação ilimitada; (3) transparência linguística conceitual ilimitada; (4) capacidade e disposição ilimitada para troca de papéis; e (5) ausência de preconceitos. ALEXY, Robert. *Derecho y Razón Práctica*. México: Fontamara, 2002, p. 17 e seguintes.

[26] Idem, p. 44. Para o autor, nenhum positivista sério exclui do conceito de direito os elementos da decisão da autoridade e da efetividade social. A questão que uma teoria da argumentação traz é a de que, a despeito destes elementos constitutivos do conceito de direito, há elementos da moral que fazem parte dele.

[27] Idem, p. 49. *A perspectiva do participante* a ocupa quem, dentro do sistema jurídico, toma parte no debate acerca dos poderes que este confere. Aqui, o juiz é o centro da perspectiva do participante, tendo nas partes e infraestrutura do Estado-Juiz os demais colaboradores. Por outro lado, *a perspectiva do observador* a ocupa quem não pergunta qual é a decisão correta de acordo com determinado sistema jurídico, mas que se pergunta como são tomadas, de fato, tais decisões dentro de um sistema jurídico. A tarefa desta perspectiva é demonstrar que as

Outra situação é aquela em que a *perspectiva é a do procedimento*, de participante e de ideal. Quem quer demonstrar uma conexão conceitual necessária entre direito e moral desde esta perspectiva pode tratar de evidenciar que nos processos de criação e aplicação do direito os participantes têm, necessariamente, uma pretensão de correção (do justo), a qual inclui uma pretensão de correção moral (ideia de bem).

Tais elementos impactam de forma definitiva as possibilidades de compreensão/interpretação[28] dos sentidos normativos e axiológicos dos Direitos Fundamentais no processo de suas efetivações, como se verá adiante.

3. Algumas matrizes filosóficas dos Direitos Fundamentais Sociais

A filosofia do direito tem contribuindo muito para o aprofundamento da fundamentação dos Direitos Sociais no Ocidente, inclusive nos pontos em que apresenta divergências significativas entre os seus cultores. A título exemplificativo, a partir de interlocuções estabelecidas com textos de John Rawls, Frank Michelman, Jürgen Habermas, Robert Alexy e Rodolfo Arango, quero trazer para este trabalho algumas contribuições que tenho como relevantes para este debate, o que passo a fazer.

No que tange a Rawls, importa avaliar a linha de raciocínio que apresente em dois paradigmáticos trabalhos – que inclusive o fazem mudar alguns conceitos e ideias sob o tema proposto no percurso –, a saber: *Teoria da Justiça*, de 1971, e *Liberalismo Político*, de 1993.[29] Há uma profunda diferença de abordagem nestes dois textos que vai dar uma noção muito apropriada do que se entende por Direitos Sociais em perspectiva mais liberal.

Neste sentido, importa ter presente que, no texto *Teoria da Justiça*, Rawls propagava que os principais direitos constitucionais do século XX são os que dizem com as liberdades básicas (direito subjetivo), enquanto que o tema do mínimo social (aqui entendido como aquele necessário à satisfação de necessidades básicas do ser humano, equivalente aos direitos sociais fundamentais e aos chamados conteúdos constitucionais essenciais), circunscrevia-se às competências legislativas próprias do Estado de Direito.[30]

---

normas ou o sistema de normas referido perdem necessariamente o seu caráter jurídico quando ultrapassam certos limites de injustiça. Ver o excelente texto ALEXY, Robert. Jurgen Habermas's: theory of legal discourse. In: ROSENFELD, Michel; ARATO, Andrew (eds.) *Habermas on law and democracy: critical exchanges*. Berkeley and Los Angeles: University of California Press, 1998, p. 227.

[28] Interpretação entendida aqui como ato de vontade, enquanto *decisão* que escolhe entre os diversos significados possíveis de um texto aquele que se tornará *direito positivo*. Nesta ordem de considerações, a análise das decisões jurídicas acaba por se resumir, na Teoria do Discurso que adoto aqui, na análise da fundamentação que as sustenta, como quer QUEIROZ, Cristina M. M. *Direitos Fundamentais* (Teoria Geral). Faculdade de Direito da Universidade do Porto: Coimbra, 2002, p. 188.

[29] RAWLS, John. *A Theory of Justice*. Cambridge: Harvard University Press, 1971; *Political Liberalism*. New York: Mendell, 1991.

[30] Idem, Op. cit., p. 277. Nesta direção, a decisão sobre a configuração e concretização dos direitos sociais, interpretados como direitos a prestações em sentido estrito, compreenderia essencialmente uma conformação política mais do que jurídica. Veja-se que esta perspectiva conceitual será desenvolvida também por autores

Nesta teoria da justiça (concebida como equidade), o autor revela explícita inspiração contratualista-idealista de Sociedade,[31] vez que a concebe no texto como instituição bem ordenada, constituída por partes que se encontram na chamada *posição original*, a partir da qual elegem os princípios de justiça e regras de prioridades,[32] que devem regular suas vidas, todavia, esquece Rawls de identificar quais os perfis econômicos, culturais, políticos, de discernimento, igualdade e liberdade daqueles contratantes originais, o que fragiliza seu argumento notadamente quando o foco são os direitos sociais que exatamente ganham importância em face das diferenciações materiais que o mundo da vida impõe aos sujeitos de direito/cidadania.

Em verdade, a formulação do princípio de justiça de Rawls, enquanto igual direito ao sistema cada vez mais extenso de liberdades básicas – aqui compreendidos fundamentalmente os direitos individuais (de ir e vir, de manifestação do pensamento, de crença religiosa, hábitos e costumes, de participação política, reunião e associação pacíficas, de propriedade, etc.[33]) –, é deficitário quando concebido como preferencial na estruturação e funcionamento de uma Sociedade Democrática regulada pelo Direito, revelando, como quer Arango, uma matriz kantiana superada em nosso tempo:

> La formulación del primer principio de justicia en términos de igual derecho al sistema más extenso de libertades básicas compatible con el mismo sistema para todos, y la prioridad de la libertad sobre los demás bienes sociales, rememora en Rawls la tesis de Kant de que la autonomía es el derecho humano por excelencia (Immanuel Kant, la metafísica de los costumbres, Técnos, Madrid, 1994, p.42). En Rawls, se equiparan así los derechos costitucionales y las libertades básicas, hasta el punto de excluir de los primeros a los derechos sociales, los cuales presuponen, no ya el simple respecto a la libertad de los ciudadanos, sino el otorgamiento de prestaciones a su favor.[34]

Ocorre que Rawls, na *Teoria da Justiça*, opera com uma lógica romântica de que o mínimo social será atendido em face de que ele constitui um plexo de direitos partilhados por distribuição justa decorrente do exercício dos bens sociais primários – o que remete à idéia do *bom selvagem* rousseauniano, quando, em realidade, uma teoria da justiça (assim como a Teoria da Constituição) necessita

---

do porte de BÖCKENFÖRDE, Ernst.Grundrechtstheorie und Grunrechtesinterpretation. In:: *Neue Juristische Wochenschrift*, Baden, Baden, 1976, p. 151 e seguintes, assim como HESSE, Konrad. Grundrechte: Bestand und Bedeutung. In: BENDA/MAIHOFER/VOEGEL (eds). *Handbuch des Verfassungsrechts*. Berlin, 1983, p. 96 e seguintes, ambos sustentando que a decisão sobre direitos fundamentais sociais não se apresenta como uma questão de competência dos tribunais e do poder judicial, mas essencialmente dos órgãos politicamente conformadores. Ver também QUEIROZ, Cristina M. M. *O Princípio da não reversibilidade dos Direitos Fundamentais Sociais*. Coimbra: Coimbra Editora, 2007, p. 77.

[31] De matriz kantiana, rousseauniana e lockeniana.

[32] Rawls estabelece duas regras de prioridades à aplicação dos princípios de justiça: (a) prioridade à liberdade, no sentido de que os princípios de justiça devem ser classificados em ordem lexicográfico, no sentido de que as liberdades básicas só podem ser restringidas em favor da liberdade; (b) prioridade da justiça sobre a eficiência e o bem estar. Op. cit., p. 280.

[33] Em suma, Direitos Civis e Políticos.

[34] ARANGO, Rodolfo. *El concepto de Derechos Sociales Fundamentales*. Colombia: Legis, 2008, p. 241.

de uma teoria da política que se ocupe do multifacetado tema do mínimo social, e mesmo dos chamados conteúdos constitucionais essenciais – o que vai ser reconhecido em parte pelo autor no Liberalismo Político, vinte anos após.[35]

Mas qual o fundamento no Teoria da Justiça para que os Direitos Sociais não tenham a mesma primazia constitucional e política que os Direitos Civis e Políticos? Pelo simples fato de que eles – diferentes dos Direitos Civis e Políticos – não podem ser garantidos a todos os indivíduos de forma igual, porque dependem de ingressos orçamentários e disponibilidades materiais, matéria que tem de ser regulada por competências legislativas próprias.[36]

Assim é que, já no ano de 1987, Rawls modifica sua compreensão sobre o primeiro princípio de justiça referido, no sentido de que num *sistema jurídico adequado constitucionalmente*, dois elementos são importantes figurar com primazia e atenção: os chamados conteúdos constitucionais essenciais e o mínimo social.[37] Os argumentos apresentados pelo autor aqui são: (a) que os conteúdos constitucionais essenciais e os assuntos de justiça básica (*matters of basic justice*), caracterizam uma ordem constitucional democrática baseada em *valores políticos de alto nível*, cuja aceitação é de se esperar por parte de cidadãos iguais e livres; (b) a concepção política de justiça mais razoável de um regime democrático (a liberal) é aquela que protege os direitos básicos típicos (mencionados acima) e confere a eles uma primazia especial, incluindo medidas tendentes a garantir que todos os cidadãos tenham meios materiais suficientes para fazer uso efetivo destes direitos básicos (mínimo social).[38]

É como se o autor estivesse migrando as bases de sua teoria da justiça de postulados demasiadamente individuais para alguns de natureza e função mais sociais (mesmo que sob a categoria de bem-estar), reconhecendo que:

> El contenido costitucional esencial aquí es más bien que, debajo de un cierto nivel de bienestar material y social, y de entrenamiento y educación, la gente simplemente no puede participar en la sociedad como ciudadanos, y mucho menos como ciudadanos iguales. Lo que determina el nivel del bienestar y educación que permite esto no es una cuestión que deba dirimir una concepción política.[39]

---

[35] Este debate é absolutamente contemporâneo, haja vista, por exemplo, os excessos cometidos pelo ativismo judicial que assistimos no país, enfraquecendo os pressupostos e bases da democracia representativa. Ver o meu texto LEAL, Rogério Gesta. *Possibilidades argumentativas à adequação da soberania popular constitucional à democracia constitucional*. In Revista do Instituto de Hermenêutica Jurídica. N° 06. Porto Alegre: IHJ, 2008, p. 383. Ver também os textos de BERCOVICI, Gilberto. *Ainda faz sentido a Constituição Dirigente?* In Revista do Instituto de Hermenêutica Jurídica. N° 06. Porto Alegre: IHJ, 2008, p. 149; e BERCOVICI, Gilberto. *Constituição e Política: uma reflexão difícil*. In Lua Nova, n° 61. São Paulo: Centro de Estudos de Cultura Contemporânea, 2004.

[36] RAWLS, John. *A Theory of Justice*, Op. cit. p. 281.

[37] RAWLS, John. La idea de un consenso entrecruzado. In: *Agora*, vol.02. Buenos Aires: Centro de Estudios Políticos, 1995, p. 76.

[38] Idem, p. 79. Aduz o autor que *Tiene que haber una legislación fundamental que garantice la libertad de conciencia y la libertad de pensamiento políticos; además de eso, se necesitan medidas que aseguren que las necesidades básicas de todos los ciudadanos pueden ser satisfechas para que puedan participar en la vida política y social*.

[39] Idem, p. 78.

Daqui a tese de que estes conteúdos constitucionais essenciais não dizem com preferências de governos ou conjunturas políticas particulares (regimes, formas ou sistemas de governo), ficando a cargo da discricionariedade dos administradores públicos de plantão, mas se impõem a todos como condições fundamentais à constituição de uma Sociedade Democrática e de Direito. Significa dizer que *for democracy's sake we should not simply follow our private preferences, as if we were consumers, but must act like citizens, that is, to justify our preferences with public reasons.*[40]

De certa forma Rawls vai revisando seu posicionamento de justiça social ideal para uma justiça social material, em face até de que há determinados bens e interesses que precisam estar sempre presentes em qualquer Sociedade Democrática, observado, por certo, o pluralismo razoável que caracteriza esta Sociedade. Estes bens e interesses explicitam determinadas necessidades sociais, as quais não são mais simples preferências individuais (desejos) que, somadas, representam as prioridades comunitárias, mas resultam de circunstâncias e contingências processualmente constituídas em determinado espaço e tempo, no âmago do fenômeno social. Há nítida substituição da idéia de necessidades e preferências subjetivas para objetivas.[41]

É somente no início da década de 1990 que Rawls vai harmonizar sua teoria da justiça como equidade com sua teoria política da justiça (a qual já inicia na década de 1980, e toma níveis de profundidade em sua abordagem sobre o liberalismo político), na qual o ideal de razão pública se formula de forma mais consistente, no sentido de que ela subtrai importantes matérias do âmbito deliberativo e decisório dos Poderes instituídos.

Mas quais os requisitos dos chamados conteúdos constitucionais essenciais? São em número de três para Rawls, a saber: (a) devem ser justificáveis frente a qualquer um; (b) devem basear-se em realidades facilmente reconhecíveis, aceitáveis pelo sentido comum e demonstráveis segundo os métodos científicos;(c) devem ser completos no sentido de poder dar uma resposta pública e razoável a todos os casos, ou pelo menos a maior parte daqueles relacionados com os conteúdos constitucionais essenciais.[42]

---

[40] DRYZEK, John. *Deliberative Democracy and Beyond: Liberals, Critics and Contestations*. Oxford: Oxford University Press, 2007, p. 53. Questiona este autor: *Now, on the face of it, no one committed to the public cause can seriously disagree with this. We are all inclined to subscribe to this intuition. Who would oppose the notion that democratic politics should mean civic empowerment, that it should involve the emancipation of citizens? In a democracy, we expect the citizen to act like someone who puts the general interest before her own, to become a public reasoner so as to provide better explanations and justifications for her preferences.*

[41] Aduz o autor que: *Detrás de la introcción de los bienes primarios está el propósito de encontrar una base pública practicable de comparaciones interpersonales fundadas en rasgos objetivos e inspeccionables de las circunstancias sociales de los ciudadanos siempre con el pluralismo razonable como transfondo*. Op. Cit., p. 78. Mais tarde, no texto sobre o liberalismo político, Rawls vai reconhecer que uma concepção pública efetiva da justiça inclui um entendimento político em torno do que se deve reconhecer publicamente como necessidades dos cidadãos enquanto vantajoso para todos. RAWLS, John. *Political Liberalism*. Op. cit., p. 212.

[42] Idem, p. 259. Por certo que o conceito de Rawls sobre os conteúdos constitucionais essenciais é deverasmente restritivo, eis que se funda ainda nos direitos ao voto, à participação política, à liberdade de consciência, opinião

Importa referir que Rawls, nesta perspectiva, sustenta que os juízes constitucionais devem garantir o mínimo social especificado pelas necessidades básicas, mas isto não implica a adoção de uma posição moral compreensiva que imponha a estes magistrados uma determinada concepção de mundo, ao contrário, o autor opera com a lógica – equivocada – da existência de um operador jurídico neutro.

No debate que Rawls mantém com Frank Michelman, este sustenta que os direitos sociais em termos de constitucionalismo contemporâneo devem fazer parte, obrigatoriamente, de uma Constituição Democrática.[43] Neste sentido, diz que a distinção de Rawls entre mínimo social especificado pelas necessidades básicas, por um lado, e o conteúdo do princípio da diferença (somente no texto Liberalismo Político), por outro, afigura-se demasiadamente importante à conceituação dos Direitos Sociais Fundamentais, fortalecendo a idéia de que os juízes constitucionais (no caso brasileiro, todos os magistrados, em face da possibilidade do controle difuso) devem garantir o mínimo social especificado pelas necessidades básicas. Aqui, são as necessidades básicas sociais e os objetivos e finalidades indicados na Carta Política que devem demarcar a compreensão mais razoável do magistrado sobre uma concepção pública de justiça.[44]

Daí a correta conclusão de Michelman no sentido de que os princípios de justiça política em Rawls ganham outra dimensão, pois conformam aqueles conteúdos constitucionais essenciais, incluindo tanto direitos e liberdades básicas (notadamente individuais, e, enquanto tais, direitos subjetivos), como o chamado mínimo social indispensável à satisfação das necessidades das pessoas (condição de possibilidade), o que lhes permitem o exercício de seus direitos constitucionais.[45]

Por certo que houve certa superação da teoria ideal de justiça posta na *Teoria da Justiça* em face do texto sobre o *Liberalismo Político*, substituindo aquela por uma teoria política da justiça que busca assegurar a estabilidade das sociedades pluralistas e democráticas contemporâneas, todavia, persiste a questão de que o centro neural de preocupação de Rawls ainda é o atinente aos direitos individuais, na forma jurídica de direitos subjetivos.

---

e culto, a liberdade de pensamento e de associação – admitindo somente alguns elementos de justiça distributiva neste particular, envolvendo questões atinentes ao emprego e ao mínimo social indispensável para cobrir as necessidades básicas do cidadão.

[43] MICHELMANN, Frank I. Welfare Rights in a Constitutional Democracy. In: *Washington University Law Quarterly*, vol.03. Washington: Washington University Press, 1979, p. 34.

[44] RAWLS, John. *Political Liberalism*. Op. cit., p. 271. Vai nesta direção também TUGENDHAT, Ernst. *Lecturas sobre ética*. Madrid: Gedisa, 2000, p. 336. Ao sustentar que *aunque el concepto de derecho descansa sobre el de la obligación, su contenido es tal que las obligaciones resultan de los intereses y necesidades, y de los derechos que se siguen de ellos: los derechos se siguen de las necesidades, si ello aparece como deseable desde el enjuiciamiento imparcial.* E mais tarde: *para la pregunta acerca de qué derechos uno tiene solo puede ser fundamental el concepto de necesidad (o interés).*(p. 344).

[45] Apesar de Michelman reconhecer que Rawls, até o fim de sua obra, não associa o mínimo social necessário à satisfação das necessidades das pessoas como direito básico, pois isto significaria a negação do primeiro princípio de justiça (da garantia das liberdades básicas) em face dos direitos sociais, econômicos e culturais. Por tais razões é que na perspectiva de Rawls não há claros fundamentos ou razões de como se chega ao conceito de necessidades básicas (somente liberdades básicas).

Concordo com Michelman quando adverte que, a despeito das considerações de Rawls, pode-se perceber ainda hoje a existência, dentre outras, de uma objeção de peso contra o reconhecimento judicial dos direitos sociais fundamentais – e do mínimo social –, a saber, o que diz com o conceito de direito subjetivo e sua restrição normativa e dogmática à legalidade estrita e gramatical. É argumento de Michelman que se trata, isto, de certo esquema sofisticado de filosofar político, e seus fundamentos de ruptura drástica à ideia – e tradição – de *direito natural pré-institucional*, no sentido de que certos direitos provêm diretamente da concepção adequada do que é ser uma pessoa humana, e que isto tem de ser aceito por qualquer sociedade que aspire a não ser monstruosa.[46]

Ocorre que, ao lado da dimensão ética e moral dos Direitos Humanos e Fundamentais, impõe-se, principalmente a partir da Era Moderna, a necessidade de esses se incorporar aos sistemas e ordenamentos jurídicos constituídos, sob pena de não poderem, à luz da lógica jurídica dominante, ser objeto de proteção e implementação estatal.

Talvez seja interessante lembrar que a expressão Direitos Fundamentais, conforme Baratta,[47] por exemplo, surge pela primeira vez na França, por volta de 1770, no âmago do movimento político que conduziu à revolução de 1789, logo alcançando outros países, como a Alemanha. Nesse país, o tema dos Direitos Fundamentais, tratado pela expressão *Grundrechte*, evidencia a relação jurídica, em termos de direitos e garantias individuais, que se estabelece entre cidadão e Estado. Daí em diante, grande parte da doutrina tem entendido que os Direitos Fundamentais são aqueles Direitos Humanos positivados nas Constituições dos Estados. Mais modernamente, a expressão ganhou alargamento de compreensão, significando, por exemplo, *la síntesis de las garantías individuales contenidas en la tradición de los derechos políticos subjetivos y las exigenciais sociales derivadas de la concepción institucional del derecho*.[48]

É bem verdade que este processo apresenta uma *performance* perversa, pois, ao positivar determinados direitos, catalogando-os como Fundamentais, a partir de agora o que não estiver normatizado juridicamente não é matéria passível de ser protegida ou implementada pelo Estado.[49] Como quer Peces-Barba,[50] nesta linha de raciocínio, utilizar o termo *direito* para realidades morais sem inclusão dessas no âmbito do direito positivo, sem constituir normas válidas, é puro jusnaturalismo, despido do grau de eficácia que se espera de um ordenamento jurídico vinculante.

---

[46] MICHELMAN, Frank I. Welfare Rights in a Constitutional Democracy. In: *Washington University Law Quarterly*, vol.03. Washington: Washington University Press, 1979, p. 680.

[47] BARATTA, Antoniello. *Diritti fondamentali*. Milano: Feltrinelli, 2007, p. 108.

[48] LUÑO, Antonio E. Pérez. *Derechos Humanos, Estado de Derecho y Constitución*. Madrid: Tecnos, 1996, p. 31. Neste sentido também HÄBERLE, Peter. *Hermenêutica Constitucional*. Porto Alegre: Fabris, 1997.

[49] Importa lembrar que o Estado neste modelo só pode agir/fazer o que a lei lhe permite.

[50] PECES-BARBA, Gregório. *Sobre el puesto de la historia en el concepto de los derechos fundamentales*. Anuário de Derechos Humanos, vol.04. Técnos: Madrid, 1994, p. 241. Acredita o autor que a transformação dos direitos morais em direitos legais dão lugar à fusão entre legitimidade crítica e legitimidade legalizada.

Registro, todavia, a posição de Pallombela neste particular, em face até de uma perspectiva mais filosófica sobre a distinção entre Direitos Humanos e Fundamentais, a saber:

> É necessario almeno sottolineare che "diritti umani" è assoluta, riguarda l'uomo, anche indipendentemente da ogni contesto e da ogni altra specificazione. "Diritti fondamentali" è invece plausibilmente aperta e relativa, può dunque essere riferita all' "uomo" oppure ad altro: ad ambiti, casi, circostanze, oppure società, ordinamenti giuridici, o morali; è dunque rispetto a questi che, di un insieme di "diritti", si può (o si deve) dire se (o che) siano fondamentali. Se dei diritti umani si assume l'inviolabilità assoluta in qualsiasi stato o in qualsiasi cultura, in qualsiasi ordinamento giuridico o comunità morale, anche dei diritti fondamentali si può pretendere l'inviolabilità, ma solo nell'ambito in cui essi sono fondamentali. In virtù di queste considerazioni, "diritti fondamentali" si presta ad essere una nozione "giuridica" o comunque del tutto adatta ad una teoria del diritto, mentre "diritti umani" appare lata e più difficilmente utilizzabile.[51]

De qualquer sorte, revela-se impossível aos novos padrões de conhecimentos científicos da modernidade negar totalmente significação aos elementos não positivados da cultura passada, sobremaneira aos componentes axiológicos e éticos presentes no patrimônio moral até então constituído, incorporados – direta ou indiretamente – pelas ordens constitucionais da maior parte do Ocidente ao longo do século XX. Este patrimônio se apresenta como o direito que cada homem tem de possuir direitos, afirmação que evidencia uma das possíveis fundamentações do próprio direito (*ex vi* os princípios constitucionais catalogadores de elementos axiológicos normatizados).[52]

Assim é que, hoje *si tende a fondere due profili, quello in cui "diritto fondamentale" corrisponde semplicemente ai diritti umani ritenuti universali, universalmente inviolabili, e quello in cui "diritto fondamentale" corrisponde ai diritti soggettivi in concreto "posti" e giuridicamente "validi", in un determinato ordinamento.*[53]

Pela ótica da dogmática vigente do conceito de direito subjetivo ao qual se refere Michelman, enquanto direitos não se positivam, permanecem como reclamações válidas no plano moral. Todavia, para alguns autores mais críticos deste pensamento *En cuanto positivos, la moralidad que aportan se funde en el Dere-*

---

[51] PALLOMBELA, Gianluigi. *Diritti Fondamentali: argomenti per una teoria*. Roma: Giuffrè, 2005, p. 71. Agrega o autor ainda que: *Quando si tratta, come molto spesso accade, dei diritti fondamentali dell'uomo, le due espressioni tendono, ovviamente, a coincidere. In questo senso allora divengono diritti fondamentali tutti i diritti "umani" enumerati, per esempio, nella Dichiarazione del 1948; l'uso del termine fondamentale perde la sua peculiarità, e non aggiunge nulla al significato normalmente attribuito agli inviolabili diritti "umani".*

[52] Como quer HART, Herbert L A. *Hay derechos naturales ?* in Derecho y Moral: contribuciones a su análisis. Buenos Aires: Depalma, 1972, p. 68. Afinal, ter um direito é ter uma reclamação contra alguém cujo reconhecimento como válida vem exigida por um corpo de normas dominantes ou de princípios morais. Vale lembrar BOBBIO, Norberto. *Era dos Direitos*. Rio de Janeiro: Campus, 1988, p. 30, ao asseverar que os próprios Direitos Humanos nasceram como direitos naturais universais, desenvolveram-se como direitos positivos particulares, na medida em que incorporados por cada Estado Nacional (por suas Constituições), até chegar à sua forma de direitos positivos universais (no âmbito dos Tratados e Cortes Internacionais que versam sobre eles).

[53] Idem, p. 84.

cho positivo, y la legitimidad crítica que aportan se trasnforma en legitimidad legalizada. Así vistos, los derechos morales son algo más que exigencias éticas proprias y exclusivas del iusnaturalismo. Son títulos que permiten ejercer derechos.[54]

Se para o jusnaturalismo tradicional, os direitos subjetivos são independentes do que dispõem as normas de direito objetivo, pois, faculdades e poderes inatos ao homem que os possui pelo só fato de ser homem, o direito positivo vai reconhecê-los e regulamentar seu exercício. A Era do Positivismo vai impor uma nova leitura a este tema, sustentando que estes direitos até existem, mas não são jurídicos, tão-somente morais.[55]

Importa dizer, sob o ponto de vista da dogmática positivista e gramatical, que há um significado único e descritivo à expressão *direito subjetivo*, a saber: necessita ser verificado a partir do que determinam as normas jurídicas positivadas – que, necessariamente, não precisam ter força obrigatória moral; o positivismo rechaça proposições acerca de direitos subjetivos jurídicos que não sejam empiricamente verificáveis em normas jurídicas positivas.[56]

A tratadística do Direito na cultura jurídica ocidental, por sua vez, vem mantendo este entendimento sobre a idéia de direito subjetivo. Desde Rudolf von Ihering, com a tese de que *los derechos subjetivos son intereses jurídicamente protegidos*,[57] passando por León Duguit,[58] o direito subjetivo origina-se dos fatos, sejam eles singelos e rotineiros, ou relevantes, ao convívio social,[59] em seguida jurisdicizados pela previsão normativa.

A partir destas reflexões (oportunidade também em que a legalidade substitui a legitimidade dos atos estatais), a idéia de direito subjetivo passa a contar ora como sinônimo de não proibição de conduta – ao homem livre tudo é possível fazer, desde que a lei não lhe proíba; ora como sinônimo de autorização de condu-

---

[54] GIL, Ernesto J. Vidal. Los Derechos Humanos como Derechos Subjetivos. In: *Derechos Humanos*, organizado por Jesús Ballesteros. Madrid: Técnos, 1992, p. 28.

[55] BARBA MARTINEZ, Gregorio. *Derechos Sociales y Positivismo Jurídico*. Madrid: Dykinson, 1999, p. 38.

[56] PINILLA, Ignacio Ara. *Las transformaciones de los derechos humanos*. Madrid: Tecnos, 1991, p. 85. Na tratadística portuguesa, por exemplo, o direito subjetivo está ligado à idéia de outorga de poder a alguém para que possa legitimamente pretender, perante um outro sujeito de direito, um determinado comportamento (dever jurídico relacional). Neste sentido ver os trabalhos de ANDRADE, Manuel de. *Teoria Geral da Relação Jurídica*. Coimbra: Editora Coimbra, 1992 e CARVALHO, Orlando de. *Teoria Geral da Relação Jurídica*. Coimbra: Editora Coimbra, 1984, e deste mesmo autor ver CARVALHO, Orlando de. *Os Direitos do Homem no Direito Civil Português*. Coimbra: Editora Coimbra, 1978.

[57] IHERING, Rudolf von. *El espíritu del derecho romano*. Madrid: Paidós, 1975, p. 123. Um pouco mais adiante o autor refere que outra grande característica do direito subjetivo é a proteção jurídica do interesse protegido.

[58] DUGUIT, León. *Las transformaciones generales del derecho privado*. Madrid: Sacramento, 1960, p. 74, assevera que *sujeto de derecho es aquel ser que está sometido a las reglas del derecho objetivo, a sus normas*.

[59] Mesmo no Brasil, o Direito Privado até a década de 1990, tem insistindo na tese de que: *Dos primeiros* (direitos morais), *todos participam sem despender-lhes atenção, ao passo que, aos segundos* (direitos subjetivos), *a lei define uma possibilidade, um vir a ser que se transformará em direito após a ocorrência da possibilidade prevista, que converte a potencialidade de um interesse em um direito individual*. PEREIRA, Caio Mário da Silva. *Instituições de Direito Civil*. Rio de Janeiro: Forense, 1997, p. 36.

tas;[60] ora como reflexo de um dever jurídico – momento em que tal perspectiva se centra na situação do beneficiado do dever jurídico, em vez de focalizar o sujeito obrigado tão-somente.[61] É desta forma que,

> La vinculación entre los derechos humanos entendidos de este modo, como expresión de la cultura filosófica cultural, política y económica del mundo moderno y los derechos subjetivos como técnica de articulación jurídica de aquéllos llevará paradójicamente a su ideologización y será objeto de no pocas críticas, cuyo elemento común será poner de manifiesto la ideologización de los derechos humanos al servicio de los intereses de la burguesía liberal y del economicismo.[62]

Há que se reconhecer, a despeito desta posição da dogmática jurídica, que a tese identificada na base deste argumento, i.é, a de que faltando a proteção jurídica isto significa que inexiste o próprio direito, não pode se sustentar, pois estar-se-ia aceitando o argumento de que a previsão normativa e mesmo jurisdicional no âmbito dos direitos humanos e fundamentais se apresentam como seus elementos constitutivos, o que não é verdade, haja vista o reconhecimento internacional de determinadas prerrogativas fundamentais sem que existam mecanismos de proteção jurisdicional absolutamente precisos já estabelecidos – como os direitos e garantias firmados pelos Tratados Internacionais de Direitos Humanos, que desde há muito existem e somente nesta década de 1990, pelo Brasil, foram incorporados no ordenamento jurídico pátrio; ou mesmo em face dos chamados novos direitos (manipulação genética, realidade virtual, comércio de órgãos), em que inexistem disposições normativas definitivas, o que não impossibilita a proteção da vida humana digna.

É neste sentido que concordo com Bidart Campos, quando afirma que o direito objetivo, na verdade, se apresenta como ferramenta de subsistência dos Direitos Humanos – na condição de direitos subjetivos – nas hipóteses de violações, obstáculos ao gozo do exercício e acesso a eles.[63] Tais ferramentas cabe ao Estado providenciar e gerir, principalmente visando à implementação de tais direitos, pois trata-se de *vías para impeler al Estado a adoptar, promover, conducir y desarrollar con agilidad y eficacia las politicas de bienestar y la gestión del bien común.*[64]

Destarte, se os direitos subjetivos corporificam a existência de normas de comportamentos e condutas sociais obrigatórias, proibidas, permitidas ou faculta-

---

[60] Como nos lembra NIÑO, Carlos Santiago. *Introducción al análisis del derecho*. Buenos Aires: Astrea, 1994, p. 201, *Kelsen, en su última versión de la Teoría Pura, admite este significado de la palavra derecho. Tal admisión es curiosa ya que, como se há dicho, este sentido supone la existencia de normas permisivas, lo que contradice la exigencia de Kelsen de que todas las normas de un sistema jurídico tengan un carácter prohibitivo (mediante la estipulación de una sanción para cierta conducta).*

[61] Uma análise deste tema é feita por ALEXY, Robert. *Teoría de los derechos fundamentales*. Madrid: Centro de Estudios Constitucionales, 1997, p. 176/245, apresentando um panorama de como a matéria tem sido discutida, principalmente no âmbito da dogmática jurídica.

[62] GIL, Ernesto J. Vidal. Op. cit., p. 35.

[63] CAMPOS, Gérman J. Bidart. *Teoría general de los derechos humanos*. Buenos Aires: Astrea, 1994, p. 135.

[64] Idem, Op. cit., p. 149. Na mesma direção ver o texto de MIRANDA, Jorge. *Manual de Direito Constitucional*. Vol.IV. Coimbra: Coimbra Editora, 2001, p. 345.

tivas, em certo tempo e espaço defendidos por determinadas culturas hegemônicas histórica e conjunturalmente, também implicam normas que estabelecem quem, em que condições, de que forma (procedimentos) podem realizar atos que possuam efeitos jurídicos sobre outras pessoas/indivíduos/cidadãos – tanto em nível legislativo, judicial ou executivo –, a saber, o Estado Democrático de Direito, que vem se impondo como implementador de políticas públicas (normatizadas) que visam a dar concretude aos Direitos Humanos e Fundamentais.

Tal fato permite reconhecer como direito subjetivo não só as normas de condutas, mas, e principalmente, as normas de organização política e institucional do Estado, superando sua identificação com os típicos direitos negativos do modelo de Estado Liberal clássico, bem como aquelas que dizem com os princípios constitucionais e infraconstitucionais protetivos de Direitos Humanos e Fundamentais – e suas regras densificadoras –, constituindo-se verdadeiro grupo de direitos subjetivos públicos indisponíveis e vinculantes.

Vai nesta direção Arango ao sustentar que *un derecho subjetivo es la posición normativa de un sujeto para la que es posible dar razones válidas y suficientes, y cuyo no reconocimiento injustificado le ocasiona un daño inminente al sujeto.*[65]

A presente concepção de direitos subjetivos públicos, pois, e em meu sentir, requer a assimilação de dois referenciais indispensáveis: a constitucionalização e a fundamentalização destes direitos. O primeiro refere-se à incorporação dos direitos subjetivos do homem em normas formalmente básicas (constitucionais), subtraindo-se o seu reconhecimento e garantia à disponibilidade do legislador ordinário; a segunda consideração aponta para a especial dignidade de proteção dos direitos num sentido formal e num sentido material. O sentido formal, geralmente associado à sua natureza constitucional (e suas progressivas infraconstitucionalizações), assinala três dimensões relevantes: (a) superioridade hierárquica; (b) constituem-se, muitas vezes, em limites materiais da própria revisão (Constituição Brasileira, art. 60, § 4º); (c) vinculam, imediatamente, os poderes públicos, constituindo-se em parâmetros materiais de escolhas, decisões, ações e controle dos órgãos legislativo, administrativo e jurisdicional. O sentido material, por sua vez, significa que o conteúdo dos Direitos Fundamentais é decisivamente constitutivo das estruturas básicas do Estado e da Sociedade.[66]

Em face de tais ponderações, discordo do conceito de direito subjetivo desenhado por Michelman, exatamente pelo fato de ele reforçar a sua dimensão mera-

---

[65] ARANGO, Rodolfo. *El concepto de Derechos Sociales Fundamentales.* Op. cit., p. 298. Importa ter presente que, no Brasil, o Supremo Tribunal Federal já deliberou, na ADIn 815-3/DF, relatoria do Min. Moreira Alves, que inexiste no sistema jurídico brasileiro hierarquia entre normas constitucionais originárias, dando azo à declaração de inconstitucionalidade de umas em relação às outras, sustentado na tese de que repugna ao sistema nacional a distinção entre leis constitucionais em sentido material e formal, sendo todas as normas constitucionais, independentemente de seu conteúdo ou natureza. De igual maneira, as cláusulas pétreas não podem ser invocadas à sustentação da tese de inconstitucionalidade de normas inferiores em face de normas constitucionais superiores, haja vista que suas funções são as de estabelecer limites ao Poder Constituinte derivado de rever ou emendar a Constituição elaborado pelo Poder Constituinte Originário.

[66] Neste sentido TRUYOL Y SERRA, Antonio. *Los Derechos Humanos.* Madrid: Tecnos, 2006, p. 217.

mente individual, na medida em que exige para o seu reconhecimento: (a) que seja reconhecido que o sujeito de direito individual tenha um interesse próprio em S; (b) que seja reconhecido que este interesse individual é regularmente e de modo detectável passível de ser exercido (direito subjetivo) em face do sistema jurídico em que ele se situa, implicando influência prática sobre decisões judiciais em uma direção evidentemente favorável ao cumprimento do interesse (individual); (c) que seja reconhecido que tal influência depende de que S esteja em jogo, distinguindo-se, assim, da generalidade de outros interesses que esta pessoa possa ter e que outros possam ter.

Diante de tais requisitos, o interesse pessoal de um indivíduo em S pode ser selecionado da quantidade de interesses que outra (ou outras) pessoa possa ter, e lhe é atribuído um peso especial na solução de disputas jurídicas que lhe envolvam, como se fosse possível imaginar a satisfação de algum interesse individual que não operasse qualquer tipo de conseqüência externa a ele.[67]

Não se afigura de igual sorte suficiente o conceito de direito subjetivo em Habermas para o fim que se está propondo, aqui entendido como aquele que retira sua validade do reflexo de uma ordem jurídica, a qual transmite a indivíduos o poder de vontade incorporada objetivamente nela, no sentido de que ele é um poder de vontade ou dominação da vontade conferida pela ordem jurídica.[68] É importante lembrar que esta concepção preliminar de Habermas sobre direito subjetivo está assentada na pré-compreensão de que, no momento em que o Direito perdeu sua fundamentação idealista, centrado na teoria moral kantiana, o invólucro do poder de dominação individual perdeu o núcleo normativo de uma legítima liberdade da vontade, naturalmente necessitada de proteção, passando a afirmar-se, sob a perspectiva positivista, como a forma que reveste determinadas decisões e competências com a força da obrigatoriedade fática – agora instituída pela norma posta.[69]

Esta idéia de direito subjetivo, por sua vez, é estruturada a partir de cinco categorias distintas e complementares, a saber: (a) direitos fundamentais correspondentes no maior grau possível a iguais liberdades subjetivas de ações; (b) direitos fundamentais dos indivíduos enquanto membros de uma comunidade jurídica; (c) direitos fundamentais à proteção jurídica; (d) direitos fundamentais à participação política e (e) direitos fundamentais às condições de vida necessárias para o desfrute, em igualdade de oportunidades, dos direitos mencionados nas categorias anteriores.[70]

---

[67] A proteção da propriedade privada, por exemplo, demanda a existência de força pública e recursos do Estado, os quais, ao serem deslocados para tal função, deixam de atender a outras envolvendo segurança pública geral.

[68] HABERMAS, Jürgen. *Direito e Democracia: entre faticidade e validade.* Rio de Janeiro: Tempo Brasileiro, 2003, p. 118. Aqui o autor ainda faz uma crítica ao conceito de Direito Subjetivo de IHERING, segundo o qual o proveito e não a vontade constitui a substância do direito, decorrendo que o Direito Subjetivo se afigura como um poder jurídico, conferido ao indivíduo através da ordem jurídica, como meio à persecução de um fim, o que caracteriza bem a sua natureza liberal.

[69] Idem, p. 117.

[70] Idem, p. 188. Veja-se que o direito subjetivo de participação política, por exemplo, tem de ser compreendido como direito/dever, na acepção de Karl Larenz, diferenciando-se do conceito de direito subjetivo como poder,

A lógica do autor alemão aqui é a de que as primeiras três categorias de direitos fundamentais asseguram a autonomia privada dos cidadãos associados livremente, enquanto a quarta categoria assegura a autonomia pública dos sujeitos de direito, na condição de autolegisladores e autogestores dos interesses comunitários (e, em face disto, dos seus próprios interesses), imprimindo legitimidade aos códigos jurídicos. Já a quinta categoria de direitos fundamentais – onde se localizam os direitos sociais fundamentais –, servem como condição de possibilidade à realização das demais categorias de direitos, reconhecendo, pois, o autor, que os direitos sociais fundamentais afiguram-se como meios necessários à realização dos demais direitos.

Sobre esta perspectiva, Arango traz uma crítica a Habermas no sentido de que *aunque la garantía de los derechos sociales fundamentales es necesaria en vista de las desigualdades políticas y económicas, Habermas rechaza su fundamentación absoluta debido al peligro que implican el paternalismo y la burocracia del estado social.*[71]

E está certo Habermas, eis que, como ele próprio argumenta, *como lugar-tenente republicano das liberdades positivas que os próprios cidadãos, enquanto portadores nomeados dessas liberdades, não podem exercer, o tribunal constitucional termina reassumindo o papel paternalista, que Ely condena através de sua compreensão procedimentalista da constituição.*[72]

Nesta base reflexiva habermasiana estão alguns pressupostos procedimentais fundamentais, dentre os quais: (a) o de que uma compreensão procedimentalista consequente da constituição aposta no caráter intrinsecamente racional das condições procedimentais que apoiam a suposição de que o processo democrático, em sua totalidade, propicia resultados racionais;[73] (b) o de que a Constituição (e os direitos que ela alberga) não pode ser entendida como uma ordem jurídica global e concreta de valores e normas, destinada a impor *a priori* uma determinada forma de vida

---

reconhecido pelo direito objetivo, de participar na criação de uma norma individual por intermédio de uma ação específica – reclamação ou queixa, uma vez que direito e dever devem ser pensados como uma única categoria/posição jurídica. In: LARENZ, Karl. *Base del negocio jurídico y cumplimento de los contratos*. In: *Editorial Revista Derecho Privado*. Madrid, 1986, p. 51. Ver também o texto do mesmo autor chamado *Derecho civil : parte general*. In: *Editorial Revista Derecho Privado*. Madrid: Editoriales de Derecho Reunidas, 1978, p. 118 e seguintes.

[71] ARANGO, Rodolfo. *El concepto de Derechos Sociales Fundamentales*. Op. cit., p. 266. Aduz o autor ainda que *Aquí se torna reconocible que Habermas, posiblemente bajo la influencia de la doctrina constitucional conservadora (C. Schmitt, Verfassungslebre, 4ª Edición, Berlin, 1965, p. 169; H. Huber, Soziale Verfassungsrechte? en: E. Forsthoff (Ed.), Rechtsstaalichkeit und Sozialstaatlichkeit, Darmstadt, 1968, p. 4, 8, 9; E. W. Böckenförde, Die sozialen Grundrechte im Verfassungsgefüge, en: ibidem, Staat, Verfassung, Demokratie, 2ª edición, Frankfurt a.M., 1992, p. 150 y ss. H. Rupp, Vom Wandel der Grundrechte, AöR 101(1976), p. 178, 180), concibe los derechos sociales fundamentales como derechos legales de prestación, no como verdaderos derechos fundamentales.*

[72] HABERMAS, Jürgen. *Direito e Democracia: entre faticidade e validade*. Op. cit., p. 344. Completa o autor dizendo que *A descrição excepcionalista da prática política ideal sugere a necessidade de um lugar-tenente pedagógico; e esse regente só é necessário durante o tempo em que o soberano se desvia para o privado, ao invés de assumir e preencher adequadamente o lugar que lhe compete na esfera pública política.*

[73] Idem, p. 354.

sobre a sociedade; (c) o de que *a constituição determina procedimentos políticos segundo os quais os cidadãos, assumindo seu direito de autodeterminação, podem perseguir cooperativamente o projeto de produzir condições justas de vida (o que significa: mais corretas por serem equitativas)*.[74] Renunciar a estes pressupostos (da democracia representativa) implica retornar à condição de súditos de um Estado/Governante Provedor daquilo que ele entender ser o melhor para seus subordinados, levando à cidadania a uma condição letárgica e passiva de comportamento.

E não se diga que Habermas esteja desconsiderando as armadilhas que a política cria em termos de coação das interlocuções representativas tradicionais, notadamente no que tange à alienação e manipulação dos sujeitos de direito (cidadania), entendendo ser recomendável que os tribunais protejam o sistema de direitos que possibilita a autonomia privada e pública dos cidadãos, haja vista que *a autonomia privada também é ameaçada através de posições de poder econômicas e sociais e depende, por sua vez, do modo e da medida em que os cidadãos podem efetivamente assumir os direitos de participação e de comunicação de cidadãos do Estado*.[75]

Ora, para que os cidadãos possam efetivamente assumir seus direitos de participação e de comunicação, mister é que estejam atendidos os direitos fundamentais (sociais) às condições de vida necessárias para o desfrute, em igualdade de oportunidades, de todas as demais prerrogativas/deveres que se lhes incumbem na condição de co-gestores e co-legisladores de seus cotidianos. Aqui a intervenção não só dos tribunais, mas de todo o Estado, se revela indispensável, não a ponto de solapar a soberania popular e suas representações, mas a fim de garantir concretamente as condições de possibilidades mínimas para o exercício autônomo das garantias fundamentais. É o que Habermas sustenta ao dizer que

> O Tribunal Constitucional, ao intervir na legislação política e ao suspender normas aprovadas pelo parlamento, tem que apelar para uma autoridade derivada, inferida do direito de autodeterminação do povo. E, nesse processo, ele só poderia recorrer a argumentos que justifiquem um apelo à soberania do povo – como origem de todas as autorizações de normatização – no quadro de uma compreensão procedimental da constituição.[76]

---

[74] HABERMAS, Jürgen. *Direito e Democracia: entre faticidade e validade*. Op. cit., p. 327. O autor é explícito ao afirmar *Se a Supreme Court tem como encargo vigiar a manutenção da constituição, ela deve, em primeira linha, prestar atenção aos procedimentos e normas organizacionais dos quais depende a eficácia legitimativa do processo democrático. O tribunal tem que tomar precauções para que permaneçam intactos os "canais" para o processo inclusivo de formação da opinião e da vontade, através do qual uma comunidade jurídica democrática se auto-organiza.*

[75] Idem, p. 326. Lembra com acerto o autor que *os discursos jurídicos não podem substituir discursos políticos, que são talhados para a fundamentação de normas e determinação de objetivos, exigindo a inclusão de todos os atingidos* (p. 329). Todavia, quando se entende a Constituição como interpretação e configuração de um sistema de direitos que faz valer o nexo interno entre autonomia privada e pública, é bem-vinda uma jurisprudência constitucional ofensiva (*offensive*) em casos nos quais se trata da imposição do procedimento democrático e da forma deliberativa da formação política da opinião e da vontade, bem como naquelas em que as condições subjetivas e objetivas para que tal se desenvolva restam ameaçadas (p. 347). Na mesma linha de raciocínio, ver o texto de BOHMAN, J. and REHG, W. (eds.) *Deliberative Democracy: Essays on Reason and Politics*. Cambridge, MA: The MIT Press, 2005.

[76] Idem, p. 330. Na mesma direção vai Tugendhat, quando assevera que a falta de capacidades pessoais ou a ausência de oportunidades reais às pessoas afiguram-se como coerção que tem efeitos impactantes sobre

Insisto, é somente quando a soberania popular encontra-se ameaçada em sua autodeterminação pela ausência das condições subjetivas e objetivas mínimas de exercitar sua condição política e social de co-gestora e co-legisladora dos seus próprios interesses enquanto comunidade que se pode admitir a interferência do Poder Judiciário, no sentido de assegurar aquelas condições de possibilidade, devendo exercitar, para tanto, juízos adequados de valoração sobre a incisividade e extensão da intervenção a ponto de restaurar o mínimo social (que é sempre contingencial – temporal e espacialmente), não deixando de levar em conta, com a mesma prioridade, o cuidado para provocar as menores lesões possíveis às instituições democráticas e seus procedimentos legitimadores – o que implica, por vezes, procurar formas de intervenções alternativas à preservação deste equilíbrio (sempre tenso em tais cenários).

Outra crítica (improcedente) que Arango faz a Habermas é a de que ele, baseado na Metafísica dos Costumes de Kant, toma a liberdade como a base única dos direitos e, por isto, o caráter deontológico dos direitos estaria em estatura maior do que o caráter axiológico deles.

Ocorre que Arango está esquecendo que na visão liberal de matiz kantiana a legitimidade do ordenamento jurídico reside no fato de que este assegurava e garantia da coexistência das vontades arbitrárias dos indivíduos (liberdade incondicionada) para não operarem danos a outrem, todavia, ao invés deste primado liberal da autonomia da vontade privada, o conceito aprimorado de liberdade de Habermas opera a partir do primado da autonomia pública, ou da soberania popular[77] (no sentido de que legítimas são aquelas leis que nós mesmos, enquanto membros orgânicos de uma comunidade de cidadãos damos a nós mesmos). Veja-se que, neste sentido, a autonomia/liberdade privada apresenta-se como um momento derivado e não primário, eis que só pode ser exercitada no âmbito em que a autonomia/liberdade pública concede – pela via dos sistemas jurídicos, por exemplo.

Aqui o debate se aprofunda com Robert Alexy, quando sustenta que a liberdade jurídica carece de valor sem uma liberdade fática, e, para tal, impõe-se a ação estatal no sentido de garantir as condições de possibilidade para o exercício dos direitos fundamentais e das liberdades públicas e privadas.[78] Tais condições

---

elas e lhes subtrai a liberdade fática e jurídica. TUGENDHAT, Ernst. *Lecturas sobre ética*. Madrid: Gedisa, 2000, p. 356.

[77] Refere Habermas que no *princípio da soberania popular*, segundo o qual todo o poder do Estado vem do povo, o direito subjetivo à participação, com igualdade de chances, na formação democrática da vontade, vem ao encontro da possibilidade jurídico-objetiva de uma prática institucionalizada de autodeterminação dos cidadãos. Esse princípio forma a charneira entre o sistema dos direitos e a construção de um Estado de direito. Interpretado pela teoria do discurso (a), o princípio da soberania popular implica: (b) o princípio da ampla garantia legal do indivíduo, proporcionada através de uma justiça independente; (c) os princípios da legalidade da administração e do controle judicial e parlamentar da administração; (d) o princípio da separação entre Estado e Sociedade, que visa impedir que o poder social se transforme em poder administrativo, sem passar antes pelo filtro da formação comunicativa do poder. Idem, p. 212.

[78] ALEXY, Robert. *Teoría de los derechos fundamentales*. Madrid: Centro de Estudios Constitucionales, 1997, p. 484. É ilustrativa a asserção de BERLIN, Isaiah. *Dois conceitos de liberdade*. In Escudos sobre a humanidade:

são demarcadas por aqueles conteúdos constitucionais essenciais e pelo mínimo social – enquanto direitos fundamentais sociais –, oportunizando a densificação material da liberdade fática como contraface da liberdade jurídica. Nas palavras do autor: *Los derechos fundamentales si su objetivo es que la personalidad humana se desarrolle libremente, apuntan también a libertades fácticas, es decir, deben asegurar también los presupuestos del uso de libertades jurídicas y, por lo tanto, normaciones no solo del poder hacer jurídico, sino también del pode actuar realmente.*[79]

Novamente Tugendhat vem contribuir no debate, asseverando que decorre do conceito de direitos humanos (como direitos morais mínimos) as possibilidades da dignidade humana, eis que as condições nas quais vive uma pessoa são dignas precisamente quando cumprem a função de permitir que elas possam exercer seus direitos e, com isto, possam levar uma existência especificamente humana e humanamente digna.[80]

O problema que decorre de tais reflexões, relacionado àquela idéia de serem os direitos (também os fundamentais sociais) contemporaneamente conceituados como posições normativas de sujeitos às quais se podem e devem dar razões válidas e suficientes, em face do que o seu não reconhecimento justificado ocasiona danos iminentes aqueles sujeitos, é o que diz com a realização/efetivação destas posições normativas, matéria que passo a abordar no tópico seguinte.

4. Aspectos políticos e culturais dos Direitos Fundamentais e Sociais

Cumpre destacar, a partir de agora, para aprofundar a efetividade dos direitos fundamentais sociais, algumas questões atinentes às formas e argumentos através dos quais se têm dado tratamento aos Direitos Fundamentais e Sociais no Brasil, em especial a partir da dicção constitucional que tomam.

Concordo plenamente com o Prof. Ingo Sarlet quando sustenta que os Direitos Fundamentais se apresentam hoje no sistema jurídico brasileiro – notadamente o constitucional – como parâmetros hermenêuticos e valores superiores da ordem constitucional e jurídica do país, merecendo inclusive capítulo próprio no Texto Político, e fortificados tanto pelas suas disposições do art. 5°, §§ 1° e 3°, em face de sua autoaplicabilidade, bem como pelo disposto no seu art. 60, §4°, outorgando-lhes a condição de cláusulas pétreas, impedindo sua supressão ou erosão.[81]

---

uma antologia de ensaios. HARDY, Henry: HAUSHEER, Roger (orgs.). São Paulo: Companhia das Letras, 2002. p. 231, ao referir que: *Oferecer direitos políticos ou salvaguardas contra a intervenção do Estado a homens seminus, analfabetos, subnutridos e doentes é zombar de sua condição: eles precisam de ajuda médica ou educação antes de poderem compreender ou aproveitar um aumento em sua liberdade.*

[79] Idem, p. 489.

[80] TUGENDHAT, Ernst. *Lecturas sobre ética*. Op. cit., p. 348.

[81] SARLET, Ingo W. *Eficácia dos Direitos Fundamentais*. Porto Alegre: Livraria do Advogado, 2007, p. 73. Adverte o autor que este catálogo de direitos fundamentais aberto que vige junto ao sistema jurídico brasileiro, não pode ser confundido com uma espécie de supercodificação em face ao restante dos ordenamentos jurídicos, mas deve ser analisado tendo em conta a unidade da Constituição. (p. 82).

Todavia, apesar destas condições formais de proteção e fomento aos Direitos Fundamentais adotadas pela Constituição Brasileira de 1988, o que se tem percebido ao longo da história é que elas não são suficientes para dar concreção e efetividade razoável ao que está garantido juridicamente, isto em face tanto da ausência do que se poderia chamar de uma *vontade de constituição*,[82] ou *patriotismo constitucional*,[83] uma vez que os níveis de adesão e compromisso social diante destes direitos e deveres constitucionais são ainda absurdamente baixos, mesmo diante do fato de que nosso sistema jurídico ampliou significativamente o seu catálogo, na medida em que acolhem outros além dos estabelecidos no art. 5º da Carta, conforme evidencia o disposto no seu § 2º (alcançando, pois, os tratados internacionais, por exemplo).

De qualquer sorte, em face do desenvolvimento altamente qualificado do debate filosófico, político e jurídico dos Direitos Fundamentais no Brasil, um dos grandes desafios que se põem a eles hoje é o do âmbito de suas concretizações, eis que tal mister envolve, inexoravelmente, pressupostos e requisitos de múltiplas variáveis (econômicas, orçamentárias, de políticas públicas, deliberações parlamentares, ações do Poder Executivo etc.). Tais fatores têm impulsionado alguns desdobramentos teóricos e práticos na abordagem destes Direitos, dentre os quais quero destacar a reflexão sobre as condições e possibilidades de realização das chamadas posições normativas fundamentais constitucionalizadas.

Desde os autores que referi anteriormente, há certo consenso no sentido de que, para poder ser realizado qualquer direito, ao menos na perspectiva dos sistemas jurídicos ocidentais contemporâneos e operando com a lógica da Teoria da Argumentação Jurídica antes apresentada,[84] importa contar com razões válidas *prima facie*.[85]

Veja-se que não estou aqui compreendendo o sistema jurídico como tratando o Direito enquanto objeto independente que pertence à esfera do normativo, atribuindo-lhe à condição de disciplina autônoma, que deverá ser construída e manter-se afastada de todo e qualquer outra disciplina com objetos alheios e hete-

---

[82] Como quer HESSE, Konrad. *A força normativa da constituição.* Tradução de Gilmar Ferreira Mendes. Porto Alegre: Fabris, 1991.

[83] STERNBERGER, Dolf. *Patriotismo Constitucional.* Colômbia: Universidad Externado de Colômbia, 2002, p. 106 e seguintes.

[84] De pronto aclaro que parto da premissa de qualquer direito ou discurso sobre direitos não pode prescindir da perspectiva posicional que sujeitos de direito ocupam dentro do sistema político, social e econômico a que pertencem. Remeto esta discussão à abordagem feita por ARANGO, Rodolfo. *El concepto de Derechos Sociales Fundamentales.* Op. cit., p. 298 e seguintes.

[85] Compactuo com Martin Young, no sentido de que os direitos são relações, e não coisas; são posições normativas definidas institucionalmente que especificam o que as pessoas (não) podem fazer em sua relação com seus semelhantes, formas e sanções em face deste agir ou omitir. Por esta razão, estas posições normativas resultam de imputações de *status* deônticos às razões válidas (direito *prima facie*) de comportamentos e condutas sociais que permanentemente dependem do reconhecimento legitimador dos sujeitos envolvidos e do sistema ordenado. Tal reconhecimento reforça minha assertiva de que tais posições normativas são sempre também o resultado de processos argumentativos morais e jurídicos. Ver o texto de YOUNG, Martin Jordan. *Justice and the Politics of Difference.* London: Farrell, 2004, p. 49 e seguintes.

rogêneos a ela,⁸⁶ o que caracteriza a noção de sistema em Kelsen como um corpo fechado e autossuficiente de normas jurídicas encadeadas por competências originárias e delegadas, a partir da norma fundamental-constitucional.⁸⁷ Neste sistema, as infiltrações de outras ambiências de sistemas (político, cultural, econômico) não ocorrem, haja vista a especificidade de comunicação formal deles com o direito (espaço do processo legislativo), apresentando-se, pois, como axiomático, no sentido mais arbitrário possível do termo.

Ao revés desta perspectiva, entendo o sistema jurídico como uma ordem racional, concatenada e lógica de normas jurídicas (posições normativas), que não perde em momento algum sua performática natureza política e plural, sempre voltada à integração dos seus elementos constitutivos, todos vinculados pelas razões de justificação e fundamentação previamente dadas pelo plexo axiológico-normativo que informa o próprio sistema, e as relações sociais a que se destinam e das quais se origina, através de processos transmutacionais de sentimentos, interesses e necessidades em princípios e regras validamente cogentes.⁸⁸

Mas como se constituem as razões de justificação e fundamentação válidas suficientes sustentadoras das posições normativas em geral (fundamentais e constitucionais em particular)?⁸⁹

Em primeiro plano, penso, com Arango,⁹⁰ que se uma posição normativa é também uma posição constituída por um sistema ordenado de normas, haverá de existir argumentos de justificação e fundamentação extraídos do próprio sistema (formais). Tais argumentos, por sua vez, constituídos que estão por elementos axiológicos positivados, objetivos e finalidades a serem alcançados e ordenados no âmbito do sistema normativo, formam um código linguístico próprio – mas não necessariamente fechado, haja vista a natureza plural e aberta dos seus signos

---

⁸⁶ Como na perspectiva kelseniana, tratando o objeto da ciência do direito como uma ordem normativa da conduta humana, ou seja, um sistema de normas que regula o comportamento humano.

⁸⁷ Conforme os textos KELSEN, Hans. *Contribuciones a la Teoría del Derecho*. Buenos Aires: Centro Editor de América Latina, 1989; ———. *Teoria Pura do Direito*. Coimbra: Armênio Amado, 1984.

⁸⁸ Neste sentido, ver o trabalho de MARCIC, Rudolph. *Rechtsphilosophie*. Frankfurt: Meinnarth, 1998, p.109 e seguintes. Ver igualmente meu texto LEAL, Rogério Gesta. *Hermenêutica e Direito*. Santa Cruz do Sul: Edunisc, 2002. Lembra Arango que *mediante razones válidas, los sentimientos, intereses o necesidades son elevados a posiciones normativas. Este cambio de niveles solo puede garantizarse por medio de reglas constitutivas que tornan los enunciados sobre emociones, intereses y necesidades (hechos brutos) en razones válidas (hechos institucionales)*. ARANGO, Rodolfo. *El concepto de Derechos Sociales Fundamentales*. Op. cit., p. 303.

⁸⁹ Isto se aplica de forma direta na doutrina abalizada dos Direitos Fundamentais no Brasil, eis que, para Ingo Sarlet, há um conceito preliminar de Direitos Fundamentais em sentido material, como sendo aqueles que, por sua substância (conteúdo) e importância, possam ser equiparados às constantes do catálogo formal de direitos fundamentais. Tais direitos seriam decorrência de operação hermenêutica, ao que Alexy chama de *direitos fundamentais interpretativamente deduzidos*. In SARLET, Ingo W. *Eficácia dos Direitos Fundamentais*. Op. cit., p. 107. A questão aqui é sabermos quais os critérios e pressupostos para demarcar a importância da substância do direito envolvido, quem os determina, etc? Como definir tais questões? A meu juízo estes problemas devem ser enfrentados a partir de procedimentos argumentativos publicamente controláveis, o que vou explorar mais tarde.

⁹⁰ Idem. Ver também o texto ARANGO, Rodolfo. Basic social rights, constitutional justice, and democracy. In: *Ratio Juris*. v. 16, n° 2, p. 141-154, jun., 2003.

formativos (soberania, dignidade da pessoa humana, pluralismo político, sociedade justa, livre e solidária,[91] desenvolvimento nacional etc.) –, demandando, pois, processos interpretativos de atribuição de sentido permanentes.[92]

Associado a estas razões válidas para justificar direitos subjetivos definitivos (individuais, coletivos, transindividuais, individuais homogêneos, públicos incondicionados), mister é que se constituam mecanismos de enfrentamento destes direitos entre si, pois é em tal situação (em cada caso concreto) que vamos ter a necessidade de densificação material dos interesses e bens envolvidos e o cotejamento das condições e possibilidades das suas efetivações. Daí a conclusão acertada de Arango no sentido de que

> La suficiencia de las razones válidas para justificar un derecho definitivo, sólo puede determinarse balanceando las razones a favor y en contra en cada caso concreto. Tal es, en definitiva, el carácter deontológico de los derechos: estos pueden ser delimitados únicamente mediante la ponderación de razones válidas y suficientes, no mediante razones pragmáticas o de conveniencia.[93]

Ao lado destas questões fundacionais, em face do consenso em torno de que os direitos fundamentais se revestem de autoaplicabilidade diante de sua importância em todo o sistema normativo, há ainda a convicção de que estes (individuais e sociais) dependem sempre e em certa medida de ações prestacionais – os individuais demandam infraestrutura de garantias, e os sociais, prestações concretizantes –, razão pela qual apresentam o problema de definir como irão se cumprir e quem está obrigado ao seu cumprimento (e em que medida), ao mesmo tempo em que também se problematiza o fato de que eles não configurariam um direito de igualdade, baseado em regras de julgamento que implicam tratamento uniforme, mas como um direito das preferências e das desigualdades, ou seja, direito discriminatório com propósitos compensatórios de relações sociais de exclusão social.[94]

Estou falando que enquanto os níveis de validade e vigência dos direitos fundamentais foram bem constituídos até aqui – notadamente diante de sua internalização cogente aos sistemas normativos dos Estados Nacionais –, a sua efi-

---

[91] Quero destacar aqui – para aprofundar mais tarde – a assertiva de Arango no sentido de que *el derecho moderno parte de una premisa: la autonomía de la persona. Este principio implica otros dos: el principio de la responsabilidad personal y el principio de subsidiariedad. La familia, la comunidad nacional o la comunidad humana son posibles obligados subsidiarios cuando el peso de las cargas es de tal dimensión (deberes superogatorios) para el individuo o el grupo, que no sea razonable exigir su cumplimiento.* ARANGO, Rodolfo. *El concepto de Derechos Sociales Fundamentales.* Op. cit., p. 316.

[92] Ingo Sarlet destaca – e com ele concordo – que, no caso brasileiro, nossa Constituição, ao reconhecer como direitos os decorrentes do regime e dos princípios, consagrou a existência dos direitos fundamentais não escritos, que podem ser deduzidos pela via da hermenêutica e da interpretação (chamada por ele de extensiva, o que demanda mais detalhamento), a partir daquilo que está previsto no catálogo formalmente fundamental. SARLET, Ingo W. *Eficácia dos Direitos Fundamentais.* Op. cit., p. 93.

[93] ARANGO, Rodolfo. *El concepto de Derechos Sociales Fundamentales.* Op. cit., p. 309.

[94] Veja-se neste ponto a abordagem pontual de FARIA, José Eduardo. *Direitos Humanos, Direitos Sociais e Justiça.* São Paulo: Malheiros, 1994.

cácia igualmente tem ganhado atenção no intento de ser aumentada em máxima extensão, todavia, avaliando-se como isto é possível, quem é competente para fazê-lo e com que procedimentos, isto porque tais posições normativas definitivas (*prima facie*) demandam condições objetivas (caso concreto) capazes de elucidar/resolver a indeterminação do conteúdo abstrato estatuído, a partir exatamente de critérios e razões públicas justificatórias e fundamentadoras do seu atendimento (judicial, administrativo e legislativo).

Por tais razões é que não se pode imaginar uma radical e absoluta subjetivação exauriente dos conteúdos objetivos dos direitos fundamentais sociais, pois se afigura deveras complexo imaginar que cada dever objetivo deva ser absoluta e permanentemente subjetivado, mas otimizado em face das circunstâncias que o constitui como dever não isolado do seu entorno de aplicação/concreção. Tal otimização indica *que a subjectivação se apresenta unicamente como um mandato prima facie que, em caso de colisão, reclama por uma ponderação delimitada.*[95]

Uma das formas para enfrentar o problema da indeterminação da posição normativa definitiva – direito subjetivo –, é a aferição da urgência de uma situação ponderando-se o que poderia acontecer se a necessidade demandada não fosse satisfeita, utilizando-se para tanto argumentos contrafáticos (as consequências empíricas decorrentes da situação cotejada), tendo em conta, inclusive, a advertência de Luhmann de que o direito enfrenta hoje uma quantidade de expectativas normativas que se afiguram como *pretensões de direito* (subjetivas), fora das quais dificilmente se poderia ter valorações mensuráveis, razão pela qual a função do processo de decisão jurisdicional (constitucional) consiste, não raro, na *seleção do direito* em face da dignidade da pessoa humana.[96]

Porém, para tanto, com Habermas, penso que o processo de atribuição de sentido às próprias necessidades deve ser levado a cabo mediante os termos de uma linguagem pública cooperativamente veiculada em debates que valorem equilibradamente e com razões de justificação e fundamentação controláveis o maior número possível de pretensões de validade e correção possíveis (os direitos humanos e fundamentais de toda a sociedade, por exemplo).

Tais argumentos contrafáticos induzem à aplicação do princípio da desigualdade de trato, justificado por situações de diferenciação social que se impõe no cotidiano das comunidades espacial e temporalmente localizadas, a partir da explicitação de razões justificatórias e fundamentalizantes capazes de serem controladas publicamente. Isto implica o reconhecimento de que as possibilidades de

---

[95] QUEIROZ, Cristina M. M. *O Princípio da não reversibilidade dos Direitos Fundamentais Sociais.* Op. cit., p. 90. Por certo que estou adotando aqui a perspectiva alexyana de ponderação de argumentos na densificação material de direitos, como já referi antes.

[96] LUHMANN, Niklas. *La differenziazione del diritto: contributi alla sociologia e alla teoria del diritto.* Bologna: Giuffrè, 2001, p. 111. Lembra o autor que a função dos Tribunais, por exemplo, em face das características que atribui aos sistemas jurídicos contemporâneos, é a de desparadoxizar estes, pela via da interpretação e do poder judiciais, exercendo importante função de moderação e legitimação das decisões tomadas pelo Legislativo, sem representar, por isto, qualquer distorção da vontade popular.

respeito e concretização dos direitos sociais fundamentais dependem da correspondente concepção política que se dá a tais direitos, até porque certo grau mínimo de realização deles é necessário inclusive para viabilizar a prática de outros direitos.

Tal contexto foi bem apanhado por Rawls,[97] no sentido de que este universo de diversidades culturais, sociais, religiosas, políticas, gera uma *pluralidade* de *esferas particulares de valores*, que põe em causa a universalidade do consenso constitucional pressuposto, demandando o que o autor americano nomina da necessária equalização dos *desacordos razoáveis* das comunidades cada vez mais complexas e distintas, demandando não consensos pressupostos e unidimensionais (na forma da lei abstrata e geral), mas consensos intersubjetivos, ou por sobreposição *(overllaping consensus)*, capazes de gerar o que eu chamo de *esferas públicas de valores compartilhados*, como base e fundamento da ordem jurídico-constitucional, exigindo de cada membro da comunidade dedicação e participação constitutiva na formatação e execução cotidiana destes consensos.[98]

A própria jurisdição constitucional americana – em sua história – demonstra muito bem o evolver desta discussão, o que é lembrado por Jane Gonçalves, ao dizer que pode-se visualizar, no mínimo, quatro momento distintos de sua atuação em nível de Suprema Corte, a saber: (1) Corte Vinsom (1946-1952), favorável à ponderação dos direitos fundamentais com o interesse público de preservar a repressão política; (2) Corte Warren (1953-1968), que evita a ponderação para forjar uma jurisprudência constitucional que expande a força dos direitos fundamentais; (3) Corte Burger (1969-1985), que torna a recorrer à ponderação para revitalizar formas de controle da força progressiva dos direitos fundamentais; (4) Corte Rehnquist (1986 – até hoje), no qual a maioria conservadora quer restituir o predomínio da jurisprudência mecânico-formalista, com refutação ontológica da ponderação, recorrendo de forma mais frequente ao *original intent*.[99]

Ganha corpo e espaço neste debate, pois, as noções de justiça distributiva e compensatória, considerando a primeira como responsável pela distribuição de bens e encargos – ajuda social e impostos, enquanto a segunda se apresenta como relação entre castigo e culpa, dano e restituição, prestação e contraprestação, passam a ser cotejadas para o atendimento maximizado dos direitos fundamentais sociais. Estas

---

[97] RAWLS, John. *Political Liberalism*. New York: Columbia University Press, 1993, p. 231.

[98] Tratei disto em meu livro LEAL, Rogério Gesta. *Estado, Administração Pública e Sociedade: novos paradigmas*. Porto Alegre: Livraria do Advogado, 2006. Este debate trata igualmente da discussão sobre o reconhecimento da igualdade (em abstrato) como desigualdade (em concreto) no quadro das prestações do Estado Social, segundo a fórmula dworkiana de uma *igualdade preferente* (DWORKIN, Ronald. *Sovereign Virtue. The Theorie and Practice of Equality*. Cambridge: Mass.: Harvard University Press, 2000), igualmente abordado por COHEN, G. A. *If You're an Egalitarian, How come You're so Rich?* Cambridge: Harvard University Press, 2000, ou a fórmula contemporânea de um *direito igual à desigualdade* (ou diferença), na abordagem de DENNINGER, Ernst. *Sicherheit/Vielfalt/Solidarität: Ethisierung der Verfassung?* In: Ulrich K. Preuss (ed.), *Zum Begriff der Verfassung. Die Ordnung des Politischen*. Frankfurt: Francoforte sobre o Meno, 1994, p. 110.

[99] PEREIRA, Jane Reis Gonçalves. *Interpretação Constitucional e Direitos Fundamentais*. Rio de Janeiro: Renovar, 2006, p. 260.

noções serão importantes para auxiliar a reflexão e ação sucessiva de efetivação destes direitos, chegando Alexy a afirmar que *la justicia es el criterio de valoración más importante para juzgar lo correcto de la distribuición y el equilíbrio*, pois *quien afirma que algo es correcto, implica que puede justificarse. La relación intrínseca entre justicia y justificación abre la puerta a la teoria discursiva de la justicia.*[100]

Assim é que, diferente de Arango,[101] para quem a justiça distributiva tem protagonismo social e histórico no âmbito dos direitos fundamentais sociais, penso que deve haver um necessário balanceamento entre esta e a justiça compensatória, uma vez que, constituídas as possibilidades de exercício de direitos e dos direitos propriamente ditas, mister é que se conte com ferramentas e instrumentos que posam garantir constância a eles – atribuindo responsabilidades e sanções por suas violações.

Mas como se tem projetado no campo da Teoria da Constituição, da Teoria dos Direitos Fundamentais e da Teoria da Democracia, efetivamente, estas noções da justiça distributiva e compensatória em nível de direitos humanos e fundamentais? É o que passo a examinar a partir de agora.

Tem-se verificado na história mais recente dos direitos sociais fundamentais – como acima referido – que eles têm se apresentado como direitos a prestações (atividades positivas de Estado), a despeito de serem também aqui albergados os chamados *direitos de natureza negativo-defensiva*[102] como, por exemplo, o direito à iniciativa privada, o direito de propriedade privada, que não carecem, como tal, de conteúdo prestacional, mas demandam toda uma estrutura estatal de segurança pública que garanta a concretude destes direitos notadamente quando ameaçados.

Por tais razões é que – em face da infinitude das demandas sociais e a finitude dos recursos para atendê-las – igualmente se tem falado que a efetividade daqueles direitos (principalmente os econômicos, sociais e culturais) está associada ao tema da chamada *reserva do possível*, querendo, com isso, acentuar a dependência desses direitos dos recursos econômicos existentes e, designadamente, relevar a necessidade da sua cobertura orçamental e financeira. Essa cobertura não exclui, porém, a garantia de um mínimo social, que decorre, por sua vez, do princípio da *dignidade da pessoa humana* como valor constitucional supremo. É com base nesse princípio constitucional que Canotilho extrai, por exemplo, o reconhecimento da *garantia do rendimento mínimo.*[103]

---

[100] ALEXY, Robert. *Teoría de los derechos fundamentales.* Op. cit., p. 332. Neste ponto também Ricardo Lobo Torres sustenta que *Höffe formulou com clareza o conceito de justiça pública, que para ele é o contrário da "justiça pessoal" (personal Gerechtigkeit), derivando do direito e do ordenamento estatal (Staatsordnung). A justiça é política porque depende das instituições e sobretudo da Constituição. A justiça na modernidade parte do pressuposto da justiça das formas do Estado e da organização estatal da sociedade.* In TORRES, Ricardo Lobo. *Justiça distributiva: social, política e fiscal.* Revista de Ciências Sociais (UFG). V.2. N.2. Dez. 1997, p. 144.

[101] ARANGO, Rodolfo. *El concepto de Derechos Sociales Fundamentales.* Op. cit., p. 341.

[102] Com quer BARATTA, Antoniello. *Diritti Fondamentali.* Milano: Feltrinelli, 2007, p. 49 e seguintes.

[103] CANOTILHO, Joaquim J. Gomes. *Direito Constitucional e Teoria da Constituição.* Coimbra: Editora Coimbra, 1999, p. 451. Adverte o autor que é preciso ter-se critérios firmes na garantia dos direitos fundamentais sociais, tais como: a) Uma interpretação das normas legais conforme a Constituição social, econômica e cultural,

A abalizada doutrina brasileira tem aprofundado esta discussão de igual sorte, merecendo destaque a assertiva no ponto de Ingo Sarlet, lembrando a tese de Alexy, no sentido de que apenas quando a garantia material do padrão mínimo em direitos sociais puder ser tida como prioritária e se tiver como consequência uma restrição proporcional dos bens jurídicos (fundamentais, ou não) colidentes, há como se admitir um direito subjetivo a determinada prestação social.[104] Tenha-se presente que há um pressuposto teórico por detrás desta acepção, apresentado pelo próprio autor alemão, quando sustenta que a universalidade dos Direitos Fundamentais torna imperativa sua limitação, eis que atribuídos a todas as pessoas, afigurando-se, em face disto, ser impossível a fruição de todos eles por todos ao mesmo tempo, sendo necessário uma disciplina ordenadora que viabilize suas harmonizações.[105]

Na mesma direção vai Echavarría, ao sustentar que os Direitos Fundamentais são constitucionalizados como um conjunto, e não isoladamente, o que implica reconhecer o cenário complexo e plural no qual estão inseridos tais direitos, e a necessidade de compatibilizá-los com o universo correspondente de garantias existentes, em nome exatamente da integridade do sistema jurídico.[106]

É esta compreensão que autoriza o entendimento de que não existe relação necessária entre o conceito de Direito Fundamental e o de restrição a tal direito, isto porque os elementos restritivos se impõem por uma necessidade externa ao sistema jurídico, no sentido de compatibilizar os direitos de diferentes indivíduos como assim também os direitos individuais e os bens coletivos.[107]

---

por exemplo, em caso de dúvida sobre o âmbito da segurança social, deve seguir-se a interpretação mais conforme à realização efetiva desses direitos, a uma sua "efetividade ótima"; b) A inércia do Estado pode dar lugar à inconstitucionalidade por omissão, considerando-se que as normas constitucionais consagradoras desse tipo específico de direitos implicam a inconstitucionalidade de normas legais que não desenvolvam a realização do direito fundamental ou a realizem diminuindo a efetivação legal anteriormente atingida; c) E, por último, a proibição do retrocesso social (ou *evolução reacionária*), querendo com isso significar que, uma vez consagradas legalmente as "prestações sociais" (v. g., de assistência social), o legislador não pode depois eliminá-las sem alternativas ou compensações. Ver sobre o tema o trabalho excelente de BARCELLOS, Ana Paula de. O Mínimo Existencial e algumas fundamentações: John Rawls, Michael Walzer e Robert Alexy. In: TORRES, Ricardo Lobo (organizador). *Legimação dos Direitos Humanos*. Rio de Janeiro: Renovar, 2002, p. 11/49.

[104] SARLET, Ingo W. *Eficácia dos Direitos Fundamentais*. Op. cit., p. 371/372. Adverte Ingo que *como se pode constatar nos exemplos referidos, a dependência, da realização dos direitos sociais prestacionais, da conjuntura socioeconômica é tudo menos pura retórica. Negar que apenas se pode buscar algo onde este algo existe e desconsiderar que o Direito não tem o condão de – qual toque de Midas – gerar os recursos materiais para sua realização fática, significa, de certa forma, fechar os olhos para ao limites do real.*

[105] ALEXY, Robert. Direitos Fundamentais no Estado Constitucional Democrático: para a relação entre direitos do homem, direitos fundamentais, democracia e jurisdição constitucional. In: *Revista de Direito Administrativo*, vol.217, 1999, p. 160.

[106] ECHAVARRÍA, Juan Jose Solozabal. Algunas questiones basicas de la teoría de los derechos fundamentales. In: *Revista de Estudios Políticos* (Nueva Epoca), nº 71. Madrid: Nueva Epoca, 1991, p. 112.

[107] Aqui vale a advertência de PEREIRA, Jane Reis Gonçalves. *Interpretação Constitucional e Direitos Fundamentais*. Op. cit., p. 153, no sentido de que para a chamada Teoria Externa dos Limites aos Direitos Fundamentais – que é a de que estou falando –, a autonomia externa das pessoas é tida como valor fundamental não ilimitado, eis que pode ser restringida na medida necessária à preservação das liberdades dos outros e de valores comunitários, razão pela qual se *diferencia da filosofia liberal mais radical, que entende que os direitos individuais só podem ser restringidos por outros direitos individuais, mas não por valores comunitários*, como

A experiência norte-americana, em um dos seus mais sólidos fundamentos e tradições, que são os Direitos Civis e Políticos, admite a possibilidade de restrição exógena de alguns destes direitos em situações-limites:

> Most civil and political rights are not absolute. They are in some cases overridden by other considerations and rightly set aside in those cases. For example, some civil and political rights can be restricted by public and private property rights, by restraining orders related to domestic violence, and by legal punishments. Further, after a disaster such as a hurricane or earthquake free movement is often appropriately suspended to keep out the curious, to permit access of emergency vehicles and equipment, and to prevent looting. The International Covenant on Civil and Political Rights permits rights to be suspended during times "of public emergency which threatens the life of the nation" (article 4). But it excludes some rights from suspension including the right to life, the prohibition of torture, the prohibition of slavery, the prohibition of ex post facto criminal laws, and freedom of thought and religion.[108]

Quanto aos Direitos Sociais, concordo com o fato de que tal perspectiva contribui na demarcação de um claro limite ao reconhecimento de direitos originários a prestações sociais, de tal sorte que, mesmo em se tratando da garantia de um padrão mínimo (no qual a perda absoluta da funcionalidade do direito fundamental está em jogo), o sacrifício de outros direitos não parece ser tolerável,[109] porém, não posso assentir com a perspectiva de que se outorgue compreensão restritiva ao catálogo formal de direitos fundamentais sociais constitucionalizados, haja vista exatamente a função de projeto político para o presente e futuro que eles representam, postos, então, como objetivos e finalidades permanentes que todos devem perseguir, e não somente em situações de periclitação dos direitos que asseguram.

Por outro lado, mesmo como projeto de Sociedade no presente e no futuro, os Direitos Fundamentais não demarcam de forma exaustiva a ordem social, deixando espaços para outros interlocutores agir, representando um projeto civilizatório em que, por ser democrático, cabem distintos programas de potencialização voltados à dignidade da pessoa humana, pautados por critérios materiais e substantivos que estão impondo certa racionalidade passível de ser controlada publicamente.[110]

Decorre daqui que aqueles direitos econômicos, sociais e culturais, garantidos por normas de estalão constitucional, dispõem de vinculatividade normativa geral, e

---

querem RAWLS, John. *O Liberalismo Político.* São Paulo: Ática, 2000, p. 348; NIÑO, Carlos Santiago. *Fundamentos de Derecho Constitucional.* Buenos Aires: Astrea, 1992, p. 481; DWORKIN, Ronald. *Taking Rights Seriously.* Cambridge: Harvard University Press, 1978, p. 364 e seguintes; WALDRON, Jeremy. *Theories of Rights.* New York: Oxford University Press, 1990, p. 153/167.

[108] NARDULLI, Peter F. *The Constitution and American Political Development: an institutional perspective.* Illinois: University of Illinois Press, 1992, p. 82. Ou seja, mesmo em situações-limites, cumpre notar que os chamados direitos fundamentais que constituem o núcleo duro da pessoa humana devem ser preservados, eis que dizem respeito à proteção da própria existência.

[109] PEREIRA, Jane Reis Gonçalves. *Interpretação Constitucional e Direitos Fundamentais.* Op. cit., p. 153.

[110] No ponto, ver o trabalho de SANCHÍS, Luis Pietro. *El Juicio de Ponderación.* In Justicia Constitucional y Derechos Fundamentales. Madrid: Trotta, 2003. Da mesma forma, ver o texto de ABRAMOVICH, Victor e COURTIS, Christian. *Los Derechos Sociales como Derechos Exigibles.* Madrid: Trotta, 2002.

por isto não se apresentam como meros apelos ao legislador, programas ou linhas de direção política. Como normas constitucionais, ao contrário, apresentam-se como parâmetros de controle social, administrativo e judicial permanentemente, e, principalmente quando, por exemplo, esteja em causa a apreciação da constitucionalidade de medidas legais ou regulamentares que os restrinjam ou contradigam.[111]

Ocorre que este fórum da razão pública rawlsniano,[112] além de fazer colocar em marcha o sistema jurídico em nível de solução de controvérsias, tem produzido discursos legitimadores na esfera da política constitucional e de seus objetos sociais, e esta é uma nova atribuição à judicatura que deve ser bem executada sob pena de excessos desestabilizadores das instituições democráticas, e isto porque, se cabe efetivamente ao Judiciário demarcar, nos casos em que decide oficiosamente, valores e princípios constitucionais permanentes, hauridos do sistema jurídico como um todo, fora do quadro da luta política, não creio que isto possa se dar de forma neutra e objetiva como preconiza Rawls, com a limitação dos seus próprios valores sociais, haja vista que não são seres insensíveis à tradição e conjuntura que os identifica no tempo e espaço que ocupam.

Daí a importância de se ter presente a advertência de Habermas, no sentido de que se aceitar a racionalidade ilimitada da decisão judicial como objetiva e neutral, pressupõe uma racionalidade distinta da do legislador (associada a interesses e objetivos ideológicos e de determinada concepção de mundo e sociedade, construída no embate cotidiano da arena política), mas que tem legitimidade para atribuir, no caso concreto, sentidos e possibilidades normativas, o que transforma o discurso jurídico em discurso legislativo, sem, entretanto, passar pela mesma arena democrática de deliberação pública.[113]

Exemplificação disso é a experiência de alguns países no Ocidente que, preocupados em evitar expropriações jurisdicionais extremadas de competências dos

---

[111] QUEIROZ, Cristina M. M. *Direitos Fundamentais* (Teoria Geral). Op. cit., p. 151. Em outro texto, a mesma autora lembra que, por tais razões, *os tribunais de justiça constitucional vêm assumindo, cada vez mais, de forma significativa, funções de legislador positivo, oportunidade em que a decisão do Tribunal Constitucional não se limita unicamente a suprimir o preceito legal contrário a Constituição, antes incorpora uma "nova' norma ("norma sub-constitucional") na ordem jurídico-constitucional*. QUEIROZ, Cristina. *Interpretação Constitucional e Poder Judicial*. Coimbra: Coimbra Editora, 2000, p. 162.

[112] RAWLS, John. *Political Liberalism*. Op. cit., p. 231. Importa referir que não discordo da tese em si que sustenta esta argumentação, até porque, junto com Pisarello, tenho que a Constituição e o Constitucionalismo hodiernos precisam ser compreendidos como *instrumento de auto-contención política, económica y ecológica de desacelarción de la acumulación de poderes y de reconstrucción de la solidariedad entre los miembros más vulnerables de la sociedad*. In PISARELLO, Gerardo. *Del Estado Social Legislativo al Estado Social Constitucional: por una protección compleja de los derechos sociales*. In Revista Isonomia, nº 15. Octubre. Madrid: Cedam, 2001, p. 92. O problema é demarcar, mesmo que genericamente, quais são os limites e a extensão destas competências no âmbito operacional do cotidiano.

[113] HABERMAS, Jürgen. *Direito e Democracia: entre faticidade e validade*. Op. cit., p. 283. Novamente Bercovici, de forma percuciente, sustenta que, nesta linha de argumentação, *os juízes, e não mais a política partidário-parlamentar, vão se arrogar a função de concretizar a constituição*, e isto porque, *a supremacia dos tribunais constitucionais sobre os demais poderes caracteriza-se pelo fato de os tribunais pretenderem ser o cume da soberania, da qual disporiam pela sua competência para decidir em última instância com caráter vinculante. Desta forma, o tribunal constitucional transforma-se em substituto do poder constituinte soberano*. BERCOVICI, Gilberto. *Ainda faz sentido a Constituição Dirigente?* Op. cit., p. 157.

demais Poderes e da própria Sociedade Civil, ameaçando com isto as instituições da Democracia Representativa, têm-se utilizado de controles mais preventivos e possibilitadores da revisão de comportamentos violadores de direitos, como no direito francês,[114] ou recomendações jurisdicionais ao legislador (por exemplo), instando-o para que, num determinado prazo, enfrente a ausência ou retificações de normativas de casos em que se haja concedido privilégios ou compensações insuficientes em matéria de direitos fundamentais, como na experiência italiana.[115]

No caso brasileiro, de igual sorte tem-se desenvolvido este tema, ao menos no plano informal, a partir de institutos como o do Mandado de Injunção – art. 5º, LXXI, da Constituição Federal –, e as próprias ações de inconstitucionalidade (sem redução de texto, por exemplo[116]). Da mesma forma a jurisdição brasileira tem-se posicionado prospectivamente à proteção dos Direitos sob comento, *ex vi*:

a) O caso evidenciado pela Súmula nº 364[117] do Superior Tribunal de Justiça, aprovada pela sua Corte Especial, ampliando as situações em que se pode usar a proteção do bem de família, em face da Lei nº 8.009, de 1990, que o define como o imóvel residencial do casal ou unidade familiar que se torna impenhorável para pagamento de dívida. O projeto que deu origem à nova súmula foi relatado pela ministra Eliana Calmon e estendeu a proteção contra a penhora para imóveis pertencentes a solteiros, viúvos ou descasados. Entre os precedentes da Súmula nº 364, estão os Recursos Especiais nºˢ 139.012, 450.989, 57.606 e 159.851. Imaginem-se os impactos que esta decisão sumulado do STJ vai trazer ao mercado imobiliário, forçando-o a verdadeira reeducação comercial e mercadológica;

b) O caso do Habeas Corpus nº 76.874,[118] decidido pela 6ª Turma do Superior Tribunal de Justiça, tendo como relator o Min. Hamilton Carvalhido, sustentando que o cheque pré-datado, como ordem de pagamento à vista, emitido sem fundos, não caracteriza ilícito penal qualquer, uma vez que, aquele que recebe título para desconto futuro, à falta de provisão de fundos em poder do sacado no tempo da

---

[114] TENZER, Nicolas. *La societè dépolitisée: essai sur lês fondementos de la politique*. Paris: Presses Universitaires de France, 1998.

[115] FERRARA, G. *La Corte Costituzionale*. Bologna: Giuffrè, 2006, p. 44 e seguintes. Lembra Ferrara dos institutos das sentenças de inconstitucionalidade sem nulidade integral de texto, na Alemanha; das sentenças aditivas de princípios, na Itália, todas resultando em vias alternativas à promoção do controle e efetivação de Direitos Fundamentais, impulsionando e expandindo, sem sufocar, o debate sobre quem são os atores responsáveis pela garantia destes direitos.

[116] Dispondo a Lei Federal nº 9.868, de 10/11/1999, em seu art. 27, que: *Ao declarar a inconstitucionalidade de lei ou ato normativo, e tendo em vista razões de segurança jurídica ou de excepcional interesse social, poderá o Supremo Tribunal Federal, por maioria de dois terços de seus membros, restringir os efeitos daquela declaração ou decidir que ela só tenha eficácia a partir de seu trânsito em julgado ou de outro momento que venha a ser fixado.*

[117] A Súmula nº 364 tem a seguinte redação: o conceito de impenhorabilidade de bem de família abrange também o imóvel pertencente a pessoas solteiras, separadas e viúvas. *Atuou aqui o STJ como legislador positivo, eis que ampliou o próprio objeto da Lei Federal nº 8.009/90*.

[118] A decisão extinguiu, por falta de justa causa, a ação penal que condenou o ex-dono de uma casa noturna à pena de um ano e dois meses de reclusão por estelionato.

emissão, não está sendo induzido, nem mantido em erro, mas aceitando promessa de pagamento futuro, sendo, pois, sujeito passivo, pura e simplesmente, de obrigação descumprida, matéria que tem de ser solvida na área cível. O impacto que esta decisão traz para as relações comerciais tradicionais até então vigentes no país é estrondosa, haja vista que a caracterização do cheque como título de crédito de pagamento mediante apresentação vinha reforçando a figura típica do estelionado como verdadeira forma de pressão a sua liquidação por parte do emitente;

c) O caso do Direito Social à Greve dos servidores públicos, abordados pelos Mandados de Injunção n°s 670, 708 e 712,[119] junto ao Supremo Tribunal Federal, oportunidade em que a Egrégia Corte se manifestou no sentido de estender ao funcionalismo a Lei de Greve do setor privado (Lei Federal nº 7.783/89), haja vista a inexistência de lei própria regulamentando a matéria. Ocorre que, em se aplicando tal dispositivo ao funcionalismo público, o que se fará é inibir drasticamente as manifestações e reivindicações de milhares de trabalhadores, estimando o próprio governo federal que a aplicação da lei no setor público acabará com 90% das greves, já que as regras autorizam o corte do ponto dos grevistas. O interesse público de continuidade de serviços indispensáveis à sociedade pode chegar a este ponto de tolher o exercício de Direito Fundamental Social?

d) O caso do Recurso Especial nº 244847, do Superior Tribunal de Justiça, julgado pela 3ª Turma desta Corte, relator o Min. Antônio de Pádua Ribeiro, em que declarou nula, por considerá-la abusiva, a cláusula de contrato de seguro-saúde que exclui expressamente o tratamento de doenças infecto-contagiosas, no caso específico, a AIDS. Embora reconhecendo o relator que a jurisprudência do STJ seja tranquila no sentido de que não se aplica o Código de Defesa do Consumidor aos contratos anteriores à sua vigência, no caso concreto foi possível aplicá-lo, tendo em vista que se trata de negócio celebrado por tempo indeterminado, com perspectiva de longa duração e com execução continuada. Imagine-se o impacto que esta decisão vai trazer ao sistema de saúde no país.

e) O caso do Recurso Especial nº 395904,[120] julgado pela 6ª Turma do Superior Tribunal de Justiça, da relatoria do saudoso Min. Hélio Quaglia Barbosa, no sentido de garantir a um homossexual o direito a receber pensão previdenciária pela morte do companheiro com quem viveu por 18 anos. A decisão considerou "discriminatório" pretender excluir parte da sociedade – aqueles que têm relações homoafetivas – da tutela do Poder Judiciário sob o argumento de não haver previsão legal para a hipótese. O relator manteve o entendimento da segunda instância de que a lei federal de regência se preocupou em desenhar o conceito de entida-

---

[119] O Plenário do STF decidiu, nestes Mandados de Injunção, por unanimidade, declarar a omissão legislativa quanto ao dever constitucional em editar lei que regulamente o exercício do direito de greve no setor público e, por maioria, aplicar ao setor, no que couber, a lei de greve vigente no setor privado.

[120] Esclareça-se que no recurso especial, o INSS alegou que a Lei nº 8.213/91 foi afrontada pela decisão do Tribunal Regional Federal da 4ª Região, que julgou o caso, uma vez que a norma atinente à espécie considera *"companheira ou companheiro a pessoa que, mesmo sem ser casada, mantém união estável com o segurado ou com a segurada"*, não contemplando os homossexuais.

de familiar contemplando a união estável, sem excluir as relações homoafetivas. Também a própria Constituição Federal não excluiu tais relacionamentos, deixando uma lacuna que deve ser preenchida a partir de outras fontes do direito. É induvidosa aqui a natureza constitutiva de direito sem o devido processo legislativo, trazendo, por certo, impactos incalculáveis à previdência social.

Correta, pois, é a conclusão de Cristina Queiroz, ao sustentar que os direitos sociais fundamentais induzem pretensões subjetivas jusfundamentais em face tanto do Estado, como no âmbito das relações subjetivas privadas – eficácia horizontal dos direitos sociais – (densificados materialmente pelas regras constitucionais consagradoras dos direitos econômicos, sociais e culturais).

> O que ocorre, pura e simplesmente, é que o intérprete se encontra agora limitado, para além da "reserva do possível", por "exigências metódicas mais exigentes" que o forçam a procurar uma "relação de adequação" entre o "texto da norma" e a "situação concreta" a que se aplica. Isto implica, entre outras coisas, a verificação da existência de recursos orçamentais e financeiros disponíveis que garantam a "efectividade óptima" desses direitos e pretensões no quadro de uma "liberdade de conformação" a favor do legislador.[121]

Ela está falando exatamente da dimensão eficacial destes direitos, na medida em que há que se atentar para o fato de que as suas concretizações se relacionam a um universo de variáveis que se comunicam diretamente com tais possibilidades (orçamentárias, econômicas, envolvendo políticas públicas de outros segmentos sociais e institucionais, etc.), razão pela qual ganham força as razões de justificação e fundamentação das decisões políticas ou judiciais que contemplam direitos (notadamente os sociais fundamentais), constituindo a argumentação que irá sustentar os dispositivos vinculantes e concretos destas deliberações (políticas públicas concretas, partes dispositivas das decisões administrativas e judiciais etc.).

Pode-se falar, então, sobre a natureza e eficácia *preceptiva* daquelas decisões, não meramente descritivas, eis que, mesmo naquelas que não acolhem direitos ou são meramente interpretativas da postulação de direitos, elas vão constituir um conjunto de direitos e princípios gerais (elaborados na fundamentação), outorgando justificação material às normas individuais e coletivas expressas no sistema jurídico vigente.[122] Daí estar correta a assertiva de Cristina Queiroz ao sustentar que o núcleo da decisão (administrativa, legislativa ou judicial) sobre direitos – notadamente os fundamentais sociais –, o seu conteúdo normativo, não se encontra na conclusão *(decisium),* que possui os efeitos característicos de uma

---

[121] Idem, p. 185. É muito feliz a advertência da autora no sentido de que a característica central do sistema jurídico situa-se agora na actividade judicial. É no poder judicial, na prática dos tribunais, que o direito desenvolve a sua função de garantia da paz social. Na passagem do Estado de direito ao Estado social de direito, com efeito, o juiz não se limita unicamente a uma exegese puramente formal dos textos jurídicos, antes deve justificar: (fundamentar) o significado da norma jurídica e pô-la em harmonia com a nova realidade social, voltando a desenvolver a antiga função de "mediador" entre grupos e interesses entre o direito e a justiça. Ver também o texto de COTTA, Sergio. Il giudice e la política: um rapporto da decifrare. In: Cotta/Benda/Malinervi (eds.). *Richter und Politik, Heidelberger*, 1978, p. 23 e seguintes.

[122] Ver o texto de GUASTINI, Ricardo. Il Diritto come linguaggio, il linguaggio del diritto. In: *Problemi di Teoria Del Diritto*. Bolonha: Daltricce, 2001, p. 113.

res judicata, mas nas razões de justificação e fundamentação que estão presentes nos argumentos que conduziram a esta. É nessa decisão assim concebida que se estabelece a *regra de direito,* que contém não apenas a deliberação sobre a validade ou invalidade da norma, mas ainda o raciocínio jurídico em que se baseou, genericamente, o *conteúdo relevante da norma.*[123]

Entra exatamente aqui o problema da delimitação do âmbito dos direitos fundamentais sociais – e suas restrições –, como quer Canotilho e Vital Moreira,[124] até como critério de proteção destes direitos quando, cotejados com as possibilidades de suas concretizações, necessitam ser viabilizados, levando em conta o universo de outros direitos que podem ser impactados com a solução do caso concreto, gerando o que se tem chamado de restrições ao *exercício* dos direitos fundamentais sociais, ou seja, os Direitos Fundamentais Sociais colocam quase sempre um problema quantitativo, relacionado ao fato de saber: quantos meios de subsistência? Quanta instrução? Quanto trabalho? Quanta (e que) habitação? *No limite, a questão constitucional refere-se estritamente a um problema de delimitação: como traçar os limites de um direito subjectivo sem violar o princípio da igualdade?*[125]

E isto é assim em face das características especiais destes Direitos, como bem lembra o autor português, a saber e exemplificativamente: (a) pela graduação de sua realização; (b) pela dependência financeira do orçamento do Estado; (c) pela liberdade de conformação do legislador quanto às políticas de realização de tais Direitos; (e) por serem insuscetíveis de controle jurisdicional os programas político-legislativos, exceto quando se apresentam explicitamente inconstitucionais ou irrazoáveis.[126]

Por certo que tal restrição não é puramente discricionária, mas está assentada na base normativa fundamentalizante da ordem constitucional e infraconstitucio-

---

[123] QUEIROZ, Cristina. *Interpretação Constitucional e Poder Judicial.* Coimbra: Coimbra Editora, 2000, p. 169. Por esta razão a autora vai reconhecer em seguida (p. 203), que a questão da ordenação dos direitos em caso de conflito prático implica problema de interpretação, devendo-se perguntar se o âmbito normativo do preceito em causa inclui ou não certa situação ou um modo concreto de exercício do respectivo direito, decorrendo daí, em sua opinião, a necessidade de delimitação de uma doutrina do *conteúdo essencial* (ou alcance central de aplicação dos direitos), exatamente com o fito de torná-los mais compatíveis uns com os outros, e para que se possa falar de restrições ao exercício de direitos (sob pena de arbitrariedades interpretativas destituídas de fundamentos racionais e jusfundamentais).

[124] CANOTILHO, José J. Gomes; MOREIRA, Vital. *Constituição da República Portuguesa Anotada.* Coimbra: Coimbra Editora, 2003, p. 152. Em outro texto, estes mesmos autores lembram que deve prevalecer, no âmbito da interpretação e aplicação do sistema normativo, atribuições de sentido que restrinjam menos os direitos fundamentais, que lhes dêem mais proteção. No caso dos direitos de liberdade, esta regra equivale ao princípio *in dúbio pro libertate*; no caso dos direitos de participação, significa que, na dúvida, se deve optar pela participação mais ampla e mais intensa; no caso dos direitos sociais, traduz-se em eleger o sentido que em maior medida e para mais pessoas lhes der satisfação. In CANOTILHO, José Joaquim Gomes; MOREIRA, Vital. *Fundamentos da Constituição.* Coimbra: Coimbra Editora, 2000, p. 146.

[125] QUEIROZ, Cristina M. M. *O Princípio da não reversibilidade dos Direitos Fundamentais Sociais.* Op. cit., p. 67.

[126] CANOTILHO, José Joaquim Gomes. Metodologia "Fuzzy" y "Camaleones Normativos". In: *Problemática Actual de los Derechos Económicos,* Sociales y Culturales, Derechos y Libertades, vol.06. Madrid: Civitas, 1998, p. 42.

nal, razão pela qual se afigura indispensável que os pressupostos de fato e as consequências jurídicas das normas consagradoras de direitos fundamentais sejam determinadas – no máximo possível – de forma a garantir validade, efetividade e vinculatividade desses direitos e pretensões no seu conjunto.

Em face disto, os autores portugueses alertam para os cuidados que se têm de ter sobre os limites imanentes não escritos dos direitos fundamentais, exigindo que, ao demarcá-los:

> a) A lei deve limitar-se a revelar ou a concretizar limites de algum modo presentes na Constituição. Não deve admitir-se a criação autónoma de limite supostamente imanentes; b) A definição desses limites deverá mostrar-se como único meio de resolver conflitos de outro modo insuperáveis entre direitos constitucionais de idêntica natureza; c) Essa limitação de direitos, em caso de conflito prático, deve ser reduzida ao estritamente necessário à superação do conflito.[127]

Disto decorre, inexoravelmente, o questionamento que Queiroz apresenta de forma percuciente, envolvendo a natureza absoluta ou relativa do conteúdo essencial dos direitos fundamentais sociais, perquirindo se a proteção de tais direitos só se dá a conhecer em cada caso concreto, mediante uma ponderação de bens ou interesses concorrentes (conteúdo relativo), ou se, pelo contrário, possui substancialidade própria, delimitável, independentemente da colisão de interesses verificada no caso concreto (conteúdo absoluto).[128]

Não tenho dúvidas de que a natureza dos direitos fundamentais sociais é absoluta, em face do bem da vida que ele alcança, indisponível e necessário ao exercício de uma vida digna, possibilitando ainda a efetividade dos direitos individuais em máxima extensão. O que ocorre no particular é que o processo de efetivação destes direitos podem possuir dimensões diferidas e exógenas, em face do universo de demandas e interesses igualmente protegidos juridicamente que potencialmente podem ser atingidos na espécie.[129]

---

[127] CANOTILHO, José Joaquim Gomes. Metodologia "Fuzzy" y "Camaleones Normativos". In: *Problemática Actual de los Derechos Económicos*, Sociales y Culturales, Derechos y Liberdades, vol.06. Madrid: Civitas, 1998, p. 153. Advertem os autores ainda que *deve-se ter presente que os limites imanentes não deixam de ser restrições ao âmbito do exercício dos direitos fundamentais. Tais limites não são originários. Surgem ante da necessidade de configurar ou compatibilizar direitos fundamentais com outros direitos ou princípios constitucionais*. Como contraposição a esta perspectiva, ver o texto de GUERRERO, Manuel Medina. *La vinculación negativa del legislador a los derechos fundamentales*. Madrid: McGraw-Hill, 1996, no sentido de que toda a atividade legislativa reguladora dos Direitos Fundamentais só pode ser de *delimitação*, ou seja, de fixação de seus contornos – ou limites internos –, uma vez que seus conteúdos constitucionais são intangíveis; que a atividade judiciária de interpretação não pode importar em restrições, ou afastamento de direitos, devendo limitar-se a buscar o enquadramento da situação fática posta em juízo na definição constitucional do direito. Nesta direção também o texto de PEREIRA, Jane Reis Gonçalves. *Interpretação Constitucional e Direitos Fundamentais*. Op. cit., p. 140 e seguintes.

[128] QUEIROZ, Cristina M. M. *Direitos Fundamentais* (Teoria Geral). Op. cit., p. 213. Refere a autora que as chamadas cláusulas restritivas destes direitos fundamentais devem efetivamente ser interpretadas restritivamente, pelo fundamento de que *esta necessidade de interpretação restritiva das cláusulas restritivas dos direitos, liberdades e garantias, implica um teste forte de proporcionalidade, pois só a partir deste se poderá determinar, no caso, se uma restrição específica resulta ou não compatível com a natureza do direito em causa*. Idem, p. 213.

[129] E com esta posição quero explicitar minha divergência em relação aqueles que acreditam que estes Direitos Fundamentais Sociais estariam ainda dependentes de futuras e complementares disposições legais, retirando sua

Em face disto, Flávia Piovesan tem dito que, se os direitos civis e políticos devem ser garantidos de plano pelo Estado e de pronto, em face de sua autoaplicabilidade, os direitos sociais, econômicos e culturais, por sua vez, consoante o tratamento que lhes dão os documentos internacionais, *apresentam realização progressiva*.[130]

Daí a advertência de Queiroz no sentido de que, neste tema, é preciso reconhecer que o Estado toma função nodal, a uma porque se tratam os direitos fundamentais sociais de competência institucional e constitucional a ele outorgada; a duas, porque tanto sociedade civil como mercado não estão estruturadas e/ou interessadas em tal mister. No exercício deste mister, o Estado contemporâneo precisa, pois, levar em conta que é a própria natureza social dos direitos fundamentais que está a exigir *ações concretizantes equalizadas ao universo de demandas que precisam ser atendidas*, o que implica estratégias distributivas de direitos não esvaziadoras de outros direitos (individuais *x* sociais; individuais *x* individuais; sociais *x* sociais).[131]

Com tal proposição, estou discordando da tese dworkiniana no sentido de que no processo de aplicação do sistema jurídico impõe-se uma ponderação de bens a partir da lógica de que os direitos individuais, enquanto definitivos, e não *prima facie*, não podem ser contrapesados em face de direitos coletivos gerais, eis que não se afigura como meio de realização de um interesse ou bem coletivo geral, mas é autônomo e como tal tem de ser tratado.[132]

---

força constitucional imediata, haja vista constituírem *pretensões legalmente reguladas*, ou seja, direitos criados por leis – neste sentido a reflexão de ANDRADE, J. C. Vieira de. *Os Direitos Fundamentais na Constituição Portuguesa de 1976*. Coimbra: Coimbra Editora, 2004, p. 391. Na página 406, o autor chega a afirmar que: *Só uma vez emitida legislação destinada a executar os preceitos constitucionais em causa (isto é, relativos aos direitos fundamentais sociais) é que os direitos sociais se consolidarão como direitos subjectivos plenos, mas, então, não valerm nessa medida conformada, como direitos fundamentais constitucionais, senão enquanto direitos criados por lei*. No mesmo sentido BASSHAM, Gregory. *Original Intent and the Constitution: a philosophical study*. Pensylvania: Rowman and Littlefield, 2006, p. 82 e seguintes.

[130] PIOVESAN, Flávia. *Proteção Internacional dos Direitos Econômicos, Sociais e Culturais*. In Direitos Fundamentais Sociais: estudos de direito constitucional, internacional e comparado. Rio de Janeiro: Renovar, 2003, p. 244 e 247.

[131] Na dicção de Queiroz, com o que concordo, *o que importa não será já distinguir as "garantias institucionais" dos "direitos fundamentais", concebendo estes últimos como direitos subjectivos destinados a proteger as esferas de liberdade individual face ao Estado e, neste sentido, declará-los, unicamente, com exclusão das garantias institucionais, como "direitos fundamentais no sentido forte e rigoroso do termo", mas de reconhecer aos direitos fundamentais em si mesmos "garantias institucionais objectivas", independentemente da natureza "objectiva" ou "subjectiva" do direito em causa. A esta luz, os direitos fundamentais devem ser analisados a partir de uma compreensão que vá para além do seu carácter tradicional como "direitos jurídico-subjectivos" ou "direitos de defesa" em prol de uma "compreensão constitucional" que tenha em conta o "sentido jurídico-objectivo" desses direitos e pretensões no seu conjunto. Que os compreenda, em suma, na sua "função" como expressando um "sistema" ou "ordem concreta de valores" com todas as conseqüências daí decorrentes.* Cita a autora aqui o trabalho de STERN, Klaus. *Das Staatsrecht der Bundesrepublik Deutschland*, III, 1 "Allgemeine Lehren der Grundrechte", Munique, 1988, p. 207. Idem, p. 226.

[132] DWORKIN, Ronald. *A Matter of Principle*. Cambridge: Harvard University Press, 1985, p. 359 e seguintes. Isto significa que igualmente não se pode aceitar a tese de que há uma regra de precedência *prima facie* geral dos direitos individuais face aos bens coletivos, incorporada, por exemplo, na premissa de que *in dúbio pro libertate*, ratificada pela teoria norte-americana das *preferred freedoms* (conforme AGRESTO, John. *The Supreme Court and Constitutional Democracy*. Ithaca: Cornell University Press, 2004, p. 118 e seguintes), porque isto significaria não valorar como condição de possibilidade do direito individual o impacto que ele provoca no universo de direitos que se enrcontram ao seu entorno.

Como lembra Queiroz, o que Dworkin está propondo é que, nos chamados casos difíceis constitucionais, *a intervenção do poder judicial, que não lida com argumentos finalísticos de preferências subjectivas, mas com argumentos de princípios, referentes aos direitos fundamentais* (notadamente individuais), *é superior à própria intervenção legislativa*.[133] Tal intervenção, que se dá notadamente pela via da interpretação do sistema na sua aplicação à solução de casos concretos, vai transferindo a soberania do legislador para o intérprete-julgador, o que é positivo e negativo, dependendo da forma como isto é feito e os impactos que pode causar nas estruturas institucionais e sociais vigentes.[134]

Tal postura da filosofia liberal norte-americana referida tem como consequência: (a) a afirmação da prioridade dos direitos fundamentais individuais sobre a idéia de bem público (coletivo), colocando a Declaração dos Direitos e os Direitos em geral fora do alcance da maioria; (b) o Governo, em face disto, não pode impor uma concepção particular de bem comum (um projeto político para o presente e o futuro, pela via Constitucional), já que o indivíduo se apresenta como prioritário em relação aos fins públicos.[135]

Por certo que tais premissas se estribam na perspectiva rawlsniana de uma sociedade absolutamente desenvolvida e equilibrada (sociedade justa), em que os Direitos Fundamentais estejam contemplados com altos níveis de satisfação social, na qual: (a) não se deve tentar cultivar a virtude nem impor aos seus concidadãos fins particulares; (b) se deve facultar a estes cidadãos um esquema de direitos neutro perante os fins, no quadro do qual as pessoas possam livremente cultivar as suas próprias concepções de bem comum,[136] o que por certo não alcança uma sociedade como a brasileira, com profundos défices individuais e sociais atinentes ainda aos Direitos Fundamentais de igualdade.

De qualquer sorte, um bom aprendizado da jurisdição norte-americana é no sentido de que cada caso envolve e demanda do decisor um equilíbrio de interesses sociais, constante e inevitável, o que implica contrapesar harmonizadamente o ajustamento do caso concreto ao universo em que ele se encontra,[137] operan-

---

[133] DWORKIN, Ronald. *Law's Empire*. London: The Fontana Press, 1986, p. 339.

[134] Neste ponto, assenta FISHER, Louis. *Constitutional Dialogues: interpretation as political process.* Princeton: Princeton University Press, 2001, p. 72: *Awareness of the potential creativity within the judicial function has been heightened by two main factors: a different approach to the method of interpretation and the radical transformation of the role of law and government in modern "welfare" societies. The new interpretative approach was called the "revolt against formalism," and it is characterized by two innovative elements, which both display modes of judicial creativity: the method of systematic interpretation and the relevance of the choice element for the judges.*

[135] Ver a crítica procedente de ALEEN, Anita; REGAN, Milton C. *Debating Democracy's Discontent. Essays on American Politics, Law and Public Philosophie.* Oxford: Oxford University Press, 1998. Na mesma direção, o texto de HORWITZ, Morton. *The transformation of american law 1870-1960: the crises of legal orthodoxy.* Oxford University Press, 1992.

[136] RAWLS, John. *A Theory of Justice.* Cambridge: Harvard University Press, 1971, p. 187.

[137] CARDOZO, Benjamin N. *The Paradox of Legal Science.* New York: Columbia University Press, 2001, p. 72-73. Decorre desta compreensão as teses de RAWLS, John. *A Theory of Justice.* Op. cit.; *Political Liberalism.* New York: Mendell, 1991, p. 173, 289, 294 ss., bem como SUNSTEIN, Cass R. *After the Rights Revolution.*

do-se para tanto necessária ponderação de argumentos voltados a direitos, bem como os próprios interesses do caso, enquanto procedimento racional que conduz a uma única solução (como objeto finalístico). Mas não só isso, também se faz necessário o que Dworkin[138] chama de uma *Teoria Político-Normativa* do sistema jurídico e de sua inserção social, geradora de esquema interpretativo conforme os parâmetros constitutivos da concepção de democracia constitucional, que por ser complexa, demanda igual teoria constitucional complexa, capaz de levar em conta todas estas variáveis debatidas, dentre as quais, a da co-responsabilidade comunitária na efetivação dos Direitos Fundamentais Sociais.

A pragmática norte-americana tem tratado isto na perspectiva da necessária passagem de um *Welfare State* para um *Workfare*, isto é, urge associar ao Estado Social de Direito um Estado Social Contributivo, de deveres compartidos entre Estado, Sociedade e Mercado, concebendo os Direitos Fundamentais Sociais também como Deveres Fundamentais Sociais, para os quais todos os potencialmente titulares sujeitos de direitos têm responsabilidades na gestão racional de suas efetivações, fazendo com que se equilibre na máxima potência a infinitude de demandas com a finitude dos recursos para atendê-las.[139]

Queiroz faz, neste ponto, acertada advertência:

> A existência de uma regra de "proporcionalidade" apela a um cálculo de "optimização" segundo o modelo da "teoria dos jogos", visível na ordenação dos dois "princípios de justiça" formulados por Rawls (John Rawls, A Theory of Justicy (trad. cast. "Teoria de la Justicia"), México, Madrid, 1979, p. 82 ss.): o que vai do "princípio da diferença" até à exigência de uma "igualdade de oportunidades". Estes critérios correspondem ao princípio da "proporcionalidade" do direito constitucional alemão. Este afirma que a intervenção do legislador, limitativa dos direitos fundamentais, deve resumir-se a uma intervenção "necessária", "adequada" e "proporcional", uma espécie de "limite dos limites" (Schranken-Schranke), funcionando a proporcionalidade como "método de racionalização" da limitação dos direitos fundamentais. Deste modo, quanto mais um direito resulte limitado em função do contrapeso efectuado pelos tribunais tanto mais se justificaria um "controle de razoabilidade" (Dian Shefold, Aspetti di ragionevolezza nella giurisprudenza costituzionale tedesca, in: 'Il princípio di ragionevolezza

---

Cambridge: Harvard University Press, 1990, p. 181, 186 ss., no sentido de que surge em face destes cenários uma ordenação de princípios de *prioridade* e *harmonização*, os primeiros conduzindo a uma *hierarquia de princípios interpretativos;* os segundos, a um princípio de *conciliação* em caso de conflito prático, variando o grau de proteção da norma segundo as circunstâncias do caso a que se aplicam. Ver igualmente o texto do mesmo autor chamado SUNSTEIN, Cass. *Designing Democracy: What Constitutions Do*. New York: Oxford University Press, 2001.

[138] DWORKIN, Ronald. *Freedom's Law. The moral reading of the American Constitution*. New York: Oxford University Press, 1996, p. 296.

[139] Ver o texto de PATEMAN, Carole.The Patriarcal Welfare State. In: *The Disorder of Women*. Cambridge: United Kingdom, 2000. Lembra o autor que historicamente os constitucionalistas dos países industrializados e com crescimento econômico mais associado ao desenvolvimento social têm-se perguntado por que os países que têm se comprometido, inclusive em documentos internacionais, com os Direitos Sociais, insistem na tese da necessidade de se pensar suas concretizações de forma progressiva: *Why did the Social Covenant opt for progressive implementation and thereby treat its rights as being somewhat like goals? The main reason, I think, is that more than half of the world's countries were in no position, in terms of economic, institutional, and human resources, to realize these standards fully or even largely. For many countries, noncompliance due to inability would have been certain if these standards had been treated as immediately binding.* (p. 87).

nella giurisprudenza della Corte costituzionale. Riferimenti comparatistici", Milão, 1994, p. 126 ss.).[140]

Ganha força novamente aquela discussão feita por Rawls (anteriormente apresentada) quanto a determinados conteúdos constitucionais essenciais que não podem jamais periclitar sob pena de colocar em risco um mínimo existencial tão vital que, sua ausência, compromete a própria vida humana (sequer estou falando de vida digna – é algo anterior a tal adjetivação, porque diz com a sobrevivência humana). Os limites a tais direitos, pois, só serão admissíveis quando se mostrarem *wesensmäßig*, isto é, conformes ao conteúdo substancial dos direitos fundamentais – em especial nos seus processos de equalização concreta.[141]

Tais estratégias equalizadoras de direitos – superado o prévio processo de dimensionamento de pesos que tomam diante do caso concreto – têm sido objeto de preocupação reflexiva em diversos países e culturas jurídicas, como a dos EUA, onde a problematização destas questões se traduz em metodologias de abordagem dos casos concretos envolvendo direitos subjetivos de estatura jurídica similares. Aqui, tem competido essencialmente aos poderes públicos, no difícil trato de direitos que colidem entre si, o ônus de provar: (a) que é preciso avaliar sempre e em primeiro lugar se existe um interesse público relevante ou extraordinário *(compelling state interest)*, que deverá tomar precedência sobre o direito individual ou social postulado; (b) que há uma conexão estrita entre esse interesse público relevante ou extraordinário alegado e a proteção do mesmo no caso concreto; (c) que de nenhum outro modo poderia o legislador, o administrador ou o Judiciário proteger esse interesse por outra via de menor impacto discriminatório.[142]

---

[140] QUEIROZ, Cristina M. M. *Direitos Fundamentais* (Teoria Geral). Op. cit., p. 255. Adverte a autora, em outro texto, que o subprincípio da proporcionalidade em sentido estrito respeita a justa medida ou relação de adequação entre os bens e interesses em colisão ou, mais especificamente, entre o sacrifício imposto pela limitação e o benefício por ela prosseguido, ou, em outras palavras, representa a otimização em face aos princípios que jogam em sentido contrário. Tal raciocínio vem ao encontro da necessidade de se cotejar, na efetivação dos Direitos Fundamentais Sociais, da forma mais ampla possível, todos os interesses envolvidos, individuais e sociais. Ver o texto QUEIROZ, Cristina M. M. *O Princípio da não reversibilidade dos Direitos Fundamentais Sociais*. Op. cit., p. 41. Advirto que não vou entrar, ao longo deste trabalho, na discussão se esta proporcionalidade se afigura como regra, princípio, norma metodológica (vide SILVA, Virgílio. O proporcional e o razoável. In: *Revista dos Tribunais*, vol.798. São Paulo: Revista dos Tribunais, 2002, p. 23/50), ou, como quer ÁVILA, Humberto Bermann. *Teoria dos Princípios*. São Paulo: Malheiros, 2002, p. 81, *postulado aplicativo normativo*, eis que ela é, a meu sentir, de todo infrutífera à solução de casos concretos envolvendo Direitos Fundamentais Sociais.

[141] Idem, p. 216. A autora está se referindo aqui ao trabalho de Härbele, Peter. *La liberta fondamentali nello Stato constitucionale*. Roma: Feltrinelli, 1993, p. 242 ss, advertindo que *esse "conteúdo" ou "essência" do direito fundamental transcende a esfera da liberdade individual do respectivo titular para se apresentar como uma espécie de "barreira última" na concretização do direito. Essa "função positiva" ou "objectiva" do "conteúdo essencial" impõe, por fim, a "exigibilidade", "adequação" e a "proporcionalidade" em "sentido estrito" dos actos do poder público face aos fins que estes se propõem legitimamente prosseguir.*

[142] O Estado (Administrador, Legislador ou Juiz) vê-se obrigado a justificar (fundamentar) essa limitação, demonstrando e provando, no *caso concreto*, não apenas uma relação próxima *(close fit)* entre a justificação oferecida e os meios de que se serviu para promover direitos, mas ainda que de entre os meios possíveis escolheu não apenas os menos drásticos ou discriminatórios, mas ainda os *mais constitucionais*, os únicos que no confronto com a Constituição e os órgãos politicamente conformadores *resultam constitucionais* porque menos gravosos *(less restritive)* para o direito fundamental apreciado no caso. Neste sentido, ver os textos de: TRIBE, Laurence

É óbvio que uma boa parte da doutrina mais conservadora do constitucionalismo norte-americano trabalha ainda com a idéia de que os Direitos Fundamentais Sociais: *1) they do not serve truly fundamental interests; (2) they are too burdensome on governments and taxpayers; and (3) they are not feasible in less-developed countries.*[143]

Na própria jurisdição alemã, resguardadas as críticas que se possam fazer de tal posicionamento, igualmente em épocas passadas sustentou a tese da *cláusula da comunidade* como noção de limite imanente dos Direitos Fundamentais, tomando como pressuposto que tais direitos não poderiam ser invocados quando seu exercício colocasse em risco bens jurídicos relevantes à comunidade.[144]

Todos estes novos cenários acarretam uma mudança de função (e significado) na Constituição. Esta não representa, como quer Queiroz, a fronteira entre o Estado e a Sociedade, como no modelo constitucional liberal, nem tampouco se apresenta como um sistema de regras para a luta política que o legislador se encontra obrigado a respeitar. *A Constituição hodierna compreende a mais um projecto político, um modelo de desenvolvimento para o futuro, um futuro que não se pode prever, mas apenas construir.*[145] Constitui, nestes termos, um projeto inacabado, na dicção de Habermas.[146]

Mas o que significa compreender a Constituição como veiculadora de um projeto político inacabado (no presente e prospectivo do futuro)? Significa que sua efetivação não tem termo de conclusão e, por isto, não pode exaurir o presente sob pena de inviabilizar o futuro. Todas as possibilidades de concretização do projeto político e social da Constituição precisam ter em conta sua abrangência universal e integral do tecido social, não criando armadilhas que façam sucumbir interesses legítimos comunitários (direitos subjetivos coletivos ou difusos), em face do atendimento de interesses legítimos individuais (direitos subjetivos individuais).

Vem em boa hora a advertência de Alexy neste sentido, quando assevera que no que tange ao conceito de ordem fundamental, ela se revela como um problema de compatibilidade entre a idéia de ordem quadro e a de otimização, razão

---

H. *American Constitutional Law.* New York: Mineola, 2002, capítulo 16; SUNSTEIN, Cass R. *The Partial Constitucional.* Cambridge: Harvard University Press, 1993, p. 30, 31, 291 ss.; GUNTHER, Gerald. *Constitutional Law. Cases and Materials.* New York: The Foundation Press, 1991, p. 608 ss.

[143] NICKEL, Robert. *Are Social Rights Genuine Human Rights?* New York: Fellow Editors, 2007, p. 49. Ver também o texto de VESPAZIANI, Alberto. *Interpretazioni del bilanciamento dei diritti fondamentali.* Padova: Antonio Milani, 2002, p. 27. É preciso ter presente aqui que, nos EUA, em especial ao longo das décadas de 1960 e 1970, com a Corte Warren, ocorreu significativa expansão conceitual e protetiva dos direitos sociais, notadamente com a aplicação da cláusula da *equal protection*, traduzida na XIV Emenda, havendo impactante retrocesso logo em seguida com a Corte Burger, no sentido de reduzir o ativismo judicial concretizador daqueles direitos sociais, operando com a lógica do *minimal protection*.

[144] Conforme CARA, Juan Carlos Gavara de. *Derechos Fundamentales y Desarollo Legislativo: la garantia del contenido esencial de los Derechos Fundamentales en la Ley Fundamental de Bonn.* Madrid: Centro de Estúdios Constitucionales, 1994, p. 274 e seguintes.

[145] QUEIROZ, Cristina M. M. *Direitos Fundamentais* (Teoria Geral). Op. cit., p. 230.

[146] HABERMAS, Jürgen. *Direito e Democracia: entre facticidade e validade.* Op. cit., p. 465.

pela qual parte da Teoria Constitucional contemporânea tem concebido a ordem constitucional sob a perspectiva quantitativa e qualitativa. Em sua perspectiva quantitativa, a ordem constitucional pouco tem a ver com a discricionariedade dos agentes e instituições públicas e privadas, haja vista que para tudo haveria ou mandatos ou proibições.[147] Já na perspectiva qualitativa, uma ordem constitucional seria substantiva se mediante ela se decidem assuntos fundamentais à comunidade, configurando-se uma verdadeira ordem quadro a Constituição, deixando questões abertas à política.

É esta compreensão qualitativa da ordem constitucional que autoriza as seguintes conclusões: (a) que a Constituição deve ordenar e proibir algumas coisas, estabelecendo um *quadro*; (b) que a Constituição deve confiar outras coisas à discricionariedade dos poderes públicos, deixando abertas margens de ação.[148]

Estas margens de ação seriam de duas ordens para Alexy: cognitiva e epistêmica. A primeira surge a partir da ausência de certeza quanto ao conhecimento do que está ordenado ou proibido pelos direitos fundamentais e do que estes confiam à discricionariedade legislativa, reconhecendo-se, então, ao Legislador e ao Executivo, uma margem de ação cognitiva de caráter normativo (solvendo o caso concreto – seja ele de natureza individual ou transindividual (coletivos ou difusos)). Já a margem de ação epistêmica encontra-se relacionada com o problema da divergência entre o que os direitos fundamentais ordenam, proíbem ou confiam à discricionariedade do legislador ou executor de políticas públicas, e o que razoavelmente se pode reconhecer como o que estes ordenam, proíbem ou autorizam *per si*.[149]

Veja-se que quando o legislador ou o executivo, no âmbito de seus misteres constitucionais e infraconstitucionais, ultrapassam ou extravasam de forma clara e manifesta suas margens de ações (ordinárias ou cognitivas), restaria autorizado o Judiciário, pela via do que o Tribunal Constitucional alemão chama de *controle de evidência*, a afastar o ato, ou limitá-lo ao âmbito do razoavelmente admitido no ponto, respeitada a margem de ação epistêmica para o caso. Na dicção de Queiroz: *O Tribunal só pode afastar o acto quando aqueles que têm o direito de fazer as leis não apenas incorreram em erro, como incorreram ainda num erro claro, tão claro que não pode ser objeto de uma questão racional.*[150]

---

[147] ALEXY, Robert. Epílogo a la teoría de los derechos fundamentales. In: *Revista Española de Derecho Constitucional*. N° 22. Novembro de 2002, p. 13 e ss. Recorda Alexy que esta é a idéia de Forsthoff, quando defende ser a Constituição como um *ovo jurídico originário*, que não deixa nada por decidir aos atores políticos cotidianos.

[148] Ver o texto de QUEIROZ, Cristina M. M. *O Princípio da não reversibilidade dos Direitos Fundamentais Sociais*. Op. cit., p. 14. Da mesma forma ver o texto de MIRANDA, Jorge. *Manual de Direito Constitucional*. Vol.IV. Coimbra: Coimbra Editora, 2000, em especial a partir da p. 311 e ss.

[149] ALEXY, Robert. *Epílogo a la teoría de los derechos fundamentales*. Op. cit., p. 50 e 51.

[150] QUEIROZ, Cristina M. M. *O Princípio da não reversibilidade dos Direitos Fundamentais Sociais*. Op. cit., p. 58. Daí sua acertada afirmação de que *a interpretação e a aplicação de direitos, e sobretudo de direitos fundamentais sociais, tem mais a ver com uma ciência do caso (case Law, fallnorm), do que uma ciência da regra, mas não deixa de apontar para uma solução de congruência entre o pressuposto de facto do direito e o âmbito de protecção ou âmbito de garantia efectiva do mesmo. Por óbvio que sempre atentando para o pressuposto de que as diferentes posições jurídicas constituídas por aqueles direitos não desçam abaixo de um nível que periclite*

A despeito disto, lembra a autora, com acerto, que, num sistema constitucional pluralista como é o da maioria dos países ocidentais, as normas consagradoras dos direitos fundamentais sociais devem configurar-se como abertas de modo a possibilitar diversas concretizações, todavia, levando em conta que:

> A ordenação de uma tutela estrita e rigorosa dos direitos fundamentais estende-se não apenas ao direito subjectivo qual tal, mas ainda ao círculo de situações juridicamente protegidas (Rechtslage, Rechtszustand). Traduz não apenas uma forte limitação da liberdade política do legislador (substantive due process) como ostenta ainda uma outra dimensão: a de que os direitos fundamentais se concebem hoje mais como uma questão de justiça do que como uma questão de política.[151]

Vai nesta direção a advertência de Böckenförde quando sublinha a ultrapassagem do conceito de Constituição como ordem quadro *(Rahmenordnung)* para uma *ordem fundamental da comunidade* (que compreende o Estado e a sociedade com os seus fundamentos básicos).[152] De acordo com essa concepção, os direitos fundamentais deixariam de ser percebidos, basicamente, numa relação meramente vertical Estado/cidadãos para se conceberem ainda a partir de mecanismos horizontais de garantia e proteção,[153] nos quais a tônica é, fundado em concepções de política republicanas, a participação no autogoverno dos interesses sociais, o que implicas deliberar conjuntamente com os outros concidadãos e suas instituições sobre objetivos, finalidades e interesses comunitários. Na dicção de Queiroz, isto tudo

> Tem a ver com o conhecimento dos assuntos públicos e um sentido de pertença, uma preocupação pelo todo, um vínculo moral com a comunidade cujo destino está em causa. Quer dizer, partilhar o auto-governo requer certas qualidades e características, isto é, virtudes cívicas. Isto significa que a política republicana não pode ser neutra no que concerne aos valores e fins que expõem os seus concidadãos. A concepção republicana de liberdade, ao contrário da concepção liberal, requer uma política formativa, uma política que cultive nos cidadãos as qualidades de carácter necessárias ao auto-governo.[154]

Por outro lado, a percepção de constituição como *ovo jurídico originário* na definição de Forsthoff não atende a natureza complexa das demandas e direitos envolvidos hodiernamente, eis que, *devido à pressão constitucional de optimização, se eliminaria a liberdade de configuração político do legislador*. Uma cir-

---

o que vou chamar de mínimo existencial fisiológico no próximo capítulo, não violando, pois, o dever de proteção a que o Estado se encontra obrigado *(princípio da proibição de insuficiência)*. Op. Cit., p. 75.

[151] Idem, p. 31.

[152] Idem, alertando de forma muito procedente que o conceito de constituição como ordem quantitativa transformou-se numa bandeira comum dos mais diversos opositores da idéia de otimização dos Direitos Fundamentais, com forte acento ideológico-liberal, no qual *os direitos fundamentais quedariam reduzidos a um padrão ou standard mínimo.* (p. 10).

[153] BÖCKENFÖRDE. Ernest-Wolfgang. Grundrechte als Grundstatznormen. Zur gegenwärtige Lage der Grundrechtsdogmatik. In: E.-W. Böckenförde. *Staat, Verfassung, Demokratie. Studien zur Verfassungstheorie und zum Verfassungsrecht.* Francoforte sobre o Meno, 1991, p. 174, citado por QUEIROZ, Cristina M. M. *Direitos Fundamentais* (Teoria Geral). Op. cit., p. 237.

[154] Idem., p. 288.

cunstância incompatível com os princípios do Estado de Direito e da divisão de poderes. Quer do ponto de vista quantitativo, quer do ponto de vista qualitativo, quedaria eliminada a margem de accção legislativa.[155]

Por tais razões, os elementos da tomada de decisões envolvendo direitos fundamentais sociais precisam ser radicalmente transparentes e públicos, propiciando o controle comunitário de temas tão relevantes e de impactos significativos no cotidiano dos sujeitos de direitos que são alcançados ativa e passivamente por eles.[156]

Uma das formas de se fazer isto é explorando no que consiste o denominado núcleo constitucional essencial garantidor do mínimo existencial a qualquer cidadão no âmbito do constitucionalismo contemporâneo e, mais especialmente, na Constituição brasileira de 1988, especialmente em suas dimensões materiais, para que então se tenha ao menos parâmetros normativos e argumentativos à solução de casos concretos que envolvam tais questões. É o que passo a abordar a seguir.

5. Marcos normativos internacionais e nacionais dos Direitos Fundamentais Sociais

Importa ter claro, desde já, que ainda no início do século XX, o princípio geral de direito internacional é o da vedação de ingresso nas soberanias dos Estados, e tal dogma se apresenta como irredutível inclusive diante da violação dos Direitos Fundamentais. Ir de encontro a este princípio significa ferir outros princípios que condenam a intervenção e ingerência indevida em assuntos internos ou externos dos Estados. Segundo tal doutrina, os demais Estados devem apenas observar de forma impassível as violações dos Direitos Fundamentais, pois o dogma da soberania absoluta lhes impede intervir para restabelecer as condições humanas de existência.[157]

Ao mesmo tempo em que o debate sobre o tema se acirra, torna-se evidente que a tutela dos Direitos Fundamentais não pode se reduzir ao âmbito reservado de um

---

[155] QUEIROZ, Cristina M. M. *O Princípio da não reversibilidade dos Direitos Fundamentais Sociais*. Op. cit., p. 11. O debate americano também tem aprofundado o tema, no sentido de que não se pode tomar a constituição como exauriente do universo normativo das relações sociais, até pelo fato de se reconhecer que tais relações são marcadas por altos índices de conflituosidade e diferenças, impondo-se deixar espaço às ações políticas dos demais setores da Sociedade Civil organizada e suas instituições representativas, por certo que não violando os marcos constitucionais. Ver o texto de JONES, Harry W. The Brooding Omnipresence of Constitutional Law. In: *Vermont Law Review*, n° .04. New Jersey: Vermont University Press, 1979.

[156] Na discussão americana sobre o tema, tem-se como parâmetro a antiga polêmica entre a percepção republicana e liberal, notadamente no âmbito do debate sobre o tema da democracia deliberativa, asseverando, por exemplo, Aeckerman que: *deliberative democracy has been given considerable attention during the past decade. Many see the 'deliberative turn' as a groundbreaking attempt to balance liberal and republican strands in political theory. It is thought that the deliberative model correctly integrates the priority of the right over the good, as defended by liberals, and the priority of citizenship over neoliberal consumerism, as advocated by republicans.* ACKERMAN, Bruce and FISHKIN, J.S. Deliberation Day. In: J.S. Fishkin and P. Laslett (eds.). *Debating Deliberative Democracy*. Oxford: Blackwell, 2006, p. 16.

[157] BOVEN, Theodoor C. van. *Estudio del derecho internacional positivo sobre derechos humanos*. Barcelona: Serbal, 2004, p. 110 e seguintes.

Estado, porque exterioriza uma matéria que é de interesse internacional, ou seja, a violação destes direitos não pode ser aceita como questão de competência exclusiva dos Estados, mas como problema que interessa a toda a comunidade internacional.

> El abuso de estas doctrinas y lo que es más grave, sus consecuencias; así como el resultado de la desconfianza en el Estado como consecuencia de la Segunda Guerra Mundial, luego de los experimentos de ingeniería social y estatal del fascismo, del nazismo y del marxismo leninismo, han llevado a considerar que la violación de los derechos fundamentales en cualquier país no es obstáculo para que el ser humano sea protegido por medio de sistemas internacionales que reconozcan la subjetividad internacional de la persona humana.[158]

Esta forma de encarar a proteção dos Direitos Fundamentais lhes garante uma independência científica e teórica, separando-se, no que é possível e gradualmente, da ordem jurídica interna dos Estados Nacionais, constituindo-se com um objeto e método científicos que justificam sua relativa independência, sendo que os inúmeros instrumentos normativos internacionais que decorrem daqui servirão para constituir conceitos e significados mais amplos destes próprios direitos. É isto que diz Cécile Fabre:

> The human rights movement and its purposes are not well served by being forced into a narrow conceptual framework. The most basic idea of the human rights movement is not that of a right, but the idea of regulating the behavior of governments through international norms. And when we look at human rights documents we find that they use a variety of normative concepts. Sometimes they speak of rights, as when the Universal Declaration says that "Everyone has the right to freedom of movement" (article 13). Sometimes these documents issue prohibitions, as when the Universal Declaration says that "No one shall be subjected to arbitrary arrest, detention, or exile" (article 9). And at other times they express general principles, as illustrated by the Universal Declaration's claim that "All are equal before the law" (article 7). A better way to evaluate a norm that is nominated for the status of human right is to consider whether it is compatible with the general idea of human rights that we find in international human rights documents.[159]

A emergência de uma ação internacional mais efetiva na tutela desses direitos alavanca o processo de internacionalização dos Direitos Fundamentais, e resulta na criação da sistemática de proteção internacional, em que se faz possível a responsabilização do Estado no domínio alienígena.

O aspecto mais positivo e crítico destas ações se apresenta na impugnação do conceito clássico de soberania como um poder ilimitado, que não admite restrições ou exceções. Entretanto, um dos instrumentos mais eficazes de combate e rompimento desta concepção é aquele que admite a pessoa individual como sujeito de direito internacional, isto é, com plena capacidade e legitimidade para adquirir direitos e responsabilidades internacionais, e para denunciar e acionar os sujeitos de direito internacional clássico: os Estados.[160]

---

[158] TRAVESSO, Juan Antonio. *Historia de los derechos humanos y garantías*. Buenos Aires: Heliasta, 2007, p. 235.

[159] FABRE, Cécile. *Social Rights under the Constitution*. Oxford: Clarendorf Press, 2000, p. 118.

[160] Ver o texto de TRINDADE, Antônio Augusto Cançado. *Tratado de Direito Internacional dos Direitos Fundamentais*. Vol.I. Porto Alegre: Fabris, 1997.

Pode-se afirmar, a despeito da edição da Carta Atlântica firmada por Roosevelt e Churchill (14.08.1941), e a Declaração das Nações Unidas em 01.01.1942, que o marco histórico da internacionalização dos Direitos Fundamentais é a Declaração Universal de 10 de dezembro de 1948,[161] que, após a 2ª Guerra, vem consagrar um consenso sobre valores de alcance global.

Neste documento, vislumbra-se uma compreensão diferida sobre os Direitos Humanos, imprimindo a estes dimensões de universalidade e indivisibilidade. Como assevera Flávia Piovesan, universalidade porque clama pela extensão universal dos direitos humanos, sob a crença de que a condição de pessoa é a condição fundante à dignidade e titularidade de direitos, enquanto a indivisibilidade implica o reconhecimento de que a efetividade dos direitos civis e políticos é a condição para a concretização dos direitos sociais, econômicos e culturais, e vice-e-versa.[162] Vai neste sentido a Declaração sobre o Direito ao Desenvolvimento, de 1986, porém, até chegar a esta data, o processo histórico de desenvolvimento do tema é politicamente importante na tentativa de se delimitar como devem ser concebidos os atuais contornos de tutela destes direitos.

A Declaração Universal[163] estabelece uma mediação do discurso liberal da cidadania com o discurso social,[164] alinhando tanto direitos civis e políticos como direitos sociais, econômicos e culturais, assim como também demarca a noção contemporânea dos direitos fundamentais, que remete à unidade conceitual destes direitos,[165] deduzindo ser o valor da liberdade conjugado ao valor da igualdade, consoante faz parecer a Resolução nº 32/130, da Assembléia Geral das Nações Unidas,

---

[161] É importante que se registre aqui o surgimento, em abril de 1948, aprovada em Bogotá, da Declaração Americana dos Direitos e Deveres do Homem. Neste sentido, ver a obra de VERDOODT, Antoain. *Naissance et signification de la Declaration universelle des droits de l'homme*. Paris: Louvain. 2003. Por certo que não estou pretendendo minimizar aqui a importância da Declaração Francesa dos Direitos do Homem e do Cidadão (1789), e a Carta de Direitos dos EUA (1791), eis que documentos precursores dos Direitos Fundamentais do século XX, mas, para o contexto em que quero debater a matéria, bastam as referências mais contemporâneas que estou fazendo.

[162] PIOVESAN, Flávia. *Proteção Internacional dos Direitos Econômicos, Sociais e Culturais*. São Paulo: Saraiva, 2004, p. 236. Aliás, a Declaração de Direitos Humanos de Viena, de 1993, seguindo a Declaração de 1948, dispõe em seu § 5º, que *Todos os direitos humanos são universais, interdependentes e inter-relacionados. A comunidade internacional deve tratar os direitos humanos globalmente de forma justa e equitativa, em pé de igualdade e com a mesma ênfase*.

[163] Amadurecida desde Dumbarton Daks (outubro de 1944) quando se decidiu criar um organismo internacional que substituísse a Liga das Nações. Ver o texto de TRUYOL Y. SERRA, Antonio. *Los Derechos Humanos*. Madrid: Tecnos, 2005, p. 72 e seguintes.

[164] Por certo que a noção de Direitos Fundamentais vai continuar agregando ampliações conceituais e semânticas, haja vista que não se falava a época – ao menos de forma tão intensa – da necessidade de se superar inclusive a idéia de cidadania nacional, em função de uma necessária defesa e integração dos Direitos Fundamentais Internacionais e seus princípios informativos (tolerância, solidariedade, reconhecimento da diferença e do multiculturalismo, etc). Daí a advertência acertada de POLITI, Fabrizio. Dignità dell'uomo, diritti sociali e tutela dell'immigrato. In: BILANCIA, Francesco. *Paura dell'Altro: identità occidentale e cittadinanza*. Roma: Carocci, 2007, p. 319, no sentido de *Come garantire che il godimento dei diritti sociali non venga cofinato alla sfera del citadino ma operi secondo una logica di integrazione e di inclusione?*

[165] A unidade referida diz respeito ao fato de que uma geração de direitos não substitui a outra, mas com ela se interage. Neste sentido o livro de ESPIELL, Hector Gross. *Estudios sobre Derechos Humanos*. Madrid: Civitas.2007. Veja-se que, em seu preâmbulo, pode-se ler que o fundamento da liberdade, da justiça e da paz no

quando afirma que todos os direitos, qualquer que seja o tipo a que pertencem, se inter-relacionam necessariamente entre si, e são indivisíveis e interdependentes.

Vários preceitos da Declaração Universal são, com o passar do tempo, incorporados a Tratados Internacionais, que possuem, em razão de sua natureza, força jurídica vinculante, como o Pacto Internacional de Direitos Civis e Políticos e o Pacto Internacional de Direitos Sociais, Econômicos e Culturais, ambos de 1966, os quais compõem, juntamente com a Declaração Universal, a chamada Carta Internacional dos Direitos Fundamentais. Tais documentos são constituídos fundamentalmente pelo direito à autodeterminação.

Nas mais modernas tendências do Direito Internacional,[166] os tratados internacionais de tutela dos Direitos Fundamentais buscam, precipuamente, garantir o exercício de direitos e liberdades fundamentais, motivo por que, não apenas o Estado, mas também os indivíduos passam a ser sujeitos de direitos internacionais, como já constatado, consolidando-se a capacidade processual internacional destes, inclusive na perspectiva das chamadas minorias sociais, como crianças, mulheres, povos indígenas, e questões envolvendo aspectos raciais e religiosos, dentre outros. Como chama atenção Cécile Fabre,

> Since 1964 the United Nations has mainly dealt with the rights of women and minorities through specialized treaties such as the International Convention on the Elimination of All Forms of Racial Discrimination (1965); the Convention on the Elimination of All Forms of Discrimination Against Women (1979); and the Convention on the Rights of the Child (1989). See also the Draft Declaration on the Rights of Indigenous Peoples (1945). Specialized treaties allow international norms to address unique problems of particular groups such as prostitution and trafficking in the case of women, custody issues in the case of children, and the loss of territory by indigenous peoples.[167]

Algumas críticas severas são impostas aos redatores da Declaração dos Direitos do Homem, quase todas vinculadas ao fato de inexistir uma base teórica homogênea ao seu conteúdo. O resultado desta polêmica é evidenciado nas seguintes situações:

a) No corpo da Declaração, a diferença entre Direitos Fundamentais e direitos do cidadão se esvazia, ao serem integrados todos estes direitos na categoria única de Direitos Fundamentais. *Ciertos derechos del ciudadano que el Estado*

---

mundo é o reconhecimento da dignidade inerente a todos os membros da família humana, o que vem referendado pelo seu art. I, ao asseverar que todos os seres humanos nascem livres e iguais em dignidade e direitos.

[166] Podem-se citar aqui as ponderações de MELLO, D. Albuquerque. *Curso de Direito Internacional.* São Paulo: Saraiva. 1990.

[167] FABRE, Cécile. *Social Rights under the Constitution.* Oxford: Clarendorf Press, 2000, p. 119. Lembra a autora que a Convenção Internacional contra o Genocídio, por exemplo, soube bem apanhar os problemas envolvendo o tratamento discriminatório e criminoso contra etnias distintas: *The Genocide Convention was one of the first human rights treaties after World War II. It gives the following definition of genocide: genocide means any of the following acts committed with intent to destroy, in whole or in part, a national, ethnical, racial, or religious group, as such: (a) Killing members of the group; (b) Causing serious bodily or mental harm to members of the group; (c) Deliberately inflicting on the group conditions of life calculated to bring about its physical destruction in whole or in part; (d) Imposing measures intended to prevent births within the group; (e) Forcibly transferring children of the group to another group.*

está obligado a garantizar en virtud de su propia existencia aparecen en el mismo plano que otros derechos que derivan de una concepción del mundo centrada en el hombre y que, al ser independientes, o casi, del Estado, son producto de una filosofía profundamente individualista.[168]

b) A Declaração não guarda vínculos mínimos com o presente, ou mesmo com o passado recente, pois deixa de apresentar referências a fenômenos que têm despertado a indignação de todo o mundo, e tampouco condena com explicitude as violações dos Direitos Fundamentais. Por exemplo, o art. 30 da Declaração proíbe todos os atos que são dirigidos à própria destruição dos direitos e liberdades nela garantidos, e, na verdade, este é um tratamento da questão profundamente negativo, principalmente no que tange ao universo de outros direitos não listados;

c) Isto já demonstra que a Declaração carece de um caráter político mais definido, o que a faz não ocupar uma posição clara na escala de valores políticos vigentes à sua época. É óbvio que tal enquadramento teórico neutral põe em xeque a questão fundamental do problema internacional dos Direitos Fundamentais, ou seja, se é possível estabelecer uma declaração racional e efetiva sem que possua um caráter político estabelecido;

d) Ainda que na Declaração se faça menção aos direitos econômicos, sociais e culturais, eles são enfrentados de forma superficial, comparável aos demais direitos contemplados (cinco artigos num universo de trinta);

e) Com exceção de um parágrafo do art. 29, inexiste referência na Declaração para alguma contrapartida dos direitos do homem, isto é, de seus deveres, principalmente quando se sabe que, hoje, o problema dos deveres não está solucionado em todos os campos que interessam à sociedade contemporânea. Assim, a relação entre o Estado e o indivíduo não se apresenta proporcional ou simétrica: é o homem, o cidadão, quem está ameaçado, e não o Estado.

Com críticas ou sem elas, a verdade é que, após a Declaração de 1948, inúmeras outras Declarações e Convenções Internacionais foram elaboradas, com o objetivo de atender ao processo de proliferação de direitos, que envolve, entre outras coisas, o aumento dos bens merecedores de proteção e a ampliação dos direitos sociais, econômicos, culturais, entre outras; a extensão da titularidade de direitos, com o alargamento do conceito de sujeito de direito, alcançando as entidades de classe, as organizações sindicais etc.

Pelos termos da Resolução nº 2.200, de 03 de janeiro de 1976, o Pacto Internacional de Direitos Econômicos, Sociais e Culturais – PIDESC entrou em vigor, e, no final do ano de 1982, setenta e cinco (75) Estados o ratificaram. Este Pacto, composto de um preâmbulo e trinta e um (31) artigos, comparte com o Pacto Internacional de Direitos Civis e Políticos normas similares.[169]

---

[168] SZABO, Imre. *Fundamentos históricos de los derechos humanos*. Barcelona: Serbal/Unesco, Volume 1. 2005, p. 54.
[169] VÁRIOS AUTORES. *Tratados Internacionais*. São Paulo: Atlas, 2006. Vários autores.

Interessante verificar que o terceiro parágrafo do preâmbulo deste texto se baseia na interpretação da Declaração Universal, formulada pela Assembléia Geral em 1950 e 1951, oportunidade em que se estabelece que o gozo das liberdades cívicas e políticas e dos direitos econômicos, sociais e culturais, estão vinculadas entre si e se condicionam mutuamente.

Ainda no PIDESC se reconhece o direito ao trabalho; o direito ao gozo de condições de trabalho equitativas e satisfatórias; o direito a fundar sindicatos e filiar-se neles; o direito à seguridade social; o direito da família, das mães, das crianças e adolescentes à mais ampla proteção e assistência.

Todavia, o que pretende o PIDESC é demarcar parâmetros mínimos de proteção e bem-estar comunitário, independente daquelas características e apesar delas, tendo no Estado, enquanto instituição jurídica e política, o grande responsável pela implementação destas prerrogativas.

De outro lado, as disposições do PIDESC são de caráter geral e abrangente, não delimitando, em *numerus clausus,* o alcance definitivo do que estabelece, mas, pelo contrário, informando diretrizes a serem observadas na implantação dos seus institutos. O detalhamento necessário do Pacto se dá a partir de especificações oriundas de convenções supletivas sobre pontos temáticos.[170]

Encontra-se no PIDESC o reconhecimento da pessoa humana à previdência social e à seguridade (art. 9º); proteção à família, às mães, às crianças, vida adequada e digna para esta instituição (arts.10 e 11); direito à educação e à cultura, entendidas pelo Pacto de forma abrangente (arts.13 a 15).

O PIDESC, no entanto, diferencia-se, radicalmente, do Pacto Internacional dos Direitos Civis e Políticos – PIDCP,[171] pois seu sistema de monitoramento (arts.16 a 25) prevê, tão-somente, a submissão dos Estados-partes a prestarem relatórios periódicos sobre medidas que tenham adotado e sobre os avanços conquistados no sentido de assegurar os direitos postulados pelo Pacto.

---

[170] Vladimir Kartaschkin nos lembra, por exemplo, que *el Convenio reconoce el derecho de todas las personas a la seguridad social. Para determinar el contenido principal de este derecho, resulta adecuado referirse a las convenciones en el terreno de la seguridad social adptadas por la Organización internacional del trabajo, las cuales definen las contingencias frente a las que debe proporcionar protección el plan de seguridad social, las personas que debe cubrir respecto a cada una de esas contingencias, y el nivel mínimo de la protección que debe proporcionar.* In *Derechos Económicos, sociales y culturales.* Serbal: Unesco, 1994, p. 172.

[171] Nos termos da Resolução da Assembléia Geral das Nações Unidas, nº 2.200-A, em 23 de março de 1976, constituído de um preâmbulo e 53 artigos. Os direitos civis e políticos estabelecidos pela ONU neste documento são: direito à igualdade de trato ante os tribunais e demais órgãos de administração da justiça; direito à segurança da pessoa e à proteção pelo Estado contra toda à violência ou dano físico, tanto infligidos por funcionários do governo como por indivíduos, grupos ou instituições; direitos políticos, em especial o de participar de eleições, a votar e a ser candidato, com base no sufrágio universal e igual, a tomar parte no governo, assim como na condução dos assuntos públicos em todos os níveis, e a igualdade de acesso à Administração Pública; o direito de liberdade de trânsito e de residência dentro das fronteiras do Estado, direito a sair de qualquer país, inclusive do próprio, e voltar ao próprio país; direito à nacionalidade; direito ao matrimônio e à escolha do cônjuge; direito à propriedade individual ou em associação; direito à liberdade de pensamento, consciência e religião; direito à liberdade de opinião e expressão; direito à liberdade de reunião e associação pacífica.

Não bastasse tal limitação, é somente em 1985 que se vai constituir, nas Nações Unidas, um Comitê dos Direitos Econômicos, Sociais e Culturais,[172] cuja competência primordial é limitada ao exame dos relatórios nacionais e elaborar opiniões sobre os direitos atingidos. Significa dizer, em outras palavras, que o PIDESC, diversamente do PIDCP, não autoriza o sistema de queixas interestatais ou petições individuais, como tampouco conta com protocolos facultativos adicionais.

Ainda em termos de Direitos Fundamentais Sociais pode-se dizer que já no final do século XIX e início do atual foram pactuados os primeiros acordos internacionais no campo, por exemplo, das regulações das relações de trabalho. Os Estados membros da Liga das Nações comprometeram-se em assegurar condições de trabalho justas e humanitárias[173] e, com a constituição da Organização Internacional do Trabalho – OIT, fruto do Tratado de Versalhes, tem-se estabelecido as seguintes prerrogativas às relações de trabalho: reconhecimento do direito de associação de trabalhadores e empresários; exigência de que o salário pago aos trabalhadores garantisse um nível de vida digno; jornada de trabalho de oito horas diárias ou quarenta e oito semanais; abolição de trabalho infantil, principalmente, em face da continuidade dos seus estudos.[174]

A partir da adoção da Carta das Nações Unidas – como já se referiu – se teve, sem dúvidas, um novo marco na regulação jurídica e política dos direitos sociais, econômicos e culturais, eis que, em seu capítulo IX, intitulado *Cooperação Internacional Econômica e Social*, vê-se o estabelecimento de que um dos principais objetivos desta instituição é o aumento do nível de vida, o pleno emprego e a criação de condições para o progresso e o desenvolvimento econômico e social; a adoção de soluções para problemas internacionais que envolvam matérias econômicas, sociais, culturais.

Por óbvio que tais normas obrigatórias aos Estados-partes não deixam de levar em conta as diferenças existentes entre eles, principalmente, no que tange aos sistemas sociais, níveis de desenvolvimento econômico, estruturas de classes e mesmo tradições históricas distintas, haja vista as particularidades espaciais e culturais dos povos envolvidos nesta matéria.[175] Pode-se citar como exemplo pontual a experiência da Europa Central, notadamente em face da organização normativa

---

[172] Cumpre registrar que antes desta data e desde 1978 foi criado nas Nações Unidas, para fins de auxiliar na avaliação dos relatórios remetidos pelos Estados-partes, um Grupo de Trabalho sessional, composto inicialmente por membros nomeados pelo Presidente do Conselho Econômico e Social, dentre os delegados governamentais de países membros, e depois, a partir de 1982, este Grupo de Trabalho foi convertido em órgão composto por peritos governamentais eleitos pelos membros do mesmo Conselho, conforme ALVES, José Augusto Lindgren. *A arquitetura internacional dos Direitos Humanos*. São Paulo: Civilização Brasileira, 1999, p. 46.

[173] Nos termos do art. 23, do Convênio da Liga das Nações.

[174] Importante registrar que, a partir de 1919, a OIT adota uma série de outras medidas protetivas das relações de trabalho. Neste sentido a obra de SUSSEKIND, Arnaldo. *Direito Internacional do Trabalho*. São Paulo: LTr, 2003.

[175] Vale a advertência aqui de Mangiameti, no sentido de que *Nelle societá sempre più interdipendenti, con culture, forme di governo, religioni molto diverse, le richieste di riconoscimento pubblico della diversità (o, se si preferisce, della particolarità etnica, culturale, di genere) diventano inevitabile e si rivela certamente discutibile*

dos direitos sociais, por exemplo, optando por expedir uma Carta Social Europeia de Direitos Sociais (*European Social Charter*). Neste ponto, valem as considerações de Cohen: *When the United Nations began the process of putting the rights of the Universal Declaration into international law, it followed the model of the European system by treating economic and social standards in a treaty separate from the one dealing with civil and political rights.*[176] A despeito disso, a Carta Europeia soube tratar de forma adequada o tema, eis que contemplou em seus termos:

> (...) nondiscrimination and equality for women in the economic and social area (articles 2 and 3), freedom to work and opportunities to work (article 4), fair pay and decent conditions of work (article 7), the right to form trade unions and to strike (article 8), social security (article 9), special protections for mothers and children (article 10), the right to adequate food, clothing, and housing (article 11), the right to basic health services (article 12), the right to education (article 13), and the right to participate in cultural life and scientific progress (article 15).[177]

Em seus julgamentos, a Corte Europeia de Direitos Humanos, por sua vez, tem mantido a coerência em ratificar a compromisso com os princípios e direitos protegidos pela Carta, valendo-se, seguidamente, de uma metodologia teleológica de interpretação dos atos e fatos jurídicos que lhe chegam ao conhecimento para decisão, tendo naqueles dispositivos normativos os marcos referenciais às deliberações que toma.[178]

Vale registro, para demarcação da experiência de outros países, a advertência de Cristina Queiroz, no sentido de que, embora existam declarações de direitos com referência direta aos direitos fundamentais sociais anteriores à II Guerra Mundial, é a partir da década de 1970 que se colocará de forma mais explícita a questão do *status* constitucional destes direitos, de uma certa forma até provocada pelos movimentos internacionais, dentre os quais, se pode destacar a Resolução nº 32/130, da Assembléia Geral das Nações Unidas, adotada em 16/12/1977, defi-

---

l'aspirazione rousseauiana a una politica che riconosca l'identità dei cittadini in modo indifferenziato. MANGIAMETI, Ágata C. Amato. *Stati post-moderni e diritto dei popoli.* Roma: Ghiappichelli, 2007, p. 21.

[176] COHEN, G. A. *If You're an Egalitarian, How come You're so Rich?* Cambridge: Harvard University Press, 2000, p. 112.

[177] Idem, p. 117. A crítica do autor, neste ponto, e com ele concordo, é no sentido de que: *Article 2.1 of the Social Covenant sets out what the parties commit themselves to do about this list, namely to take steps, individually and through international assistance and co-operation? To the maximum of its available resources, with a view to achieving progressively the full realization of the rights recognized in the present Covenant. In contrast, the Civil and Political Covenant simply commits its signatories to "respect and to ensure to all individuals within its territory the rights recognized in the present Covenant" (article 2.1). The contrast between these two levels of commitment is one of the things that have led some people to suspect that economic and social rights are really just goals.*

[178] Neste ponto, ver a assertiva de ELLIS, Evelyn (ed.). *The principle of proportionality in the laws of Europe.* Oxford: Hart, 2006, p. 97: *The favorite method of interpretation utilized by the Court is the teleological method, which seeks to interpret a rule by taking into account the purpose, aim and objective it pursues. This kind of purposive approach was clearly declared by the Court in the CILFIT case (Case 283/81 CILFT v. Italian Ministry of Health [1982] ECR 3415, at 3430), where it affirmed that "every provision of Community law must be placed in its context and interpreted in the light of the provisions of E.C. law as a whole, regard being had to the objectives thereof and to its state of evolution at the date on which the provision in question is to be applied.*

nindo critérios e meios para ampliar e qualificar a efetivação dos direitos e liberdades fundamentais.[179]

Veja-se que há uma série de obrigações estabelecidas pelo PIDESC que estão a obrigar um comportamento pró-ativo dos Estados que o assinaram, ainda que progressivamente.[180] Dentre estas obrigações, destaca-se: (a) adotar medidas pouco após a entrada em vigor do Pacto (art. 2º (1)); (b) compromisso de garantir o exercício dos direitos protegidos sem discriminação; (c) aplicabilidade imediata de determinadas disposições por órgãos judiciais e outros nos ordenamentos jurídicos internos (arts. 3º, 7º, 8º, 10, 13, 15); (d) obrigação de realizar os direitos sem retrocessos; (e) as chamadas obrigações mínimas (*minimum core obligations*), e, em caso de não cumprimento, obrigação de provar que o máximo dos recursos disponíveis foi utilizado; (f) em épocas de crises econômicas graves, de processos de ajuste, de recessão econômica, a obrigação de proteger os setores e membros mais vulneráveis da sociedade por meio de programas específicos de relativamente baixo custo.[181]

No âmbito do direito internacional, como fala Lima Jr., já se fala de um *núcleo fundamental de direitos econômicos, sociais e culturais*, ora entendidos, como quer a Comissão Interamericana de Direitos Humanos, os que dizem com o trabalho, à saúde, à educação; também se tem referido, neste núcleo, os que dizem com os chamados *direitos de subsistência*, atinentes ao direito à alimentação, à moradia, aos cuidados médicos etc.[182]

É paradigmática, de forma mais contemporânea, a Carta de Direitos Fundamentais da Comunidade Européia, proclamada pelo Parlamento Europeu em 07/12/2000, em Nizza, cujo preâmbulo declara que a União Européia, cônscia de seu patrimônio espiritual e moral, encontra seu próprio fundamento *nei valori individisibili e univesali di dignità umana, di liberta, di uguaglianza e di solidarietà*.[183] Na mesma linha vai seu art. I, ao afirmar que *la dignità umana è inviolabile e deve essere riepettata e tutelata*.

Em termos de internalização jurídica destes instrumentos ao sistema legal do Brasil, a Constituição 1988 estabelece, em seu art. 84, VIII, que é da competência

---

[179] QUEIROZ, Cristina M. M. *O Princípio da não reversibilidade dos Direitos Fundamentais Sociais*. Coimbra: Coimbra Editora, 2007, p. 16. Ver também o texto de ESPIELL, Hector Gros. *Los Derechos Econômicos, Sociales y Culturales em el sistema interamericano*. San José: Libro Libre, 2004, p. 23.

[180] Neste sentido, ver o documento United Nation. Document E/CN.4, *The Limburg Principles on the Implementation of the International Covenant on Economic, Social and Cultural Rights*. In Human Rights Quarterly. Vol.9, number 2. Cincinnati: The John Hopkins University Press, 2002, p. 129.

[181] Ver o texto de CRAVEN, Matthew. *The International Covenant on Economic, Social and Cultural Rights – a perspective on its development*. Oxford: Oxford University Press, 2004, p. 136.

[182] LIMA JR., Jayme Benvenuto. *Limites e condições de exigibilidade dos direitos humanos, econômicos, sociais e culturais*. In Os Direitos Humanos, Econômicos, Sociais e Culturais. Rio de Janeiro: Renovar, 2001. Neste sentido ver o texto de TRINDADE, Antônio Augusto Cançado. *A proteção internacional dos Direitos Econômicos, Sociais e Culturais: evolução, estado atual e perspectivas*. In Tratado de Direito Internacional dos Direitos Humanos. Porto Alegre: Fabris, 2000, p. 395.

[183] Carta dei Diritti Fondamentali. Roma: Giuffrè, 2005, p. 08.

privativa do Presidente da República celebrar tratados, convenções e atos internacionais, sujeitos ao referendo do Congresso Nacional. Em seu art. 49, I, o mesmo Estatuto assevera ser da competência exclusiva do Congresso Nacional resolver, em sede final, sobre tratados, acordos ou atos internacionais, evidenciando-se, desta forma, a soma de esforços, neste caso, no âmbito da proteção dos Direitos Humanos.

Apesar disso, a doutrina especializada tem debatido questões atinentes ao princípio da não tipicidade na esfera dos direitos fundamentais que estaria consagrado no Texto Político brasileiro, no sentido de não restringir, mas ampliar e completar a previsão normativa/protetiva dos direitos fundamentais, com a integração da ordem constitucional interna à comunidade internacional, no que discrepa, ao menos até agora, a posição dominante na jurisprudência do Supremo Tribunal Federal[184] – sem posição sobre a Emenda Constitucional nº 45, demandando a necessidade de incorporação por Decreto Legislativo e a edição de um Decreto do Executivo à perfectibilização do ato de internalização dos tratados, seja qual for seu objeto.[185]

Assim se pode dizer que, até a Emenda Constitucional nº 45, os tratados internacionais, em geral, exigiam, para seu aperfeiçoamento no Brasil, atos jurídicos específicos, integradores da vontade do Presidente da República e do Congresso Nacional, este os aprovando mediante decreto legislativo próprio, não gerando nenhum efeito a simples assinatura de tratado pelo Presidente da República se este não fosse referendado pelo Congresso Nacional, eis que a ratificação só ocorreria depois de aprovado tal instrumento pelo Congresso.

A dogmática posição de que até que o tratado ou convenção, versando sobre tais direitos, não tenha passado pela apreciação legislativa competente, não poderão ser pleiteados ou aplicados pelos operadores jurídicos pátrios, colide frontalmente com as novas disposições constitucionais brasileiras, especialmente as do seu art. 5º, §3º, que estatui no sentido de que direitos desta natureza passam a integrar o elenco das prerrogativas constitucionalmente instituídas e imediatamente exigíveis no plano do ordenamento jurídico interno, desde que observado o procedimento estabelecido, constituindo verdadeira hierarquia supralegal dos

---

[184] Sustentando que, no caso de conflito entre tratados internacionais e leis internas, se aplicaria o princípio do *lex posterior derrogat priori*, ressalvada a possibilidade de responsabilização do Estado no plano internacional, cuja paradigmática decisão encontra-se desde o RE nº 80.004/1977, registrando-se, por certo, posições divergentes na atual composição da Corte. Importa ainda ver o HC 72.131-RJ, Relator Min. Celso de Mello, em que a maioria dos votos sustentou a tese da paridade entre tratado e lei ordinária, inclusive para os tratados em matéria de direitos humanos. Já na direção da hierarquia constitucional, encontra-se o voto do Ministro Carlos Velloso, o HC nº 82.424-2/RS; na direção da hierarquia supralegal (mas infraconstitucional), o voto do Ministro Sepúlveda Pertence, no RHC 79.785-RJ.

[185] Ver a excelente crítica neste sentido que faz SARLET, Ingo Wolfgang. Direitos Fundamentais, Reforma do Judiciário e Tratados Internacionais de Direitos Humanos. In: *Direitos Humanos e Democracia*. Rio de Janeiro: Forense, 2007, p. 341 e seguintes. Lembra o autor que *a questão que se apresenta, neste sentido, diz com a possibilidade de se considerarem – forte no art. 5º, § 2º, de nossa Lei Fundamental – os tratados internacionais relativos a direitos humanos (fundamentais) diretamente incorporados ao ordenamento constitucional, independentemente de qualquer procedimento formal além da própria ratificação*.

direitos consagrados nos tratados, impedindo, nestes casos, a manutenção do princípio da paridade entre lei ordinária e tratado ainda prevalente na jurisprudência do Supremo Tribunal Federal.

A incorporação automática do Direito Internacional dos Direitos Humanos pelo Direito brasileiro – sem que se faça necessário um ato jurídico complementar para a sua exigibilidade e implementação – traduz relevantes conseqüências no plano jurídico. De um lado, permite ao particular a invocação direta dos direitos e liberdades internacionalmente assegurados e, por outro, proíbe condutas e atos violadores a estes mesmos direitos, sob pena de invalidação. Conseqüentemente, a partir da entrada em vigor do tratado internacional, toda a norma preexistente que seja com ele incompatível perde automaticamente a vigência.[186]

Concluía a autora desde muito que o Brasil historicamente fez a opção por um sistema misto de integração dos tratados e convenções à ordem jurídica interna, eis que aos tratados internacionais de proteção dos Direitos Humanos, nos termos do art. 5º, § 1º, adota-se a sistemática da incorporação automática, vigendo e sendo autoaplicável desde já (princípio da máxima efetividade das normas constitucionais); enquanto que para os demais tratados internacionais, adotar-se-ia a sistemática da incorporação legislativa, eis que se exige, para a aplicação destas normativas, a intermediação de ato legislativo.[187]

De qualquer sorte, no plano interno e infraconstitucional brasileiro, tem-se hoje no país uma série de instrumentos normativos explicitadores de políticas públicas associadas às diretrizes internacionais recém-vistas. Estou falando, por exemplo: (a) da Emenda Constitucional nº 14/96, que trata da educação pública e a vinculação de receitas para tal fim; (b) a Emenda Constitucional nº 29/2000, que vincula receitas da União, dos Estados e Municípios para ações e serviços públicos de saúde; (c) a Emenda Constitucional nº 31/2000, que cria o Fundo de

---

[186] PIOVESAN, Flávia. Op. Cit. P. 104/105. Vale aqui uma advertência de Ingo Sarlet: *De qualquer modo, não nos parece certo argumentar – notadamente em favor da inconstitucionalidade substancial do § 3º do art. 5º – que o simples fato de os tratados posteriores à EC 45 poderem (ou deverem, a depender da posição adotada) ser aprovados por emenda constitucional, conduziria inexoravelmente a uma decisão em prol da hierarquia meramente legal dos tratados anteriores. No tocante a este ponto, consideramos estar diante de um falso problema, visto que, como já demonstrado, a nova disposição introduzida pela EC 45 pode ser compreendida como reforçando o entendimento de que os tratados anteriores, já por força do art. 5º, § 2º, da CF, possuem hierarquia materialmente constitucional, sem falar na interpretação – igualmente colacionada, mas aqui questionada – de acordo com a qual os tratados anteriores teriam sido recepcionados como equivalentes às emendas constitucionais pelo novo § 3º do art. 5º*. In SARLET, Ingo Wolfgang. Direitos Fundamentais, Reforma do Judiciário e Tratados Internacionais de Direitos Humanos. In: *Direitos Humanos e Democracia*. Op. cit., p. 355.

[187] Este tema resgata, na verdade, a antiga discussão sobre sistema monista e dualista de interpretação e aplicação de tratados e convenções internacionais. Vale o registro de Ingo Sarlet no sentido de que: *tal procedimento diferenciado de incorporação não encontra seu embasamento no art. 5º, § 1º da CF (de acordo com o qual as normas definidoras de direitos e garantias fundamentais possuem aplicação imediata), visto que tal enunciado normativo não diz – no nosso sentir – com a incorporação de tratados ou mesmo outras fontes normativas, mas sim, dispõe sobre o regime geral da eficácia, aplicabilidade e efetividade de todas as normas de direitos fundamentais que já integram o sistema constitucional, de tal sorte que é mesmo no sentido do próprio art. 5º, § 2º (consagrando a abertura material do catálogo de direitos fundamentais) que se deve extrair a solução para o problema*. In SARLET, Ingo Wolfgang. Direitos Fundamentais, Reforma do Judiciário e Tratados Internacionais de Direitos Humanos. In: *Direitos Humanos e Democracia*. Op. cit., p. 343.

Combate e Erradicação de Pobreza;[188] (d) a Emenda Constitucional nº 42/2003, que autoriza a vinculação de receita tributária a programa de apoio à inclusão e promoção social;[189] (e) a Lei Federal nº 9.313/96, que regulamentou o fornecimento de remédios para aidéticos;[190] (f) a Lei Federal nº 10.219/2001, que instituiu o programa da Bolsa Escola;[191] (g) a Lei Federal nº 10.835/2004, tratando de assegurar Renda Básica à Cidadania;[192] (h) a Lei Federal nº 10.836/2004, que institui o programa Bolsa-Família.[193]

Este o caminho mais democrático e representativo à constituição de políticas públicas e respostas concretas às demandas sociais, chamando a Sociedade Civil à deliberação pública de temas que dizem respeito a todos, seja pela via das vias institucionais tradicionais (Parlamento, Processo Legislativo, Sufrágio), seja pela

---

[188] Veja-se que, pelos termos da Lei Federal nº 111, de 06/07/2001, em seu art. 1º, restou definida esta política pública como: *O Fundo de Combate e Erradicação da Pobreza, criado pelo art. 79 do Ato das Disposições Constitucionais – ADCT, para vigorar até o ano de 2010, tem como objetivo viabilizar a todos os brasileiros o acesso a níveis dignos de subsistência e seus recursos serão aplicados em ações suplementares de nutrição, habitação, saúde, educação, reforço de renda familiar e outros programas de relevante interesse social, voltada para a melhoria da qualidade de vida.*

[189] É o seu art. 204 que trata desta matéria, dispondo: *É facultado aos Estados e ao Distrito Federal vincular a programa de apoio à inclusão e promoção social até cinco décimos por cento de sua receita tributária líquida, vedada a aplicação desses recursos no pagamento de: I – despesas com pessoal e encargos sociais; II – serviço da dívida; III – qualquer outra despesa corrente não vinculada diretamente aos investimentos ou ações apoiados.*

[190] Veja-se que o Supremo Tribunal Federal, no Recurso Extraordinário nº 273.834, de 31/10/2000, da relatoria do Ministro Celso de Mello, junto à Segunda Turma, tratando exatamente de caso que demandava entrega de remédios a aidético, com posição refratária ao que estou defendendo aqui, fez menção ao fato de que a falta de previsão orçamentária não deve preocupar o judiciário, pois lhe incumbe a administração tão somente da justiça, devendo o administrador se ocupar de atender as demandas de sua cidadania de forma equilibrada, principalmente dos mais necessitados.

[191] Dispondo o art. 2º desta Lei que: *A partir do exercício de 2001, a União apoiará programas de garantia de renda mínima associados a ações socioeducativas, que preencham, cumulativamente, os seguintes requisitos: I – sejam instituídos por lei municipal, compatível com o termo de adesão referido no inciso I do art. 5; II – tenham como beneficiárias as famílias residentes no Município, com renda familiar per capita inferior ao valor fixado nacionalmente em ato do Poder Executivo para cada exercício e que possuam sob sua responsabilidade crianças com idade entre seis e quinze anos, matriculadas em estabelecimentos de ensino fundamental regular, com freqüência escolar igual ou superior a oitenta e cinco por cento; III – incluam iniciativas que, diretamente ou em parceria com instituições da comunidade, incentivem e viabilizem a permanência das crianças beneficiárias na rede escolar, por meio de ações socioeducativas de apoio aos trabalhos escolares, de alimentação e de práticas desportivas e culturais em horário complementar ao das aulas; e IV – submetam-se ao acompanhamento de um conselho de controle social, designado ou constituído para tal finalidade, composto por representantes do poder público e da sociedade civil.*

[192] Diz o art. 1º da Lei: *É instituída, a partir de 2005, a renda básica de cidadania, que se constituirá no direito de todos os brasileiros residentes no País e estrangeiros residentes há pelo menos 5 (cinco) anos no Brasil, não importando sua condição socioeconômica, receberem, anualmente, um benefício monetário. § 1º A abrangência mencionada no caput deste artigo deverá ser alcançada em etapas, a critério do Poder Executivo, priorizando-se as camadas mais necessitadas da população. § 2º O pagamento do benefício deverá ser de igual valor para todos, e suficiente para atender às despesas mínimas de cada pessoa com alimentação, educação e saúde, considerando para isso o grau de desenvolvimento do País e as possibilidades orçamentárias.*

[193] Dispõe o art. 2º desta Lei: *Constituem benefícios financeiros do Programa, observado o disposto em regulamento: I – o benefício básico, destinado a unidades familiares que se encontrem em situação de extrema pobreza; II – o benefício variável, destinado a unidades familiares que se encontrem em situação de pobreza e extrema pobreza e que tenham em sua composição gestantes, nutrizes, crianças entre 0 (zero) e 12 (doze) anos ou adolescentes até 15 (quinze) anos.*

participação mais direta (Audiências Públicas, Consulta Popular, Referendo, Plebiscito). Ou seja, esta simples amostragem de leis federais recentemente aprovadas no país evidencia, de um lado, a maturidade política de nossas instituições sensibilizando-se com problemas sociais de urgência vital; de outro lado, a transmutação procedimental de valores, objetivos, finalidade e diretrizes plurinormativas em ações concretas de gestão de interesses públicos indisponíveis, o que igualmente contribui no processo de desenvolvimento da Democracia Constitucional, a despeito das críticas que se possam fazer quanto à natureza um tanto que paternalistas ou assistencialistas existentes em suas concepções/execuções.

Em face do todo ponderado, cumpre agora avaliar como este debate tem se projetado para o campo da concreção real dos Direitos Sociais, em especial destacando as formas reflexivas que têm tentado justificar a sua autoaplicabilidade.

Capítulo II – Os Direitos Fundamentais Sociais e o mínimo existencial: desafios de uma equação político-jurídica

1. Notas introdutórias

Pretendo, a partir de agora, tratar de um tema que tem sido objeto de profundos estudos em todo o mundo ocidental hoje, tanto em nível acadêmico como forense, que é o do Mínimo Existencial enquanto indicador de densificação material dos Direitos Fundamentais Sociais, notadamente aqueles que envolvem comprometimento econômico e orçamentário às suas efetivações. Para tal debate, vou me valer, primeiro, da delimitação teórico-acadêmica (exemplificativa) que vem se ocupando disto, para, em seguida, verificar de que forma tem se dado a migração do debate à esfera judicial.

2. Ainda o difícil problema da equação entre Estado Social *x* Direitos Sociais

Como se viu no capítulo anterior, na era moderna, foi a partir da Primeira Guerra Mundial que esta tendência do Estado em participar ativamente do cotidiano de sua comunidade toma corpo, adotando uma política mais intervencionista para ordenar recursos e procedimentos econômicos voltados à sobrevivência e melhoria das condições da vida civil, no sentido tanto da distribuição dos alimentos e do controle da distribuição da mão-de-obra, como da produção de determinados produtos estratégicos à economia nacional e aos interesses da guerra.[194] Passam então os Poderes Públicos instituídos a avocar para si a responsabilidade de uma tutela política mais eficaz, de natureza coletiva e indeterminada no âmbito das satisfações econômicas básicas de sua população, e uma gradativa intervenção ou direção na vida econômica dos setores produtivos, com o objetivo explícito de reajustar e mitigar os conflitos nas estruturas sociais respectivas. Dentre estes Poderes, o que toma mais relevo é o Poder Executivo, eis que mais próximo dos reclames sociais cotidianos e sensível aos efetivos problemas estruturais da

---

[194] Nesse sentido, AGESTA, Luis Sanches. *Las Antitesis del Desarrollo, Constitución, Desarrollo y Planificación.* Madrid: Técnos, 2006, p. 49.

comunidade que gerencia. Esta primazia do Executivo implica críticas sobre os demais Poderes, em especial ao Parlamento, no sentido de tê-lo como ineficaz e lento nos procedimentos necessários à implementação de prerrogativas e direitos individuais e coletivos.[195]

No aspecto jurídico e político e em termos históricos, como também já se destacou, o modelo de Estado Social de Direito é recepcionado pela Constituição de Bonn, em 1949, qualificando a Alemanha como um Estado Democrático e Social de Direito, que busca, fundamentalmente, a justiça e o bem-estar social,[196] mesmo que de forma mais discursiva e formal.[197]

Percebe-se, em especial na Alemanha do pós-guerra, uma consciência política bastante forte da população e de suas manifestações representativas-parlamentares, no sentido de firmar postulados contrários ao regime anterior do III Reich, levando-nos a concluir que o *Sozialer Rechtsstaat* não pode ser tido e concebido, tão somente, sob o ponto de vista formal – caráter do Estado Liberal de Direito –, mas há que se entendê-lo em sentido material, implementador de políticas públicas que atendam às demandas sociais emergentes.[198]

O desafio do Estado Social de Direito é, de alguma forma, garantir justiça social efetiva aos seus cidadãos, no sentido do desenvolvimento da pessoa humana, observando ao mesmo tempo o ordenamento jurídico. Significa dizer que este Estado se encontra marcado por preocupações éticas voltadas aos direitos e prerrogativas humanas/fundamentais, devendo *D'instruire le progrès, de s'en faire le responsable effectif afin de dégager les moyens d'assurer la promotion sociale de la société, d`en éradiquer les sources du mal, misère et oppression, qui l'empêchent de correspondre à son idéal.*[199]

De outro lado, as garantias jurídico-sociais-constitucionais estabelecidas pelas Cartas Políticas deste período não consistem em limitações estatais, mas, fundamentalmente, em *parcerias e participação dos Poderes Públicos* na tarefa de dar efetividade aos novos direitos e garantias estabelecidas à cidadania. Abandona-se, pois, aquela idéia de liberdade e igualdade garantidas mediante uma limitação de ação do Estado frente à Sociedade, eis que tal concepção deixa o indivíduo

---

[195] Neste sentido é a afirmação de HELLER, Hermann. *Teoría del Estado*. Buenos Aires: Fondo de Cultura Económica, 1984, p. 117.

[196] Como quer KLEIN, Friedrich. *Bonner Grundgesetz und Rechtsstaat*, no texto *Zeitschrift fur gesamte Staatswissenschaft*. Tübingen: Ban 3 Heft, 1970, p. 398, o art. 28,1, da Carta de Bonn estabelece que a ordem constitucional dos *Länder* deve ajustar-se necessariamente aos princípios do *republikanischen, demokratischen und sozialen Rechtsstaates*. Em outros termos, que *Die Bundesrepublik ist ein demokratischen und sozialen Bandesstaat*, nos termos do art. 20,1 do mesmo diploma constitucional.

[197] Não esquecendo aqui das constituições denominadas de sociais logo nos primeiros anos do século XX, como a Mexicana, Soviética, de Weimar. Ver o texto de RICHARD, Lionel. *La vie quotidienne au temps de la Republique de Weimar (1919-1933)*. Paris: Éditions Hachette, 2004, que faz um crítico balanço deste tempo, dizendo que a Lei Fundamental de Bonn acolhe a de Weimar, dando relevo à expressão *social* para o Estado.

[198] Vai neste sentido a opinião de MENGER, Christian-Friedrich. *Der Begriff des sozialen Rechststaates im Bonner Grundgesetz*. Tübingen: J.C.B. Mohr, 2001, p. 04.

[199] DONZELOT, Jacques. *L'invention du social. Essais sur le déclin des passions poliques*. Paris: Éditions du Seuil, 2005, p. 175.

na mesma situação social em que se encontra, mantendo-se o *status quo* vigente, discriminatório e não raro violador de sua cidadania.[200]

Ocorre que este Estado Social necessita angariar recursos para a implementação de suas ações ou políticas públicas, oportunidade em que vai buscá-los junto à iniciativa privada, em especial pela forma de tributos e políticas fiscais. Aqui, os impostos não têm, exclusivamente, a função de proporcionar recursos ao Estado para dar conta de seus gastos, mas atuam como meios para modificar, socialmente, a capacidade aquisitiva dos cidadãos e, por vezes, como instrumentos de desconcentração de capital.[201]

Pode-se perceber, neste particular, que tanto o Direito Constitucional como o Direito Administrativo, no âmbito do Estado Social de Direito, apresentam características e aspectos diferenciados, tais como: um direito administrativo interventor no sentido de minimizar os efeitos das tensões e desigualdades sociais provocadas pelo modelo de desenvolvimento econômico imposto pelo mercado; adoção de políticas públicas protetivas de determinadas categorias sociais marginalizadas e excluídas deste modelo; incentivo a determinadas atividades produtivas – geralmente atendendo a pequenos produtores – no sentido de viabilizar seu ingresso paulatino na cadeia das relações de produção. Diante disto,

> La tradicional estructura del Derecho Administrativo, derivada esencialmente de la noción de la ley y de princípio de la legalidad de la administración, está en gran parte superada; la exigencia de la legalidad de los actos administrativos postula nuevas garantías jurídicas respecto de la actividad de la administración que, com mejor o peor fortuna, tratamos de deducir del principio de igualdad, del derecho al libre desarrollo de la propria personalidad, de las demás garantías constitucionales de los derechos fundamentales y de la idea de solidariedad social.[202]

Na experiência norte-americana, notadamente em face da premissa do que podemos chamar da Doutrina da Ação do Estado de Efeito Horizontal (*Doctrines of Horizontal Effect by State Action*), desenvolvida nos Estados Unidos a partir da década de 1930, no chamado New Deal, vai haver uma inversão da lógica de ação estatal, colocando como referência e centro neural dos poderes instituídos, não

---

[200] *La participación como derecho y pretensión supone un Estado que ayuda, reparte, distribuye y adjudica, que no abandona al individuo en su situación social sino que acude en su ayuda mediante subsidios. Tal es el Estado Social.* IRIBARNE, Manuel Fraga. *La crisis del Estado.* Madrid : Aguilar, 2005, p. 167.

[201] Tenha-se presente que não se constituiu nesta história um único modelo de Estado Social, mas vários, eis que se formaram ora com viés mais paternalista e assistencialista (tal qual o modelo de Estado Getulista no Brasil), ora com feições mais curativas e compensatórias (tal qual o *Welfare State* e o *L'État d'Providence*), ora com natureza de classe social (tal qual o Estado Soviético). Ver o texto de SERRANO, Rafael de Agapito. *Estado Constitucional y Processo Político.* Salamanca: Universidad de Salamanca, 1999, p. 23 e segs. Vale lembrar que quase todos estes modelos distintos de Estado tinham de comum um caráter muito mais protecionista e paternalista do que emancipador, eis que a condição da cidadania aqui ainda se revelava de extrema passividade recalcitrante do que de participação criativa. Na mesma direção, ver: CABELLERÍA, Marcus Vaquer. *La acción social: un estudio sobre la actualidad del Estado Social de Derecho.* Valencia: Instituto de Derecho Público, 2004; e, ainda, LEAL, Rogério Gesta. Possíveis dimensões jurídico-políticas locais dos direitos civis de participação social no âmbito da gestão dos interesses públicos. *Revista Direitos Sociais e Políticas Públicas*, n. IV, Santa Cruz do Sul, 2004, p. 959.

[202] USEROS, Enrique Martínez. *Derecho, Política e Intervencionismo Administrativo.* Salamanca: Universidad de Salamanca, 2005, p. 36.

mais projetos endógenos dos aparelhos burocráticos de governo, mas as demandas sociais irrefreáveis que explodiam nas comunidades (saúde, segurança, educação, trabalho etc.).[203]

É claro que tal modelo de Estado e de políticas públicas geradas a partir dele trouxeram alguns problemas de assistencialismo e paternalismo alienante, fazendo com que a relação entre Cidadania e Estado fosse marcada por altos índices de dependência da primeira em relação ao segundo, e isto não se deu somente em países mais subdesenvolvidos em termos históricos (como foi o caso do Brasil por longo tempo), mas também na Europa Central, haja vista o relato de Maggiero:

> Le prestazioni sociali diventano così uno dei pilastri del modello di sviluppo italiano del dopoguerra nel quale alla incapacità di garantire sufficienti livelli occupazionali e sufficienti livelli di reddito da lavoro si supplisce attraverso un flusso di reddito a carattere assistenziale. Ciò comporterà anche una lettura esagerata degli effetti perversi del sistema di welfare italiano: lettura che porrà l'accento sul carattere assistenziale e sugli sprechi del sistema, sottovalutando invece gli aspetti positivi connessi al miglioramento dei livelli di vita.[204]

Mais que isto, impõe-se ainda o reconhecimento neste cenário daquilo que chamo de *paradoxo democrático*, ou seja, é igualmente da natureza da democracia moderna e contemporânea (a constitucional) certo grau de *opressão domesticada*, eis que tem imposto ao menos dois tipos de coerções institucionais, a saber: (1) o fato de que a democracia constitucional dá atuação diferenciada à vontade de maiorias políticas conjunturais, o que potencialmente pode divergir e restringir

---

[203] Neste sentido o texto de TUSHNET, Mark. *State Action, Social Welfare Rights, and the Judicial Role: Some Comparative Observations*. New York: Georgetown University Press, 2007, p. 39, ao sustentar que *constitutional systems address their ability to do so through the doctrines of state action or horizontal effect: The plaintiff loses if the defendant is not a "state actor," or if the constitutional system does not give constitutional guarantees direct horizontal effect*. Lembra o autor ainda que *The classical liberal state dealt with concerns about the level and distribution of important goods primarily in private law, secondarily in public law. In private law, the background rules of contract, tort, and property incorporated sub-rules – sometimes understood as exceptions or qualifications – responsive to concerns about the level of goods that people obtained in market transactions*. Reconhece o autor, todavia, que esta situação no Estado Liberal Clássico (provavelmente no modelo dos seus fundadores, como Adam Smith, Jeremy Bentham, James Mill, etc.) não se poderia aceitar, eis que *A distribution of goods that resulted from a seller's fraud on a buyer was normatively unacceptable within classical liberal legal theory, without regard to any supervening constitutional norms*.

[204] MAGGIERO, Roberto. *L'evoluzione del sitema italiano di welfare e le sue specificità*. Milano: Giuffrè, 2007, p. 92. Alerta o autor para o fato de que *Come consequenza di tutto ciò nelle regioni più povere (il Mezzogiorno), a fronte di una elevata spesa pensionistica, si è sempre avuto una carenza dei servizi di welfare; e la priorità accordata storicamente alle pensioni di anzianità e di vecchiaia rispetto ad altre forme di trasferimenti monetari ha finito per privilegiare i lavoratori anziani, a scapito dei lavoratori giovani soprattutto dei giovani in cerca di prima occupazione*. Sendo que *Il periodo che va dal dopoguerra alla vigilia degli anni novanta sono anni di riduzione sostanziale dell'assistenza diretta ai poveri in quanto tali, che in Italia ha avuto un peso significativo solo fino agli anni cinquanta. Ma a questi stessi poveri veniva invece fornita una forma di assistenza sotto forma di sussidi o pensioni per malattia (per le quali si è solitamente larghegiato). L'altro canale di assistenza é stato per un lungo periodo l'accesso estremamente facile alle stesse pensioni di anzianità di lavoratori, soprattutto autonomi, che avevano versato contributi in maniera estremamente irrisoria*. Ver também o excelente texto de ROSENFELD, Michel. *Lo Stato di Diritto e la legittimità della Democrazia Costituzionale*. Roma: Giuffrè, 2006, bem como ROSENFELD. Michel. *Constitutionalism, Identity, Difference and Legitimacy*. Durham: Duke University Press, 2000.

a vontade de minorias políticas conjunturais, obrigando-as a contribuir na realização dos objetivos daquelas maiorias (a despeito da contrariedade e desacordo destas minorias); (2) o fato de que a democracia constitucional elege e desenvolve a proteção de certos direitos fundamentais (individuais, sociais, coletivos, difusos, etc.), os quais podem frustrar expectativas e projetos de maiorias políticas (e econômicas) conjunturais, obrigando a estas maiorias a aceitação de tais circunstâncias.

Mas de que forma tais conjunturas impactam os sistemas de justiças ocidentais (aqui entendidos tantos os marcos normativos internacionais, constitucionais e infraconstitucionais, como as instituições e atores que se ocupam com as questões que dizem respeito aos direitos e garantias individuais e sociais – magistrados, ministério público, defensoria pública, procuradorias estatais, advocacia, cidadania em geral, etc.)? É o de que passo a tratar.

3. Reconformações Estatais em face dos compromissos constitucionais e sociais: o protagonismo judicial

A primeira grande implicação que se pode extrair do que até agora foi visto é no campo normativo e suas dimensões hermenêuticas e interpretativas, haja vista a profusão de dispositivos cogentes protetivos dos Direitos Fundamentais Sociais que se vê surgir no século XX, impactando de forma definitiva a Teoria do Direito, a Teoria da Constituição, e o próprio conceito de Democracia.

No âmbito constitucional, como se viu no capítulo anterior, pode-se falar de uma *mudança de função (e significado) da Constituição*, afigurando-se como verdadeiro *projeto político, um modelo de desenvolvimento para o futuro, um futuro que não se pode prever, mas apenas construir.*[205] Trata-se, ao fim e ao cabo, de uma perspectiva cívica da Constituição (*civic constitutional vision*), em que:

> Political society is primarily the society not of right bearers but of citizens, an association whose first principle is the creation and provision of a public realm within which a people, together, argue and reason about the right terms of social coexistence, terms that they will set together and which they understand as their common good. Hence, the state is justified by its purpose of establishing and ordering the public sphere within which persons can achieve freedom in the sense of self-government by the exercise of reason in public dialogue.[206]

---

[205] QUEIROZ, Cristina M. M. *Direitos Fundamentais* (Teoria Geral). Faculdade de Direito da Universidade do Porto: Coimbra, 2002, p. 230. Remeto também para o debate desta matéria um antigo texto de FERRAJOLI, Luigi. *El Estado Constitucional de Derecho hoy: el modelo y su diferencia con la realidad.* In: IBAÑEZ, Andrés. Corrupción y Estado de Derecho: el papel de la jurisdicción. Madrid: Civitas, 1996, p. 29, no qual lembra o autor que o Estado de Direito Constitucional de Direito não é mais do que a dupla sujeição do direito ao direito, gerada por uma dissociação entre vigência e validade, entre forma e substância, entre legitimação formal e substancial, ou, se se quiser, entre as weberianas racionalidade formais e racionalidades materiais.

[206] Cf. MICHELMAN, Frank. *Political Truth and the Rule of Law. Harvard Law Review*, v. 114, Cambridge, 1988, p. 29.

Vem desta noção compartilhada de responsabilidades múltiplas em face dos Direitos Fundamentais que Thomas Koopmans insiste na tese de que:

> One approach to explaining how and why citizens share in these duties involves viewing the citizens of a democratic country as having ultimate responsibility for the human rights duties of their government. If their government has a duty to respect or implement the right to a fair trial, or a duty to aid poor countries, its citizens share in that duty. They are required as voters, political agents, and taxpayers to try to promote and support their government's compliance with its human rights duties. This principle of shared duty is particularly attractive in democratic societies where the citizens are the ultimate source of political authority.[207]

Revela-se inexorável em tal contexto que o Poder Judiciário igualmente reste impactado em sua postura, eis que o aumento das demandas vão gerando déficits enormes de direitos fundamentais (civis, políticos, sociais, econômicos, culturais, etc.), pressionando todos os poderes instituídos a darem respostas a estas questões. Por tais razões, se tem dito que *The law-making function of judges in general, and more specifically of the judges of the Court of Justice, was and continues not only to provoke doctrinal debate, but also to act as a battleground for opposing ideologies regarding the functions, powers and limits of the judiciary in our society.*[208]

Mesmo na Europa Central, encontra-se opinião de que o Judiciário tem servido como verdadeiro guia de formação de novos parâmetros de civilidade e organização comunitária, contribuindo em muito para que o processo de integração se dê da forma mais pacífica e harmoniosa possível, e isto é um aspecto absolutamente positivo da função judicante hoje.[209]

De qualquer sorte, é preciso reconhecer que cada instituição, a sua maneira, se relaciona de formas diferentes com as demandas sociais: o Executivo, pela via dos serviços e políticas públicas, com investimentos compensatórios, preventivos e curativos em face dos problemas que lhe acorrem; o Legislativo, com menos atividade legiferante de iniciativa própria e mais comportamentos de controle e aferição política do Executivo (através de comissões parlamentares para assuntos diferenciados); o Judiciário, avançando na direção de garantidor das prerrogativas constitucionais e infraconstitucionais de toda a comunidade, bem como desenvolvendo ações de concretização de direitos que, a despeito de previstos no sistema

---

[207] KOOPMANS, Thomas. *The Roots of Judicial Activism*. In F. MATHER and H. PETZOLD (eds), *Protecting Human Rights: The European Dimension, Studies in Honour of Gerard J. Wiarda*. New York: MacDylan,1988, p. 327.

[208] AGRESTO, John. *The Supreme Court and Constitutional Democracy*. Ithaca: Cornell University Press, 1984, p. 63.

[209] Nesse sentido, ETZIONI, Amitai (org). *New Communitarian Thinking – persons, virtues, institutions and communities*. Charlottesville: University of Virginia Press, 2003, p. 51: *Ever since the creation of the European Community, the Court of Justice has not simply been a group of judges with expertise in european law, but has represented the real driving force of European integration. In other words, if today there exists something called E.C. law, with its own particular features, characteristics, and issues, all this is due to the Court's work.*

normativo, não têm recebido a devida atenção dos demais poderes estatais (saúde, educação, trabalho, segurança, etc.).[210]

Por todas estas razões é que se têm sustentado nos últimos tempos que os chamados Direitos Sociais, enquanto fundamentalizados constitucionalmente, em especial no Brasil, afiguram-se como dever do Estado, em primeiro plano, conformando-se como verdadeiros direitos subjetivos, o que implica, inexoravelmente, direito a prestações.[211] Para Canotilho, tais direitos são *prima facie*, eis que não é possível resolvê-los em termos de tudo ou nada,[212] e também pelo fato de constituírem, em certa medida e na dicção de Dworkin, direitos abstratos, isto porque representam:

> Finalidades políticas generales cuyo enunciado no indica de qué manera se ha de comparar el peso de esa finalidad general con el de otras finalidades políticas, en determinadas circunstancias, o qué compromisos se han de establecer entre ellas. Los grandes derechos de la retórica política son abstractos en este sentido. Los políticos hablan de derecho a la libertad de expresión, a la dignidad o a la igualdad, sin dar a entender que tales derechos sean absolutos, y sin aludir tampoco a su incidencia sobre determinadas situaciones sociales complejas.[213]

---

[210] Para o aprofundamento disto, remeto aos meus recentes trabalhos: LEAL, Rogério Gesta. *Estado, Administração Pública e Sociedade: novos paradigmas*. Porto Alegre: Livraria do Advogado, 2007; *O Estado-Juiz na Democracia Contemporânea: uma perspectiva procedimentalista*. Porto Alegre: Livraria do Advogado, 2008.

[211] No que tange, por exemplo, ao direito à saúde, o Supremo Tribunal Federal já teve oportunidade de afirmar que ele configura direito público subjetivo, não podendo ser reduzido à promessa constitucional inconseqüente – Agravo Regimental no RE nº 271.286-8/RS. De igual sorte a decisão do Superior Tribunal de Justiça que asseverou que os direitos fundamentais à vida e à saúde são direitos subjetivos inalienáveis, constitucionalmente consagrados, cujo primado, em um Estado Democrático de Direito como o nosso, que reserva especial proteção à dignidade da pessoa humana, há de superar quaisquer espécies de restrições legais – REsp 836913/RS; Recurso Especial nº 2006/0067408-0. 1ª Turma, Relator Min. Luiz Fux, julgado em 08/05/2007, publicado no Diário de Justiça de 31.05.2007 p. 371. Mas pergunta-se? A que custo e a que universo de prestações pode-se chegar no atendimento deste direito subjetivo à prestação? O atendimento integral de tal direito não pode implicar, por vezes, a violação e o sacrifício de outro direito de mesma ou diferente grandeza (paradoxo da eficiência jurisdicional)?

[212] Aduz Canotilho que: *A questão da reserva do possível (Vorbehalt des Möglichen), da ponderação necessária a efectuar pelos poderes públicos (Abwägung) relativamente ao modo como garantir, com efectividade, esse direito (optimização das capacidades existentes, alargamento da capacidade, subvenções a estabelecimentos alternativos) conduz-nos a um tipo de direito prima facie a que corresponde, por parte dos poderes públicos, um dever prima facie.* Op. cit., p. 66. Ver neste sentido a reflexão de SARLET, Ingo. *Eficácia dos Direitos Fundamentais*. Porto Alegre: Livraria do Advogado, 2007, notadamente na p. 304, em que o autor sustenta estar esta reserva do possível parametrizada por três variáveis, a saber: (a) dizendo com a efetiva disponibilidade fática dos recursos à efetivação dos direitos fundamentais; (b) dizendo com a disponibilidade jurídica dos recursos materiais e humanos, que guarda íntima conexão à distribuição das receitas e competências federativas (tributárias, orçamentárias, legislativas e administrativas); (c) dizendo com a proporcionalidade da prestação, em especial no tocante à sua exigibilidade e razoabilidade.

[213] DWORKIN, Ronald. *Tomando los derechos en serio*. Barcelona: Ariel, 1989, p. 162. Denomina o autor que direitos concretos *son finalidades políticas definidas con mayor precisión de manera que expresan más claramente el peso que tienen contra otras finalidades en determinadas ocasiones*. Num texto mais recente (DWORKIN, Ronald. *Justice in Robes*. Massachussets: Harvard University Press, 2006, p. 86), o autor americano ratifica esta sua assertiva.

E por que não se pode resolver tal matéria em termos de tudo ou nada? Pelo fato de que ela envolve outro universo de variáveis múltiplas e complexas, a saber: disponibilidade de recursos financeiros alocados preventivamente, políticas públicas integradas em planos plurianuais e em diretrizes orçamentárias, medidas legislativas ordenadoras das receitas e despesas públicas, etc. Todos estes condicionantes, por sua vez, encontram-se dispersos em diferentes atores institucionais, com competências e autonomias reguladas também pela Constituição.[214]

É preciso que se diga, por exemplo, e para não esquecer, que em outros países com tradições bem distintas das nossas, os direitos sociais são postos como tão somente diretrizes ao legislador, sem vincular necessariamente os demais poderes as suas efetivações (e não estou defendendo tal hipótese para o Brasil), *ex vi* a experiência da Índia e Irlanda, conforme nos diz John Gerhardt, ao lembrar que

> The constitutions of Ireland and India set social welfare rights apart from other constitutional rights in sections that identify social welfare rights as directive principles of public policy. These principles are not legally enforceable. Rather, they encourage legislatures to enact statutes consistent with the principles, that is, to move in the direction of social democracy to the extent politically and economically feasible. [215]

Decorre daqui a tese de que a garantia de um padrão mínimo de segurança social não pode afetar de forma substancial outros princípios ou interesses constitucionais igualmente relevantes, assim que, somente quando a garantia material do padrão mínimo em direito social (previamente delimitada como prioritária em termos de sociedade) estiver efetivamente sendo ameaçada no caso concreto é que se poderá levar a cabo uma necessária ponderação de interesses em face da potencial restrição de bens jurídicos – fundamentais ou não – colidentes com tais demandas ou pretensões. Caso contrário, dever-se-á buscar a plena integração mantenedora da incolumidade normativa e concretização de todos os bens jurídicos tuteladas pelo sistema jurídico.[216]

---

[214] Estou aqui lembrando que há um escalonamento normativo vinculante estabelecendo – pela via das competências exclusivas, concorrentes e complementares –, quais os sujeitos de direito habilitados a tomar determinadas decisões políticas e jurídicas com efeitos cogentes para todos. Assim ocorre, por exemplo, com as entidades e poderes federativos no Brasil (no âmbito dos arts. 21 a 30, 44 a 133, todos da Constituição Federal).

[215] GERHARDT, J.; ROWE, Thomas D. *Constitutional Theory: arguments and perspectives*. Charlottesville: Michie Company, 2005, p. 54. Diz o autor que o art. 45, da Constituição Irlandesa, dispõe que: *The principles of social policy set forth in this article are intended for the general guidance of Parliament. The application of those principles in the making of laws shall be the care of Parliament exclusively, and shall not be cognizable by any Court under any of the provisions of this Constitution.* Enquanto que o art. 37, da Constituição Indiana, dispõe que: *The provisions contained in this Part shall not be enforced by any court, but the principles therein laid down are nevertheless fundamental in the governance of the country and it shall be the duty of the State to apply these principles in making laws.*

[216] Ver o texto de SARLET, Ingo. *Eficácia dos Direitos Fundamentais*. Op. cit., p. 371, oportunidade em que adverte, acertadamente, que, *com isso, traçou-se um claro limite ao reconhecimento de direitos originários a prestações sociais, de tal sorte que, mesmo em se tratando da garantia de um padrão mínimo (no qual a perda absoluta da funcionalidade do direito fundamental está em jogo), o sacrifício de outros direitos não parece ser tolerável.* Aqui começa-se a questionar: é possível constituir critérios ou parâmetros gerais de escolhas de quais os direitos que serão sacrificados?

Ocorre que, como referiu o Superior Tribunal de Justiça no Brasil, a realização dos direitos econômicos, sociais e culturais – além de caracterizar-se pela gradualidade de seu processo de concretização – depende, em grande medida, de um inescapável vínculo financeiro subordinado às possibilidades orçamentárias do Estado, *de tal modo que, comprovada, objetivamente, a incapacidade econômico-financeira da pessoa estatal, desta não se poderá razoavelmente exigir, considerada a limitação material referida, a imediata efetivação do comando fundado no texto da Carta Política.*[217]

O problema é que, historicamente, no Brasil, até em face das particularidades de exclusão social, miserabilidade e fragilização de sua cidadania, o Estado fora chamando para si, de forma concentrada, um universo de atribuições com caráter protecionista, paternalista e assistencialista, promovendo ações públicas de sobrevivência social em determinados âmbitos (saúde, por exemplo), com poucas políticas preventivas, educativas e de co-gestão com a sociedade dos desafios daqui decorrentes, induzindo a comunidade a uma postura letárgica e de simples consumidora do que lhe era graciosamente presenteado, sem nenhuma reserva crítica ou constitutiva de alternativas das mazelas pelas quais passava e ainda vive.

Novamente este não é um privilégio só do Brasil, mas diz com certo modelo de Estado Social que foi se criando no próprio Ocidente. Neste sentido Tushnet sustenta, com acerto, que *I believe that the state action/horizontal effect question becomes particularly pressing with the rise of the activist state and the increasing commitment in a nation to social democratic norms. The classical liberal state dealt with concerns about the level and distribution of important goods primarily in private law, secondarily in public law.*[218]

Ingo Sarlet e Mariana Figueiredo lembram, neste sentido, que já em 1950, na Alemanha, Otto Bachof sustentava que o princípio da dignidade da pessoa humana estabelecido pela Carta Constitucional tedesca demandava um mínimo de segurança social, a ser protegido pelo Estado Social uma vez que, sem os recursos materiais à existência digna, é a própria dignidade da pessoa humana que ficaria comprometida, razão pela qual o direito à vida e à integridade corporal

---

[217] É bem verdade que, nesta mesma decisão, manifestou-se o STJ no sentido de reconhecer que *não se mostrará lícito, no entanto, ao Poder Público, em tal hipótese – mediante indevida manipulação de sua atividade financeira e/ou político-administrativa – criar obstáculo artificial que revele o ilegítimo, arbitrário e censurável propósito de fraudar, de frustrar e de inviabilizar o estabelecimento e a preservação, em favor da pessoa e dos cidadãos, de condições materiais mínimas de existência. Cumpre advertir, desse modo, que a cláusula da 'reserva do possível' – ressalvada a ocorrência de justo motivo objetivamente aferível – não pode ser invocada, pelo Estado, com a finalidade de exonerar-se do cumprimento de suas obrigações constitucionais, notadamente quando, dessa conduta governamental negativa, puder resultar nulificação ou, até mesmo, aniquilação de direitos constitucionais impregnados de um sentido de essencial fundamentalidade.* REsp 811608/RS; Recurso Especial nº 2006/0012352-8. 1ª Turma, Relator Min. Luis Fux, julgado em 15/05/2007, publicado no DJ 04.06.2007 p. 314.

[218] TUSHNET, Mark. *State Action, Social Welfare Rights, and the Judicial Role: Some Comparative Observations.* Op. cit., p. 43. Ver na mesma direção o texto de EKMEKDJIAN, Miguel Angel. *Tratado de Derecho Constitucional.* Buenos Aires: Depalma, 2000.

não poderiam ser concebidos como proibição de destruição da existência – direito de defesa –, mas perquiriria postura ativa no sentido de garantir a vida como um todo.[219] A partir de experiências como estas, pode-se hoje concluir que *a garantia das condições mínimas para uma existência digna integra o conteúdo essencial do princípio do Estado Social de Direito, constituindo uma de suas principais tarefas e obrigações.*[220]

Não se pode olvidar, com Ricardo Lobo Torres, que houve até certa radicalização de alguns constitucionalistas tedescos ao defenderem o primado dos Direitos Sociais com as teses de que: (a) todos os direitos sociais são direitos fundamentais sociais; (b) os direitos fundamentais sociais são plenamente justiciáveis, independentemente da intermediação do legislador; (c) os direitos fundamentais sociais são interpretados de acordo com princípios de interpretação constitucional, tais como os da máxima efetividade, concordância prática e unidade da ordem jurídica.[221]

Da mesma forma no Canadá, consoante Damasca,

> The activist state placed into question levels and distributions of important goods that seemed inconsistent with social democracy's guiding premises: If market transactions resulted in outcomes where people did not have "enough," according to prevailing social democratic norms, those outcomes certainly could be changed by legislation, and sometimes had to be changed pursuant to constitutional command.[222]

Apresentou-se tão forte esta tendência no Ocidente, que não levou tempo para que tais postulados e argumentos tocassem muito de perto (e ainda estão se desenvolvendo tais perspectivas) as próprias relações de direito privado, como bem demonstra Gerhardt:

---

[219] SARLET, Ingo Wolfgang; FIGUEIREDO, Mariana *Filchtiner. Reserva do possível, mínimo existencial e direito à saúde: algumas aproximações. In* SARLET, Ingo Wolfgang Sarlet; TIMM, Luciano Benetti (org.) *Direitos Fundamentais, orçamento e reserva do possível.* Porto Alegre: Livraria do Advogado, 2008, p. 19.

[220] Idem, p. 20.

[221] TORRES, Ricardo Lobo. O mínimo existencial, os direitos sociais e os desafios de natureza orçamentária. In: SARLET, Ingo Wolfgang Sarlet; TIMM, Luciano Benetti (org.) *Direitos Fundamentais, orçamento e reserva do possível.* Porto Alegre: Livraria do Advogado, 2008, p. 70. Desde já deixo claro que discordo com uma das teses do autor em outro importante trabalho nominado TORRES, Ricardo Lobo. A Metarmofose dos Direitos Sociais em Mínimo Existencial. In: SARLET, Ingo Wolfgang. *Direitos Fundamentais Sociais: estudos de direito consticional, internacional e comparado.* Rio de Janeiro: Renovar, 2005, p. 17, no sentido de que *os direitos sociais e econômicos, porque estão sujeitos a reserva do orçamento, não encontram no Judiciário a sua garantia institucional mais efetiva.* Sustenta o autor aqui, fundamentado em Cass R. Sunstein, que o processo legislativo é o instrumento hábil à concessão destes direitos. Tenho que a complexidade das relações institucionais provocada pela igual complexidade das relações sociais tem feito migrar o protagonismo político à efetivação dos Direitos Sociais, o que, todavia, precisa sim de critérios e controles democráticos, como vai se ver ao longo deste trabalho.

[222] DAMASCA, Mirjan R. *The faces of justice and State authority: a comparative approach to the legal process.* New Haven: Yale University Press, 2005, p. 71. Lembra ainda o autor que *The activist state, in turn, is defined by the fact that it has affirmative obligations. An expansive state action/horizontal effect doctrine allows the courts to collaborate with legislatures in defining the scope of those obligations.* Destaque-se, aqui, a idéia de colaboração, e não usurpação de poderes.

Social democracy affected private law by encouraging judges to develop the background rules of property, contract, and tort to respond to concerns about the level and distribution of important goods. It affected public law by encouraging judges to give constitutional norms horizontal effect. And, importantly, these two effects are in fact only one: The state action/ horizontal effect doctrine is the doctrinal vehicle whereby background rules of property, contract, and tort are made subject to constitutional norms dealing with the level and distribution of important goods.[223]

O cenário no Brasil hoje é, todavia, diferente, a uma, pelos níveis de inclusão social construídos no país nos últimos 15 (quinze) anos, propiciando cenários materiais e formais de maior participação da cidadania na gestão de seu cotidiano; a duas, em face do processo descentralizador da governança institucional que nestes últimos tempos vem ocorrendo, ensejando a abertura gradativa dos poderes instituídos e da administração pública dos interesses coletivos.[224]

Mesmo em tal quadro, a relação Estado x Sociedade é ainda marcada significativamente por graus de dependência hierárquica e alienada da segunda para com o primeiro, provocando o que Canotilho chama de *introversão estatal da socialidade*, ou seja:

1. os direitos sociais implicam o dever de o Estado fornecer as prestações correlativas ao objeto destes direitos; 2. os direitos sociais postulam esquemas de unilateralidade, sendo que o Estado garante e paga determinadas prestações a alguns cidadãos; 3. os direitos sociais eliminam a reciprocidade, ou seja, o esquema de troca entre os cidadãos que pagam e os cidadãos que recebem, pois a mediação estatal dissolve na burocracia prestacional a visibilidade dos actores e a eventual reciprocidade da troca.[225]

Sustenta o autor, e com ele concordo, que é tempo já de se descobrir os contornos da reciprocidade concreta e do balanceamento dos direitos sociais, até porque tais direitos envolvem patrimônio de todos quando de sua operacionalidade e concreção, e já que a todos são dirigidas tais prerrogativas, deve-se perquirir sobre a quota parte de cada um neste mister, sob pena de constituirmos o que o jurista lusitano denomina de uma *aproximação absolutista ao significado jurídico dos direitos sociais*, ou seja, confiar na simples interpretação de normas consagradoras de direitos sociais para, através de procedimentos hermenêuticos, deduzir a afetividade dos mesmos direitos, produzindo resultados pouco razoáveis e racionais.

---

[223] GERHARDT, J.; ROWE, Thomas D. *Constitutional Theory: arguments and perspectives*. Charlolttesville: Michie Company, 2004, p. 119. Lembra o autor, contrastando a tendência referida, que na Constituição dos Países Baixos há expressa previsão de que *the constitutionality of Acts of Parliament and treaties shall not be reviewed by the courts. Sweden's courts have the power of judicial review, but they are instructed to "set aside" a statute only if the fault is manifest*. In: Constitution of the Netherlands, art. 120, available at http://www.uni-wuerzburg.de/law/nl00000_.html, and Constitution of Sweden, chap. 11, art. 14, available at http://www.uni-wuerzburg.de/law/sw00000_.html.

[224] Trato disto em meu livro LEAL, Rogério Gesta. *Estado, Administração Pública e Sociedade: novos paradigmas*. Op. Cit.. Ver, igualmente, o texto de SANDULLI, Armando Mantinni. *Stato di Diritto e Stato Sociale*. Napoli: Giappichelli, 2004.

[225] CANOTILHO, José Joaquim Gomes. *Estudos sobre Direitos Fundamentais*. Op. cit., p. 102. Não se diga, por outro lado, que os chamados direitos de liberdade e os de defesa não exigem, às suas efetivações, medidas positivas e onerosas por parte do Estado também, comprometendo significativos recursos públicos (segurança pública, sistema repressivo, sistema carcerário, serviços públicos judiciais, etc.).

Quero dizer que é preciso levar em conta que todo e qualquer exercício de direito social como a saúde, em tese, custa dinheiro – e não é pouco em nenhuma parte do mundo. Assim é que Peter Häberle, na primeira metade da década de 1970, já formulava a idéia da reserva das caixas financeiras para o atendimento de direitos sociais prestacionais, para exatamente evidenciar o fato de que estes direitos estão também vinculados às reservas financeiras do Estado, na medida em que devessem ser custeados pelo Erário.[226]

É claro que o simples argumento da escassez de recursos dos cofres públicos não pode autorizar o esvaziamento de direitos fundamentais, muito menos os relacionados à saúde, eis que diretamente impactantes em face da vida humana e sua dignidade mínima, e por isto estarão sujeitos ao controle jurisdicional para fins de se aferir a razoabilidade dos comportamentos institucionais neste sentido, devendo inclusive ser aprimorados os parâmetros, variáveis, fundamentos e a própria dossimetria concretizante dos direitos em xeque.

Não se afigura simples, pois, trazerem-se à colação argumentos do tipo *princípio da não reversibilidade das prestações sociais*, ou o *princípio da proibição da evolução reacionária*, como fórmulas retóricas e mágicas para poder garantir, a qualquer preço – que nem se sabe qual –, tudo o que for postulado por segmentos da comunidade (indivíduos), pelo simples fato de que o Estado está obrigado a tanto, isto porque *o desafio da bancarrota da previdência social, o desemprego duradouro, parecem apontar para a insustentabilidade do princípio da não reversibilidade social.*[227]

Neste ponto, o Tribunal Constitucional português precisou o que significa este princípio em um caso concreto, aduzindo que ele operaria tão somente quando: (a) estivesse em risco o *núcleo essencial da existência mínima* inerente ao respeito pela dignidade da pessoa humana, isto é, quando, sem a criação de outros esquemas alternativos ou compensatórios, se pretenda proceder a uma anulação, revogação ou aniquilação pura e simples daquele núcleo essencial; (b) quando a

---

[226] HÄBERLE, Peter. Grunderecht im Leistungstaat. In: *VVDSTRL*, 30 (1972). Neste ponto concorda Canotilho, quando assevera que: *Parece inequívoco que a realização dos direitos econômicos, sociais e culturais se caracteriza: (1) pela gradualidade da realização; (2) pela dependência financeira relativamente ao orçamento do Estado; (3) pela tendencial liberdade de conformação do legislador quanto às políticas de realização destes direitos; (4) pela insusceptibilidade de controlo jurisdicional dos programas político-legislativos a não ser quando se manifestem em clara contradição com as normas constitucionais, ou transportem dimensões manifestamente desrazoáveis. Reconhecer estes aspectos não significa a aceitação acrítica de alguns dogmas contra os direitos sociais.* Op. Cit., p. 108. Ver o texto de GALDINO, Flávio. *Introdução à teoria dos Custos dos Direitos: direitos não nascem em árvores.* Rio de Janeiro: Lumen Juris, 2005.

[227] CANOTILHO, José Joaquim Gomes. *Estudos sobre Direitos Fundamentais.* Op. cit., p. 112. Ver no Brasil, uma boa abordagem do tema em DERBLI, Felipe. Proibição de Retrocesso Social: uma proposta de sistematização à luz da Constituição de 1988. In: *A Reconstrução Democrática do Direito Público no Brasil.* Rio de Janeiro: Renovar, 2007, p. 433 e seguintes. Vale aqui também a advertência feita por SARLET, Ingo Wolfgang; FIGUEIREDO, Mariana Filchtiner. *Reserva do possível, mínimo existencial e direito à saúde: algumas aproximações.* Op. cit., p. 45, no sentido de que, *Ao contrário do que defende parcela da doutrina, a universalidade dos serviços de saúde não traz, como corolário inexorável, a gratuidade das prestações materiais para toda e qualquer pessoa, assim como a integralidade do atendimento não significa que qualquer pretensão tenha de ser satisfeita em termos ótimos.*

alteração redutora do conteúdo do direito social se faça com violação do princípio da igualdade ou do princípio da proteção da confiança; (c) quando é atingido o conteúdo de um direito social cujos contornos se encontram enraizados ou sedimentados no seio da sociedade.[228] Com tais parâmetros, vão-se demarcando também jurisprudencialmente as condições e possibilidades de aplicação desta ferramenta garantidora dos direitos fundamentais, retirando-a da mera esfera especulativa do tema.

Aliás, reconheço que o direito internacional dos Direitos Fundamentais, assim como a uma boa parte das Constituições contemporâneas, insistentemente recorrem a uma série de garantias políticas dos chamados Direitos Sociais, dentre as quais:

a) A *obrigação negativa de não regressividade social*, no sentido de que, na medida em que o Estado Social é uma realidade limitada mas em parte efetiva, tanto o legislador como a administração devem respeitar e não interferir na liberdade de ação e uso daqueles recursos básicos que os indivíduos ou as coletividades tenham alcançado.[229] Ocorre que naquela perspectiva referida no capítulo anterior da inexorável passagem do *Welfare State* para um *Workfare*, associando-se ao Estado Social de Direito um Estado Social Contributivo, de deveres compartidos entre Estado, Sociedade e Mercado, concebendo os Direitos Fundamentais Sociais também como Deveres Fundamentais Sociais, resta claro que o hodierno Estado Social é também um distribuidor de sacrifícios junto a benefícios, eis que permanentemente precisa levar a cabo escolhas trágicas e disjuntivas, em face de não poder atender a todas as demandas da mesma forma e ao mesmo tempo, necessitando, todavia, fazê-lo a partir de critérios e parâmetros razoáveis, públicos e controláveis pela comunidade aberta de intérpretes do sistema jurídico e da democracia.[230]

b) De igual sorte, este mesmo constitucionalismo tem imposto ao Legislador um *dever positivo de progressividade*, ou seja, não só é dever do legislador constitucional manter o bem-estar conquistado no tempo e espaço, mas também a de promover concretamente tal satisfação de forma gradual, mas tendo em conta o

---

[228] Acórdão do Tribunal Constitucional nº 509/2002, envolvendo tema atinente ao rendimento social de inserção de trabalhadores em Portugal, revogando disposição anterior do *rendimento mínimo garantido* previsto na Lei nº 19-A/96, de 29 de Junho de 1996, e criando o *rendimento social de inserção*, podendo, *grosso modo*, dizer-se que os direitos e prestações previstos na legislação que instituía e regulamentava o rendimento mínimo garantido são substituídos, com adaptações, pelos direitos e prestações previstos na legislação que cria e, *posteriormente*, virá a regulamentar, o rendimento social de inserção. In http://www.tribunalconstitucional.pt/tc/acordaos/20020509.html, acesso em 25/10/2008.

[229] Conforme quer FABRE, Cécile. *Social Rights under the Constitution*. Oxford: Clarendorf Press, 2000, p. 79.

[230] Tomando emprestado de Peter Häberle a expansiva e democrática radicalização dos responsáveis pela interpretação/aplicação da Constituição, no sentido de que se tem que contar com um público mais amplo do que os juristas especializados para dar efetividade aos valores da norma fundamental, preconizando uma sociedade aberta dos intérpretes constitucionais. In Cf. HÄBERLE, Peter. *Libertad, igualdad, fraternidad. 1789 como historia, actualidad y futuro del Estado Constitucional*. Madrid: Trotta, 1998; HÄBERLE, Peter. El legislador de los derechos fundamentales. In: PINA, António Lopes et al. *La garantía constitucional de los derechos fundamentales*. Madrid: Civitas, 1991. Ver igualmente o trabalho de CALABRESI, Guido Calabresi & BOBBIT, Philip. *Tragic Choices*. New York: Norton, 1978.

que Pisarello chama de *prioridad de los más débiles*, proporcionando o tratamento desigual dos desiguais.[231]

É verdade que este estado de coisas tem como um dos fundamentos o fato de que o catálogo de diretos econômicos, sociais, e culturais, forjado nos dois pós-guerras do século XX, compromissados com a reconstrução do próprio tecido social, elevou à máxima exaustão as expectativas de poder e ação dos poderes instituídos em prol de tais demandas, acreditando que poderiam dar concreção a tudo isto sozinhos, causando o que Arthur chama de vitimização do Estado por seu próprio sucesso.[232]

Mas então, qual a saída para um cenário como este em que as forças prestacionais do Estado de Bem-Estar se esmorecem em face de crises globais de recursos naturais e econômicos (ora concentrados demasiadamente, ora fragilizados demasiadamente)?

Concordando com Sunstein, tenho que *the mainly issues here involve the matter of the competence limits of the State in front of the rights, and if that State could involve itself in privates relations, as well as which the limits of that State performance.*[233] Tais questões precisam ser bem apreendidas, sob pena de se inviabilizar de vez quaisquer políticas públicas de gerenciamento de demandas sociais coletivas.

Não é tão simples sustentar a tese de que é a contemporânea Teoria da Constituição que tem emprestado força cogente e autoaplicável aos comandos que dizem com direitos sociais, isto porque toda e qualquer concreção de direito implica, além de custos (normativos, econômicos, políticos, jurídicos, etc.), deliberações políticas e axiológicas de instâncias constitucionalmente competentes para tanto (como o processo legislativo e as políticas públicas sociais), o que talvez leve a aprofundar a afirmativa do hoje Ministro do Supremo Tribunal Federal brasileiro

---

[231] PISARELLO, Gerardo. *Del Estado Social Legislativo al Estado Social Constitucional: por una protección compleja de los derechos sociales.* In: *Revista Isonomia*, nº 15. Octubre. Madrid: Cedam, 2001, p. 94. Com base nesta perspectiva, o autor ainda sustenta, com o que concordo, que os poderes públicos neste particular têm *a irrenunciable obligación de proteger los intereses de las personas en los mismos frente a afectaciones provenientes de agentes privados. Esta obligación exige ampliar el ámbito de aplicación de la llamada Dirttwirkung constitucional, es decir, la posibilidad de vincular a los poderes sociales y económicos al cumplimiento, en matéria de derechos sociales, a las obligaciones de respeto, promoción y no discriminación.*

[232] ARTHUR, John. *The unfinished Constitution: philosophy and constitutional practice.* Belmont: Wadsworth Publishing Company, 1989, p. 118 e seguintes. Com base nesta crítica, adverte o autor que uma cidadania social se conquista não através da estatização da socialidade, mas através da civilização da política (*a social citizenship is not conquered through the nationalization of the sociality, but through the civilization of the politics*). Ao lado disto, para não conhecer de sua ineficiência ou fracasso, o Estado prefere, em algumas oportunidades, negar a existência de inúmeras tensões sociais que se avolumam sem respostas satisfatórias, ou ainda, lançá-las à clandestinidade ou ilicitude, tratando-as como anomalias comportamentais que precisam ser severamente coagidas, tais como os movimentos dos sem-terra, dos sem-teto, a questão dos parcelamentos clandestinos do solo urbano, a violência generalizada, a prostituição, o narcotráfico, etc. .

[233] SUNSTEIN, C.; HOLMES, S. *The Cost of Rights: why liberties depends on taxes.* New York: Macmilann, 2004, p. 90. Ver igualmente o texto de BEN-DOR, Oren. *Constitutional Limits and the Public Sphere.* Oxford: Hart Publishing, 2007, em especial a partir da p. 95 (*The role of the People in determining Constitutional Limits*). Do mesmo autor ver também o texto SUNSTEIN, Cass. *Designing democracy: what constitutions do?* Oxford: Hart Publishing, 2001.

Eros Roberto Grau, no longínquo ano de 1988, quando asseverava que *as normas programáticas, sobretudo – repita-se – as atributivas de direitos sociais e econômicos, devem ser entendidas como diretamente aplicáveis e imediatamente vinculantes do Legislativo, do Executivo e do Judiciário.*[234]

Por certo que como petição de princípio a bem formulada tese do autor está absolutamente correta, evidenciando-se, talvez, desafios no processo de densificação material do que isto pode significar numa ambiência social, política e econômica marcada por restrições de recursos para tanto.

Se de certa forma a Constituição brasileira de 1988 estabelece alguns parâmetros explícitos de direitos e garantias individuais e sociais, notadamente a partir de seu núcleo central que é a pessoa humana e sua dignidade, o que se tem visto, em verdade, é que tal debate tem-se jurisdicionalizado demasiadamente, o que não é somente privilégio do Brasil.

Neste sentido, cumpre dar atenção à lembrança de Enzo Cheli, quando sustenta que *in quanto espressione di un patrimonio storico e culturale comune – la costituzione appartiene, dunque, a tutti i cittadini e va, di conseguenza, sottrata allá disponibilità della maggioranza, anzi deve operare essenzialmente con un sistema di limiti allá maggioranza*. Registra com ênfase ainda o autor italiano que, a partir desta perspectiva, *il popolo, nell'esercizio della sovranità, è, tenuto, pertanto, a rispettare i limiti che la costituzione impone e che la giustizia costituzionale è chiamata a garantire: in questo senso la sovranità popolare è una sovranità costituita e non costituente.*[235]

Na experiência americana, por exemplo, como nos diz Tushnet, tais temas e garantias, enquanto promanadas de uma Constituição, têm reiteradamente consistido no *what the Supreme Court has said about those provisions*. Isto não é bom, porque *the court has told us that to think about equality, we have to decide whether a race-based classification can satisfy strict scrutiny that promoting state interest in a narrowly tailored way.*[236]

Por mais boa vontade que informe o ativismo judicial que tem surgido nas últimas décadas em países Ocidentais importantes (inclusive no Brasil), figurando

---

[234] GRAU, Eros Roberto. *Direitos, Conceitos e Normas Jurídicas*. São Paulo: Revista dos Tribunais, 1988, p. 126. Tem texto mais recente (GRAU, Eros Roberto. Realismo e Utopia Constitucional. In: COUTINHO, Jacinto Nelson de Miranda e LIMA, Martonio Mont' Alveme Barreto. *Diálogos Constitucionais: Direito, Neoliberalismo e Desenvolvimento em Paises Periféricos*. Rio de Janeiro: Renovar, 2006, p. 133-144), o autor faz uma crítica muito consistente a alguns idealismos exacerbados no que tange à concretização imediata de direitos sociais.

[235] CHELI, Enzo. *Lo Stato Costituzionale*. Roma: Editoriale Scientifica, 2007, p. 16. Adverte o autor que *la democrazia – anche se construita al fine di affermare il governo della maggioranza – nelle sue basi costituzionali non è maggioritaria, ma rappresentativa dell'intera complessità del corpo sociale che si riconosce e si identifica nella tavola dei valori costituzionali.*

[236] TUSHNET, Mark. *Taking the Constitution Away from the Courts*. Priceton: Princeton University Press, 2005, p. 50. Lembra o autor ainda que, na medida em que *social provision becomes increasingly thick, the need for judicial enforcement of social welfare rights, or for the development of background rules to address concerns about the level and distribution of important goods, or for a worked-out state action doctrine diminishes*. Aprofunda este tema o autor em outro importante texto: TUSHNET, Mark. *The New Constitutional Order*. Princeton University Press, 2004.

certo tipo de experimentalismo democrático,[237] a verdade é que isto tem implicado a retração do ativismo social em face de problemas e questões de ordem e natureza políticas, fragilizando os laços republicanos da cidadania que deveria assumir suas funções e feições constituintes do espaço democrático das deliberações públicas.

Se for verdade que os limites de ação dos poderes instituídos hoje, em regra, nas democracias constitucionais, estão dados pela ordem constitucional, inclusive discrepando atribuições e competências formais, também é verdade que os sistemas de *check and balances* encontram pontos de conflito no âmbito daquelas atribuições, tanto em suas dimensões positivas como negativas (obrigações de fazer e de não fazer). Veja-se que na órbita do Estado Constitucional contemporâneo,

> Che viene a fondersi sul tessuto politico di una democrazia pluralista, per sua natura, caratterizzata dalla diversità, cioè dal fatto di manifestarsi come una realtà policentrica o poliarchica, cioè come realtà articolata in una molteplicità di aggregati, organi, competenze che non riconoscono la presenza di un único centro ordinante, ma svolgono le loro funzioni secondo la complessa mappatura tracciata dal disegno costituzionale.[238]

Vai nesta mesma direção Rosenfeld, ao afirmar que a democracia pluralista está associada a uma sociedade pluralista: *una società è pluralista se è divisa in base a fattori etnici, linguistici, culturali, o ideologici, o in altre parole, se è composta da differenti gruppi che non condividono gli stessi valori o concezioni del bene.*[239] Qual um dos problemas atinentes à deliberação pública, formatação e execução de políticas públicas que surge aqui? O que diz com *dal momento che nelle società pluraliste di fatto le persone non condividino gli stessi valori o interessi, la legittimità delle loro istituzioni politiche fondamentali dipende in*

---

[237] Estou usando aqui a expressão forjada por DORF, Michael C.; SABEL, Charles F. A Constitution of Democratic Experimentalism. *Columbia Law Review*, nº 267, 1998, p. 62, quando assevera que *A democratic experimentalist court begins with a constitutional principle stated at a reasonably high level of abstraction, such as the South African provision purporting to guarantee access to adequate housing. It begins the experimentalist project by offering an incomplete specification of the principle's meaning in a particular context, such as the requirement that the government's housing programs specifically address the housing needs of those in desperate need. The Court then asks legislators and executive officials to develop and begin to implement plans that have a reasonable prospect of fulfilling the incompletely specified constitutional requirement.*

[238] COSTA, Pietro. *Democrazia Politica e Stato Costituzionale*. Roma: Editoriale Scientifica, 2008, p. 82. Na mesma direção ROSENFELD. Michel (a cura di G. Pino). *Interpretazioni: il diritto tra etica e politica*. Bologna: Il Mulino, 1998, p. 340. No Brasil, ver o texto de SOSUZA NETO, Cláudio Pereira. Fundamentação e Normatividade dos Direitos Fundamentais: Uma Reconstrução Teórica à Luz do Princípio Democrático. In: Luís Roberto Barroso (Org.). *A Nova Interpretação Constitucional: Ponderação, Direitos Fundamentais e Relações Privadas*. Rio de Janeiro: Renovar, 2003, p. 285-325.

[239] ROSENFELD. Michel (a cura di G. Pino). *Interpretazioni: il diritto tra etica e politica*. Op. cit., p. 340 e seguintes. Reforça o autor que *Anche una società omogenea con una concezione individualista del bene, in cui si ritiene che ognuno abbia il diritto di perseguire il proprio bene individuale, andrebbe considerata una società pluralista di fatto.*

ultima analisi da qualche tipo di consenso tra tutti coloro che sono soggetti a tali istitutuzioni.[240]

No que tange ao Poder Judiciário neste cenário de elementos e variáveis, enquanto garante da ordem e estabilidade social, bem como dos direitos e garantias que as constituem, estou convencido, junto com Segal, que o *judicial review is often the last resort of a social and political movement that lacks political power. People rarely go to court – choose a legal strategy – unless they are pessimistic about what they could accomplish through political action.*[241] E isto é assim porque não se pode descurar das ambiências políticas e institucionais que se ocupam deste mister, sob pena de se esvaziar os procedimentos e instâncias democráticas de constituição e concretização (negativa e positiva) daqueles direitos, o que se torna ainda mais relevante quando alguns juristas e mesmo políticos estão defendendo que o *judicial review hope that Supreme Court will give them victories they cannot win in the political arena.*[242] Mesmo tal assertiva sendo deveras radical, ela apresenta algum sentido de verossimilhança com o cotidiano das democracias contemporâneas.

Mas afinal, no que tange especialmente ao Judiciário, qual a sensação e a opinião pública em face de sua competência para definir, em última palavra, o que é o mínimo existencial? Os juristas americanos têm debatido muito estas questões nos últimos tempos, questionando, por exemplo:

> Who has the last word when it comes to the meaning of the Constitution? Who ultimately decides whether a state can regulate or outlaw abortion? Or whether Congress can legislate to protect the elderly or the disabled? Who decides the winner in a contested presidential election? On these and countless other matters of fundamental interest to society, the answer in recent years has been the Supreme Court. And most Americans seem willing, even happy, to leave it at that. Indeed, if recent surveys are to be believed, most think this is how our Founding Fathers meant it to be. What lawyers call "judicial supremacy" – the idea that judges decide finally and for everyone what the Constitution means – has found wide public acceptance.[243]

---

[240] Idem. Ver neste ponto o trabalho de ROSENFELD, Michel. Contract and Justice: the relation between classical contract law and social contract theory. In: *Iowa Law Review*, vol.70, 1985, p. 769 e seguintes.

[241] SEGAL, Jeffrey A. *The Supreme Court and the Attitudinal Model Revisited.* Op. cit., p. 34. Não desconhece este autor que, por várias vezes e em diversas matérias, o Poder Judiciário soube reconhecer que *Courts agreed that legislatures might properly be concerned that courts in common-law litigation could not accurately identify all the occasions on which fraud, coercion, and the like actually occurred, and so allowed legislatures to exercise a police power targeted at fraud, coercion, and the like, but hitting somewhat more broadly than the courts themselves would.*

[242] SEGAL, Jeffrey A. *The Supreme Court and the Attitudinal Model Revisited.* Oxford: Oxford University Press, 2007, p. 34. Na mesma linha de raciocínio vai ROSEN, Jeffrey. *The most democratic branch: how the courts serve America.* New York: Oxford University Press, 2007, p. 103: *In a social democratic state, concern over the level and distribution of important goods does not disappear; it simply shifts to the courts having responsibility for developing the background rules of property and contract.*

[243] KRAMER, Larry. We the People: *Who has the last word on the Constitution?* In: Boston Review, February/March, 2004, p. 18. Adverte o autor que *the problem with strong-form judicial review is that the courts' determinations of what the constitution means are frequently simultaneously reasonable ones and ones with which other reasonable people could disagree. This is especially true when the courts interpret the relatively abstract statements of principle contained in bills of rights.*

Será que a população brasileira tem o mesmo sentimento ou percepção de competência e função social dos seus poderes instituídos em geral e do Judiciário em especial? Infelizmente não se têm pesquisas pontuais a respeito; todavia, o que se pode indagar é se aquele comportamento social descrito por Kramer, ratificando o decisionismo judicial, por razões conceituais e pragmáticas de segurança jurídica e confiança social, vem ao encontro ou de encontro ao modelo de democracia representativa que os Estados contemporâneos têm ratificado neste século XX, notadamente quando está em jogo a definição de temas que dizem respeito a escolhas públicas (e, por vezes, trágicas).

Por certo que o descrédito e a crise de identidade, eficácia e eficiência dos Poderes Legislativos e Executivo, notadamente no cenário latino-americano, são notórias, agora, daí a dizer que isto autoriza a supressão de competências e funções institucionais, ou mesmo permite uma nova concentração de poder nas mãos de poucos – não possuidores da anuência direta da soberania popular –, parece agonizar ainda mais nossa experiência de emancipação política da cidadania.

Veja-se que o próprio instituto de balança e contrapeso das funções estatais tem como fundamento exatamente o necessário equilíbrio institucional e o respeito às deliberações da soberania popular. Como quer Kramer, *the checking and balancing of the different departments of government thus served as a device to prolong and inform the discussion of controversial proposals.*[244] Significa dizer que a concentração decisional em qualquer destas funções, em tese, ceifa a possibilidade da interlocução e deliberação democrática. Vai nesta mesma direção a posição de Scudiero,[245] no sentido de que *nello Stato Costituzionale nessun soggetto dispone a titolo esclusivo dell'esercizio del potere sovrano, ma tutti i soggetti, al vertici ed alla base, concorrono a tale esercizio secondo le competenze fissata dal modello costituzionale.*

No pensamento alemão, Peter Häberle, a título exemplificativo, tem insistido na radicalização dos responsáveis pela interpretação/aplicação do Texto Político, no sentido de que se conte com um público mais amplo do que os juristas especializados para dar efetividade aos valores da norma fundamental, preconizando uma sociedade aberta dos intérpretes constitucionais.[246] Um dos seus pressupostos centrais é o reconhecimento de que a indeterminação do texto constitucional só admite pensar em "constituição interpretada", em que a idéia de "mutação constitucional" desta hermenêutica, conforme a atuação e contribuição dos cidadãos, grupos sociais e órgãos estatais daquele momento histórico, é fundamental.[247]

---

[244] KRAMER, Larry. We the People: Who has the last word on the Constitution? In: *Boston Review*, February/March, 2004, p. 18.
[245] SCUDIERO, Michele. *I caratteri dello Stato Costituzionale*. Roma: Editoriale Scientifica, 2007, p. 42.
[246] Ver os textos: HÄBERLE, Peter. Libertad, igualdad, fraternidad. 1789 como historia, actualidad y futuro del Estado Constitucional. Madrid: Trotta, 1998; HÄBERLE, Peter. El legislador de los derechos fundamentales. In: PINA, António Lopes et al. *La garantía constitucional de los derechos fundamentales*. Madrid: Civitas, 1991.
[247] Cf. HÄBERLE, Peter. *Hermenêutica Constitucional*. Porto Alegre: Fabris, 1997, p. 39.

Vai nesta linha Queiroz, ao sustentar, com Häberle, que os Direitos Fundamentais demandam, sempre, uma *realização cooperativa*, no sentido de que eles sejam forjados a partir de espaço público comum e um modelo politicamente organizado de sociedade, isto porque, *seguindo de perto a concepção de Smend dos direitos fundamentais como fundamento civil do Estado, vocação moral do cidadão, Häberle reclama uma concepção e autocompreensão abrangentes que tenham em conta o sistema de correlações e condicionamentos recíprocos entre os aspectos individual e social desses direitos em contexto supra-individuais.*[248] Por tais razões, Queiroz sustenta que *a própria jurisprudência dos tribunais constitucionais europeus, até em face das sucessivas crises econômicas de seus estados de bem-estar, não tem contribuído muito na definição segura de conceber os direitos fundamentais sociais como pretensão de garantia, ou pretensão jusfundamental subjetiva de cumprimento e concretização do dever de proteção.*[249]

Insisto, não estou aqui a propagar a neutralidade do Poder Judiciário e o seu imobilismo institucional em face dos cenários societais que se apresentam, notadamente no âmbito da violação de direitos (fundamentais ou não), pelo contrário, só estou destacando a necessidade de se pensar que a substituição de um dirigismo sempre estatal centrado no Executivo para um focado no Judiciário ainda mantém a Sociedade como mera assistente do fenômeno político de organização da sua própria vida. Vale aqui a advertência já clássica de Huntington:

> Instead of explaining the activist cases as a move from law to politics, we could find an explanation inside the legal system itself, in which there is no fixed line dividing law from politics, but where the telos determining the teleological interpretation of the Court includes political, social, and economic elements as part of that process of integration which remains the main task of the Community action.[250]

Em face de tais aspectos é que, no campo dos direitos sociais, em especial, se têm construído algumas estratégias argumentativas e reflexivas para demarcar com precisão maior – ampliando assim o controle público de tais comportamentos – como podem ser atendidos coletivamente, e não só individualmente, e a quem pertence o dever de fazê-lo –, ou contribuir para tanto. Aqui é que ingressa o debate sobre o mínimo existencial enquanto dossimetria fundamentalizante da concretização dos direitos sociais, tema que passo a enfrentar.

---

[248] QUEIROZ, Cristina. Direitos Fundamentais Sociais: questões interpretativas e limites de justiciabilidade. In: *Interpretação Constitucional*. SILVA, Virgílio Afonso da (org.). São Paulo: Malheiros, 2005, p. 168. Aduz ainda a autora, com acerto, que *Não se pode deixar de reconhecer que os direitos sociais ordenem, essencialmente, tarefas políticas de conformação, posto que vêm constitucionalmente configurados mediante o recurso a preceitos mais abstratos, ainda que determináveis, tendo em conta a situação econômica respectiva de sua efetividade, sendo que a Constituição nada diz quanto à medida desta realização. Tal tarefa, não pode ser levada a cabo pelo judiciário sem violar, em alguma medida, aquela separação de poderes e funções referidas ao Estado Democrático de Direito* (p. 196). O problema será sempre o de dimensionarmos adequadamente qual é esta medida.

[249] QUEIROZ, Cristina. Direitos Fundamentais Sociais: questões interpretativas e limites de justiciabilidade. In: *Interpretação Constitucional*. SILVA, Virgílio Afonso da (org.). São Paulo: Malheiros, 2005, p. 202.

[250] HUNTINGTON, Samuel P. *Political Order in Changing Societies*. New Haven: Yale University Press, 1968, p. 61. No mesmo sentido ver o texto de DIPLOCK, Karl. *The Courts as Legislators*. In HARVEY, B.W. (ed.). *The Lawyer and Justice*. London: Sweet & Maxwell, 2001, p. 263.

4. Qual mínimo existencial: variáveis demarcatórias

Em termos de doutrina internacional, tem-se afirmado que o Mínimo Existencial implica condições mínimas para uma vida humana digna; em possuir cada pessoa as condições mínimas de sustento físico próprio, bem como as condições mínimas para que possa participar da vida social de seu Estado, relacionando-se com as pessoas que estão ao seu redor e que fazem parte da sociedade na qual vive.[251]

Esse mínimo já é tratado e reconhecido expressamente por alguns doutrinadores jurídicos nacionais. O Professor Ricardo Lobo Torres o denomina dizendo: *Sem o mínimo necessário à existência cessa a possibilidade de sobrevivência do homem e desaparecem as condições iniciais da liberdade. A dignidade humana e as condições materiais da existência não podem retroceder aquém de um mínimo.*[252]

Em Garcia Palayo, *no hay posibilidad de actualizar la libertad si su establecimiento y garantías formales no van acompañadas de unas condiciones existenciales minimas que hagan posible su ejercicio real.*[253]

Refere ainda este autor que o mínimo existencial, como condição de liberdade, postula as prestações positivas estatais de natureza assistencial e ainda exibe o *status negativus* das imunidades fiscais: o poder de imposição do Estado não pode invadir a esfera da liberdade mínima do cidadão representado pelo direito à subsistência. É certo que nesta perspectiva mais tributarista-liberal, *la progressiva affermazione dei diritti dell'individuo è stata legittimata proprio sul principio del rispeto della dignità umana che há rappresentato il valore di base del principio di*

---

[251] Ver os textos de: CASSESE, Savino. *I Diritti Umani oggi.* Roma-Bari: Laterza, 2005; DAWLEY, Alan. *Struggles for Justice: social responsibility and the liberal state.* Cambridge: Harvard University Press, 2006; FARBER, Daniel A.; FRICKEY, Philip P. *Law and Public Choice: a critical introduction.* Chicago: University of Chicago Press, 2007; SEN, Amartya. *Desigualdade Reexaminada.* Rio de Janeiro: Record, 2001.

[252] TORRES, Ricardo Lobo. A metamorfose dos Direitos Sociais em Mínimo Existencial. In SARLET, Ingo Wolfgang. (organizador). *Direitos Fundamentais Sociais: estudos de direito constitucional, internacional e comparado.* Rio de Janeiro: Renovar, 2003, p. 26. Não vou entrar aqui na discussão sobre os múltiplos conceitos de dignidade da pessoa humana construídos no âmbito da Teoria da Constituição e mesmo da Teoria Política contemporânea, mas tão-somente vou me valer do uso que o debate sobre o tema eleito neste trabalho tem feito – a partir de vários interlocutores. Estou a par de que, para alguns doutrinadores, a dignidade humana é mais que um Direito Fundamental, pois *costituisca un valore basilare di difficile definizione e che si pone quale base di ogni libertà; è un principio costituzionale supremo ed è stata collocate fra i diritti fondamentali o ritenuta come promessa comune di riconoscimento reciproco.* POLITI, Fabrizio. Dignità dell'uomo, diritti sociali e tutela dell'immigrato. In BILANCIA, Francesco. *Paura dell'Altro: identità occidentale e cittadinanza.* Roma: Carocci, 2007, p. 325. Na mesma direção, ver os trabalhos de: PANUNZIO, Sandro. *I Diritti Fondamentali e le Corti in Europa.* Napoli: Jovene, 2005, P. 33 e seguintes; DÜRIG, G. *Grundgesetz Kommentar.* München: Beck, 1998, p. 09; BENDA, Ernst. *Manual de Derecho Constitucional.* Madrid: Marcial Pons, 2002, p. 219 e seguintes; HOFMANN, Hans. La promessa della dignità umana: la dignità dell'uomo nella cultura giuridica tedesca. In: *Rivista Internazionale di Filosofia del Diritto.* Vol.XXXII. Roma: Daltricce, 2002, p. 49 e seguintes.

[253] GARCIA PELAYO, Manuel. *Las Transformaciones del Estado Contemporáneo.* Madrid: Alianza Editorial, 1980, p. 26. Na mesma direção vai Isaiah Berlin, ao dizer que *é um fato que propiciar direitos ou salvaguardas políticas contra a intervenção do Estado no que diz respeito a homens que mal têm o que vestir, que são analfabetos, subnutridos e doentes, é o mesmo que caçoar de sua condição: esses homens precisam de instrução e cuidados médicos antes de poderem entender ou utilizar uma liberdade mais ampla.* In BERLIN, Isaiha. *Quatro ensaios sobre a liberdade.* Brasília: Unb, 1981, p. 138.

giustificazione del diritto di difesa dell'individuo dal potere e dall'autorità.[254] Em face disto, pode-se ver claramente que múltiplas matizes ideológicas e filosóficas têm se apropriado deste valor existencial que é a dignidade da pessoa para dimensioná-la em distintas – e quiçá contraditórias – acepções (algumas destacando mais a questão da dignidade do homem enquanto ser único e diferente na terra, outras extraindo do próprio social as possibilidades da existência digna, etc.).[255]

No âmbito do direito português, Vieira de Andrade reconhece que o tema do mínimo existencial não diz somente com os aspectos qualitativos demarcatórios dos direitos fundamentais ou jusfundamentais, mas cada vez mais alcança a órbita quantitativa da qualidade da vida humana mensurável.[256]

Para Tushnet, numa outra acepção, há certa tendência de compreendermos o conceito de direitos mínimos e existenciais ainda como individuais, asseverando que

> (...) rights-claims are individualistic, nonetheless, not because of something inherent in the concept of rights, but rather because of the historical development of the language of rights. The central image of rights in our culture is of a sphere within which each of us can do what he or she pleases. This image, in turn, reinforces the distinction between law and politics. Politics is the domain of pure will or preference, not subject to discussion and deliberation except as each individual chooses to be influenced by others.[257]

Estou plenamente de acordo, haja vista que, em regra, a perspectiva de mínimo existencial que chega, por exemplo, ao Judiciário, para fins de proteção, apresenta-se centrada – geralmente – numa ótica individual, sem levar em conta as dimensões e impactos sociais pertinentes à espécie (cada qual quer o SEU direito à saúde, não importante se, para atendê-lo, ter-se-á que sacrificar o direito à saúde de muitos), razão pela qual, na dicção de Ricardo Torres – com o que concordo no ponto –, *é cada dia mais difícil estremar o mínimo existencial, em sua região periférica, do máximo de utilidade (maximum welfare, Nutzenmaximierung), que é princípio ligado à idéia de justiça e aos direitos sociais.*[258]

Ao lado desta discussão doutrinária, há um problema que envolve a *faticidade do mínimo existencial*, condizente com sua significativa natureza relacional em face do tempo e do espaço. Veja-se que o mínimo existencial na África é diferente do mínimo existencial na Suíça; o mesmo ocorre em face do interior do Maranhão

---

[254] OESTREICH, Gerhard. *Storia dei diritti umani e delle libertà fondamentali*. Roma-Bari: Laterza, 2004, p. 09.

[255] Por tal razão Oestreich adverte para o fato de que *Nel pensiero socialista il principio del rispetto della dignità umana acquista l'ulteriore significato di criterio di giustificazione dell'intervento pubblico a favore delle classi meno abbienti*. Idem, p. 11.

[256] ANDRADE, J. C. Vieira de. *Os Direitos Fundamentais na Constituição Portuguesa de 1976*. Op. cit., p. 390.

[257] TUSHNET, Mark. *State Action, Social Welfare Rights, and the Judicial Role: Some Comparative Observations*. New York: Maclew, 2006, p. 50.

[258] TORRES, Ricardo Lobo. *A metamorfose dos Direitos Sociais em Mínimo Existencial*. Op. cit., p. 32. Na dicção americana, pode-se encontrar a advertência de GLENDON, Mary Ann. *Rights talk – the impoverishment of political discourse*. New York: The Free Press, 2002, p. 34: *when judges apply a legal rule, they cannot disregard the position of that rule in the overall context of the applicable rules and the impact these rules will have on human conduct in society.*

e da Paraíba relacionado com o Rio Grande do Sul e Santa Catarina, por exemplo, eis que ele se relaciona sempre com uma perspectiva da escassez dos recursos finitos para o atendimento de demandas infinitas em termos de quantidade e natureza. Mesmo eventos imprevistos, provocados por causas fortuitas ou de força maior – como desastres naturais – podem alterar em muito a especificidade do mínimo existencial.

Ademais, também se encontra o problema da efetivação e garantia do mínimo existencial, donde se podem encontrar várias posições doutrinárias e jurisprudenciais em todo o Ocidente que divergem e concordam entre si.

Canotilho vê a efetivação deste mínimo existencial na dimensão, por exemplo, dos direitos sociais, econômicos e culturais, a partir de uma reserva do possível, oportunidade em que aponta a sua dependência dos recursos econômicos. A elevação do nível da sua realização estaria sempre condicionada pelo volume de recursos suscetível de ser mobilizado para esse efeito. Nessa visão, a limitação dos recursos públicos passa a ser considerada verdadeiro limite fático à efetivação dos direitos sociais prestacionais, o que não se pode aceitar de forma tão simples, haja vista que isto implicaria relativizar a concreção destes direitos em face de argumentos vinculados aos *recursos disponíveis*, acentuando a dependência dos Direitos Fundamentais Sociais aos recursos econômicos conjunturalmente existentes.[259]

Ingo Sarlet lembra que desde a década de 1970, na Alemanha, a efetividade dos direitos sociais a prestações materiais vem sendo cotejadas também em face da reservas de capacidades financeiras do Estado, uma vez que configuram direitos dependentes de prestações financiadas pelo orçamento público – que a todos deve atender, referindo inclusive que:

> A partir disso, a reserva do possível (Der Vorbehalt dês Möglichen) passou a traduzir (tanto para a doutrina majoritária, quanto para a jurisprudência constitucional na Alemanha) a idéia de que os direitos sociais a prestações materiais dependem da real disponibilidade de recursos financeiros por parte do Estado, disponibilidade esta que estaria localizada no campo discricionário das decisões governamentais e parlamentares, sintetizadas no orçamento público.[260]

Tal postura da doutrina referida por Ingo (a qual o autor não concorda integralmente) não é de fácil sustentação, principalmente em países nos quais o orçamento público, por exemplo, não se afigura à cultura política e jurídica como instrumento normativo de densificação material de direitos sociais, passível de

---

[259] CANOTILHO, José J. Gomes; MOREIRA, Vital Moreira. *Fundamentos da Constituição*. In: Direitos Sociais e Controle Judicial no Brasil e na Alemanha: os (des)caminhos de um direito constitucional "comparado". São Paulo: Saraiva, 2000, p. 45. Ver igualmente a abordagem que faz sobre esta matéria QUEIROZ, Cristina M. M. *O Princípio da não reversibilidade dos Direitos Fundamentais Sociais*. Coimbra: Coimbra Editora, 2007, p. 48, ao sustentar que *a relativização dos direitos fundamentais sociais ao abrigo da cláusula da reserva do possível transformou a discussão em torno desses direitos e pretensões jusfundamentais num problema de determinação da competência decisória do legislador político democrático*.

[260] SARLET, Ingo Wolfgang; FIGUEIREDO, Mariana Filchtiner. *Reserva do possível, mínimo existencial e direito à saúde: algumas aproximações*. Op. cit., p. 29.

controle e participação comunitária. Quando o plexo orçamentário – plano plurianual, diretrizes orçamentárias e orçamento anual, no caso brasileiro – não é o resultado prospectivo de deliberação pública e democrática envolvendo maciçamente a população, mas forjado em corredores palacianos e espaços reduzidos de representação política (não menos legítimo), o resultado é que também sua execução costumeiramente se dá de forma insulada do tecido social, ensejando desvios de finalidade pública, corrupções, improbidades administrativas e tantos outros comportamentos comprometedores da República.

Pode-se citar como uma tímida perspectiva de mudança no tratamento destas questões a Ação de Descumprimento de Preceito Fundamental nº 45, procedente do Distrito Federal, tendo como arguente o Partido da Social Democracia Brasileira – PSDB, e como arguido o Presidente da República, julgada prejudicada em 29/04/2004, pelo Supremo Tribunal Federal – STF. A *questio* central da ação teve como escopo matricial o veto que o Presidente da República fez incidir sobre o § 2º do art. 55 da proposição legislativa que se converteu na Lei Federal nº 10.707/2003, que versava sobre a Lei de Diretrizes Orçamentárias da União, destinada a fixar diretrizes à elaboração da lei orçamentária para 2004. De forma mais específica, este dispositivo vetado determinava a redução de orçamento para o que se entendia por ações e serviços públicos de saúde, a saber, a totalidade das dotações do Ministério da Saúde, deduzidos os encargos previdenciários da União, os serviços da dívida e a parcela das despesas do Ministério financiada com recursos do Fundo de Combate a Erradicação da Pobreza. Refere o autor da ação que tal veto implicou desrespeito ao preceito fundamental decorrente da EC29/2000, promulgada para garantir recursos financeiros mínimos a serem aplicados nas ações e serviços públicos de saúde.[261]

Vem nesta direção a advertência de Eduardo Mendonça, ao sustentar que se tem aceitado no Brasil como fato da vida que o orçamento é autorizativo, do que decorre a conclusão de que as previsões de gasto não são obrigatórias apenas por terem sido neles previstas, devendo se submeter sempre à discricionariedade do ordenador da despesa pertinente.[262] Se é verdade, como afirma o autor, que a Constituição não autoriza o Poder Executivo a modificar livremente o orçamento, e tampouco a realização de despesas sem previsão orçamentária, tal orçamento auto-

---

[261] Veja-se que desde 1984, a Corte Constitucional Portuguesa já aplicava tal raciocínio, notadamente em face do julgamento do Acórdão nº 39/84, que versava sobre a apreciação de requerimento, formulado pelo Presidente da República, de declaração de inconstitucionalidade, com eficácia *erga omnes*, de dispositivos legais revogadores das normas que dispunham sobre o Serviço Nacional de Saúde (SNS), sustentando que tal revogação significaria a extinção do Sistema Nacional de Saúde, previsto no art. 64º, nº 2, da Constituição Portuguesa, e que a organização própria de tal Sistema jamais poderia ser substituída por "administrações regionais de cuidados de saúde", referidas na nova disciplina legal. Neste julgamento, em voto do então Conselheiro Vital Moreira, decidiu, por maioria, pelo acolhimento da argüição de inconstitucionalidade do art. 17º, do Decreto-lei nº 254/82, exatamente sob o fundamento da proibição de retrocesso social; reconhecendo a jusfundamentalidade do direito à saúde, Vital Moreira concluiu que a extinção do SNS importaria atentado ao próprio direito, sendo, pois, inválida a ação do legislador nesse sentido. In http://www.tribunalconstitucional.pt/tc/acordaos/, acesso em 25/10/2008.

[262] MENDONÇA, Eduardo. *Da faculdade de Gastar ao Dever de Agir: o Esvaziamento Contramajoritário de Políticas Públicas*. In: Direitos Sociais: fundamentos, judicialização e direitos sociais em espécie. Cláudio Pereira de Souza Neto, Daniel Sarmento Neto – coordenadores. Rio de Janeiro: Lumen Juris, 2008, p. 233.

rizativo não permite que a Administração empregue recursos por decisão autônoma, mas, ao contrário, autoriza simplesmente que as previsões de gastos deixem de ser realizadas. Em outras palavras, as verbas orçamentárias aprovadas pelo processo legislativo não ficam automaticamente liberadas para outras finalidades.

Por uma questão de reconhecimento, é preciso registrar nesta discussão a abordagem que o então Ministro Sepúlveda Pertence fez da matéria envolvendo a proibição de retrocesso – a despeito de que vencido – nos autos da ADIn nº 2.065-DF, intentada pelo Partido Democrático Trabalhista – PDT e pelo Partido dos Trabalhadores – PT, impugnando o art. 17, da Medida Provisória nº 1.911/99 (reeditada pela última vez sob o nº 1.999-15, de 12.02.2000), que revogava os artigos 6º e 7º da Lei 8.212/91, e os artigos 7º e 8º da Lei 8.213/91, extinguindo o Conselho Nacional de Seguridade Social e os Conselhos Estaduais e Municipais de Previdência Social. O argumento central dos proponentes desta ação foi o de que a Medida Provisória sob comento estaria violando o princípio da proibição de retrocesso social, na medida em que o art. 194, VII, da Constituição Federal de 1988, demarcador do caráter democrático e descentralizado da administração da seguridade social, não poderia simplesmente ser ceifado do Texto Político, sob pena de inexistir dispositivo infraconstitucional garantidor da descentralização administrativa da seguridade social.[263]

Apesar de, por maioria, o STF não ter conhecido a ação, o Ministro Sepúlveda Pertence consignou sua admissibilidade da inconstitucionalidade de *lei simplesmente derrogatória de lei anterior necessária à eficácia plena de norma constitucional*, aduzindo que:

> Certo, quando, já vigente a Constituição, se editou lei integrativa necessária à plenitude da eficácia, pode subseqüentemente o legislador, no âmbito de sua liberdade de conformação, ditar outra disciplina legal igualmente integrativa de preceito constitucional programático ou de eficácia limitada; mas não pode retroceder – sem violar a Constituição – ao momento anterior de paralisia de sua efetividade pela ausência de complementação legislativa ordinária reclamada para implementação efetiva de uma norma constitucional.[264]

---

[263] Decisão publicada no DJ de 04/06/2004; veiculada pelo Ementário do STF nº 2154-1. Veja-se que, de igual sorte e mais contemporaneamente, o mesmo STF, na ADIn nº 3.105-DF, cujo relator para o acórdão foi o Ministro Cezar Peluso, movida pela Associação Nacional dos Membros do Ministério Público (CONAMP) com vistas à declaração de inconstitucionalidade do artigo 4º, *caput* e respectivo parágrafo único, da Emenda Constitucional nº 41/2003, que instituiu a contribuição previdenciária dos servidores públicos inativos e pensionistas, decidiu no sentido da procedência parcial do pedido. Em tal decisão, consta do voto vencido do Ministro Celso de Mello o argumento da inconstitucionalidade *in totum* do art. 4º, e seu parágrafo único, da EC nº 41/2003, dando destaque à fundamentalidade dos direitos de natureza previdenciária, razão pela qual não se poderiam admitir suas violações sob pena de caracterizar retrocesso social.

[264] Idem. Na doutrina nacional, há ainda quem sustente – ao meu ver um pouco exageradamente – que: *se uma norma constitucional definidora de direito social atinge certo nível de densidade normativa, por ação do legislador, essa concretização pode passar a integrar o próprio conteúdo da norma constitucional, restando, pois, insuscetível de supressão ou modificação arbitrária por via infraconstitucional – mas, para tanto, é necessário que venha a ser objeto de consenso profundo, idôneo a permitir que radique na consciência jurídica geral*. DERBLI, Felipe. *Eficácia e Efetividade dos Direitos Sociais: A Aplicabilidade do Princípio da Proibição de Retrocesso Social no Direito Brasileiro*. Op. cit., p. 369. Já se viu que as contingências de múltiplas variáveis do cotidiano tensionam rígidas estruturas de direitos e garantias, que merecem as devidas e concretas ponderações (o que aliás parece concordar o autor citado, em p. 378/379).

Já em 2006, ainda no Supremo Tribunal Federal, nos autos do Agravo Regimental em Recurso Extraordinário nº 410715/SP, da relatoria do Min. Celso de Mello, publicado no DJ 03.02.2006, restou consignado que:

> A educação infantil, por qualificar-se como direito fundamental de toda criança, não se expõe, em seu processo de concretização, a avaliações meramente discricionárias da Administração Pública, nem se subordina a razões de puro pragmatismo governamental. (...) Embora resida, primariamente, nos Poderes Legislativo e Executivo, a prerrogativa de formular e executar políticas públicas, revela-se possível, no entanto, ao Poder Judiciário, determinar, ainda que em bases excepcionais, especialmente nas hipóteses de políticas públicas definidas pela própria Constituição, sejam estas implementadas pelos órgãos estatais inadimplentes, cuja omissão – por importar em descumprimento dos encargos político-jurídicos que sobre eles incidem em caráter mandatório – mostra-se apta a comprometer a eficácia e a integridade de direitos sociais e culturais impregnados de estatura constitucional.

Esta decisão do STF vem a confirmar meu argumento de que nosso país conta hoje com o que chamo de indicadores constitucionais parametrizantes do mínimo existencial, que são públicos e cogentes, não podendo ser desconsiderados por quem quer que seja (setor público ou privado). Tais indicadores, em síntese, dizem respeito à construção de uma sociedade livre, justa e solidária; à garantia do desenvolvimento nacional; à erradicação da pobreza e da marginalização, bem como à redução das desigualdades sociais e regionais; à promoção do bem de todos, sem preconceitos de origem, raça, sexo, cor, idade e quaisquer outras formas de discriminação.

A densificação ainda normativa mas mais objetiva e precisa destes indicadores pode ser encontrada ao longo de todo o Texto Político, consubstanciando-se nos direitos e garantias fundamentais, individuais e coletivos, nos direitos sociais, nos direitos à educação, à saúde, à previdência, etc. Por sua vez, os Poderes Estatais e a própria Sociedade Civil (através da cidadania ou mesmo de representações institucionais dela) estão vinculados a estes indicadores norteadores da República, eis que se afiguram determinantes para todos os atos praticados pelos agentes públicos e pela comunidade, no sentido de vê-los comprometidos efetivamente com a implementação daquelas garantias.

Se isto é verdade, quero sustentar que qualquer ação e política pública no Brasil têm como função nuclear a de servir como esfera de intermediação entre o sistema jurídico constitucional (e infraconstitucional) e o mundo da vida Republicano, Democrático e Social, que se pretende instituir no país. Em outras palavras, é através de ações estatais – inclusive e fundamentalmente as orçamentárias – absolutamente vinculadas/comprometidas com os indicadores parametrizantes previamente delimitados, que vai se tentar diminuir a tensão entre validade e faticidade que envolve o Estado e a Sociedade Constitucional e o Estado e a Sociedade Real no Brasil.[265]

---

[265] Há uma reflexão bastante interessante sobre as incoerências da operacionalidade do sistema capitalista, notadamente em economias demasiadamente dependentes, em UNGER, Roberto Mangabeira. *Democracy Realized*. New York: Verso. 1998.

Por tais razões, não se pode falar em gestão puramente discricionária do Estado Administrador (Executivo, Legislativo ou Judiciário) em face dos compromissos constitucionais sob comento, mas, quiçá, em âmbitos de concretude diferidos conjunturalmente destes compromissos, observadas algumas variáveis de urgência e necessidade determinadas publicamente – e igualmente sob controle social, político e jurídico.

Para cada plexo de garantias outorgadas à responsabilidade estatal vistas, necessitam – em tese – advir políticas públicas concretizadoras, que operem em diversos níveis de efetivação, tais como os da elaboração, constituição formal, execução e avaliação das ações necessárias, contando para tanto com a máxima participação da comunidade alcançada por elas. Tais ações é que constituem o espaço público efetivamente legítimo das políticas públicas constitucionais vinculantes, independentes da vontade ou discricionariedade estatal para que venham a acontecer, eis que condizentes a direitos indisponíveis e da mais alta importância e emergência comunitárias, perquirindo imediata materialização ao máximo possível, sob pena de comprometer a dignidade humana e o mínimo existencial dos seus carecedores.[266]

É óbvio que a variável econômica está umbilicalmente vinculada às condições e possibilidades demarcatórias dos direitos sociais e do próprio mínimo existencial em cada país e conjuntura nacional, mas não como fato consolidado no tempo e imutável, e sim condição a ser constituída prévia e presentemente pelos atores políticos e sociais que compartilham responsabilidades constitucionais comuns. Neste ponto é que vislumbro a possibilidade de ser exercido um controle preventivo e curativo da formatação daquele plexo orçamentário e de sua execução, tanto pela via de políticas públicas adequadas, como quando da particularidade de suas concretizações pelos agentes públicos consectários (dentre eles o Judiciário).

Em face de tais argumentos é que o STF, no feito anteriormente referido, assentou que:

> Embora resida, *primariamente*, nos Poderes Legislativo e Executivo, *a prerrogativa* de formular e executar políticas públicas, revela-se possível, no entanto, *ao Poder Judiciário*, determinar, *ainda* que em bases excepcionais, *especialmente* nas hipóteses de políticas públicas *definidas pela própria* Constituição, *sejam estas implementadas* pelos órgãos estatais inadimplentes, cuja omissão – por importar *em descumprimento* dos encargos político-jurídicos que sobre eles incidem em caráter mandatório – *mostra-se apta a comprometer* a eficácia e a integridade de direitos sociais e culturais *impregnados* de estatura constitucional. *A questão pertinente à "reserva do possível". Doutrina.*

Andreas Krell lembra que este debate também ocorreu na jurisprudência constitucional alemã, fixando-se no sentido de que a construção de direitos subje-

---

[266] Quando estas políticas públicas ou ações estratégicas dos Poderes competentes não ocorrem, o Poder Judiciário no Brasil é chamado a intervir. Há uma razoável crítica destas ações judiciais no trabalho de SCHAUER, F. *Playing by the rules: a philosophical examination of rule-based decision-making in law and in life*. Oxford: Oxford University Press, 1998.

tivos à prestação material de serviços públicos pelo Estado está sujeita à condição de disponibilidade dos respectivos recursos. Ao mesmo tempo, a decisão sobre a disponibilidade dos mesmos estaria localizada no campo discricionário das decisões governamentais e dos parlamentos, através da composição dos orçamentos públicos.[267] Segundo o Tribunal Constitucional Federal da Alemanha, esses direitos a prestações positivas (*Teilhaberechte*) estão sujeitos à reserva do possível no sentido daquilo que o indivíduo, de maneira racional, pode esperar da sociedade. Essa teoria impossibilita exigências acima de certo limite básico social, recusando a Corte, em caso concreto, a tese de que o Estado seria obrigado a criar a quantidade suficiente de vagas nas universidades públicas para atender a todos os candidatos.

Da mesma forma Queiroz destaca que este *standard* mínimo constitucional não pode ser interpretado de forma restritiva, mas tem vindo a ser progressivamente fixado e desenvolvido numa perspectiva aberta e casuística, reconhecendo, entretanto, que *o problema radica na dificuldade em determinar esse mínimo*.[268]

De qualquer sorte, a simples alegação de que os limites de atendimento e efetivação dos direitos sociais a prestações dar-se-ão pela *reserva do possível* em termos de verificação das condições materiais do Estado de cumprir com suas obrigações não é suficiente para justificar total omissão dos poderes instituídos para tal mister, mesmo tomando esta reserva como a prévia existência de *um inescapável vínculo financeiro subordinado às possibilidades orçamentárias do Estado, de tal modo que, comprovada, objetivamente, a incapacidade econômico-financeira da pessoa estatal, desta não se poderá razoavelmente exigir, considerada a limitação material referida, a imediata efetivação do comando fundado no texto da Carta Política*.[269] Isto porque, salvo melhor juízo, não se pode transferir ao próprio agente estatal responsável pela obrigação descumprida a exclusiva e unilateral competência de definir o que é possível ou não em termos de efetivação dos direitos fundamentais, em face de sua não disponibilidade orçamentária que sequer é cotejada e enfrentada no debate pontual da matéria.

Veja-se que, se é verdade inexistir distorção cognitiva da Constituição brasileira quando se assenta como tarefa cometida precipuamente ao legislador ordinário, bem como ao Executivo, a de decidir sobre a aplicação e destinação de recursos públicos, inclusive no que tange às prioridades na esfera das políticas públicas, com reflexos diretos na questão orçamentária, afigura-se igualmente

---

[267] KRELL, Andreas Joachim. *Direitos Sociais e Controle Judicial no Brasil e na Alemanha: os (des)caminhos de um direito constitucional "comparado.* Porto Alegre: Sérgio Fabris, 2002. Em um outro texto – KRELL, Andreas J. Realização dos direitos fundamentais sociais mediante controle judicial da prestação dos serviços públicos básicos (uma visão comparativa). In: *Revista de Informação Legislativa*, Brasília: outubro/dezembro, 1999, p. 247 –, o autor lembra que a teoria do "mínimo existencial", ao menos na tratadística alemã, tem tido a função de atribuir ao indivíduo um direito subjetivo contra o Poder Público em casos de diminuição da prestação dos serviços sociais básicos que garantem a sua existência digna, mas, até hoje, foi pouco discutida na doutrina constitucional brasileira e ainda não foi adotada com as suas consequências na jurisprudência do país.

[268] QUEIROZ, Cristina M. M. *O Princípio da não reversibilidade dos Direitos Fundamentais Sociais.* Op. cit., p. 93.

[269] Conforme manifestação do Ministro relator Celso de Mello da ADPF-45, referida p. 04.

correta a compreensão de que, insisto, as atividades de todos os Poderes de Estado e mesmo as relações e interesses intersubjetivos devem se pautar por objetivos, finalidades e prioridades conformadas pela mesma ordem constitucional e, portanto, indisponíveis a quem quer que seja.[270]

Levando isto em conta, persistem vários problemas de enfrentamento da matéria, notadamente o que diz com os limites competenciais de cada esfera institucional do Poder Público, problematizando o âmbito de ação, por exemplo, do Poder Judiciário, para garantir, de qualquer maneira e de forma absoluta, a efetivação das prestações que constituem o objeto dos direitos sociais, na medida em que estas se encontram na dependência, muitas vezes, de condições de natureza macroeconômica, não dispondo a magistratura, em tese, de critérios suficientemente seguros e claros para aferir a questão no âmbito estrito da argumentação jurídica.[271]

É desta discussão que tem surgido a tese de que não se pode contrapor diretamente os princípios jusfundamentais materiais e o princípio da competência decisória do legislador ou do executor das leis criadas, eis que estes configuram como que direitos/deveres explícitos/implícitos em qualquer relação institucional republicana e federativa, constituindo o desenho funcional do Estado e suas relações oficiosas, cuja quebra ou violação pode implicar desestabilização da própria democracia representativa.[272]

---

[270] Este argumento deve ser cotejado com a reflexão apresentada por AMARAL, Gustavo. *Direito, Escassez & Escolha: em busca de critérios Jurídicos para lidar com a escassez de recursos e as decisões trágicas*. Rio de Janeiro: Renovar, 2001. Esta discussão, nos EUA, chegou a se judicializar, no sentido até de constituir uma compreensão menos incisiva das competências constitucionais e interventivas da Suprema Corte, operando com a lógica de uma *Weak-Form Judicial Review*, no sentido de que *The new form of judicial review comes in several variants, but in each a judicial determination of what the constitution requires is explicitly not conclusive on other political actors, who can respond to the court's decision through ordinary politics. The Warren Court occasionally hinted that the U.S. Constitution authorized a particular type of weak-form judicial review, in which courts and legislatures could engage in a dialogue about what the Constitution required. See, e.g., Katzenbach v. Morgan, 384 U.S. 641 (1966) (suggesting, on one interpretation, that Congress could identify constitutional rights that the Court had not); Miranda v. Arizona, 384 U.S. 436 (1966) (indicating that legislatures could substitute equally effective mechanisms for the warnings the Court developed)*. PÍCKERILL, J. Mitchell. *Constitutional Deliberation on Congress: the impact of Judicial Review in a Separated System*. New York: Duke University Press, 2007, p. 114.

[271] Discuti isto em meu livro LEAL, Rogério Gesta. *O Estado-Juiz na democracia contemporânea*. Porto Alegre: Livraria do Advogado, 2007. Na literatura norte-americana, vale a leitura de SUNSTEIN, Cass R.; SCHKADE, David, ELMAN, Lisa M. e SAWICKI, Andrés. *Are Judges Political? an empiricaral analysis of the Federal Judiciary*. Washington, DC: Brookings Institution Press, 2008. Neste texto (p. 48), os autores advertem, acertadamente, que *an expansive horizontal-effect doctrine would create an extensive new body of constitutional tort law, co-existing uneasily with the labour codes, family law, human rights codes and other bodies of Law, and because this, is necessary to ask if this degree of regulation is beyond the capacity of government as a whole*. Na literatura portuguesa, por sua vez, vem a advertência de QUEIROZ, Cristina M. M. *O Princípio da não reversibilidade dos Direitos Fundamentais Sociais*. Op. cit., p. 49, no sentido de que *Não é possível, afirma-se, aos tribunais gerirem uma política econômica e social, domínio específico do poder legislativo, e muito menos exercê-la, numa gestão contrária à dos órgãos politicamente conformadores*.

[272] Ver o texto de DWORKIN, Ronald. On interpretation and objectivity. In: *A Matter of Principle*. Cambridge: Harvard University Press, 1985, p. 171.

Em termos gerais, pode-se afirmar que há certo consenso por parte dos gestores públicos contemporâneos que, por força da indigitada limitação de recursos, em algumas situações apenas o "mínimo existencial" poderia ser garantido, isto é, apenas esse conjunto – formado pela seleção dos direitos que integrarem o núcleo da dignidade da pessoa humana – estaria apto a gerar efeitos imediatos, independentemente de valorações orçamentárias e de competências federativas. Todavia, não basta esta compreensão do tema, eis que ainda assim as previsões constitucionais em sede de direitos fundamentais atinentes ao mínimo existencial da dignidade da pessoa humana são deverasmente maiores que os recursos finitos para atendê-las exaustivamente, e mesmo aquelas situações que reclamam a efetivação somente do mínimo precisam estar plenamente justificadas mediante regras de interlocução e decisão controláveis (o devido processo legal, por exemplo).

Basta pensar no fato de que há inúmeras expectativas de direitos civis, políticos, sociais, culturais e econômicos, que se encontram cotidianamente violados: saúde, educação, trabalho, prestação de serviços como os de energia elétrica, água, até questões mais complexas, tais como transplantes de órgãos, com ruptura de fila de espera.[273]

O problema é que todos os direitos têm um custo de efetivação, alguém paga por eles, direta ou indiretamente, através de políticas públicas governamentais (que são custeadas por recursos orçamentários viabilizados por pagamentos de tributos e outras fontes de receitas), serviços públicos (que conta com receitas próprias e transferíveis – algumas – para os seus usuários), etc. No modelo americano, reconhecido por sua preocupação com a obtenção de dados materiais que deem a real situação da sua realidade social, sabe-se que a *Consumer Product Safety Commission* gastou, em 2005, US$ 59 milhões analisando e identificando produtos potencialmente danosos e fiscalizando o cumprimento dos padrões de segurança.[274] O Departamento de Justiça dos Estados Unidos, no mesmo ano, gastou US$ 86 milhões em questões de direitos civis. A *Occupational Safety and Health Administration* (OSHA) consumiu US$ 306 milhões no mesmo ano, obrigando os empregadores a prover locais de trabalho mais seguros e saudáveis, enquanto que a *Equal Employment Opportunity Comission* (EEOC), despendeu US$ 233 milhões para cuidar que os empregadores não discriminem em contratação, demissão, promoção e transferências.[275]

---

[273] Ver o meu texto LEAL, Rogério Gesta. A quem compete o dever de saúde no Direito brasileiro? Esgotamento de um modelo institucional. In: *Revista de Direito do Estado*, Ano 2, nº 08. Rio de Janeiro: Renovar, 2007, p. 91.

[274] Conforme o texto de NOVAK. *The people's welfare: law and regulation in nineteenth-century America*. Boston: Harvard University Press, 2006, p. 49. Neste texto, o autor pergunta: *What goods must the legal system make available to people who cannot acquire them through market transactions?* E no âmbito da saúde, igualmente questiona: *Once the legislature has displaced market provision of some medical services, which services must the government as a whole make sure are available?*

[275] SUNSTEIN, Cass R.; SCHKADE, David, ELMAN, Lisa M. and SAWICKI, Andrés. *Are Judges Political? an empiricaral analysis of the Federal Judiciary*. Op. cit., p. 87.

Se vários direitos constitucionais e infraconstitucionais dependem para sua existência de condutas estatais positivas, não importa se individuais ou sociais, levando o Estado a um dever constitucional de agir (para garantir, por exemplo, e exercício dos direitos individuais – colocando à disposição serviços públicos em geral, como os de segurança), não de se abster, boa parte das demandas sociais precisam ser avaliadas, ao menos em nível jurisdicional, em termos de *aferição axiológico-normativa da emergência da demanda*, aqui entendida como avaliação sistêmico-constitucional da questão que se apresenta, levando em conta não somente o direito individual ou coletivo propriamente dito, mas sua contextualização em face dos demais sujeitos de direitos potencialmente impactados pelo atendimento do seu interesse, notadamente sob a perspectiva de limitação dos recursos coletivos para tal mister. Isto porque, no âmbito de cenários conjunturais em que opera a escassez de recursos como regra, parece-me razoável usar também como parâmetro de definição do mínimo existencial a perspectiva do *mínimo fisiológico*, aqui entendido como *as condições materiais mínimas para uma vida condigna, no sentido da proteção contra necessidades de caráter existencial básico*, por óbvio que não implicando isto o descuramento do chamado mínimo existencial social e cultural.

O debate norte-americano também tem destacado esta questão, quando, por exemplo, Alexander sustenta que:

> Suppose that we use as a basis of comparison liberty rights such as freedom of communication, association, and movement. These rights require both respect and protection from governments. And people cannot be adequately protected in their enjoyment of liberties such as these unless they also have security and due process rights. The costs of liberty, as it were, include the costs of law and criminal justice. An effective system of provision for these liberties will require a legal scheme that defines personal and property rights and protects these rights against invasions while ensuring due process to those accused of crimes. Providing such legal protection in the form of legislatures, police, courts, and prisons is extremely expensive.[276]

De outro lado, há também uma preocupação com os Direitos Sociais básicos de qualquer pessoa humana, estes sim demandando ações concretas e pró-ativas das instituições representativas hodiernas, como faz ver Robert Burt, no sentido de que:

> The importance of food and other basic material conditions of life is easy to show. These goods are essential to people's ability to live, function, and flourish. Without adequate access to these goods, interests in life, health, and liberty are endangered and serious illness and death are probable. The connection between having the goods the right guarantees and having a minimally good life is direct and obvious.[277]

---

[276] ALEINIKOFF, T. Alexander; GARVEY, John H. *Modern Constitutional Theory: a reader*. St. Paul: West Publishing Company, 2002, p. 91

[277] BURT, Robert A. *The constitution in conflict*. Cambridge: Harvard University Press, 2002, p. 119. Lembra o autor ainda que: *In the contemporary world lack of access to educational opportunities typically limits (both absolutely and comparatively) people's abilities to participate fully and effectively in the political and economic life of their country. Lack of education increases the likelihood of unemployment and underemployment.* Em outra passagem, ele realça a importância da educação neste cenário enquanto condição de possibilidade para o exercício de direitos: *Another way to support the importance of social rights is to show their importance to the full implementation of civil and political rights. If a government succeeds in eliminating hunger and providing*

Os pressupostos que operam nesta equação não são matemáticos, mas sociais, dentre os quais: (a) a mudança do paradigma liberal que ainda informa os direitos humanos e fundamentais – de todos os âmbitos –, garantidos pelo sistema jurídico, passando a ser compreendidos em face de sua natureza comunitária, e não meramente individual (uma vez que os direitos individuais assegurados o são dentro de uma comunidade que a todos os seus cidadãos precisa garantir e promover direitos);[278] (b) a problematização do mínimo existencial enquanto um dos parâmetros de dosimetria e densificação material da dignidade da pessoa humana, i.é, apresentando-se como forma mais objetiva de se demarcar a máxima possibilidade circunstancial de concretização do direito postulado, tendo em conta o pressuposto anterior; (c) a identificação da natureza e intensidade de periclitação do direito postulado em termos de mínimo existencial, no sentido de delimitar quais os níveis de intensidade da potencial ou real violação enfrentada no caso concreto, ao mesmo tempo em que demarcando quais os interesses jurídicos envolvidos e de que forma se encontram ameaçando a existência humana (vida, trabalho, lazer, mínimo existencial fisiológico) no caso, o que autoriza inclusive a busca de soluções alternativas à espécie; (d) a percepção de que, mesmo que os Direitos Fundamentais Prestacionais imponham a obrigação de avanços para o máximo existencial, eis que o paradigma estruturante de toda a ordem social e normativa é a dignidade da pessoa humana, resta claro que há, no limite, sempre um dever de não retrocesso social aquém do mínimo existencial fisiológico.[279]

Quero concluir que, em relação às políticas públicas constitucionais vinculantes, a parte (legitimamente) interessada contraposta ao Estado promovedor é toda a sociedade civil e, no particular, o seu segmento (singular ou coletivo) sofrendo iminente ameaça ou lesão a direito/interesse protegido juridicamente. Tal segmento, constituído que está de sujeitos de direitos, detém sim direito subjetivo público de se ver protegido contra a ameaça ou lesão consumada contra si, utilizando para tanto todos os possíveis remédios jurisdicionais pertinentes (mandado

---

education to everyone this promotes people's abilities to know, use, and enjoy their liberties, due process rights, and rights of political participation. This is easiest to see in regard to education. Ignorance is a barrier to the realization of civil and political rights because uneducated people often do not know what rights they have and what they can do to use and defend them. It is also easy to see in the area of democratic participation. Education and a minimum income make it easier for people at the bottom economically to follow politics, participate in political campaigns, and to spend the time and money needed to go to the polls and vote. (p. 127).

[278] Daí vale a advertência de SILVA, Virgílio Afonso da. O Judiciário e as Políticas Públicas: entre Transformação Social e Obstáculo à Realização dos Direitos Sociais. In: *Direitos Sociais*: fundamentos, judicialização e direitos sociais em espécie. SOUZA NETO, Cláudio Pereira de; SARMENTO, Daniel Sarmento Neto (coord.). Rio de Janeiro: Lumen Juris, 2008, p. 595, no sentido de que *os juízes, ao tratarem os problemas dos direitos sociais como se fossem problemas iguais ou semelhantes àqueles relacionados a direitos individuais, ignoram o caráter coletivo dos primeiros.*

[279] E aqui discordo de QUEIROZ, Cristina M. M. *O Princípio da não reversibilidade dos Direitos Fundamentais Sociais*. Op. cit., p. 68, quando sustenta que os direitos de natureza prestacional não impõem uma obrigação de avançar, mas tão somente uma proibição de não retroceder os avanços conquistados no Estado Social. Tais argumentos, em verdade, vão mais ao encontro da anteriormente referida decisão do Acórdão do Tribunal Constitucional Português nº 509/2002.

de segurança individual ou coletivo, *habeas corpus*, ação de descumprimento de direito fundamental, controle difuso e concentrado de constitucionalidade etc.), todavia, sem comprometer de forma letal a subsistência destes mesmos direitos pertencentes à coletividade a que pertence.

Atender ao mínimo existencial de alguns sem levar em consideração o impacto que isto, potencial ou efetivamente, pode causar a outros, significa tratar desta questão a partir de uma lógica de matiz kantianamente individual, aceitando a premissa de que a legitimidade do ordenamento jurídico reside no fato de que este assegura e garante a coexistência das vontades arbitrárias dos indivíduos para não operarem danos a outrem. Entretanto, ao invés deste primado liberal (radical) da autonomia da vontade privada e dos direitos individuais, a reflexão que proponho opera com o primado da autonomia pública, ou da soberania popular,[280] no sentido de que legítimas são aquelas leis, decisões e atos que nós mesmos, enquanto membros orgânicos de uma comunidade de cidadãos damos a nós mesmos. Veja-se que, neste sentido, a autonomia, a liberdade e o direito privado apresentam-se como momentos derivados e não primários, eis que só podem ser exercitados no âmbito em que a autonomia pública concede. É esta a dicção de Rehg,[281] quando assevera que

> Viewed as system of rights, modern law brings together popular sovereignty and human rights, showing the co-originality of private and public autonomy. So Habermas writes that by securing both private and public autonomy in a balanced manner, system of rights operationalizes the tension between facticity and validity, which we first encountered as a tension between the positivity and legitimacy of law.

Aqui também serve a reflexão de Denninger, no sentido de que se investigue se o interesse ou a carência seja tão fundamental que a necessidade de seu respeito, sua proteção ou seu fomento se deixe fundamentar pelo direito. A fundamentabilidade fundamenta, assim, a prioridade sobre todos os escalões do sistema jurídico, portanto, também perante o legislador. Um interesse ou uma carência é, nesse sentido, fundamental em nível de mínimo existencial quando sua violação ou não-satisfação significa ou a morte, ou sofrimento grave, ou toca o núcleo essencial da autonomia.[282]

Por tais razões tenho que estes parâmetros densificadores do mínimo existencial constitucionalmente conformado de que estou falando relativizam um

---

[280] Ver o texto de HABERMAS, Jürgen. *Between facts and norms: contributions to a discourse theory of law and democracy*. Cambridge: MIT Press, 1998, p. 212.

[281] REHG, William. *Insight and Solidarity: The Discourse Ethics of J. Habermas*. Berkeley: University of California Press, 2004, p. 72.

[282] DENNINGER, Erhard. *Diritti dell'uomo e legge fondamentale*. Torino: Giappichelli, 2000, p. 91. Por certo que não deixo de considerar aqui que o conceito de existência digna não se refere exclusivamente à mera sobrevivência fisiológica e psíquica, mas ainda diz respeito ao desenvolvimento da personalidade e à inclusão social, como quer ANDRADE, Jose Carlos Vieira de. *O direito ao mínimo de existência condigna como direito fundamental a prestações estaduais positivas – Uma decisão singular do Tribunal Constitucional. Anotação ao Acórdão do Tribunal Constitucional nº 509/02*. In Revista de Jurisprudência Constitucional nº I; Coimbra: Editora Coimbra, 2004.

pouco a assertiva de que *uma violação do mínimo existencial (mesmo em se cuidando do núcleo existencial legislativamente concretizado dos direitos sociais) significará sempre uma violação da dignidade da pessoa humana e por esta razão será sempre desproporcional e, portanto, inconstitucional*,[283] uma vez que a difícil equação de atendimento de demandas infinitas em face de recursos finitos em alguma medida poderá implicar não atendimento integral e absoluto de direito fundamental individual ou social, exatamente para não violar de forma mais impactante direitos coletivos e difusos contrastantes.[284]

Há casos-limite envolvendo a jurisdição que podem servir de parâmetro para o debate. No Tribunal de Justiça do Rio Grande do Sul, já tive oportunidade enfrentar algumas situações paradigmáticas, dentre as quais destaco:

a) Feito em que a parte postulava medicamento para artrite reumatóide, necessitando do medicamento infliximab 100mg, com custo aproximado de R$10.200,00 por mês. Todavia, o quadro clínico da postulante não apresentava gravidade e periculosidade de vida, tampouco informações sobre manifestações sistêmicas refratárias ao tratamento sem aquele fármaco, razão pela qual indeferi a outorga deste produto e determinei a realização de perícia médica para informar sobre outras alternativas ao tratamento (AI nº 70013407242, julgado pela 3ª Câmara Cível, em 12/01/2006);

b) Igualmente no feito no AI nº 70013844980 da 3ª Câmara Cível, julgado em 16/03/2006, enfrentei pedido de autor com hepatite crônica, que pretendia obter do Estado um medicamento chamado Interferon Peguilado, combinado com Ribavirina, pois o simples Interferon convencional não lhe estava adiantando. Ocorre que o fármaco postulado tem um custo de R$5.000.000,00 o grama, sendo suficiente para o tratamento de tão somente 100 pacientes; o tratamento individual, assim, custaria R$55.000,00, 1.300% a mais do que com o interferon convencional. Como exigir do Estado a imediata disponibilização desta quantia? De onde ele deveria tirar o recurso?;

c) Por fim, em outro AI nº 70013316559, julgado igualmente pela 3ª Câmara Cível, em 28/10/2005, um paciente portador de Astrocitoma Maligno, uma forma de câncer, veio pedir ao Judiciário que determinasse ao Estado o fornecimento do fár-

---

[283] SARLET, Ingo W. *A Eficácia dos Direitos Fundamentais*. Porto Alegre: Livraria do Advogado, 2004, p. 464. Em seguida o autor refere que *A partir do princípio da proteção da confiança, eventual intervenção restritiva no âmbito de posições jurídicas sociais exige, portanto, uma ponderação (hierarquização) entre a agressão (dano) provocada pela lei restritiva à confiança individual e a importância do objetivo almejado pelo legislador para o bem da coletividade* (p. 465).

[284] Não estou com isto me associando à perspectiva americana que sustenta que *Deciding which norms should be counted as human rights is a matter of some difficulty. And there is continuing pressure to expand lists of human rights to include new areas.... A possible result of this is "human rights inflation," the devaluation of human rights caused by producing too much bad human rights currency.* BURT, Robert A. *The constitution in conflict*. Cambridge: Harvard University Press, 1992, p. 72. Tenho que o catálogo de Direitos Fundamentais, enquanto normas abstratas, universais e cogentes, está em permanente expansão, e isto é uma característica social contemporânea que não pode ser sufocada ou negada.

maco Temodal, 150g diários, por 30 dias, com custo aproximado de R$105.270,56, sem ter se submetido a exames mais detalhados junto ao corpo clínico do Estado.[285]

Como esses direitos valem para todos os que estão em condições de recebê-los, mas os recursos para o atendimento das demandas são escassos, surge um conflito específico: o conflito por pretensões positivas, no qual será necessário decidir sobre o emprego de parcos recursos através de *escolhas disjuntivas* (o atendimento de uns e o não atendimento de outros). Neste ponto, a advertência de Daniel Sarmento, ao questionar quem tem competência e legitimidade (política e jurídica) para decidir o que é mais importante à sociedade: *Melhorar a merenda escolar ou ampliar o número de leitos na rede pública? Estender o saneamento básico para comunidades carentes ou adquirir medicamentos de última geração para o tratamento de alguma doença rara? Aumentar o valor do salário mínimo ou expandir o programa de habitação popular?*[286]

Veja-se que não estou dizendo aqui que a inexorável escassez de recursos diante destas demandas possa se apresentar como um condicionamento definitivo ou prioritário nas chamadas *decisões jurisdicionais disjuntivas*; ao contrário, ela não pode ser superdimensionada, tornando-se o único balizamento na concretização dos direitos sob comento, sendo necessário acrescentar ingredientes éticos e políticos para que o instrumental jurídico possa não apenas ser legitimado, mas permitir que a evolução das condições econômicas e sociais possa beneficiar o maior número de pessoas. Para tanto, poder-se-ia pensar em ações pedagógicas do Judiciário no âmbito da efetivação dos Direitos Sociais, utilizando-se de processos individuais ou coletivos para, numa espécie de *diálogo constitucional, exigir explicações objetivas e transparentes sobre a alocação de recursos públicos por meio das políticas governamentais, de forma a estar apto a questionar tais alocações com os poderes políticos sempre que necessário for.*[287]

Não desconheço as ponderações de autores como Andréas Krell,[288] ao sustentar que o argumento da reserva do possível apresenta-se como uma verdadeira falácia, a qual decorreria de um Direito Constitucional comparado equivocado. Aduz que não seria difícil a um ente público justificar sua omissão social perante critérios de política monetária e que o condicionamento da realização desses direitos a *caixas cheios* reduziria a sua eficácia a zero. Isto efetivamente pode ocorrer, todavia, não se pode estabelecer tal tipo de conduta como regra universal, sob pena de se mesmo esvaziar de sentido as instituições democráticas

---

[285] Ver o texto LEAL, Rogério Gesta. *O Estado-Juiz na Democracia Contemporânea*. Porto Alegre: Livraria do Advogado, 2007.

[286] SARMENTO, Daniel. A Proteção Judicial dos Direitos Sociais: Alguns Parâmetros Ético-Jurídicos. In *Direitos Sociais*: fundamentos, judicialização e direitos sociais em espécie. Op. cit., p. 555.

[287] SILVA, Virgílio Afonso da. O Judiciário e as Políticas Públicas: entre Transformação Social e Obstáculo à Realização dos Direitos Sociais. In: *Direitos Sociais*: fundamentos, judicialização e direitos sociais em espécie. SOUZA NETO, Cláudio Pereira de; SARMENTO, Daniel Sarmento Neto (coord.). Rio de Janeiro: Lumen Juris, 2008, p. 597.

[288] KRELL, Andreas Joachim. *Direitos Sociais e Controle Judicial no Brasil e na Alemanha: os (des)caminhos de um direito constitucional "comparado"*. Op. cit.

e representativas. Tenho como mais ponderado atribuir-se responsabilidades factuais a agentes políticos e públicos que eventualmente atuem com desvio de finalidade.

De igual sorte, penso que não se apresenta crível a sugestão de Krell, no mesmo texto, no sentido de que: *Se os recursos não são suficientes, deve-se retirá-los de outras áreas (transportes, fomento econômico, serviço da dívida) onde sua aplicação não está tão intimamente ligada aos direitos mais essenciais do homem: sua vida, integridade e saúde.*[289] A questão aqui é: Quem vai valorar, e com base em que elementos, e com que legitimidade em face de todas as variáveis que se tem considerado, onde a aplicação dos recursos públicos está equivocada? O Judiciário?

Sarmento, com acerto, destaca que não há como decidir, por exemplo, uma ação civil pública que afete a todo um amplo universo de pessoas sem considerar o seu efeito sobre as políticas públicas em vigor e as verbas existentes. *O impacto aqui é inequívoco e por isso tem de ser enfrentado. O julgamento força uma análise de "macrojustiça", que envolve a legitimidade do atendimento de determinados pleitos num quadro de escassez de recursos.*[290]

Alexy, como já se viu, empreendeu a tentativa de harmonizar os argumentos favoráveis e contrários a direitos subjetivos a prestações sociais numa concepção calcada na idéia da ponderação entre princípios. Discorrendo sobre a celeuma dos direitos sociais fundamentais (direitos à prestação em sentido estrito), o autor alemão afirma que podem ser deduzidos argumentos de peso nos dois sentidos. Por isso, no seu modelo – que é estruturado sob a idéia reitora de que os direitos fundamentais são posições jurídicas tão relevantes que a sua concessão ou denegação não podem ficar nas mãos da simples maioria parlamentar –, a questão de saber quais os direitos fundamentais sociais que o indivíduo possui é também uma questão de ponderação de argumentos em casos concretos, não de direitos.[291]

---

[289] Idem, Op. cit., p. 23. Parece que na mesma direção vai SCAFF, Fernando Facury. *Reserva do possível, mínimo existencial e direitos humanos*. In Jacinto Nelson de Miranda Coutinho e Martonio Mont'Alverne Barreto Lima (Orgs). Diálogos Constitucionais: Direito, Neoliberalismo e Desenvolvimento em Países Periféricos. Op. cit., p. 160-161, ao pretender justificar o ativismo judicial em matéria de direitos sociais, asseverando que: *No Brasil o que se pede é apenas a aplicação da lei, em consonância com a Constituição. Existem países em que da sua Constituição é necessário extrair as diretrizes normativas oriundos de lacônicos princípios por um delicado, custos e árduo processo exegético. Não é o caso brasileiro. O caráter analítico da nossa Carta, permite que apenas com sua implementação seja possível alcançar um grau maior de Justiça Social, sem que os juízes sejam acusados de fazer ativismo judicial.* Equivocada a análise, todavia, eis que se descura o autor que qualquer aplicação de lei demanda sempre a aferição de texto e contexto, sob pena de estar-se propondo leitura e aplicação gramatical de norma cogente.

[290] SARMENTO, Daniel. *A Proteção Judicial dos Direitos Sociais: Alguns Parâmetros Ético-Jurídicos*.In Direitos Sociais: fundamentos, judicialização e direitos sociais em espécie. Cláudio Pereira de Souza Neto, Daniel Sarmento Neto – coordenadores. Rio de Janeiro: Lumen Juris, 2008, p. 584. Se tais elementos não forem considerados, poder-se-á chegar a uma situação de voluntarismo judicial irracional, nas palavras de LOPES, José Reinaldo de Lima. *Direito subjetivo e direitos sociais*. In FARIA, José Eduardo(org.). *Direitos humanos, direitos sociais e justiça*. São Paulo: Malheiros, 1994, p. 142.

[291] ALEXY, Robert. *Teoría de los Derechos Fundamentales*. Madrid: Centro de Estudios Constitucionales, 2000. Ainda para o autor, o reconhecimento de direitos originários a prestações exige a presença de alguns parâmetros: a) quando imprescindíveis ao princípio da liberdade fática (*lato sensu*); b) quando o princípio da separação dos poderes (incluindo a competência orçamentária do legislador), bem como outros princípios mate-

Discrepa desta posição, por exemplo, Müller, ao sustentar que do conteúdo dos direitos fundamentais resultam delimitações que devem ser descobertas dogmaticamente através da análise do âmbito e do programa normativos, cabendo ao intérprete tão somente identificar este âmbito, afastando a possibilidade de colisões de direitos, ou entre direitos e outros bens (e, portanto, negando a possibilidade de que um direito seja limitado para ceder espaço a outro). Em face disto, diante da autossuficiência da norma constitucional e dos Direitos Fundamentais, não é necessário recorrer ao método da ponderação de bens ou valores para solver problemas envolvendo estes direitos, pois se trata unicamente de um problema dogmático de interpretação do conteúdo do direito em questão.[292]

Decorre daqui uma proposta interpretativa dos direitos fundamentais, no sentido de que estes não devem ser enfrentados em duas etapas (delimitação do seu conteúdo e harmonização com outros direitos e bens), mas o conteúdo do direito é decifrado de uma só vez, em um só ato dogmático de interpretação do âmbito normativo, no qual, *ab initio*, os limites imanentes são projetados no interior do mesmo.

De certa forma, a posição de Habermas também é esta, na medida em que resiste a idéia de que a Constituição deve ser entendida como uma ordem concreta de valores, pois, enquanto normas positivadas, ostentam caráter deontológico, devendo ser cumpridas por seus destinatários em todos os casos a que foram aplicáveis (sem exceção), enquanto os valores possuem caráter teleológico, correspondendo às preferências compartilhadas pela comunidade, afigurando-se como condutas apenas desejáveis e não obrigatórias. Nesta direção, os Direitos Fundamentais se afigurariam como obrigações jurídicas incondicionais, não ostentando a flexibilidade que é inerente aos valores (que podem ser ponderados e coordenados de forma gradual). Em face disto, *quando os tribunais atribuem sentido de valor à norma constitucional*, imprimindo a ela raciocínios de sopesamento, estariam se inserindo em seara que deveria estar reservada ao jogo democrático das relações sociais cotidianas e representativas.[293]

Neste particular, sustenta o autor alemão que normas e valores distinguem-se em face de vários elementos: (a) em face de suas respectivas referências ao agir obrigatório ou teleológico; (b) através da codificação binária ou gradual de sua pretensão de validade; (c) através de sua obrigatoriedade absoluta ou relativa; (d) em face dos critérios aos quais o conjunto de sistema de normas ou de valores deve satisfazer. Neste sentido, estou plenamente de acordo com Habermas, eis que é de difícil aceitação a atribuição, por parte do Estado-Juiz, de novos significados ao sistema jurídico vigente, divorciados daqueles postos pela deliberação pública e legítima das regras do jogo democrático (processo

---

riais (especialmente concernentes a direitos fundamentais de terceiros) forem atingidos de forma relativamente diminuta.
[292] MÜLLER, Friedrich. *Métodos de trabalho do Direito Constitucional*. Porto Alegre: Síntese, 1999.
[293] HABERMAS, Jürgen. *Between facts and norms: contributions to a discourse theory of law and democracy*. Op. cit., p. 317.

legislativo, por exemplo) – a não ser pela via do controle da constitucionalidade e legalidade –, o que não pode ser confundido com o processo de densificação material deste sistema ao caso concreto, elemento concretizador das garantias e liberdades públicas e privadas a merecer adequação constitucional e infraconstitucional conformativa.[294]

O mesmo ocorre, por fundamentos diversos, com Hesse, quando assevera que a aferição concretizante dos Direitos Fundamentais não pode se dar por argumentos de ponderação, os quais induzem, inexoravelmente, à realização de um bem à custa de outro, representando, por isto, riscos à unidade da Constituição e mesmo do sistema jurídico. Por outra via, eventuais colisões de Direitos Fundamentais devem ser resolvidas por meio da chamada *concordância prática*, que impõe que estes sejam coordenados de modo que cada um deles seja testificado faticamente, utilizando-se um critério de proporcionalidade que expressa a real relação entre duas grandezas variáveis de modo a determinar a otimização entre os bens em conflito, traçando os limites de sua máxima efetividade no caso concreto.[295] O argumento, todavia, é frágil, uma vez que a máxima efetividade de um bem pode resultar na mínimo de outro.

Correta, pois, a afirmação de Novais, no sentido de que o foco material dos Direitos Fundamentais Sociais não é exclusivamente o direito em si positivado, mas a situação normativa que ele opera e se vê envolvido, ou seja, o direito enquanto aplicado a uma dada situação concreta do mundo da vida. Assim, as normas ordinárias concretizadoras do direito jusfundamental em questão passam a integrar, com as normas constitucionais a que dão realização, uma unidade sistêmica, de natureza material jusfundamental que, enquanto tal, é retirada à livre disponibilidade dos titulares do poder político.[296]

Daí a necessidade de se buscar o maior número qualificado de variáveis que implicam o tratamento da matéria judicializada, aferindo a validade, correição

---

[294] E isto porque, se é verdade que alguns conteúdos teleológicos constituem o sistema normativo, estes são domesticados/demarcados pelo processo legislativo que os criam (primazia estrita conferida a pontos de vista normativos). Assim, para Habermas, os que pretendem diluir a Constituição numa ordem concreta de valores desconhecem seu caráter jurídico específico; enquanto normas do direito, os Direitos Fundamentais – como também as regras morais –, são formados segundo o modelo de normas de ação obrigatórias, e não segundo o modelo de bens axiologicamente atraentes.

[295] HESSE, Konrad. *Elementos de Direito Constitucional da República Federal da Alemanha*. Porto Alegre: Fabris, 1998, p. 66. Reforça esta tese Böckenförde, afirmando que a ponderação se apresentaria como decorrência de uma superconstitucionalização do sistema jurídico, suprimindo a liberdade do legislador no processo legislativo, afigurando-se como verdadeira metodologia irracional, que confere ao Tribunal Constitucional um poder que transcende à aplicação do Direito, transformando-se em um órgão político. In BÖCKENFÖRDE, Ernst. *Sobre la situación de la dogmática de los derechos fundamentales tras 40 años de Ley Fundamental*. In: Escritos sobre derechos fundamentales. Baden-Baden: Nomos, 1993, p. 133 – registrando aqui a plena consciência sobre a postura deste autor no que tange à defesa da Constituição como ordem marco, reduzindo os direitos fundamentais significativamente a direitos subjetivos de defesa, com o que não concordo, pois implicaria, na liguagem de Alexy, uma verdadeira redução liberal da Constituição (ALEXY, Robert. *Epílogo a la teoría de los derechos fundamentales*. In Revista Española de Derecho Constitucional. Nº 22. Novembro de 2002, p. 16).

[296] NOVAIS, Jorge Reis. *Os princípios constitucionais estruturantes da República Portuguesa*. Coimbra: Coimbra Editora, 2004, p. 308.

e pertinência de seus fundamentos de justificação no caso – tendo em mente, sempre, que há um mínimo existencial fisiológico que, violado, compromete a própria vida humana, impossibilitando, pois, qualificá-la até a condição digna que merece.

Na dicção da doutrina italiana, destaca-se a advertência de Pietro Costa, no sentido de que *il bilianciamento tra principi, valori e interessi diviene, pertanto, uno strumento fondamentale del giudizio di constituzionalità: giudizio che assume, di conseguenza, come parametri essenziali, accanto alle norme costituzionali, anche i criteri della ragionevolezza, della proporzionalità e dell'equità che esprimono l'essenza della civiltà giuridica.*[297]

De regra, a noção de mínimo existencial impõe o asseguramento de um padrão mínimo de segurança material, já que o Estado Social, ao menos de acordo com doutrina representativa (anteriormente referida), não é um Estado que pode ser compelido a assegurar um padrão *ótimo* de bem-estar social, mas sim efetivar as condições para uma existência com dignidade.[298] Diante deste mínimo existencial (fisiológico e psíquico) não se aplicaria ponderação alguma ou sua flexibilização em face da concordância prática do sistema jurídico, pois estar-se-ia tratando de mandato definitivo – ainda que principiológico –, pois garantidor de um nível de existência humana que, ausente, comprometeria a própria existência pela via de sua aniquilação. Tais são os direitos de Dworkin chama de direitos em sentido forte, unicamente delimitáveis em caso de cotejamento em face de outros direitos ou bens jurídicos de igual natureza.[299]

Diante destas ponderações, tenho que efetivamente os Direitos Sociais Fundamentais dizem mais de perto ao tema da liberdade fática do que jurídica, eis que esta perde o sentido quando não pode ser exercida materialmente. A partir daqui, o objeto típico dos Direitos Fundamentais Sociais seria constituído pelo chamado mínimo de existência material, como medida de menor grau de proteção (dimensão fisiológica e psíquica).[300]

---

[297] COSTA, Pietro. *Democrazia Politica e Stato Costituzionale*. Op. cit., p. 61.

[298] Ver o texto de SARLET, Ingo W. *A Eficácia dos Direitos Fundamentais*. Op. cit.. No texto SARLET, Ingo Wolfgang; FIGUEIREDO, Mariana Filchtiner. *Reserva do possível, mínimo existencial e direito à saúde: algumas aproximações*. Op. cit., p. 20 e 32, lembram os autores que, na Alemanha, se a dignidade humana não é passível de quantificação, afigura-se necessária a fixação do valor da prestação assistencial à garantia das condições existenciais mínimas, eis que *condicionada espacial e temporalmente, dependente também do padrão socioeconômico vigente*.

[299] DWORKIN, Ronald. *Tomando los derechos en serio*. Op. cit., p. 188. Com isto me afasto da tese de Queiroz quando sustenta que de igual sorte este tratamento deveria ser alcançado aos direitos *que se hajam ineludivelmente enraizado ou sedimentado no seio da sociedade*, isto porque se estaria desconsiderando a possibilidade de revisão de direitos individuais em nome da garantia de direitos sociais. Ver QUEIROZ, Cristina M. M. *O Princípio da não reversibilidade dos Direitos Fundamentais Sociais*. Op. cit., p. 96.

[300] Neste ponto ver o execelente texto de JAKAB, András. *German Constitutional Law and Doctrine on State of Emergency – Paradigms and Dilemmas of a Traditional (Continental) Discourse*. In: http://www.germanlawjournal.com/article.php?id=726, acessado em 28/10/2008. Na mesma linha de raciocínio, QUEIROZ, Cristina M. M. *O Princípio da não reversibilidade dos Direitos Fundamentais Sociais*. Op. cit., p. 94. De igual sorte ver o texto de BOROWSKY, Martin. *La Estructura de los Derechos Fundamentales*. Bogotá: Universidad Externado de Colombia, 2003.

Lembra Ingo Sarlet, no particular, que

(...) em todas as situações em que o argumento da reserva de competência do Legislativo (assim como o da separação dos poderes e das demais objeções aos direitos sociais na condição de direitos subjetivos a prestações) esbarrar no valor maior da vida e da dignidade da pessoa humana, ou nas hipóteses em que, da análise dos bens constitucionais colidentes (fundamentais ou não), resultar a prevalência do direito social prestacional, poder-se-á sustentar, na esteira de Alexy e Canotilho, que, na esfera de um padrão mínimo existencial, haverá como reconhecer um direito subjetivo definido a prestações, admitindo-se, onde tal mínimo é ultrapassado, tão-somente um direito subjetivo prima facie, já que – nesta seara – não há como resolver a problemática em termos de um tudo ou nada.[301]

Vai na mesma direção as assertivas de Queiroz, quando sustenta que a garantia de uma proteção efetiva do direito jusfundamental não resulta criada a partir da legislação ou política pública aprovada, mas vem posta através da *atuação da legislação*, daqui advindo a noção de dever de proteção jurídico-constitucional – pressuposto quer do Legislador, quer do Administrador Público, quer do Judiciário –, caracterizando-se como verdadeiro dever positivo do Estado em face do titular do direito como um direito de defesa em sentido material. *Por sua vez, o dever de protecção do Estado, uma vez dimanada a lei de protecção, converte-se, face ao titular do direito, num direito de defesa em sentido formal.*[302]

O problema aqui se agrava na medida em que a prática forense brasileira tem demonstrado que o Estado, em situações que envolvem a prestações de direitos sociais judicializadas, muito pouco tem contribuído – e sequer se defendido eficazmente – na demarcação de que responsabilidades são suas e quais podem suportar; não tem demonstrado probatoriamente a ausência de recursos para dar conta de suas competências, cuidando-se para que o atendimento de uma demanda não leve a outras a periclitarem substancialmente (proibição da insuficiência), o que só tem agudizado a sangria dos cofres públicos com determinações de bloqueios de valores em conta corrente da Fazenda Pública, ou até seqüestro de valores diretamente do caixa do orçamento, causando profundos impactos na gestão ordinária dos Poderes Executivos.

---

[301] SARLET, Ingo W. *A Eficácia dos Direitos Fundamentais*. Op. cit., p. 375. Imperioso destacar a advertência que o autor faz, no sentido de que: *Não estamos – enfatize-se este ponto – afastando a possibilidade de direitos subjetivos a prestações que ultrapassem estes parâmetros mínimos, mas apenas afirmando que neste plano (de direitos subjetivos para além do mínimo existencial) o impacto dos diversos limites e objeções que se opõe ao reconhecimento destes direitos (especialmente o comportamento de outros bens fundamentais) poderá, a depender das circunstâncias do caso, prevalecer.*

[302] QUEIROZ, Cristina M. M. *O Princípio da não reversibilidade dos Direitos Fundamentais Sociais.* Op. cit., p. 70. Todavia, a própria autora reconhece no mesmo texto, fl.74, quando trata do princípio do não retrocesso social em termos de Direitos Fundamentais Sociais, que: *Mas haverá aí fundamentalmente de distinguir entre uma reversibilidade fáctica, relativa a recessões e crises económicas, da proibição do retrocesso social propriamente dito, isto é, a reversibilidade dos direitos adquiridos como ocorre, v.g., quanto se reduzem os créditos da segurança social, o subsídio de desemprego ou as prestações de saúde.* Na mesma direção, SERNA, Pedro; TOLLER, Fernando. *La interpretación constitucional de los derechos fundamentales: una alternativa a los conflictos de derechos.* Buenos Aires: La Ley, 2000.

Talvez a experiência americana aqui possa valer de alguma forma, no sentido de buscar a solução de casos envolvendo Direitos Fundamentais qual a *alternativa menos restritiva* a estes direitos enquanto pertencentes ao gênero humano (e, portanto, a toda a Sociedade), investigando sobre a dimensão da necessidade no caso concreto, no sentido de estabelecer parâmetros com o fim de impor limites à atuação do Estado nestes domínios. Assim, a jurisdição deve aferir o grau de importância dos interesses estatais e sociais em jogo e demandar se existe alguma medida alternativa para alcançar tais interesses que seja menos lesiva aos Direitos Fundamentais que provocaram o controle.[303]

Nesta linha de raciocínio, Canotilho sustenta a necessidade da decisão/interpretação da restrição aos direitos fundamentais levar em conta as perspectivas pessoais, materiais, temporais e especiais. A material diz com a avaliação da intensidade e a dimensão da repercussão negativa gerada no direito fundamental; as perspectivas temporais e espaciais dizem com a avaliação da incidência do gravame, observando que a restrição se opere pelo menor prazo possível e no âmbito mais restrito possível; a perspectiva pessoal, por sua vez, relaciona-se com a exigência de que a medida afete apenas as pessoas cujos interesses devem ser sacrificados.[304]

De uma certa forma, a experiência do controle de constitucionalidade no Brasil tem se dirigido para esta perspectiva hermenêutica, haja vista, por exemplo, os termos do art. 102, § 3º, acrescido pela Emenda Constitucional nº 45/04, da Constituição Federal de 1988, combinado com o que dispõe os arts. 543-A e 543-B do Código de Processo Civil, acrescidos pela Lei nº 11.418/06, mais os arts. 322-A e 328 do Regimento Interno do Supremo Tribunal Federal, com a redação da Emenda Regimental nº 21/07.

Tais dispositivos estabeleceram a chamada Repercussão Geral do Recurso Extraordinário como requisito de admissibilidade, exatamente no intento de firmar o papel do Supremo Tribunal Federal como Corte Constitucional, e não como instância recursal,[305] ensejando somente a análise de *questões relevantes para a ordem constitucional, cuja solução extrapole o interesse subjetivo das partes*, bem como fazendo com que o STF decida uma única vez cada questão constitucional, não se pronunciando em outros processos com idêntica matéria.

Este debate da repercussão geral está associado à contemporânea experiência norte-americana sobre a questão do controle de constitucionalidade ser brando ou forte, exatamente na tentativa de se criar critérios mais controláveis de inter-

---

[303] BASTRESS Jr., Robert M. El princípio de la alternativa menos restrictiva em Derecho Constitucional norte-americano. In: *Cuadernos de Derecho Público*, nº 5. Madrid, 1998, p. 239/253.

[304] CANOTILHO, José Joaquim Gomes. *Direito Constitucional e Teoria da Constituição*. Coimbra: Almedina, 1997, p. 262. Em momento posterior deste texto, o autor vai reconhecer a possibilidade de, em situações de recessões e crises econômicas, pensar-se em contingenciais *reversibilidades fáticas de direitos sociais*, de direitos adquiridos, diferenciando tais situações daquelas em que está patente a proibição de retrocesso social (p. 333 e 469).

[305] Atentando-se para o fato de que a verificação da existência da preliminar formal é de competência concorrente do Tribunal ou Turma Recursal de origem, e do STF, sendo que a sua análise é de competência exclusiva do STF.

venção do Poder Judiciário sobre aspectos da vida cotidiana que deveriam ser gestadas tanto pelos demais poderes estatais como pela própria sociedade civil. Um dos defensores do controle mais brando, James Thayer, sustenta que:

> The Supreme Court just could invalidate legislation only when the legislation was manifestly inconsistent with the Constitution. In other words, it can only disregard the Act when those who have the right to make laws have not merely made a mistake, but have made a very clear one – so clear that is not open to rational question.[306]

Talvez se tenha que revisar ampliativamente o princípio da proibição de excesso lembrado por Canotilho,[307] no sentido de que a ele se agregue de igual sorte preocupações para que a concretização dos direitos sociais não implique a exposição violadora de outros direitos com estes conectados. Veja-se que isto não implica reconhecer que qualquer intromissão por parte do Judiciário, de forma a impor suas prioridades com base em preferências ou em torno da visão da Constituição com uma tábua de valores deve ser integralmente repudiada, como quer Álvaro Souza,[308] impondo-se uma percepção mais plural e integradora da dimensão axiológica do sistema jurídico (notadamente constitucional) com as possibilidades factuais de sua efetivação, notadamente envolvendo a co-responsabilidade social que se exige no ponto.

O Supremo Tribunal Federal brasileiro dá mostras já desta sensibilização, haja vista, exemplificativamente, recente decisão tomada envolvendo matéria atinente ao Direito à Saúde, oportunidade em que a Relatora destacou em seu voto que:

> Entendo que a norma do art. 196 lá da Constituição da República, que assegura o direito à saúde, refere-se, em princípio, à efetivação de políticas públicas que alcancem a população como um todo, assegurando-lhe acesso universal e igualitário, e não a situações individuali-

---

[306] THAYER, James Bradley. *The Origin and Scope of the American Doctrine of Constitutional Law*. In: Harvard Law Review, n° 129. Boston: Harvard University Press, 2000, p. 485. Vai no mesmo sentido o texto de TUSHNET, Mark I. *Weak Courts, Strong Rights*. Op. Cit., p. 39, sustentando que *Thayerian review is predicated on the assumption that the legislature hás indeed made a constitutional error in the court's eyes. But, according to Thayer, the Court should not set aside the legislature's erroneous judgment about what the Constitution permits unless that judgment was quite seriously wrong.*

[307] Lembra o autor português que o Estado de direito é um Estado de justa medida porque se estrutura em torno de um princípio material vulgarmente chamado *princípio da proibição do excesso*. É discutida a história deste princípio, ou seja, saber quando e como ele se transformou em princípio orientador de todas as atividades dos poderes estaduais. Aqui basta reter esta idéia básica: através do recurso a princípios como os da proibição do excesso, da proporcionalidade, da adequação, da razoabilidade, da necessidade, pretendeu-se colocar os poderes públicos – desde o clássico "poder agressor", identificado com o executivo e a administração, até os poderes legislativo e judiciário – num plano mais humano e menos sobranceiro em relação aos cidadãos. Visava-se, sobretudo, acentuar as dimensões das garantias individuais e da proteção dos direitos adquiridos contra medidas excessivamente" agressivas "," restritivas "ou" coativas "dos poderes públicos na esfera jurídico – pessoal e jurídico – patrimonial dos indivíduos. In: CANOTILHO, J. J. Gomes. *Estado de Direito*. Lisboa: Gradiva, 1999, p. 42.

[308] SOUZA, Álvaro Ricardo de. *Um Olhar Crítico-Deliberativo sobre os Direitos Sociais no Estado Democrático de Direito*. In: Direitos Sociais: fundamentos, judicialização e direitos sociais em espécie. Cláudio Pereira de Souza Neto, Daniel Sarmento Neto – coordenadores. Rio de Janeiro: Lumen Juris, 2008, p. 123. É preciso ter em conta a natureza complexa e multidisciplinar da relação entre valores e normas positivadas, como antes referido neste trabalho.

zadas. A responsabilidade do Estado em fornecer os recursos necessários à reabilitação da saúde de seus cidadãos não pode vir a inviabilizar o sistema público de saúde. No presente caso, ao se deferir o custeio do medicamento em questão em prol do impetrante, está-se diminuindo a possibilidade de serem oferecidos serviços de saúde básicos ao restaste da coletividade. (...) Finalmente, no presente caso, poderá haver o denominado 'efeito multiplicador' (...), diante da existência de milhares de pessoas em situação potencialmente idêntica àquela do impetrante.[309]

Na Democracia contemporânea – fundada que está no respeito às regras das relações democráticas –, impõe-se o reconhecimento de que todos devem estar comprometidos com os objetivos e finalidades da Repúblicas, ainda mais o Judiciário, fazendo com que atuem os magistrados de forma a respeitar e reforçar as instituições representativas da sociedade, eis que dispõe hoje de instrumentos e mecanismos de gestão dos conflitos que lhes acorrem de forma a não solapar outras instâncias deliberativas tão democráticas quanto ao Estado-Juiz. Lembrando Roberto Gargarella,[310] a magistratura brasileira pode, em nível didático pedagógico à sociedade civil: (a) bloquear a aplicação de uma certa norma e devolvê-la ao Congresso forçando-o a pensar de novo sobre ela; (b) declarar que algum direito foi violado, sem impor aos legisladores uma solução concreta; (c) estabelecer que uma violação de direitos deve ser corrigida em um tempo limite, sem se colocar no lugar do legislador nem decidir qual solução [remedio] particular deveria ser aprovada; (d) sugerir ao legislador uma série de soluções alternativas, deixando nas mãos deste a decisão final.

Tentarei demonstrar, nas próximas abordagens que seguem, como se pode aplicar os referenciais teóricos até agora explorados à solução de casos concretos, de forma simplesmente exemplificativa.

---

[309] STF, MS 3073/RN, Rel. Min. Ellen Gracie, DJU 09.fev.2007.

[310] GARGARELLA, Roberto. *Democracia Deliberativa e o Papel dos Juízes Diante dos Direitos Sociais*. In SOUZA NETO, Cláudio Pereira de; SARMENTO, Daniel Sarmento Neto (coord.). Direitos Sociais: fundamentos, judicialização e direitos sociais em espécie. Op. cit., p. 219.

Parte II
Estudos de casos concretos à luz das condições e possibilidades eficaciais dos Direitos Fundamentais Sociais no Brasil

Caso 1 – Parâmetros e perspectivas dos limites constitucionais das políticas públicas equalizadoras da igualdade racial no Brasil: um estudo de caso

1. Notas introdutórias

Pretendo neste caso abordar o tema que envolve as razões de justificação e fundamentação de constitucionalidade de políticas públicas atinentes ao chamado sistema de reserva de cotas para afrodescendentes no âmbito dos concursos públicos à Administração Pública brasileira. Esta abordagem dar-se-á a partir da solução de um caso concreto envolvendo concurso público para provimento de cargos em Município gaúcho.

Estarei dividindo em três momentos o trabalho: (a) a contextualização fática do problema que o caso coloca no particular; (b) o enquadramento social, político, normativo-constitucional e infraconstitucional que está alcançando a matéria fática apresentada; (c) considerações conclusivas sobre a solução do caso.

2. Para entender o caso concreto que anima esta reflexão

O caso que anima esta proposição de debate versa sobre Reexame Necessário e Apelação Cível interposta por Município do Rio Grande do Sul[311] em face de sentença de primeiro grau que concedeu Mandado de Segurança em favor de candidato à vaga provida por concurso público, tornando definitiva a liminar que determinou a sua posse decorrente de aprovação em certame promovido pela entidade pública. Na origem, o Município referido negou a posse ao impetrante com base em decisão do Tribunal de Contas do Estado do Rio Grande do Sul que reconheceu a inconstitucionalidade de lei municipal que estabeleceu reserva de vagas para afrodecendentes, por ser discriminatória.

---
[311] Trata-se do Reexame Necessário e Apelo nº 70023237878, da Terceira Câmara Cível do Tribunal de Justiça do Estado do Rio Grande do Sul, de minha relatoria, julgado em 10/07/2008, por unanimidade, no sentido de confirmar a regularidade e legalidade da Lei municipal de São Leopoldo que previu quotas para afrodescendentes em concurso público. Compuseram a sessão de julgamento os Desembargadores Nelson Antônio Monteiro Pacheco (Presidente), e Matilde Chabar Maia.

O julgador *a quo*, em síntese, refutou este argumento, entendendo que a lei em questão, embora fosse reconhecida pela Corte de Contas como discriminatória, está inserida na discricionariedade do administrador, sobre a qual não compete ao Judiciário ingressar no mérito.

No apelo, o Município argumentou, em síntese, que agiu dentro dos limites legais, cumprindo ordem emanada do Tribunal de Contas, razão pela qual houve o descumprimento da legislação municipal, postulando o provimento do apelo para reformar a sentença, denegando a segurança.

3. Os aspectos multifacetados da discriminação positiva e negativa no âmbito da igualdade racial brasileira: quais os limites normativos às políticas públicas equalizadoras de direitos e garantias fundamentais?

De pronto quero lembrar que a Constituição Federal brasileira de 1988, em seu artigo 3º, elenca os objetivos fundamentais da República Federativa do Brasil, a saber: I – construir uma sociedade livre, justa e solidária; II – garantir o desenvolvimento nacional; III – erradicar a pobreza e a marginalização e reduzir as desigualdades sociais e regionais; IV – promover o bem de todos, sem preconceitos de origem, raça, sexo, cor, idade e quaisquer outras formas de discriminação.

Deste mandamento constitucional retiram-se o significado e a justificativa das chamadas ações afirmativas, aqui entendidas como políticas públicas e privadas destinadas a implementar benefício em favor de um determinado número de pessoas, dentro de um contexto sócio-econômico em que se encontram em desvantagens por razões sociais.[312]

De tal perspectiva é que também se constitui a idéia de *"discriminação positiva"*, entendida pela Corte de Justiça da Comunidade Europeia (CJCEi) como uma medida que visa a eliminar ou a reduzir as desigualdades que de fato podem existir na vida social.[313]

Veja-se que desde o Primeiro Plano Nacional de Direitos Humanos, veiculado pelos termos do Decreto Federal nº 1.904/1996, a questão das políticas afirmativas já se encontra normatizada de forma mais pontual no país, ratificada quando participou da Conferência Mundial contra Racismo, Discriminação Racial, Xenofobia e Intolerância correlata, realizada em Durban, nos dias 31 de agosto a 08 de setembro de 2001, a qual endossou (§§107 e 108) a importância de os Estados adotarem ações afirmativas para aqueles que foram vítimas de discriminação racial, xenofobia e outras formas de intolerância correlata.[314]

---

[312] Neste sentido o texto de BERNARDO, Ricardo Fagundes. *Políticas Públicas Igualitárias e Democracia Racial: novos paradigmas.* São Paulo: Cortez Editora, 2002, p. 45 e seguintes.

[313] ZANETTI, Robson. *A discriminação positiva em favor das mulheres.* http://www.serrano.neves.nom.br/cgd/011201/13a025.htm, acessado em 06/05/2008.

[314] BERNARDO, Ricardo Fagundes. *Políticas Públicas Igualitárias e Democracia Racial: novos paradigmas.* Op. cit., p. 48.

De outro lado, no plano ainda normativo, tem-se no Brasil, no mínimo desde o Decreto nº 65.810, de 08-12-1969, a internalização da Convenção Internacional sobre a eliminação de todas as formas de discriminação racial, que previu, no art. 1º, § 4º, a adoção de "discriminação positiva", no sentido de que

> (...) medidas especiais fossem tomadas com o objetivo precípuo de assegurar, de forma conveniente, o progresso de certos grupos sociais ou étnicos ou de indivíduos que necessitem de proteção para poderem gozar e exercitar os direitos humanos e as liberdades fundamentais em igualdade de condições, não serão consideradas medidas de discriminação racial, desde que não conduzam à manutenção de direitos separados para diferentes grupos raciais e não prossigam após terem sido atingidos os seus objetivos.

Por esta razão as ações afirmativas no Brasil têm sido interpretadas como uma estratégia de política social ou institucional voltada para alcançar a igualdade de oportunidades entre as pessoas, distinguindo e beneficiando grupos afetados por mecanismos discriminatórios com ações empreendidas em um tempo determinado, com o objetivo de alterar positivamente a situação de desvantagem desses grupos. (Glossário do Ministério do Trabalho e Emprego).[315]

No entanto, a polêmica é antiga e abrange não somente os afrodescendentes, mas também mulheres, reclamando a discriminação positiva em seu favor para que venham a ocupar o mesmo espaço que os homens no mercado de trabalho, ou, então, para deficientes físicos, assegurando, no caso do Brasil, 20% das vagas oferecidas em concursos públicos.[316]

Ao longo do tempo foram se constituindo, dentre outras, três idéias fundamentais sobre as relações raciais no Brasil pelos especialistas que têm estudado isto, a saber: (a) que é impossível compreender as relações raciais no país sem levar em conta as relações de classe que aqui existem; (b) que a nossa taxinomia racial é complexa, quiçá ambígua, e o processo de classificação dos membros da sociedade se dá não só segundo suas aparências físicas, mas também em função de suas posições de classe; (c) que apesar da existência de uma ideologia de democracia racial, há uma correlação entre raça e classe social, os mais escuros sendo os mais pobres.[317]

É de tal relevância este debate que a Comissão de Constituição e Justiça do Senado Federal nacional (CCJ) aprovou, no dia 17/04/2002, por unanimidade, o substitutivo do senador Sebastião Rocha (PDT-AP) ao projeto de lei do senador José Sarney (PMDB-AP) – Projeto de Lei nº 650/99 –, que pretende instituir, pelo

---

[315] http://www.mte.gov.br/Temas/FiscaTrab/ProgramaCombate/Conteudo/Glossario.asp, acessado em 06/05/2008.

[316] A Lei n.º 8.112/90, que estabeleceu o regime jurídico único para os servidores da União, contém, no § 2º, do seu art. 5º, o seguinte preceptivo: "Art. 5º, § 2º – Às pessoas portadoras de deficiência é assegurado o direito de se inscrever em concurso público para provimento de cargo cujas atribuições sejam compatíveis com a deficiência de que são portadoras; para tais pessoas serão reservadas até 20% (vinte por cento) das vagas oferecidas no concurso". Ver também o trabalho de TRINDADE, Fernando. *A Constitucionalidade da Discriminação Positiva*. Disponível em http://www2.senado.gov.br/conleg/artigos/direito/AConstitucionalidadedaDiscriminacao.pdf, acessado em 06/05/2008.

[317] Conforme os estudos de MAGGIE, Yvone; REZENDE, Claudia Barcellos. In: *Raça como retórica: a constituição da diferença*. Rio de Janeiro: Civilização Brasileira, 2002, p. 08.

prazo de 50 anos, cotas para afrodescendentes e pardos em concursos públicos, nas universidades, públicas e privadas, e nos contratos de crédito educativo. A cota será de, no mínimo, 20% das vagas oferecidas, podendo aumentar para se ajustar à conformação étnica do Estado onde o órgão público ou a universidade estiver localizada.[318]

Não bastasse isto, o Congresso Nacional aprovou o projeto de conversão em lei da MP nº 111/2003, que criou a "Secretaria Especial de Políticas de Promoção da Igualdade Racial", surgindo a Lei nº 10.678/2003, com competência à formulação, coordenação e avaliação das políticas públicas afirmativas de promoção da igualdade e da proteção dos direitos de indivíduos e grupos raciais e étnicos, com ênfase na população negra, afetados por discriminação racial e demais formas de intolerância (art. 2º, da Lei nº 10.678/2003).

O ponto de vista jurídico da matéria aqui invocada não é outro senão o de garantir tratamento desigual aos desiguais, na medida de suas desigualdades. É nessa esteira de raciocínio que a igualdade está prevista de forma fluída e dispersa ao longo da CF/88; de forma expressa, como no preâmbulo, nos arts. 1º, II e III; 3º, III e IV; 5º, XLI, XLII; art. 7º, XX (proteção ao mercado de trabalho da mulher) e no art. 37, inciso VIII (percentual de cargos públicos para pessoas portadoras de deficiência), entre outros. Infere-se, pois, naquelas situações em que há uma desigualdade entre partes, que é necessário restabelecer o ponto de equilíbrio.[319]

Não desconheço que muitos defendem que a opção por políticas públicas que venham a instituir cotas para os afrodescendentes em determinados segmentos e atividades representa oferecer vantagem a uns em relação a outros, uma espécie de bônus a ser ganho por aqueles em detrimento dos brancos, do amarelo, do pardo.[320] Todavia, quero sustentar aqui – e já adianto minha posição sobre o tema – que a reserva de cotas para afrodescendentes em concursos públicos – assim como para vagas nas universidades e mesmo nos contratos de crédito educativo – afigura-se como uma verdadeira forma de equalização normativa de realidades e oportunidades sociais tão distintas, de forma alguma podendo caracterizar-se como discriminação em relação a brancos ou quem quer que seja. Mas é preciso avançar nos argumentos.

---

[318] Aprovado pela CCJ, do Senado, em 01.06.2002, sendo encaminhado à Câmara dos Deputados, na data de 05.06.2002, sendo que desde 17/03/2005 aguarda decisão da Câmara dos Deputados, conforme informação obtida no site: www.camara.gov.br/sileg/Prop_Detalhe.asp?id=55519, acessado em 06/05/2008.

[319] Estou me referindo a determinados cuidados constitucionais eleitos à República brasileira, no sentido de repúdio ao racismo (art. 4º, VII, e art. 5ª, XLII), redução das desigualdades sociais (art. 3º, III), pluralismo de idéias (art. 206, III), garantia de padrão de qualidade do ensino (art. 206, VII), defesa e valorização da memória dos diferentes grupos formadores da sociedade brasileira (art. 216), valorização da diversidade étnica e cultural (art. 215, §3º, V) e promoção do bem de todos, sem preconceitos de raça e cor e quaisquer outras formas de discriminação (art. 3º, IV).

[320] Cito como exemplo aqui a excelente síntese de tais posicionamentos feita por KAUFMANN, Roberta Fragoso Menezes. *As diversas cores do Brasil: a inconstitucionalidade de programas afirmativos em que a raça seja o único critério levado em consideração*. In Revista de Direito Constitucional e Internacional. Vol.60, ano 15. São Paulo: Revista dos Tribunais, 2007, p. 207 e seguintes. Da mesma forma ANDREWS. George Reid. Ação Afirmativa: um modelo para o Brasil? In SOUZA, Jessé (organizador). Multiculturalismo e racismo. Uma comparação Brasil – Estados Unidos. Brasília: Paralelo 15, 1997; e DAVIS, F. James. *Who is Black? One Nation's Definition*. Pennsylvania: Pennsylvania University Press, 2001.

A despeito da fragilidade de dados sistematizados de forma mais global dando conta da realidade do negro no Brasil, já há referênicas estatísticas mensurando-a de alguma forma, ex vi, em caráter histórico, a pesquisa apresentada pelo IBGE, publicada na revista Isto É, edição de 10 de outubro de 2002, revelando que a população brasileira é formada por 24% de analfabetos, sendo que, destes, 80% são afrodescendentes. Em tal pesquisa, consta que: (a) o DIEESE, em relação a São Paulo, apontou que, na área do desemprego, 22% são afrodescendentes, enquanto que 16% são brancos; (b) o salário médio em São Paulo, para mulher negra, é de R$399,00; para mulher branca, R$ 750,00; para o homem negro é de R$ 601,00, e para o homem branco de R$ 1.100,00.[321]

Na publicação Mulheres Negras – Um Retrato da Discriminação Racial no Brasil[322] tem-se informações que dão conta de que: (a) do número de formandos em universidades, segundo o Ministério da Educação, resulta em 80% de brancos e 2% de afrodescendentes; (b) a expectativa de vida (até por fatores de carga pesada, continuando como trabalhadores braçais) entre afrodescendentes é de 64 anos, enquanto os brancos têm uma expectativa de 70 anos.

Recentemente, estudo sobre os indicadores de desenvolvimento humano (IDH), realizado pelo projeto "Brasil 2000 – Novos Marcos para as Relações Raciais" (Fase), mediu as disparidades entre os grupos étnicos branco e afrodescendente. As bases de dados utilizadas foram as da Pesquisa Nacional por Amostragem Domiciliar (PNAD) de 1998, tendo tal estudo constatado o alto grau de desigualdade entre afrodescendentes e brancos no país.[323]

Aplicado o mesmo indicador para a população branca, nosso país ocupa a 49ª posição. Aplicado à população afrodescendente, o Brasil está na escandalosa 108ª posição. O IDH, se calculado para os brancos (0,791), colocaria o Brasil quase como um país de desenvolvimento humano elevado (o último país no *ranking* tem 0,801 de índice). Já se calculado para os afrodescendentes, o pais teria um IDH abaixo de países africanos como a Argélia, e muito abaixo de países americanos de maioria negra como Trinidad Tobago. Comparado à África do Sul, o Brasil estaria sete pontos abaixo desse país, recém saídos de um regime segregacionista.

O Instituto de Pesquisas Econômicas Aplicadas (IPEA) mostra que quase não mudou, desde os anos 50, a distância entre a escolaridade de brancos e afrodescendentes de mais de 25 anos. O trabalho tem como fonte a "Pesquisa Nacional por Amostra de Domicílios" (PNAD), de 1999. Os brancos têm sempre dois anos e meio a mais de escolaridade.[324]

---

[321] A realidade no Rio Grande do Sul não tem sido muito diferente, basta ver o trabalho de OLIVEN, Ruben George. *A Invisibilidade Social e Simbólica do Negro no Rio Grande do Sul. In*: I. B. Leite (org), *Afrodescendentes no Sul do Brasil: Invisibilidade e Territorialidade*. Florianópolis, Letras Contemporâneas, 1996.
[322] Localizado no site http://www.ipea.gov.br/pub/td/2001/td_0807.pdf , acessado em 30/04/2008.
[323] Conforme trabalho de SANT'ANNA, Wania. *Novos marcos para as relações étnico/raciais no Brasil: uma responsabilidade coletiva*. In http://www.lpp-uerj.net/olped/documentos/ppcor/0100.pdf, acesso em 30/04/2008.
[324] Conforme site http://www.ibge.gov.br/home/estatistica/populacao/trabalhoerendimento/pnad2004, acessado em 30/04/2008.

De acordo com as bases de dados da PNAD/IBGE 2001 e com a metodologia de cálculo do IDH, do Programa das Nações Unidas Para o Desenvolvimento-PNUD, e da Fundação João Pinheiro, o IDH da população negra, entre 1999 e 2001, apresentou uma evolução de 0,691 para 0,712, tendo passado de um IDH médio-baixo para um IDH médio. Mesmo assim, o IDH dos afrodescendentes brasileiros é equivalente ao IDH que fica entre El Salvador e China, na 107ª posição (em 175 nações). Cabe frisar que em 1999, os afrodescendentes ocupavam a 101ª posição, tendo esta queda no *ranking* ocorrido devido à evolução dos indicadores entre os demais países, posto terem os indicadores destes (com exceção do nível de rendimento) melhorado. Já os brancos brasileiros apresentaram um IDH equivalente ao do Kuwait, 46ª posição, em 175 nações.[325]

Esta mesma pesquisa dá conta, no mesmo período, de que o rendimento médio familiar *per capita* dos afrodescendentes, de todo o Brasil, foi de 1,15 salários mínimos, ao passo que o mesmo índice entre os brancos foi de 2,64 salários mínimos, perfazendo uma diferença de quase 196% favorável a este grupo de raça/cor.

Finalmente, no que diz com indicador da esperança de vida ao nascer, o procedimento metodológico adotado atualizou dados anteriormente levantados, para o período 1990-1995, que indicavam uma esperança de vida ao nascer de 70 anos para os brancos e de 64 anos para os afrodescendentes. Deste modo, esses indicadores foram atualizados de acordo com a evolução da esperança de vida da população brasileira como um todo, entre 1995 e 2001 (de 67,2 anos para 68,9 anos). Assim, a esperança de vida dos brancos neste último ano foi de 72 anos, e o dos afrodescendentes, 66 anos.

Já no que tange aos dados de 2001 da pesquisa direta do I Censo Étnico Racial da USP e do IBGE, tem-se que: (a) na Universidade Federal do Rio de Janeiro (UFRJ), o número de alunos brancos é de 76,8%; o de afrodescendentes, 20,3%, para uma população negra no estado de 44,63%; (b) na Universidade Federal do Paraná (UFPR), os brancos são 86,6%; os afrodescendentes, 8,6%, para uma população negra no estado de 20,27%; (c) na Universidade Federal do Maranhão (UFMA), brancos são 47%; afrodescendentes, 42,8%, e a população negra no estado, 73,36%; (d) na Universidade Federal da Bahia (UFBA), 50,8% são brancos; 42,6%, afrodescendentes, e 74,95%, a população afrodescendente do estado; (e) na Universidade de Brasília (UnB), são brancos 63,74%; são afrodescendentes 32,3%, tendo o Distrito Federal uma população negra de 47,98%; (f) na Universidade de São Paulo (USP), os alunos brancos somam 78,2%; os afrodescendentes, 8,3%, e o percentual da população negra no estado é de 27,4%.[326]

Sabe-se que a UFRGS (Universidade Federal do Rio Grande do Sul) aprovou, no ano de 2007, a adoção de cotas para afrodescendentes e alunos egressos

---

[325] Disponível em http://www.comciencia.br/reportagens/afro-descendentes/12.shtml. Acessado em 16/04/2008.

[326] VOGT, Carlos. *Ações afirmativas e políticas de afirmação do negro no Brasil*. In http://www.comciencia.br/reportagens/afro-descendentes/12.shtml, acessado em 16/04/2008.

de escolas públicas, no sentido de que 30% das vagas seriam destinadas a alunos que fizeram pelo menos a metade do ensino fundamental ou todo o segundo grau em colégios públicos. Dentro dessa reserva de 30%, metade das vagas se destinam alunos que se declararem afrodescendentes.

O Conselho Universitário da UFRGS decidiu que o sistema terá vigência por cinco anos, com avaliação anual para verificar sua eficácia. As cotas serão revistas em 2013. Com o novo sistema, 2.948 das 4.212 vagas da universidade se destinarão aos melhores classificados, independentemente de sua condição social ou racial. Outras 1.264 vagas serão reservadas aos cotistas -632 para egressos de escolas públicas e 632 vagas para alunos da rede pública que se auto declararem afrodescendentes.[327]

Veja-se que no Rio Grande do Sul, em 2000, entre a população de 15 anos ou mais, havia cerca 471 mil analfabetos e 1.353 milhões de analfabetos funcionais (pessoas com menos de 4 anos de estudos). Destarte, a taxa de analfabetismo da população deste Estado era de 6,3%, e a taxa de analfabetismo funcional era de 18%. Vale observar que estas taxas eram inferiores às verificadas no Brasil no mesmo ano: 12,9% de analfabetismo e 27,6% de analfabetismo funcional. Esta diferença não é surpreendente tendo em vista o fato de, em geral, os indicadores sociais gaúchos tenderem a se apresentar proporcionalmente melhores do que os indicadores sociais nacionais.[328]

No que tange aos indicadores sobre o analfabetismo da população, desagregada entre brancos e afrodescendentes, percebe-se que o analfabetismo no Rio Grande do Sul sempre apresentou pronunciadas desigualdades. Deste modo, em todo o Estado, a taxa de analfabetismo dos brancos era de 5,4%, ao passo que a taxa de analfabetismo dos afro-gaúchos era mais do que o dobro, tendo se situado em 12,4%. Em relação às taxas de analfabetismo funcional, mais uma vez percebe-se que as situações dos afrodescendentes e dos brancos apresentavam evidentes hiatos. Destarte, entre os afrodescendentes, as pessoas que estudaram menos de 4 anos representavam 28,1% do total, ao passo que o mesmo indicador entre os brancos era de 16,5%.[329]

É elucidativa a tabulação comparativa que Marcelo Paixão apresenta no ponto:

---

[327] Conforme notícia veiculada no sítio http://www.andes.org.br/imprensa/ultimas/contatoview.asp?key=4553, acessado em 16/04/2008.

[328] Conforme PAIXÃO, Marcelo. *O ABC das Desigualdades Raciais: o analfabetismo entre a população negra no Rio Grande do Sul*. In http://www.laeser.ie.ufrj.br/pdf/ABC_das_Desigualdades.pdf, acessado em 16/04/2008.

[329] Idem. Lembra o autor ainda que o peso de afrodescendentes riograndenses junto à população analfabeta (24,1%) é praticamente o dobro do que o seu peso junto à população total (12,7%). Na população analfabeta funcional esta desproporção é menor, mas, ainda assim, é bem significativa, sendo a desproporção de afrodescendentes na população analfabeta funcional 6,8 pontos percentuais superior ao que seu peso relativo na população como um todo. Deste modo, a presença de afrodescendentes junto ao contingente analfabeto funcional gaúcho (19%) é 57% superior ao seu peso na população deste Estado como um todo.

Taxa de Analfabetismo e Taxa de Analfabetismo Funcional de
Afrodescendentes e Brancos no Estado Rio Grande do Sul, 2000
(municípios selecionados):

CIDADES	ANALFABETISMO		ANALFAB. FUNCIONAL	
	Afrodescendentes	Brancos	Afrodescendentes	Brancos
Porto Alegre	6,5%	2,7%	18,4%	9,0%
Pelotas	10,7%	5,2%	24,9%	17,2%
Viamão	8,0%	4,9%	22,1%	17,4%
Caxias do Sul	6,9%	2,9%	20,1%	11,7%
Alvorada	7,1%	5,0%	21,3%	16,4%
Canoas	6,9%	3,8%	20,0%	13,9%
Santa Maria	11,0%	3,9%	24,0%	11,4%
Rio Grande	9,6%	6,5%	25,8%	18,9%
Uruguaiana	9,1%	4,8%	25,0%	14,1%
Gravataí	7,1%	4,7%	18,6%	14,7%
Bage	12,9%	5,6%	27,3%	16,4%
Passo Fundo	11,5%	4,5%	23,5%	12,6%
Novo Hamburgo	10,4%	4,4%	25,0%	15,4%
Alegrete	12,9%	6,3%	28,7%	17,2%
São Leopoldo	9,6%	4,1%	25,1%	13,7%
Sant. Livramento	10,9%	4,7%	26,5%	14,1%
Guaíba	8,0%	5,4%	22,0%	16,6%
Santa Cruz do Sul	12,5%	3,6%	26,8%	11,4%
Erechim	14,9%	3,7%	32,6%	12,7%
Vacaria	12,7%	4,7%	31,6%	17,3%
Cachoeira do Sul	5,5%	4,4%	18,8%	13,9%
Cachoeirinha	17,3%	8,5%	32,5%	21,5%
Sapucaia do Sul	8,5%	4,9%	24,4%	16,1%
São Gabriel	18,9%	9,0%	40,7%	23,8%
Ijuí	11,9%	3,9%	27,4%	14,4%
Rio Grande do Sul	12,4%	5,4%	28,1%	16,5%

Não há, pois, em face destes dados, como desconhecer a situação materialmente desigual em que, historicamente, vêm se encontrando os afrodescendentes brasileiros.

Há, contudo, avanços, sobretudo por parte do governo federal quanto à adoção de ações afirmativas relativamente à população negra do país, entre elas o abandono oficial da doutrina da "democracia racial", desde a *Conferência Mundial Contra a Discriminação Racial*, anteriormente referida, acompanhada de instituição de cotas de emprego em vários ministérios e serviços, além da criação de programas voltados para os direitos humanos, para a formação profissional e para o reconhecimento do direito à titulação de propriedade de terras remanescentes de quilombos, entre outros, temas que nos são informados pela imprensa nacional todos os dias. Veja-se, por exemplo, a edição do Decreto nº 4.886, de 20 de novembro de 2003 (DOU 21.11.2003), que institui a Política Nacional de Promoção da Igualdade Racial – PNPIR, onde se lê, *verbis*:

> O Presidente da República, no uso da atribuição que lhe confere o art. 84, incisos IV e VI, alínea a, da Constituição e considerando que o Estado deve redefinir o seu papel no que se refere à prestação dos serviços públicos, buscando traduzir a igualdade formal em igualdade de oportunidades e tratamento;
>
> Considerando que compete ao Estado a implantação de ações, norteadas pelos princípios da transversalidade, da participação e da descentralização, capazes de impulsionar de modo especial segmento que há cinco séculos trabalha para edificar o País, mas que continua sendo o alvo predileto de toda sorte de mazelas, discriminações, ofensas a direitos e violências, material e simbólica;
>
> Considerando que o Governo Federal tem o compromisso de romper com a fragmentação que marcou a ação estatal de promoção da igualdade racial, incentivando os diversos segmentos da sociedade e esferas de governo a buscar a eliminação das desigualdades raciais no Brasil;
>
> Considerando que o Governo Federal, ao instituir a Secretaria Especial de Políticas de Promoção da Igualdade Racial, definiu os elementos estruturais e de gestão necessários à constituição de núcleo formulador e coordenador de políticas públicas e articulador dos diversos atores sociais, públicos e privados, para a consecução dos objetivos de reduzir, até sua completa eliminação, as desigualdades econômico-raciais que permeiam a sociedade brasileira;
>
> Considerando que o Governo Federal pretende fornecer aos agentes sociais e instituições conhecimento necessário à mudança de mentalidade para eliminação do preconceito e da discriminação raciais para que seja incorporada a perspectiva da igualdade racial;
>
> Considerando-se que foi delegada à Secretaria Especial de políticas de Promoção da Igualdade Racial a responsabilidade de fortalecer o protagonismo social de segmentos específicos, garantindo o acesso da população negra e da sociedade em geral a informações e idéias que contribuam para alterar a mentalidade coletiva relativa ao padrão das relações raciais estabelecidas no Brasil e no mundo;
>
> Considerando os princípios contidos em diversos instrumentos, dentre os quais se destacam: – Promover medidas, particularmente no domínio pedagógico e judicial visando a total erradicação do racismo, da discriminação racial e da xenofobia; o documento Brasil sem Racismo, elaborado para o programa de governo indicando a implementação de políticas de promoção da igualdade racial nas áreas do trabalho, emprego e renda, cultura e comunicação, educação e saúde, terras de quilombos, mulheres negras, juventude, segurança e relações internacionais; – o Plano de Ação de Durban, produto da III Conferência Mundial contra o Racismo, a Discriminação Racial, Xenofobia e Intolerância Correlata, no qual governos e organizações da sociedade civil, de todas as partes do mundo, foram conclamados a elaborar medidas globais contra o racismo, a discriminação, a intolerância e a xenofobia; e Inserção da questão racial na agenda internacional do governo brasileiro – Participação do governo brasileiro na luta contra o racismo e a discriminação racial, em todos os fóruns e *ações internacionais*.

Com estas perspectivas, restam reforçadas aquelas políticas públicas já consubstanciadas em legislações infraconstitucionais vigentes hoje no país, dentre as quais: (a) o disposto no art. 354, da CLT, que prevê cota de dois terços de brasileiros para empregados de empresas individuais e coletivas; (b) o disposto no art. 373-A, da CLT, que estabelece a adoção de políticas destinadas a corrigir distorções pela desigualdade de direitos entre homens e mulheres; (c) o disposto no art. 93, da Lei 8.213/91, que estabelece cotas para deficientes físicos no setor privado; (d) o disposto no art. 24, XX, da Lei 8.666/93, que dispensa a licitação para contratação de associações filantrópicas de portadores de deficiência; (e) o disposto no art. artigo 10, §2°, da Lei 9.504-97, que determina cotas para mulheres nas candidaturas partidárias.

Todas estas normas o que estão a fazer é exatamente dar concretude ao princípio da igualdade assegurado constitucionalmente, em especial no significado que lhe dá o Egrégio Supremo Tribunal Federal:

> Com efeito, é pelo combate eficaz às situações de desigualdade que se concretiza, em regra, o valor da igualdade (valor positivo, aqui, valor negativo ou desvalor, ali). Isto porque no ponto de partida das investigações metódicas sobre as coisas ditas humanas, ou seja, até onde chegam as lentes investigativas dos politicólogos, historiadores e sociólogos acerca das institucionalizadas relações do gênero humano, o que se comprova é um estilo de vida já identificado pela tarja das desigualdades (culturais, políticas, econômicas e sociais). O desigual a servir como empírico portal da investigação científica e, daí, como desafio de sua eliminação pelas normas jurídicas.[330]

Na doutrina especializada encontramos a mesma direção de entendimento, notadamente em Marcelo Neves, ao sustentar posição de Celso Antônio Bandeira de Mello, no sentido de que:

> Numa perspectiva rigorosamente positivista, Bandeira de Mello enfatiza que o princípio constitucional da isonomia envolve discriminações legais de pessoas, coisas, fatos e situações. Discute, então, quando discrímenes se justificam sem que o princípio vetor seja deturpado. E aponta três exigências: a presença de traços diferenciais nas pessoas, coisas, situações ou fatos; correlação lógica entre fator discrímen e desequiparação procedida; consonância da discriminação com os interesses e valores protegidos na Constituição.[331]

---

[330] Voto do Ministro Carlos Ayres Brito, na ADIN n° 3330-1, do Distrito Federal, envolvendo o PROUNE, publicado em 02 de abril de 2008, p. 09. Acessado pelo site do www.stj.gov.br , em 08/04/2008. Na doutrina, vale a leitura do texto de BIANCHINI, Alice. A igualdade formal e material. In: *Cadernos de Direito Constitucional e Ciência Política*, n° 17. São Paulo: Revista dos Tribunais, 1999, p. 202/222; e MOURA, Patrícia Uliano Effting Zoch de. *A finalidade do princípio da igualdade*. Porto Alegre: Fabris, 2005.

[331] NEVES, Marcelo. Estado democrático de direito e discriminação positiva: um desafio para o Brasil. In MAIO, Marcos C; SANTOS, Ricardo V. (orgs). *Raça, ciência e sociedade*. Rio de Janeiro: Fiocruz/Centro Cultural Banco do Brasil, 1996, p. 262. Nesta mesma direção vai Hédio Silva Jr., ao sustentar que *Salvo engano, é certo que a Constituição de 1988, implícita e explicitamente, não apenas admitiu como prescreveu discriminações, a exemplo da proteção do mercado de trabalho da mulher (artigo 70), e da previsão de cotas para portadores de deficiência (artigo 37, VIII), donde se conclui que a noção de igualdade circunscrita ao significado estrito de não-discriminação foi contrapesada com uma nova modalidade de discriminação, visto como, sob o ângulo material, substancial, o princípio da igualdade admite sim a discriminação, desde que o discrímen seja empregado com a finalidade de promover a igualização.* SILVA JR., Hédio. *Direito de igualdade racial: aspectos constitucionais, civis, e penais: doutrina e jurisprudência*. São Paulo: editora Juarez de Oliveira, 2002, p. 112.

Vale a pena reproduzir, por pertinente, outros fragmentos desta recente decisão do Ministro Carlos Ayres Brito, por certo formadora do esteio paradigmático sobre a matéria, senão vejamos:

> Numa frase, não é toda superioridade juridicamente conferida que implica negação ao princípio da igualdade. A superioridade jurídica bem pode ser a própria condição lógica da quebra de iníquas hegemonias política, social, econômica e cultural. Um mecanismo jurídico de se colocar a sociedade nos eixos de uma genérica horizontalidade como postura de vida cidadã (o cidadão, ao contrário do súdito, é um igual). Modo estratégico, por conseqüência, de conceber e praticar uma superior forma de convivência humana, sendo que tal superioridade de vida coletiva é tanto mais possível quanto baseada em relações horizontais de base. Que são as relações definidoras do perfil democrático de todo um povo.
>
> Essa possibilidade de o Direito legislado usar a concessão de vantagens a alguém como uma técnica de compensação de anteriores e persistentes desvantagens factuais não é mesmo de se estranhar, porque o típico da lei é fazer distinções. Diferenciações. Desigualações. E fazer desigualações para contrabater renitentes desigualações. É como dizer: a lei existe para, diante dessa ou daquela desigualação que se revele densamente perturbadora da harmonia ou do equilíbrio social, impor uma outra desigualação compensatória. A lei como instrumento de reequilíbrio social. O que ela (a lei) não pode é incidir no "preconceito" ou fazer "discriminações", que nesse preciso sentido é que se deve interpretar o comando constitucional de que "Todos são iguais perante a lei, sem distinção de qualquer natureza". O vocábulo "distinção" a significar discriminação (que é proibida), e não enquanto simples diferenciação (que é inerente às determinações legais).[332]

Em verdade, a questão da igualdade é bastante antiga no âmbito das normas constitucionais de nossa cultura ocidental, eis que desde a Constituição Francesa de 1791, em seu preâmbulo, se estabelecia de forma clara e direta: *Les hommes naissent et demeurent libres et égaux en droits. Les distinctions sociales ne peuvent être fondéés quesur l'utilité commune*, nascendo, a partir daqui, instrumento jurídico e político voltado à reação contra os privilégios pessoais e contra a hierarquização das classes sociais que, com variantes puramente culturais, vigorara até então.

Viceja de igual sorte em face de tais parâmetros normativos, como quer Siqueira Castro, o princípio da isonomia, *fonte inesgotável para o ideário igualitarista que, após a segunda metade do século passado, viria a contestar a visão estreita e apenas formal da igualdade jurídica, em contraposição à aspiração de igualdade material, e se destinaria a incendiar a história do pensamento político-econômico, espalhando até os nossos dias suas centelhas cada vez mais acesas.*[333]

---

[332] Voto citado, p. 35.

[333] CASTRO, Carlos Roberto Siqueira. *A Constituição Aberta e os Direitos Fundamentais*. Rio de Janeiro: Forense, 2005, p. 358. Lembra corretamente o autor que o princípio isonômico oriundo do liberalismo jamais foi impeditivo de toda a sorte de classificações e discriminações legislativas, significando tão apenas a exigência de igual tratamento jurídico para todos ou, ao menos, para todos quantos estejam na mesma circunstância fática. Bastava que a lei fosse igual para todos para que o cânone da igualdade formal fosse atendido. Isto foi igualmente destacado pele festejado jurista francês HAURIOU, André. *Droit Constitutionnel et Institutions Politiques*. Paris: Montcherestien, 1975, p. 778/779.

Não foi suficiente, todavia, a mera extinção de regalias e privilégios pessoais como referido, isto porque a demanda do constitucionalismo contemporâneo, notadamente a partir do século XX, foi exatamente a de estender à máxima potência condições de expansão dos direitos humanos e fundamentais constituídos desde a Idade Moderna, notadamente a partir dos movimentos revolucionários tanto dos Estados Unidos da América como de França do final do século XVIII.[334]

Para tanto, mister é que fossem desenvolvidos mecanismos legislativos, políticas públicas institucionais e revisão dos paradigmas jurisprudenciais atinentes ao conceito de igualdade constitucional e suas possibilidades de densificação material, em especial no que diz com segmentos sociais historicamente discriminados por perspectivas culturais e comportamentais hegemônicas de setores como o mercado das relações de trabalho, das relações educacionais, culturais, estéticas, envolvendo discriminação de gêneros, raças e cor.

Inclusive no âmbito das relações privadas a cultura jurídica ocidental tem dado relevantes contribuições para evitar a violação de direitos e garantias individuais e coletivas, como se pode ver no caso *Dolphin Delivery*, da Suprema Corte do Canadá, como explica Robert Burt:

> The relation between an expansive state action/horizontal effect doctrine and the activist state can be seen throughout the Canadian cases. Dolphin Delivery, the Canadian Supreme Court's first state action case, distinguished an earlier lower court case in which a young woman brought proceedings in the local human rights commission against a private hockey association for excluding her from a boys' team. The human rights commission refused to act. The applicable statute did ban gender-based discrimination, but it contained an express exception "where membership in an athletic organization or participation in an athletic activity is restricted to persons of the same sex". The provincial supreme court held that the exclusion violated the Charter's equality guarantee. The Court in Dolphin Delivery approved that result. It described the case as "a law suit between private parties," but said that the hockey association had "acted on the authority of a statute," which "removed the case from the private sphere".[335]

É oportuna a lembrança de Siqueira Castro quando refere que se altera, neste particular sob comento, a dimensão e o eixo de referência do princípio da igualdade, substituindo-se a idéia de não discriminação formal pelo ideal da não discriminação material, em que o postulado da isonomia não mais se refere tão somente à proibição de tratamento discriminatório, mas inclui considerações metajurídicas

---

[334] Afigura-se aqui uma verdadeira tendência internacional, como bem dispõe CHELI, Enzo. *Lo Stato Costituzionale*. Roma: Editoriale Scientifica, 2006, p. 10, lembrando que um verdadeiro Estado Constitucional centrado nos Direitos Fundamentais vai surgindo ao longo do século XX: *in Francia nel 1946, in Italia nel 1947 , nella Repubblica Federale Tedesca, nel 1949, in Grecia nel 1952, in Portogallo nel 1976, in Spagna nel 1978; costituzioni che, per quanto differenziate sul piano dell'organizzazione dei poteri, vengono tutte ad ispirarsi a principi comuni, spesso mutuati da testi internazionali, quali da Dichiniarazione dei Diritti dell'Uomo, approvata dalle Nazioni Unite nel 1948, o la Convzione Europea per la salvaguardia dei diritti dell'uomo e delle liberta fondamentali, sottoscritta nel 1950.*

[335] Dolphin Delivery, [1986] 2. S.C.R. at 601. In BURT, Robert A. *The constitution in conflict*. Cambridge: Harvard University Press, 1992, p. 85.

atinentes ao tratamento desigual historicamente prevalecente entre aqueles grupos sociais. Em tal mister é que as políticas públicas referidas despontam como mecanismos de justiça distributiva, destinadas a compensar inferioridades sociais, econômicas e culturais.[336]

Nesta direção vai Flávia Piovesan, ao sustentar que se afigura insuficiente, desde uma perspectiva dos Direitos Fundamentais, tratar hoje o indivíduo – sujeito de direito – de forma genérica, geral e abstrata, impondo-se considerá-lo em face de suas particularidades e peculiaridades, o que vai gerar, por conseqüência, tratamento específico e diferenciado diante das violações de direitos atinentes a estes sujeitos. Em tal cenário, mulheres, crianças, população afrodescendente, imigrantes e migrantes, pessoas portadoras de deficiências, dentre outras categorias potencial e efetivamente vulneráveis, devem ser vistas nas especificidades e particularidades de suas condições sociais.[337]

O que está em jogo com esta perspectiva do conceito de igualdade é exatamente a garantia sistemática e integral dos comandos constitucionais principiológicos atinentes ao pluralismo e à diversidade social, assegurando o tratamento diferenciado-igualizador de sujeitos de direitos desigualados materialmente.

O Tribunal Regional Federal da 4º Região já teve oportunidade de deliberar sobre matéria similar, sustentando, em sede de Agravo de Instrumento, que o Princípio Constitucional da Igualdade tem, em verdade, uma dupla faceta: *supõe, ao lado de uma "proibição de diferenciação", em que "tratamento como igual significa direito a um tratamento igual", também uma "obrigação de diferenciação", em que tratamento como igual "significa direito a um tratamento especial", possibilitando "disciplinas jurídicas distintas ajustadas às desigualdades fáticas existentes.*[338]

No caso sob comento, estamos diante de uma política pública que visa exatamente a enfrentar a chamada discriminação fática, a saber, resultante *da indiferença, do desdém das autoridades públicas para com o destino dos grupos sociais marginalizados, para com a sua dignidade humana.*[339]

Tal política protagonizada pelo Estado-Município é de ser aferida a partir também do histórico absenteísta que tem marcado o comportamento dos poderes

---

[336] CASTRO, Carlos Roberto Siqueira. *A Constituição Aberta e os Direitos Fundamentais.* Op. cit., p. 364.

[337] PIOVESAN, Flávia. *Proteção Internacional dos Direitos Econômicos, Sociais e Culturais.* Op. cit., p. 252. Decorre destes argumentos a afirmação acertada de Piovesan no sentido de que ao lado do direito à igualdade, surge, também, como direito fundamental, o direito à diferença e à diversidade, eis que, considerando o processo que a autora chama de feminilização e etnização da pobreza, percebe-se que as maiores vítimas de violação dos direitos econômicos, sociais e culturais, são as mulheres e os afrodescendentes, decorrendo daí a necessidade de adoção, além de políticas universalistas, algumas específicas, capazes de dar visibilidade a sujeitos de direito com maior grau de vulnerabilidade, visando ao pleno exercício dos seus direitos.

[338] Agravo de Instrumento nº 2008.04.00.005863-3/RS, em que figurou como Agravante a Universidade Federal do Rio Grande do Sul, discutindo o tema da reserva de cotas. Relatora Desembargadora Federal Maria Lúcia Luz Leiria, despacho dado em 25/02/2008.

[339] GOMES, Joaquim B. Barbosa. *Ação Afirmativa e Princípio Constitucional da Igualdade.* Rio de Janeiro: Renovar, 2001, p. 29. Alerta o autor que *na implementação das políticas públicas governamentais, essas autoridades em geral optam por uma concepção do princípio da igualdade que não leva em conta as especificidades dos grupos minoritários, tendendo quase sempre a perpetuar a iniqüidades de que eles historicamente são vítimas.*

instituídos neste particular, até em face da equivocada presunção de que somente a inserção de dispositivos constitucionais garantes da igualdade no Texto Político seria suficiente para dar efetividade empírica e cotidiana a eles. Como bem ponderado pelo Ministro Joaquim Barbosa, *a idéia de neutralidade estatal tem-se revelado um formidável fracasso, especialmente nas sociedades que durante muitos séculos mantiveram certos grupos ou categorias de pessoas em posição de subjugação legal, de inferioridade legitimada pela lei, em suma, em países com longo passado de escravidão.*[340]

Um Estado que se queira Democrático e de Direito inexoravelmente tem de lançar mão de iniciativas pró-ativas da igualização material de categorias sociais que se encontram em estado de discriminação, aqui entendido como condição de separado, distinguido, segregado contextualmente de seu tempo e espaço.[341] Tal comportamento estatal evidencia aquilo que Antonio E. Pérez Luño chama de dupla dimensão constitutiva do princípio da dignidade da pessoa humana: (a) a negativa, que busca impedir a submissão da pessoa humana a degradações; e (b) a positiva, que impõe a garantia de condições para o pleno desenvolvimento da personalidade deste homem (enquanto gênero).[342]

É a chamada *Justiça Redistributiva* aqui que ganha espaço de pertinência, no sentido da promoção de oportunidades por meio de políticas públicas para aqueles que não conseguem se fazer representar de maneira igualitária, operando o Estado – no âmbito legislativo, ações executivas e mesmo jurisdicionais – como redistribuidor de benefícios aos cidadãos, de maneira a tentar compensar as desigualdades que o preconceito e a discriminação efetuaram no passado e continuam a efetivar no presente.[343]

Atente-se para o fato de que tais políticas seriam, em verdade, benéficas a toda a sociedade, eis que promoveriam a inserção de representantes de diferentes minorias em ambientes nos quais, normalmente, não teriam acesso, possibilitando com isto o cumprimento da dicção constitucional de que seja a Sociedade brasileira mais aberta, diversificada, tolerante, miscigenada e multicultural.[344]

---

[340] GOMES, Joaquim B. Barbosa. *Ação Afirmativa e Princípio Constitucional da Igualdade.* Rio de Janeiro: Renovar, 2001, p. 36.

[341] Como quer DA MATTA, Roberto. Notas sobre o racismo à brasileira. In: SOUZA, Jessé (organizador). *Multiculturalismo e racismo. Uma comparação Brasil – Estados Unidos.* Brasília: Paralelo 15, 1997. No mesmo sentido o trabalho de HUNTLEY, Lynn; GUIMARÃES, Antonio Sergio Alfredo. *Tirando a máscara: ensaios sobre o racismo no Brasil.* São Paulo: Paz e Terra, 2000.

[342] LUÑO, Antonio E. Pérez. *Derechos Humanos, Estado de Derecho y Constitución.* Madrid: Tecnos, 2000, p. 321.

[343] Conforme quer FISCUS, Ronald J. *The Constitutional Logic of Affirmative Action.* London: Duke University Press, 2002, p. 11.

[344] O que WASSERSTROM, Richard. *Philosophy and Social Issues: Five Studies.* Notre Dame: Notre Dame University Press, 1980, chama de substrato utilitarista da ação afirmativa na espécie. Da mesma forma DWORKIN, Ronald. *As a matter of principle.* Cambridge: Harvard University Press, 1993, sustentando que o objetivo imediato das ações afirmativas é o de aumentar o número de membros de certas raças em certas posições e profissões, reduzindo o grau de consciência racial da sociedade. Ver também GOMES, Joaquim B. Barbosa. *Ação Afirmativa e Princípio Constitucional da Igualdade.* Op. cit., p. 69.

O próprio Supremo Tribunal Federal, por meio de uma de suas Turmas, afirmou, ao tratar do inciso VIII do art. 37 da Constituição, que *reparar ou compensar os fatores de desigualdade factual com medidas de superioridade jurídica configuraria política de ação afirmativa que se inscreve nos quadros de uma sociedade fraterna que a Constituição idealiza a partir das disposições de seu preâmbulo e acrescentou-se a esses fundamentos o valor social do trabalho.*[345]

No mesmo sentido já fora o voto do então Min. Nelson Jobim, no julgamento da medida liminar na ADI 1946-5,[346] em que ficou consignado, expressamente, que *a discriminação positiva introduz tratamento desigual para produzir, no futuro e em concreto, a igualdade. É constitucionalmente legítima, porque se constitui em instrumento para obter a igualdade real.* Naquela ocasião, deu-se interpretação conforme a Constituição ao art. 14 da EC 20/98, ao fundamento de que *se teria um resultado contrário à regra constitucional proibitiva da discriminação, em matéria de emprego, de sexo, origem, raça ou profissão.*

4. Possibilidades conclusivas do caso concreto

Em face de tais argumentos, tenho que os municípios brasileiros têm legitimidade sim para estabelecer vagas em concurso público para afrodescendentes, haja vista que, com isto e em tese, estariam realizando o que a Ministra Carmen Lúcia Antunes Rocha chama de *desigualação positiva*, promovendo *uma efetiva igualação social, política, econômica no e segundo o Direito, tal como assegurado formal e materialmente no sistema constitucional democrático.*[347]

Saber se o Poder Público, neste caso concreto, em face da forma com que estabeleceu esta ação afirmativa para os afrodescendentes exacerbou desta intenção de igualação, é matéria que pode e deve ser aferida a partir de juízos de ponderação específicos, o que passo a fazer.

Esta idéia de ponderação de argumentos e fatos, em verdade, decorre de juízos de valoração dos bens jurídicos em questão, no sentido de que, se uma determinada situação é proibida por um dispositivo normativo (notadamente um princípio), mas permitida por outro, não há que se falar em nulidade de um pela aplicação do outro, mas de uma *relação de precedência condicionada,*[348] em que determinado princípio terá maior relevância que o outro, fazendo com que o outro recue frente ao de maior peso, naquele caso. Por isto Alexy insiste no fato de que na resolução da colisão entre dispositivos normativos principiológicos de natureza constitucional deve-se levar em consideração as circunstâncias que cercam o

---

[345] RMS 26.071/DF, Rel. Min. Ayres Britto, 13-11-2007, Informativo 488.

[346] ADI nº 1946, Relator Min. Sydney Sanches, publicado em 14.09.2001.

[347] ROCHA, Carmen Lúcia Antunes. *Ação Afirmativa – o conteúdo democrático do Princípio da Igualdade Jurídica.* In Revista Trimestral de Direito Público, nº 15. São Paulo: Revista dos Tribunais, 1999, p. 85.

[348] ALEXY, Robert. *Teoria de los derechos fundamentales.* Madrid: Centro de Estudios Constitucionales, 1993, p. 94: *La solución de la colisión consiste más bien en que, teniendo en cuenta las circunstancias del caso, se establece entre los principios una relación de precedencia condicionada.*

caso concreto, para que, pesados os aspectos específicos da situação, prepondere o preceito mais adequado.

Estou me valendo, pois, na espécie, do pressuposto de que o presente caso precisa ser enfrentado levando em conta aqueles mandados de otimização constitucionais referidos até aqui, e de que entre eles não existem relações absolutas de precedência, pois que sempre serão determinadas pelas circunstâncias do caso concreto; não existe *um* princípio que, invariavelmente, prepondere sobre os demais, sem que devam ser levadas em consideração as situações específicas do caso.[349]

Em verdade, a jurisprudência nacional já vem registrando decisões do Supremo Tribunal Federal resolvendo tensões entre dispositivos normativos (principiológicos e regratórios), oportunidade em que o conflito foi solucionado pela aplicação da máxima da ponderação, restando alguns dispositivos normativos afastados pela aplicação de outros.[350] Tal ponderação, todavia, ao levar em conta a maior densidade valorativa de determinado dispositivo em detrimento de outro, deve ser pautada por critérios racionais, razoáveis, capazes de serem justificados logicamente e controlados publicamente, ainda que não se possa afastar a considerável carga subjetiva característica da qualquer decisão judicial.[351]

Esta tem sido a dicção do Ministro Gilmar Ferreira Mendes, ao sustentar que a utilização do princípio da proporcionalidade alcança as denominadas colisões de bens, valores ou princípios constitucionais, e serve para resolver conflitos pela ponderação do peso relativo de cada uma das possibilidades em tese aplicáveis e aptas a fundamentar decisões em sentidos opostos.[352]

Decorre deste princípio um outro tão importante ao processo de interpretação e aplicação do direito, a saber, o da razoabilidade, que tem sido fundamento de decidir em um conjunto abrangente de situações, especialmente pelo Supremo Tribunal Federal que, com base nele, tem feito o controle de legitimidade das desequiparações entre pessoas, de vantagens concedidas a servidores públicos, de

---

[349] Não deixo de reconhecer aqui, por outro lado, a existência de mandamentos de otimização nucleares no sistema jurídico pátrio, tais como os princípios constitucionais da dignidade da pessoa humana, da cidadania e da proteção da ordem democrática. Tratei disto em dois textos: LEAL, Rogério Gesta. *Estado, Administração Pública e Sociedade: novos paradigmas*. Porto Alegre: Livraria do Advogado, 2006, e LEAL, Rogério Gesta. *O Estado-Juiz na Democracia Contemporânea*. Porto Alegre: Livraria do Advogado, 2007.

[350] Estou me referindo ao Acórdão em HC nº 71.373/RS, julgado pelo Tribunal Pleno do Supremo Tribunal Federal em 10/11/1994, publicado Diário de Justiça da União – DJU – em 22/11/1996. BRASIL. SUPREMO TRIBUNAL FEDERAL. Disponível em: <http:// www.stf.gov.br>, acessado em 20/11/2008. É de se lembrar que precedente histórico importante encontra-se no julgado do Recurso Especial no 18.331, relatado pelo Ministro Orozimbo Nonato em 1953.

[351] Neste sentido o excelente trabalho de BARROSO, Suzana de Toledo. *O princípio da proporcionalidade e o controle de constitucionalidade das leis restritivas de direitos fundamentais*. Brasília – DF: Livraria e Editora Brasília Jurídica, 1996, bem como o de STUMM, Raquel Denize. *Princípio da proporcionalidade no Direito Constitucional brasileiro*. Porto Alegre: Livraria do Advogado, 1995.

[352] Manifestação nos autos do HC 82424/RS-RIO GRANDE DO SUL. *HABEAS CORPUS*. Relator(a): Min. MOREIRA ALVES. Relator(a) p/ Acórdão: Min. MAURÍCIO CORRÊA. Julgamento: 17/09/2003. Órgão Julgador: Tribunal Pleno. DJ 19-03-2004 PP-00017. EMENT VOL-02144-03 PP-00524. PACTE.: SIEGFRIED ELLWANGER. IMPTES.: WERNER CANTALÍCIO JOÃO BECKER. COATOR: SUPERIOR TRIBUNAL DE JUSTIÇA.

exigências desmesuradas formuladas pelo Poder Público, ou de privilégios concedidos à Fazenda Pública.³⁵³ Na dicção de Barroso e Barcellos, *o princípio, referido na jurisprudência como da proporcionalidade ou razoabilidade (v. supra), é por vezes utilizado como um parâmetro de justiça – e, nesses casos, assume uma dimensão material –, porém, mais comumente, desempenha papel instrumental na interpretação de outras normas.*³⁵⁴

De qualquer sorte, o que cumpre destacar aqui é exatamente o fato de que não se pode sustentar em tese a violação de qualquer princípio – em especial o da igualdade, versada na espécie – eis que princípios ou regras não são capazes de regular por si mesmos sua aplicação, de modo que se faz necessária uma compreensão da decisão jurídica regrada por o que Alexy³⁵⁵ vai chamar de uma teoria da argumentação jurídica, ou seja, o sistema jurídico, além de conter regras e princípios, comporta um terceiro nível de enfrentamento de sua operacionalidade, no qual são feitas considerações sobre um procedimento que permita alcançar e assegurar a racionalidade de aplicação do direito em face do caso concreto.

Com isto, estou a divergir – como faz Alexy – de Dworkin,³⁵⁶ no sentido de conceber os princípios jurídicos a partir de uma concepção fraca e forte, ou seja, de que haveria no sistema jurídico a possibilidade de se criar uma lista de certo modo completa de princípios, na qual não haveria considerações sobre o peso relativo deles, o que a transformaria em um mero catálogo de *topoi* (perspectiva fraca); ou, a versão forte de tal perspectiva, no sentido de aceitar que é possível demarcar no sistema, de forma abstrata, além de todos os princípios, todas as possíveis relações de prioridades entre eles, de modo a se determinar de maneira unívoca a decisão em cada caso. E por que isto não pode ser assim? Pelo fato de que, tomando por base tanto os princípios quanto os valores, eles não podem ter seus pesos concebidos em grandezas numéricas absolutas *per si*, mas apenas em

---

³⁵³ Estou me referindo à ADIn 1.158-8-AM, RDA 200/242, Rel. Min. Celso de Mello, sustentando que a norma legal que concede ao servidor vantagem pecuniária cuja razão de ser se revela absolutamente destituída de causa (gratificação de férias) ofende o princípio da razoabilidade; à ADIn 855-2-PR, RDA 194/299, Rel. Min. Sepúlveda Pertence, asseverando que viola o princípio da razoabilidade e da proporcionalidade lei estadual que determina a pesagem de botijões de gás à vista do consumidor; bem como a ADInMC 1.753-DF, DJ 12.6.98, Rel. Min. Sepúlveda Pertence, problematizando os privilégios da Fazenda Pública em matéria processual, em algumas circunstâncias, com quebra do princípio da razoabilidade.

³⁵⁴ BARROSO, Luís Roberto; BARCELLOS, Ana Paula de. *O começo da história. A nova interpretação constitucional e o papel dos princípios no Direito Brasileiro*. In: http://www.camara.rj.gov.br/setores/proc/revistaproc/revproc2003/arti_histdirbras.pdf , acessado em 21/04/2008.

³⁵⁵ ALEXY, Robert. *Derecho y Razón Práctica*. México: Fontamara, 1998, 17. Na verdade, há uma série de vínculos institucionais que caracterizam esta argumentação jurídica, tais como a lei, o precedente e a dogmática jurídica. Todavia, mesmo estes vínculos – concebidos como um sistema de regras, princípios e procedimento – são incapazes de levar a um resultado preciso. As regras do discurso serviriam, então, apenas para que se pudesse contar com um mínimo de racionalidade no âmbito da operacionalidade do sistema.

³⁵⁶ Ver os textos DWORKIN, Ronald. *Uma questão de princípio*. São Paulo: Martins Fontes, 2001; e DWORKIN, Ronald. *Levando os direitos a sério*. São Paulo: Editora Martins Fontes, em 2002. Nestes trabalhos Dworkin deixa claro sua tese da *bivalência*, no sentido de que, em face de um caso concreto, inexiste uma terceira opção entre a afirmação de que uma proposição jurídica possa ser correta ou não. Em face disto, a discussão sobre qual princípio aplicar diante de uma aparente ou real colisão é compreendida por Dworkin como uma comprovação de que a reconstrução do caso concreto ainda não foi feita de maneira satisfatória.

face de um determinado caso concreto, e no procedimento de concreção pelas vias da comunicação jurídica, valendo-se dos mecanismos da ponderação existentes.

Tomando-se tais princípios também nas suas acepções deontológicas, em razão do seu caráter devido,[357] e, operacionalmente, relacionando-se princípios a valores quanto a sua aplicação, percebe-se que a norma perde a característica de código binário (tudo ou nada) para se transformar em um código gradual, que interage com a realidade do mundo, seus bens e interesses constitutivos. Como conseqüência, deixa-se de lado uma dimensão de adequabilidade (única resposta certa) dworkiniana, para fazer uso de uma aplicação ponderada (balanceada) de todo o sistema sobre o caso, apresentando solução contingencial – que poderá ou não persistir no tempo e espaço.

Com fulcro em tais fundamentos sustento que, se a questão da desigualação racial em cada realidade temporal e especialmente localizada atingir níveis que sejam concebíveis conjunturalmente como aceitáveis, não representando aguda exclusão social comprometedora dos dispositivos constitucionais anteriormente ventilados, deve-se revisar, a partir de um novo cotejamento dos mesmos valores, princípios e regras, a necessidade ou não de políticas públicas de cotas e suas racionais e proporcionais pertinências.

A jurisprudência do Tribunal Regional da Quarta Região é igualmente rica neste sentido, utilizando-se de razões de justificação e fundamentação extremamente ponderadas no tratamento da matéria racial objeto desta abordagem:

ADMINISTRATIVO. AGRAVO DE INSTRUMENTO. MEDIDA LIMINAR. MANDADO DE SEGURANÇA. VESTIBULAR. SISTEMA DE COTAS RACIAIS E SOCIAIS. PRINCÍPIOS CONSTITUCIONAIS. DIREITOS FUNDAMENTAIS. EFEITOS IMEDIATOS. INTERESSE PROCESSUAL DO IMPETRANTE.

1. É simplismo alegar que a Constituição proíbe discrimen fundado em raça ou em cor. O que, a partir da declaração dos direitos humanos, buscou-se proibir foi a intolerância em relação às diferenças, o tratamento desfavorável a determinadas raças, a sonegação de oportunidades a determinadas etnias. Basta olhar em volta para perceber que o negro no Brasil não desfruta de igualdade no que tange ao desenvolvimento de suas potencialidades e ao preenchimento dos espaços de poder.

2. É simplismo argumentar que a discriminação existente é em razão dos estamentos sociais; muito embora o branco pobre padeça também de carência de chances, fato irrecusável é que à figura do negro associou-se, imbricou-se mesmo, uma conotação de pobreza que a disparidade acaba por encontrar dupla motivação: por ser pobre ou por ser negro, presumidamente pobre.

3. Não se trata aqui de reparar no presente uma injustiça passada; não se trata de vindita ou compensação pelas agruras da escravidão; a injustiça aí está, presente: as universidades, formadoras das elites, habitadas por esmagadora maioria branca. Permissa maxima venia, não há como deixar de dizê-lo, ver a disparidade atual e aceitá-la comodamente é uma atitude racista em sua raiz.

---

[357] ALEXY, Robert. *Teoria de los derechos fundamentales*. Op. cit., p. 141. Ver igualmente o texto ALEXY, Robert. Constitucional Rights, Balancing and Rationality. In: *Ratio Juris*, v. 16, n. 2, jun./2003.

4. Simplismo, também, dizer que as cotas nas universidades não são o remédio adequado, que o tratamento a ser dispensado ao problema está em propiciar-se um ensino básico democratizado e de qualidade. É claro que as cotas raciais não constituem a única providência necessária, não se há de erigi-la em solução. Não as vejo, todavia, como mero paliativo, pois creio que uma elite nova, equilibrada em diversificação racial, contribuirá em muito para a construção da sociedade pluralista e democrática que o Brasil requer.

5. Embora não haja base legal para coagir a entidade de ensino a fixar cotas em seus exames vestibulares, como asseverou o Ministro Nelson Jobim (SL n. 60/SP), pode a Universidade fazê-lo, até porque os direitos fundamentais garantidos na Constituição tem efeitos imediatos, não podendo a disposição que determina o direito a uma vida digna coabitar com a perenização das desigualdades.

6. O interesse particular não pode prevalecer sobre a política pública; ainda que se admitisse lesão a direito individual – que me parece ausente ante o fato de que o Impetrante conhecia a limitação, concorreu para cotas já predeterminadas –, não se poderia sacrificar a busca de um modelo de justiça social apenas para evitar prejuízo particular.

7. O Impetrante, ademais, não ostentava interesse processual quando do ajuizamento, porquanto, ainda que afastados todos os concorrentes cotistas com notas inferiores a ele, continuaria fora das vagas disponibilizadas no ato convocatório.[358]

ADMINISTRATIVO. ENSINO SUPERIOR. EXAME VESTIBULAR. SISTEMA DE COTAS. A situação da reserva de vagas em favor de afro-descendentes e de egressos de escolas públicas, estabelecida no Edital 01/04-NC, regulador do Concurso Vestibular de 2005, promovido pela Universidade Federal do Paraná, já foi objeto de apreciação pela Presidência deste Tribunal em sede de Suspensão de Execução de Liminar (SL 2004.04.01.054675-8/PR), nos autos de ação civil pública destinada a ordenar que a Universidade deixasse de aplicar as normas administrativas por ela editadas, referentes à reserva de vagas em seus concursos de vestibular, amparadas em critérios de raça e capacidade financeira, tendo sido suspensa antecipação de tutela de modo a permitir que o processo seletivo prosseguisse na forma prevista no supradito Edital. Caso em que não há como postergar os princípios constitucionais da autonomia universitária, da progressão segundo a capacidade, da igualdade, da publicidade, da razoabilidade, da proporcionalidade, da dignidade da pessoa humana, da impessoalidade e da eficiência, nem reconhecer a vulneração do devido processo legal ou a violação da Lei 9.784/99, devendo, portanto, ser proclamada a constitucionalidade da Resolução COUN 37/04 e do Edital 01/04 NC.[359]

Pode-se aferir que a legislação que tratou da matéria no Município relacionado a este caso concreto o fez destinando às cotas de vagas em concurso público para afrodescendentes tão somente 12% do total dos cargos previstos, o que foi observado no Edital de abertura do certame. Ademais, esta norma ainda se preocupou em disciplinar que a fixação do número de vagas reservadas aos

---

[358] TRF da 4ª Região, 2005.04.01.006358-2/PR, 3ª Turma, Rel. Des. Luiz Carlos de Castro Lugon, DJU 01/06/2005. Na mesma direção a decisão no Agravo de Instrumento nº 2008.04.00.003059-3, 3ª Turma, Relatoria da Desa. Maria Lúcia Luz Leiria, julgado em 26/02/2008.

[359] TRF da 4ª Região, AC 2005.70.00.005658-3/PR, 4ª Turma, Rel. Des. Valdemar Capeletti, D.E. 17/07/2007. No mesmo sentido vai a decisão tomada no AC 2005.70.00.003167-7/PR, 3ª Turma, Relª. Juíza Vânia Hack de Almeida, D.E. 07/02/2007, e no Agravo de Instrumento nº 2008.04.00.004820-2, 3ª Turma, Relatoria do Des. Carlos Eduardo Thompson Flores Lenz, em 18/02/2008.

afrobrasileiros (assim tidos os autodeclarados como tal), e respectivos percentuais, far-se-iam pelo total de inscritos aprovados no cargo do edital de abertura do concurso público.

De outro lado, evidenciando cuidadosa ponderação de todos os fatos e argumentos envolvidos aqui, determinou a norma sob comento que os candidatos afro-brasileiros participariam do Concurso Público em igualdade de condições com os demais candidatos no que se refere a conteúdo da prova, à avaliação, aos critérios de aprovação, à pontuação e ao percentual de acertos mínimos; e, na hipótese de não preenchimento da cota prevista no edital, as vagas remanescentes seriam revertidas para os demais candidatos qualificados no certame, observada a respectiva ordem de classificação.[360]

Ora, levando em conta somente o dado referido na tabela acima exposta, no sentido de que, historicamente, o quadro de analfabetismo e analfabetismo funcional dos afrodescendentes daquele Município tem sido superior a 17% de sua população, pode-se dessumir que os 12% de reserva de vagas afiguram-se razoáveis como política pública de inserção social, sem excluir a possibilidade de acesso por parte de outros segmentos.[361]

Por tais razões é que decidi pela perfeita regularidade formal – no plano da constitucionalidade e infraconstitucionalidade – da política pública desenvolvida pela municipalidade no caso concreto, acompanhado dos colegas da Terceira Câmara Cível do Tribunal de Justiça do Estado do Rio Grande do Sul.

Ainda se tem muito que discutir.

---

[360] Item 2.5.5. e 2.5.6., do Edital.

[361] Veja-se que a Suprema Corte Americana tem observado igualmente estes vetores de proporcionalidade e razoabilidade na delimitação de políticas públicas à inclusão social de afrodescendentes, isto desde a decisão de Washington v. Davis, 426 U.S. 229 (1976), aduzindo que uma série de questões neste particular deveriam ser sopesadas, tais como *a whole range of tax, welfare, public service, regulatory, and licensing statutes that may be more burdensome to the poor and to the average black than to the more affluent white*. In AGRESTO, John. *The Supreme Court and Constitutional Democracy*. Ithaca: Cornell University Press, 2004, p. 73.

Caso 2 – O problema da prestação de serviço público essencial enquanto Direito Social Fundamental e sua contraprestação em face da incapacidade financeira do usuário

1. Notas introdutórias

O presente estudo de caso pretende enfrentar o problema da prestação de serviço público no Brasil enquanto direito social fundamental e sua contraprestação em face da incapacidade financeira do usuário. No particular, quero trazer à baila um estudo de caso concreto envolvendo a prestação de serviços de energia elétrica, haja vista o contingente significativo de demandas que tem acorrido aos tribunais do país envolvendo esta matéria.

Para tanto, em primeiro plano, vou abordar o enquadramento do serviço público essencial enquanto direito fundamental social, e o que decorre daí em termos de redefinição de serviço público agora relacionado com o usuário, não só destinatário final do produto *serviço*, mas elemento constitutivo dele, o que lhe outorga a condição de sujeito de direito que tem responsabilidades sociais, políticas e econômicas com relação à sua efetividade e mesmo suas possibilidades.

Após estas definições preliminares, quero avaliar como se pode enfrentar a problemática situação fática que aflige milhões de brasileiros e também as fornecedoras de energia elétrica: a inadimplência contra-prestacional; e de que forma o Poder Judiciário tem enfrentado as lides oriundas daqui.

2. O serviço público essencial de energia elétrica e suas características constitutivas de fundamentalidade

A primeira questão que se coloca para este tema é sabermos que tipo de *RES* é a energia elétrica: ela se configura como efetivo BEM PÚBLICO. Sim, trata-se de bem público, porque tem suas matrizes fundantes na força da natureza e no uso de seus recursos, natureza esta que, de forma induvidosa, pertence ao ser humano e está a serviço de sua existência digna enquanto pessoa humana.

E de que forma tais bens públicos podem e são usados pela natureza humana? Em face de suas particularidades finitas, eles precisam ser usados de forma racional e equilibrada levando em conta o meio ambiente como um todo (natural e construído), razão pela qual sofrem regulação pública no âmbito da fruição e prestação. Tal regulação, guardadas as peculiaridades de cultura, sociedade, Estado e disponibilidade dos bens, obedece a preceitos de ordem pública indisponível e incondicionada, garantindo assim a igualdade nos seus acessos.

São estas normativas que vão regulamentar a fruição daqueles bens, notadamente pela via dos serviços públicos prestados para tal fim, seja pela iniciativa direta da Administração Pública, seja pela via dos concessionários destes serviços.[362]

Em termos operacionais da viabilidade financeira à prestação destes serviços, há usuários públicos e particulares que arcam com tal mister, sendo mensuráveis as quantias devidas no tocante a cada destinatário, i.é, os usuários pagam pelo que consomem em termos de unidade de medição de cada serviço.

Costuma-se dizer que os serviços de prestação de energia se enquadram dentre aqueles nominados de *uti singuli* (os quais são divididos em obrigatórios e facultativos), sendo que os obrigatórios, a exemplo do fornecimento de energia elétrica, não podem, em tese, ser suspensos por falta de pagamento em face da permanência que deve sempre nortear a prestação do serviço público *stricto sensu*,[363] bem como pelo fato de que este bem jurídico que é a energia se afigura como indispensável à mantença e desenvolvimento da dignidade da pessoa humana.[364]

Para alguns doutrinadores, no que diz respeito à utilização desses serviços, há uma verdadeira imposição da administração, que exatamente em virtude disso não pode interrompê-los. Além do mais, tais serviços geram para o usuário que se encontrar na área de sua prestação, direito subjetivo à sua obtenção.[365]

Na direção deste raciocínio, os serviços *uti singuli* facultativos, por constituírem apenas mais conforto e comodidade oferecidos aos usuários, poderiam, ai sim, ser suspensos por falta de pagamento, eis que configurariam uma categoria especial de serviços públicos capazes de se comprazerem à interrupção, mormente se com base na inadimplência do usuário, haja vista a possibilidade do Poder Público opor àquele a exceção de contrato não cumprido (*exceptio non adimpleti contractus*).[366]

Veja-se que no caso do serviço de energia, por ser essencial, desde a edição do Código de Defesa do Consumidor tem-se que tal mister público deverá ser contínuo, sem interrupções, consoante regra encartada no seu art. 22, elencando este

---

[362] Neste sentido, ver o trabalho de SABINO, Alvarez Gendín. *El servicio público: su teoría jurídica administrativa*. Madrid: IEP, 2004, p. 321.

[363] Conforme MELLO, Celso Antônio Bandeira de. *Curso de Direito Administrativo*. São Paulo: Malheiros, 2004, p. 116.

[364] Consoante faz ver o trabalho de CARBAJO, Joël. *Droit des services publics*. Paris: Dalloz, 2003, p. 39 e ss.

[365] CHINCHILLA, Carmen Marín. *El servicio público: una amenaza o una garantía para los derechos fundamentales?* In Estudios sobre la Constitución Española, Tomo II. Madrid: Civitas, 2002, p. 91.

[366] PEREIRA, Caio Mário da Silva. *Lesão nos contratos*. Rio de Janeiro: Forense, 1999, p. 213 e seguintes.

estatuto ainda como obrigação do fornecedor a prestação de serviços adequados, eficientes, seguros e contínuos, quando este último resultar de essencialidade.

Na verdade, este mesmo estatuto consumeirista desde seu introito se ocupa desta matéria, ao determinar o art. 6º, X, que é direito básico do consumidor a adequada e eficaz prestação dos serviços públicos em geral, enquanto seu art. 4º, estabelecendo a política nacional das relações de consumo, determina que ela deve atender as necessidades dos consumidores, respeitando a sua dignidade, saúde e segurança, providenciando a melhoria de sua qualidade de vida.

Prescreve ainda a mesma legislação que a ação governamental deve se dar no sentido de proteger efetivamente o consumidor, garantindo que os produtos e serviços possuam padrões adequados de qualidade, segurança, durabilidade e desempenho (art. 4º, II, *d*); devendo o Estado ainda providenciar a harmonização dos interesses dos participantes das relações de consumo e compatibilização da proteção do consumidor com a necessidade de desenvolvimento econômico e tecnológico, de modo a viabilizar os princípios nos quais se funda a ordem econômica (art. 170 da CF), sempre com base na boa-fé e equilíbrio nas relações entre consumidores e fornecedores (art. 4º, III).

A despeito do Código de Defesa do Consumidor não se ocupar da natureza de essencialidade de determinados serviços, consoante dispõe Benjamin, essencialidade, pelo menos neste ponto, há que ser interpretada em seu sentido vulgar, significando todo serviço público indispensável à vida em comunidade, ou melhor, em uma sociedade de consumo. Incluem-se aí não só os serviços públicos *stricto sensu* (os de polícia, os de proteção, os de saúde), mas ainda os serviços de utilidade pública (os de transporte coletivo, os de energia elétrica, os de gás, os de telefone, os de correios).[367]

Em termos de referência normativa do serviço público propriamente dito no país, importa lembrar que ele se situa em campo de natureza política e econômica, sendo que, em termos econômicos, é a Constituição de 1988 que determina o modelo clássico de organização capitalista mundial de tal atividade, fundado na propriedade privada dos meios de produção, no livre exercício das atividades econômicas e na abstenção da intervenção do Estado em tal domínio – como regra geral. Cabe ao Estado, neste modelo e em nível econômico, a tarefa de disciplinar o exercício da atividade econômica exercida pelos particulares, admitindo-se apenas excepcionalmente que desempenhe de forma direta atividades de natureza econômica, observando, quando o faz, determinados princípios.[368]

Veja-se que o art. 170, inc. IV, de nossa Carta Política, dispõe que *a ordem econômica, fundada na valorização do trabalho humano e na livre iniciativa, tem por fim assegurar a todos a existência digna, conforme os ditames da justiça*

---

[367] BENJAMIN, Antonio Herman de Vasconcello, et all. *Comentários ao Código de Proteção ao Consumidor*. São Paulo: Saraiva, 1991. p. 111.

[368] Quem nos lembra muito bem disto é AGUILAR, Fernando Herren de. *Controle Social de Serviços Públicos*. São Paulo: Max Limonad, 1999, p. 117/123.

social, observados os seguintes princípios: ... IV – livre concorrência. Seu art. 173, por sua vez, adverte para o fato de que, *ressalvados os casos previstos nesta Constituição, a exploração direta de atividade econômica pelo Estado só será permitida quando necessária aos imperativos da segurança nacional ou a relevante interesse coletivo, conforme definidos em lei.*[369]

Em face de tais ponderações, a doutrina especializada tem sustentado que a intervenção direta do Estado no domínio econômico, isto é, desempenhando atividade econômica em sentido amplo, faz-se sob duas modalidades: (a) em sentido estrito, (b) ou presta serviços públicos, sendo que para cada qual há regimes jurídicos diversos, ou seja, a atuação do Estado que implique exercício da atividade econômica em sentido estrito não se subordina à mesma disciplina prevista para o desempenho de serviço público.[370]

Vale aqui a advertência de Marçal Justen Filho, no sentido de que a atividade econômica em sentido estrito é regida pela racionalidade econômica, objetivando o lucro, segundo o princípio do utilitarismo; funda-se na utilização especulativa da propriedade privada, de forma a dar atendimento aos interesses dos particulares; rege-se pelos princípios da exploração empresarial, da livre iniciativa e da livre concorrência; pressupõe a liberdade dos agentes econômicos para a organização dos fatores de produção, objetivando a obtenção de resultados não fixados pelo Estado e a apropriação do lucro.[371]

Já o serviço público vem conceituado pela doutrina administrativista no país como *atividade da Administração que visa a assegurar, de modo permanente, contínuo e geral, a satisfação às necessidades, essenciais ou secundárias, da coletividade, assim por lei consideradas, e sob as condições impostas unilateralmente pela própria Administração.*[372] Todavia, salvo melhor juízo, este conceito não consegue mais albergar a complexidade que marca hoje os serviços públicos no país, pelo fato de que ele não diz respeito tão somente ou preponderantemente

---

[369] Por esta razão é que Celso Antônio lembra que, *em verdade, a atuação direta do estado na atividade econômica está submetida basicamente ao regime de direito privado, o que não afasta a incidência de algumas normas e princípios de direito público.* In MELLO, Celso Antônio Bandeira de. *Curso de Direito Administrativo.* São Paulo: Malheiros, 2005, p. 499.

[370] Neste sentido ver o trabalho de GRAU, Eros Roberto. *A Ordem Econômica na Constituição de 1988.* São Paulo: Malheiros, 2000, p. 141. Ver também os textos de: (a) AGUILAR, Fernando Herren. *Controle Social de Serviços Públicos.* São Paulo: Max Limonad, 1999; NOVAIS, Elaine Cardoso de Matos. Serviço Público: Conceito e Delimitação na Ordem Constitucional. In: *Estudos de Direito Administrativo em Homenagem ao Prof. Celso Antônio Bandeira de Mello.* São Paulo: Max Limonad, 1996.

[371] JUSTEN FILHO, Marçal. *Concessões de Serviços Públicos.* São Paulo: Dialética, 2002, p. 64.

[372] MOREIRA NETO, Diogo de Figueiredo. *Curso de direito administrativo.* São Paulo: Forense, 2001, p. 342. Na doutrina italiana, Alessi adverte para o fato de que o serviço público implica a idéia de uma prestação que possui como objetivo principal o interesse público na sua realização. Primeiro, porque a prestação de serviço público deve representar o elemento essencial da relação, em confronto com o correspectivo por parte do utente do serviço. Depois, porque a realização da prestação deve ter por objetivo imediato e direto a satisfação de necessidades individuais de importância coletiva, independentemente de qualquer interesse subjetivo patrimonial a um eventual correspondente. In ALESSI, Renato. *Principi di Diritto Amministrativo.* Milano: Giuffrè, 2000, p. 475.

ao Estado Administrador, mas a toda a sociedade, tema que vamos abordar mais tarde.[373]

O princípio da continuidade no serviço público tem extraído posicionamentos marcantes na doutrina, que não admite a sua desconstituição, por ser uma das marcas registradas do Direito Público. Para Alessandro Segalla, continuidade é a ausência de interrupção, segundo a natureza da atividade desenvolvida e do interesse a ser atendido.

Em termos práticos, é claro que a continuidade se avalia diferentemente conforme se trata de fornecimento de água, energia elétrica ou de transporte de passageiros. Observe-se que a regularidade, sob um certo ponto de vista, pressupõe continuidade. Aquela é um *plus* relativamente a esta. Os serviços podem ser contínuos, sem que sejam regulares. Mas é impossível o serviço ser regular, se também não for contínuo.[374]

De todos os princípios relativos à prestação de serviços públicos, tem-se que o da continuidade é o que desempenha importância destacada para o sistema constitucional, pelo fato de que a Constituição Federal erigiu à condição de públicos vários serviços que entendeu desempenharem papel de extrema importância na sociedade, devendo ser sempre fornecidos visando à satisfação do seu interesse.

O Professor Caio Tácito enalteceu a importância deste aspecto quando apontou que o princípio da continuidade do serviço público impõe ao concessionário o dever de prosseguir na exploração do mesmo, ainda que tal atividade seja ruinosa, pois à Administração incumbe, correlatamente, partilhar das cargas extraordinárias, restaurando a economia abalada e a eficácia da execução do contrato.[375]

Já na dicção de Mário Masagão, só para citar mais um clássico da doutrina brasileira sobre a matéria, *a continuidade significa que as necessidades públicas, a cuja satisfação se destina o serviço, não devem ser atendidas esporadicamente, mas de forma ininterrupta e constante.*[376]

De qualquer sorte, é Celso Antônio Bandeira de Mello que traz a lume, no âmbito da doutrina abalizada do Direito Administrativo pátrio, a noção de serviço

---

[373] Esta perspectiva institucionalista de serviço público centralizado no Estado marca a tradicional e histórica formação do pensamento administrativista ocidental. Gastòn Jeze chega a afirmar que serviço público é toda atividade cujo desempenho deve ser regulado, assegurado e controlado *pelos governantes*, porque o desempenho dessa atividade é indispensável à realização da interdependência social e de tal natureza que não pode ser assumido senão pela intervenção da força governante. In GEZE, Gastòn. *Principios Generales del Derecho Administrativo*. Buenos Aires: Depalma, 1999, p. 29. Ver igualmente o trabalho de FREITAS, Juarez. O Estado essencial e o regime de concessões e permissões de serviços públicos. In: *Estudos de Direito Administrativo*. São Paulo: Malheiros, 2001.

[374] SEGALLA, Alessandro. A Suspensão do Fornecimento de Energia Elétrica a Usuário Inadimplente à Luz da Constituição Federal. In: *Revista de Direito do Consumidor*, nº 37, janeiro-março/2001, Ed. RT, p. 134/135.

[375] TÁCITO, Caio. *Direito Administrativo*. São Paulo: Saraiva, 1974, p. 209.

[376] MASAGÃO, Mário. *Curso de Direito Administrativo*. São Paulo: Revista dos Tribunais, 1974, p. 254. Na mesma direção vai CRETELLA JR., José. *Tratado de Direito Administrativo*. Vol. II. Rio de Janeiro: Forense, 1967, p. 66, quando insiste na tese de que *se o serviço público, razão de ser do direito administrativo, se interrompe, toda a coletividade sofre os efeitos dessa descontinuidade, gerando-se um mal-estar de conseqüências imprevisíveis, que repercutem inclusive sobre a segurança do próprio Estado. Urge, pois, assegurar aos serviços públicos o mais perfeito dos funcionamentos, sem a mais leve solução de continuidade.*

público como atividade de oferecimento de utilidade pública ou comodidade material destinada à satisfação da coletividade em geral, mas fruível singularmente pelos administrados, que o Estado assume como pertinente a seus deveres e presta por si mesmo ou por quem lhe faça as vezes, sob um regime de Direito Público – portanto, consagrador de prerrogativas especiais –, instituído em favor dos interesses definidos como públicos no sistema normativo.[377]

Vai mais longe o autor no aprofundamento do tema, e com ele concordo, quando assevera que esta noção de serviço público vê-se composta de dois elementos centrais: o seu *substrato material*, consistente na prestação de utilidade ou comodidade fruível diretamente pelos administrados; um *traço formal*, que lhe dá caráter jurídico com um regime de direito público, isto é, *uma unidade normativa formada por princípios e regras caracterizados pela supremacia do interesse público sobre o interesse privado e por restrições especiais, firmados uns e outros em função da defesa de valores especialmente qualificados no sistema normativo.*[378]

Veja-se que resta consagrado na tradição brasileira, desde há muito, que qualquer serviço público deve se submeter a determinados princípios reitores, dentre os quais, destaco: (1) o Princípio da Igualdade de todos perante o serviço público, envolvendo aqui a paridade de tratamento; (2) o Princípio da Continuidade do serviço público, que envolve a regularidade de sua prestação;[379] (3) o Princípio da Qualidade do serviço público, envolvendo a adequabilidade das condições de sua prestação, o que amplia o conceito de eficiência do serviço; (4) o Princípio da Modicidade do custo repassado ao usuário do serviço, eis que se trata de interesse massivo de toda a comunidade, constituída por quem pode mais e por quem pode menos em termos de capacidade econômica; (5) o Princípio da Participação e Controle do serviço público, envolvendo tanto o interno e externo, como, principalmente, o controle social deste serviço.[380]

Por certo que junto com tais princípios específicos e atinentes ao serviço público, todos os demais insertos na Carta Política brasileira de 1988 se aplicam na sua concepção, constituição, prestação e controle, isto porque não se pode interpretar o sistema jurídico a partir de fragmentos normativos, mas de sua integralidade, associado que está à concretização dos objetivos e finalidades da República.[381]

---

[377] MELLO, Celso Antônio Bandeira de. *Curso de direito administrativo*. Op. cit., p. 632.

[378] MELLO, Celso Antônio Bandeira de. *Prestação de Serviços Públicos e Administração Indireta*. São Paulo: Revista dos Tribunais, 1987, p. 18.

[379] Celso Antônio Bandeira de Mello, na obra anteriormente referida, por ser este princípio de natureza pública, do serviço nominado como público, revela-se impossível ao concessionário invocar a *exceptio non adimplenti contractus*, para eximir-se do seu mister. Vai-se ver mais tarde que tal regra hoje não se põe de forma tão radical.

[380] Assim os trabalhos de ALFONSO, Luciano Parejo. *Derecho Administrativo*. Madrid: Ariel, 2004; MELLO, Oswaldo Aranha Bandeira de. *Princípios Gerais de Direito Administrativo*. Rio de Janeiro: Forense, 1980; MEDAUAR, Odete. *Direito Administrativo Moderno*. São Paulo: Revista dos Tribunais, 2003. DROMI, Roberto. *Derecho Administrativo*. Buenos Aires: Ciudad Argentina, 2004; MELLO, Celso Antônio Bandeira de. *Curso de Direito Administrativo*. Malheiros: São Paulo, 2004.

[381] Como já tive oportunidade de referir no texto LEAL, Rogério Gesta. *Hermenêutica e Direito*. 3ª edição. Santa Cruz do Sul: Edunisc, 2004, bem como, mais recentemente, no texto LEAL, Rogério Gesta. *Estado, Sociedade e Administração Pública: novos paradigmas*. Porto Alegre: Livraria do Advogado, 2006.

Em termos de operacionalização da prestação do serviço público, há bastante tempo vem se sustentando possa ele ser efetivado para além da forma centralizada no próprio Estado, tais como, pela via descentralizada: (1) com a transferência do serviço à titularidade de uma pessoa jurídica de direito público criada para tal fim, sob o controle do Estado (pela modalidade das autarquias); (2) com a transferência tão somente do exercício – sem titularidade – a pessoa jurídica de direito privado, que o efetivará em nome do Estado, por sua conta e risco (na modalidade da concessão ou permissão de serviço público).[382]

No que tange à viabilidade econômica destes serviços, não optou a norma constitucional vigente por prever a sua gratuidade universal como princípio informativo das prestações, até porque isto implicaria impactante resultado no processo da concessão/permissão de tal atividade por parte do Estado, quiçá afastando dela qualquer interesse da iniciativa privada.[383]

Aliás, é a própria lei de concessões e permissões vigente no país (Lei federal nº 8.987/95) que prevê, dentre outras coisas, as que seguem:

1) Toda concessão ou permissão pressupõe a prestação de serviço adequado ao pleno atendimento dos usuários (art. 6º), considerando como serviço adequado aquele que satisfaz as condições de regularidade, continuidade, eficiência, segurança, atualidade, generalidade, cortesia na sua prestação e modicidade das tarifas. Por outro lado, na mesma linha de conceituação, refere que a atualidade compreende a modernidade das técnicas, do equipamento e das instalações, e a sua conservação, bem como a melhoria e expansão do serviço.

2) A existência de uma tarifa pública remuneratória à prestação dos serviços, sendo que ela será fixada pelo preço da proposta vencedora da licitação e preservada pelas regras de revisão previstas nesta Lei, no edital e no contrato.

Ora, salvo melhor juízo, não paira mais dúvidas de que a prestação de serviços públicos pode ser objeto de prestação mediante o pagamento de tarifa a ser formalmente fixada.

Quando Celso Antônio define o que seja concessão de serviço público, ainda sob a égide do Decreto-Lei nº 200/67 e o Decreto-Lei nº 900/69, destaca-o como ato complexo através do qual o Estado atribui a alguém o exercício de um serviço público e este aceita prestá-lo em nome do Poder Público, por sua conta e risco, sob condições fixadas e alteráveis unilateralmente pelo Estado, remunerando-se

---

[382] Nas palavras de ZANOBINI, Guido. *Corso di Diritto Amministrativo*. Vol. I. Milano: Cedam, 2000, p. 152: *Di tali poteri questio soggetti non hanno mai la titolarità, ma possono avvere soltanto l'esercizio, in forza di una concessione fatta dello Stato e sempre da questo revocabile senza che l'ente venga meno.*

[383] Como o fez para os serviços de ensino público em estabelecimentos oficiais (art. 206, IV, CF/88); ensino fundamental obrigatório e gratuito (art. 208,I, CF/88); transporte coletivo urbano gratuito para os maiores de 65 anos (Estatuto do Idoso e art. 230, §2º, CF/88). Ratifica tal entendimento a disposição normativa inserta no art. 6º, §3º, da Lei federal nº 8.987/95 – que trata das concessões e permissões de serviços públicos no país –, assevarando não se caracterizar como descontinuidade do serviço a sua interrupção em situação de emergência ou após prévio aviso, quando: I – motivada por razões de ordem técnica ou de segurança das instalações; e, II – por *inadimplemento do usuário*, considerado o interesse da coletividade.

pela cobrança de tarifas diretamente dos usuários, tendo a garantia de um equilíbrio econômico-financeiro.[384]

Esta garantia econômica destacada acima, em verdade, coloca a realização do serviço público por pessoa de direito privado em uma situação segura no sentido de ter resguardada a saúde orçamentária de tal mister, haja vista que tal cláusula contratada em regime jurídico público não se submete às mutações unilaterais da Administração, sob pena de inviabilizar a própria concessão ou permissão, quando lhe onera o ofício de forma insuportável.

Assim é, pois, disposição normativa vinculante a existência de remuneração do serviço público – independente de quem seja a pessoa que o preste. Numa concepção mais temperada sobre a prestação destes serviços e o seu pagamento, Hely refere que *estes serviços, desde que implantados, geram direito subjetivo à sua obtenção por todos aqueles que se encontram na área de sua prestação ou fornecimento, e satisfaçam às exigências regulamentares*.[385]

A despeito disto, uma boa parcela da jurisprudência nacional hoje tem se manifestado no sentido de reconhecer a essencialidade do serviço de energia elétrica, sustentando não ser possível a simples interrupção do fornecimento de energia elétrica, por exemplo, na hipótese de inadimplência por parte do consumidor, pois o fornecedor do serviço deverá adotar medidas legais, que não se confundem com a atuação da Justiça Privada no Brasil:

> ADMINISTRATIVO. MANDADO DE SEGURANÇA. ENERGIA ELÉTRICA. AUSÊNCIA DE PAGAMENTO DE TARIFA. CORTE. IMPOSSIBILIDADE.
> 1. É condenável o ato praticado pelo usuário que desvia energia elétrica, sujeitando-se até a responder penalmente.
> 2. Essa violação, contudo, não resulta em se reconhecer como legítimo ato administrativo praticado pela empresa concessionária fornecedora de energia e consistente na interrupção do fornecimento da mesma.
> 3. A energia é, na atualidade, um bem essencial à população, constituindo-se serviço público indispensável, subordinado ao princípio da constitucionalidade de sua prestação, pelo que se torna impossível a sua interrupção.
> 4. Os arts. 22 e 42, do Código de Defesa do Consumidor, aplicam-se às empresas concessionárias de serviço público.
> 5. O corte de energia, como forma de compelir o usuário ao pagamento de tarifa ou multa, extrapola os limites da legalidade.
> 6. Não há de se prestigiar atuação a justiça privada no Brasil, especialmente, quando exercida por credor econômica e financeiramente mais forte, em largas proporções, do que o devedor. Afronta, se assim fosse admitido, aos princípios constitucionais da inocência presumida e da ampla defesa.
> 7. O direito do cidadão de utilizar dos serviços públicos essenciais para a sua vida em sociedade deve ser interpretado com vista a beneficiar o que deles se utiliza.
> 8. Recurso improvido.[386]

---

[384] MELLO, Celso Antônio Bandeira de. *Prestação de Serviços Públicos e Administração Indireta*. Op. cit., p. 35.
[385] MEIRELLES, Hely Lopes. *Direito Municipal Brasileiro*. São Paulo: Malheiros, 2002, p. 265. Grifo pessoal.
[386] STJ, Rel. Min. José Delgado, RMS nº 8915-MA, 97/0062447-10, 1ª T., julgado em 12.05.98, DJ de 17.08.98.

O Superior Tribunal de Justiça, neste julgado, deixou consignado que o serviço de energia elétrica é essencial e, como tal, se subordina ao princípio da continuidade de sua prestação, não podendo ser interrompido pela falta de pagamento, nos casos em que a empresa concessionária se utiliza de ameaça para a cobrança de débitos pendentes, e isto porque o art. 22 do CDC explicita que este tipo de serviço deverá ser contínuo, e o art. 42 do mesmo estatuto legal é claro em coibir ameaça ou exposição a ridículo de consumidor inadimplente.

Pode-se dessumir daí que a concessionária não poderá negar ou interromper a prestação de um serviço contínuo e essencial, cabendo-lhe buscar através dos meios legais a satisfação de seus créditos.[387] Importa destacar, no ponto, que não propugna o STJ o calote institucionalizado em tais situações, apenas entende que o serviço essencial, para ser interrompido, deverá ser precedido de regulamentares procedimentos legais, não podendo a ameaça ser o fator preponderante. É tamanha a importância e essencialidade deste serviço, que o Superior Tribunal de Justiça, em outra decisão, patenteou que o Mandado de Segurança é a via competente para dirimir este tipo de controvérsia.[388]

Mais contemporaneamente, o Superior Tribunal de Justiça teve oportunidade de revisar esta vertente da casuística no país:[389]

ADMINISTRATIVO – SERVIÇO DE FORNECIMENTO DE ENERGIA ELÉTRICA – PAGAMENTO À EMPRESA CONCESSIONÁRIA SOB A MODALIDADE DE TARIFA – CORTE POR FALTA DE PAGAMENTO: LEGALIDADE. 1. Os serviços públicos podem ser próprios e gerais, sem possibilidade de identificação dos destinatários. São financiados pelos tributos e prestados pelo próprio Estado, tais como segurança pública, saúde, educação, etc. Podem ser também impróprios e individuais, com destinatários determinados ou determináveis. Neste caso, têm uso específico e mensurável, tais como os serviços de telefone, água e energia elétrica. 2. Os serviços públicos impróprios podem ser prestados por órgãos da administração pública indireta ou, modernamente, por delegação, como previsto na CF (art. 175). São regulados pela Lei 8.987/95, que dispõe sobre a concessão e permissão dos serviços públicos. 3. Os serviços prestados por concessionárias são remunerados por tarifa,

---

[387] *Administrativo. Mandado de segurança. Suspensão do fornecimento de energia elétrica. 1. A concessionária de energia elétrica deve buscar a satisfação dos seus créditos através dos meios legais que dispõe, o que não significa a suspensão da prestação do serviço público. 2. Remessa ex officio improvida.* Tribunal Federal da 4ª Região, Des. Nylson Paim de Abreu, REO nº 0441560/94-RS, 2ª T., DJ de 27.09.95.

[388] STJ, REsp. nº 201.112-SC (99/0004398-7), Rel. Min. Garcia Vieira, 1ª T., DJ de 10.05.99. No seu voto condutor, o eminente Min. Garcia Vieira, deixou consignado: *Para receber os seus créditos, tem a impetrada os meios legais próprios, não podendo fazer justiça privada porque não estamos mais vivendo nessa época e sim do império da lei e os litígios são compostos pelo Poder Judiciário e não pelo particular. A energia elétrica é bem essencial e indispensável à saúde e higiene da população. Seu fornecimento é serviço público indispensável, subordinado ao princípio da continuidade, sendo impossível a sua interrupção e muito menos por atraso no seu pagamento.*

[389] É preciso reconhecer que durante algum tempo parte da jurisprudência inclinou-se por inadmitir a suspensão do serviço ao argumento da essencialidade do bem em questão e da característica de continuidade do fornecimento de energia elétrica, com apoio no art. 22 do CDC (Lei 8.078/90). O Poder Público ou seu delegado, assim, só ficaria autorizado a proceder à cobrança executiva do débito, sob pena de infringir o art. 42 do mesmo diploma, que proíbe o uso de expedientes constrangedores na cobrança de dívidas a consumidores. Este posicionamento foi, por exemplo, em período passado, o da Primeira Turma do STJ, tendo o Min. José Augusto Delgado sido o relator do acórdão padrão que resultou no assentamento desse entendimento, nos termos do acórdão proferido no ROMS 8915-MA, unânime, j. 12.05.98, DJ 17.08.98.

sendo facultativa a sua utilização, que é regida pelo CDC, o que a diferencia da taxa, esta, remuneração do serviço público próprio. 4. Os serviços públicos essenciais, remunerados por tarifa, porque prestados por concessionárias do serviço, podem sofrer interrupção quando há inadimplência, como previsto no art. 6º, § 3º, II, da Lei 8.987/95, exige-se, entretanto, que a interrupção seja antecedida por aviso, existindo na Lei 9.427/96, que criou a ANEEL, idêntica previsão. 5. A continuidade do serviço, sem o efetivo pagamento, quebra o princípio da igualdade da partes e ocasiona o enriquecimento sem causa, repudiado pelo Direito (arts. 42 e 71 do CDC, em interpretação conjunta). 6. Recurso especial improvido.[390]

É o próprio Código de Defesa do Consumidor que não permite qualquer tipo de expediente que venha a utilizar, na cobrança de dívidas, de ameaça, coação, constrangimento físico ou moral, afirmações falsas, incorretas ou enganosas ou de qualquer outro procedimento que exponha o consumidor, injustificadamente, a ridículo ou interfira com seu trabalho, descanso ou lazer, sob pena de detenção de 3 (três) meses a 1 (um) ano e multa.[391]

Por outro lado, não desconheço que há toda uma reflexão no país em sentido oposto ao que se está aqui defendendo, que sustenta a possibilidade de corte do fornecimento pelo não pagamento da tarifa previamente avençada entre administrado e Administração Pública, uma vez que a gratuidade não se presume, e que as concessionárias de serviço público não podem ser competidas a prestar serviços ininterruptos se o usuário deixa de satisfazer suas obrigações relativas ao pagamento.[392] Aduzem estas reflexões que importa relevar no ponto o princípio da igualdade de tratamento dentre os destinatários dos serviços públicos, pois as concessionárias, vinculadas ao Estado através de um contrato de direito público, teriam a faculdade de negar-se a cumprir com essa obrigação de fazer, tal como um particular.

Aliás, tal postura vem de certa forma contemplada inclusive pelos termos da Lei nº 8.987/1995, no âmbito do seu art. 6º, §3º, já referido. Ao fazer isto, esta norma criou verdadeira antinomia institucional à natureza do serviço público, eis que, embora haja a descontinuidade do serviço, o dispositivo considera não ter tal fato ocorrido, se os motivos foram possíveis de se enquadrar nos Incisos I e II, configurando verdadeiras hipóteses de excludente da responsabilidade do concessionário, como quer Mukai.[393]

---

[390] REsp 705203 – SP ; RECURSO ESPECIAL. 2004/0166429-5. Relatora Ministra Eliana Calmon. II Turma. Julgado em 11/10/2005, publicado no Diário de Justiça de 07.11.2005 p. 224. Na mesma direção, o Min. Teori Albino Zavascki referiu que *a controvérsia acerca da suspensão de fornecimento de serviço essencial restou superada pela Primeira Seção do STJ, no julgamento do ERESP 363.943/MG, Min. Humberto Gomes de Barros, DJ de 01/03/2004, quando se consagrou entendimento no sentido de que, persistindo a inadimplência do consumidor após o recebimento de aviso prévio, é legítima a interrupção de serviço essencial, explorado por empresa concessionária de serviço público, nos termos do art. 6º, § 3º, II, da Lei n. 8.987/1995.* I Turma, julgado em 27/09/2005, publicado no DJ de 10/10/2005.

[391] Redação do art. 71, do CDC. Ver neste sentido o texto de GAMA, Hélio Zaghetto. *Curso de Direito do Consumidor*. Rio de Janeiro: Forense, 2004.

[392] Ver os trabalhos de ALMEIDA, João Batista. *A proteção jurídica do consumidor*. São Paulo: Saraiva, 2002; NUNES, Luiz Antônio Rizzato. *Comentários ao Código de Defesa do Consumidor*. São Paulo: Saraiva, 1997.

[393] MUKAI, Toshio. *Concessões, permissões e privatizações de serviços públicos*. São Paulo: Saraiva, 1998, p. 24.

Cumpre observar, todavia, que o referido diploma legal estabelece que o corte do fornecimento de energia deve condicionar-se ao interesse da coletividade, ou seja, ele somente será possível *quando o interesse da coletividade assim o determinar*. A interrupção (ou não) do serviço deve fundamentar-se, pois, no princípio da supremacia do interesse público envolvido na espécie, que se constitui como um dos princípios fundamentais do Direito Público e sustentáculo do Poder Estatal.

Se é verdade que, a fim de garantir a sua continuidade, eficiência, bem como a modicidade de suas tarifas, os contratos de concessão admitem a intervenção do poder concedente no serviço prestado de modo que o mesmo seja executado e mantido em perfeitas condições de regularidade e continuidade, mesmo que a execução tenha sido entregue a uma pessoa jurídica de direito público, isto ocorre porque o prestador do serviço público age na qualidade de *longa manus* do Estado, devendo orientar-se pelo regime jurídico que rege as relações jurídicas em que o Estado é parte, ou seja, não se duvida, o regime jurídico de direito público. Em face disto é que a concessionária possui o dever de prestar serviço adequado, não podendo ela suspendê-lo unilateralmente, o que destaca ainda mais a impossibilidade (nos contratos de direito público) de se alegar simplesmente a exceção do contrato não cumprido na espécie, sob pena de se renunciar ao regime próprio do serviço.[394]

4. Considerações finais

Tenho que ao se discutir o tema da natureza jurídica da prestação do serviço público de energia elétrica no Brasil e as possibilidades de ele ser sustado em face de inadimplências pretéritas – haja vista que dívidas presentes não ensejam a continuidade do serviço em face de que ele precisa ser mantido orçamentariamente, salvo existência de lei que autoriza alguma forma de benefício social – é preciso se ter presente que, no ordenamento jurídico brasileiro, a responsabilidade patrimonial (envolvendo o (des)cumprimento de contratos e obrigações lícitas) deve incidir sobre o patrimônio do devedor, e não sobre a própria pessoa, de forma que – como já se viu – quando o corte de energia elétrica é utilizado a fim de coagir o consumidor a efetuar o pagamento das parcelas em atraso, configura prática abusiva por parte da concessionária de energia elétrica, uma vez que os meios adequados para que a concessionária receba os valores decorrentes do serviço por ela prestado são a ação de cobrança e a ação de execução. A suspensão do serviço, decorrente de ato unilateral da concessionária, salvo melhor juízo, configura cri-

---

[394] Ver os trabalhos de JUSTEN FILHO, Marçal. *Teoria geral das concessões de serviço público*. São Paulo: Dialética, 2005; AZEVEDO, Eurico de Andrade; ALENCAR, Maria Lúcia Mazzei de. *Concessão de serviços públicos: comentários às Leis nºs 8.987 e 9.074 (parte geral), com as modificações introduzidas pela Lei nº 9.648, de 27.05.1998*. São Paulo: Malheiros, 1998; GRAU, Eros Roberto. *Suspensão do fornecimento de energia elétrica: constitucionalidade, código do consumidor, princípios e os postulados normativos aplicativos da razoabilidade e da proporcionalidade*. In Revista Trimestral de Direito Público, n. 36. São Paulo: Malheiros, 2002.

me de exercício arbitrário das próprias razões, na medida em que viola o sistema jurídico e a própria dignidade da pessoa humana.[395]

Na mesma direção o Ministro Luiz Fux, ressalvando posição na direção da proteção de direito fundamental e da dignidade da pessoa humana, teve oportunidade de referir que:

> ADMINISTRATIVO. CORTE DO FORNECIMENTO DE ÁGUA. INADIMPLÊNCIA DO CONSUMIDOR. LEGALIDADE. 1. A 1ª Seção, no julgamento do REsp nº 363.943/MG, assentou o entendimento de que é lícito à concessionária interromper o fornecimento de energia elétrica se, após aviso prévio, o consumidor de energia elétrica permanecer inadimplente no pagamento da respectiva conta (Lei nº 8.987/95, art. 6º, § 3.º, II). 2. Ademais, a 2ª Turma desta Corte, no julgamento do REsp nº 337.965/MG entendeu que o corte no fornecimento de água, em decorrência de mora, além de não malferir o Código do Consumidor, é permitido pela Lei nº 8.987/95. 3. Ressalva do entendimento do relator, no sentido de que o corte do fornecimento de serviços essenciais – água e energia elétrica – como forma de compelir o usuário ao pagamento de tarifa ou multa, extrapola os limites da legalidade e afronta a cláusula pétrea de respeito à dignidade humana, porquanto o cidadão se utiliza dos serviços públicos posto essenciais para a sua vida, curvo-me ao posicionamento majoritário da Seção. 4. A aplicação da legislação infraconstitucional deve subsumir-se aos princípios constitucionais, dentre os quais sobressai o da dignidade da pessoa humana, que é um dos fundamentos da República e um dos primeiros que vem prestigiado na Constituição Federal. 5. A Lei de Concessões estabelece que é possível o corte considerado o interesse da coletividade, que significa não empreender o corte de utilidades básicas de um hospital ou de uma universidade, tampouco o de uma pessoa que não possui módica quantia para pagar sua conta, quando a empresa tem os meios jurídicos legais da ação de cobrança. 6. Ressalvadas, data maxima venia, opiniões cultíssimas em contrário e sensibilíssimas sob o ângulo humano, entendo que "interesse da coletividade" a que se refere a lei pertine aos municípios, às universidades, hospitais, onde se atingem interesses plurisubjetivos. 7. Por outro lado, é mister considerar que essas empresas consagram um percentual de inadimplemento na sua avaliação de perdas, por isso que é notório que essas pessoas jurídicas recebem mais do que experimentam inadimplementos. 8. Destacada minha indignação contra o corte do fornecimento de serviços essenciais a municípios, universidades, hospitais, onde se atingem interesses plurisubjetivos, submeto-me à jurisprudência da Seção. 9. Recurso especial improvido, por força da necessidade de submissão à jurisprudência uniformizadora.[396]

Veja-se que aqui há um destaque importante que precisa ser feito, a saber, a circunstancialidade do caso concreto quando envolve a periclitação de direito fundamental do sujeito individual em face do sujeito coletivo que é toda a sociedade usuária dos serviços sob comento. Em outras palavras, se a energia elétrica se apresenta como bem jurídico densificador material da efetivação da dignidade da pessoa humana e enquanto condição de possibilidade para o exercício efetivo

---

[395] Para um estudo mais aprofundado sobre o princípio da dignidade humana, vale a leitura da obra de SARLET, Ingo W. *Dignidade da Pessoa Humana e Direitos Fundamentais*. Porto Alegre: Livraria do Advogado, 2007.

[396] No Recurso Especial nº 691516 / RS, relator Ministro Luiz Fux. I Turma, julgado em 11/10/2005, publicado no Diário de Justiça de 24/10/2005, p. 193. Ver nesta direção o trabalho de ROCHA, Fabio Amorim da. *A legalidade da suspensão do fornecimento de energia elétrica aos consumidores inadimplentes*. Rio de Janeiro: Lumen Juris, 2004.

da cidadania, mister é que ele seja cotejado com o universo de sujeitos de direitos que pretende alcançar.

Vem a calhar, na espécie, a abordagem que Alexy faz sobre a forma de solucionar casos concretos a partir de uma perspectiva mais ampliada do sistema jurídico e sua relação com o meio em que atua, notadadamente em face de seus princípios e regras jurídicas. Considera o autor que os princípios são *normas que ordenam que se realize algo na maior medida possível*, em relação às possibilidades jurídicas e fáticas existentes no entorno em que eles operam. Os princípios são, por conseguinte, *mandados de otimização*, que se caracterizam por que podem ser cumpridos em diversos níveis e graduações, e porque a medida ordenada de seu cumprimento não só dependem das possibilidades fáticas, mas também das possibilidades jurídicas.[397]

Veja-se que a dimensão das possibilidades fáticas leva à utilização dos princípios de adequação e necessidade das demandas em face dos recursos existentes. Aplica-se, a partir daqui, a chamada *lei da ponderação*, em que quanto mais alto seja o nível de descumprimento de um princípio, tanto maior deve ser a importância do cumprimento de outro.[398]

Com base nestas reflexões, impõe-se efetivamente ao Poder Judiciário não perder de vista a natureza social (mais que individual) do serviço prestado em termos de fornecimento de energia elétrica, essencial sim, mas a toda comunidade, e não somente a uma parcela dela; que tal bem jurídico, por ser finito, demanda racionalização e custo financeiro à sua coleta e fornecimento, motivo pelo qual deve haver uma política pública definindo a quem compete providenciá-la e fornecê-la, bem como a forma de fazê-lo, com que custo e pago por quem.

Tais dimensões fáticas, quando associadas ao universo jurídico cogente, não têm o condão de afastar ou mesmo flexibilizar direitos sociais e fundamentais, mas tão somente de contextualizar e mesmo equacionar os múltiplos interesses e bens jurídicos envolvidos na espécie de conflito de que se trata – e não se tenha dúvidas sobre o fato de que existem sempre inúmeros bens, conflitos e interesses (explícitos ou implícitos) interagindo em qualquer tensão social ou intersubjetiva.

Neste particular, tratando-se de fornecimento de energia que demanda estruturas econômicas mínimas à sua viabilização, mister é que a ponderação dos interesses e argumentos em litígio sempre seja aferida no caso concreto, verificando-se quais os valores, princípios e regras que estão em jogo, para então, se for o caso, relevar – diante da impossibilidade fática de se atender satisfatoriamente todas as pretensões –, quais as que merecem relevo no particular, procurando atender, no máximo, o plexo de garantias fundamentais sociais e individuais existentes

---

[397] ALEXY, Robert. *Teoria de los Derechos Fundamentales*. Madrid: Centro de Estúdios Constitucionales, 1997, p. 118.

[398] Vai nesta direção vai também o trabalho de ENTERRÍA, Eduardo García de. *Democracia, Jueces y Control de la Administración*. Madrid: Civitas, 2001, p. 83.

e envolvidas (notadamente aqueles atinentes ao mínimo existencial e à dignidade da pessoa humana).

Junto com o Ministro Luiz Fux, tenho que *o corte do fornecimento de serviços essenciais – água e energia elétrica – como forma de compelir o usuário ao pagamento de tarifa ou multa, extrapola os limites da legalidade e afronta a cláusula pétrea de respeito à dignidade humana, porquanto o cidadão se utiliza dos serviços públicos posto essenciais para a sua vida*, não se podendo aceitar simplesmente este mecanismo como fórmula de coatar o cumprimento arbitrário de obrigação contratual. Nestes casos, deve o Judiciário coibir tal comportamento, fazendo com que tais relações sejam levadas à esfera devida de execução.

Aliás, quando a Lei Federal nº 8.987/95 prevê a possibilidade de não caracterizar descontinuidade do serviço público sob comento a sua interrupção em situação de emergência ou após prévio aviso, quando ocorrer o inadimplemento do usuário, o faz considerando o interesse da coletividade. O que se pode entender por tal disposição normativa?

Novamente acompanho o Ministro Fux em seu voto: *ressalvadas, data maxima venia, opiniões cultíssimas em contrário e sensibilíssimas sob o ângulo humano, entendo que "interesse da coletividade" a que se refere a lei pertine aos municípios, às universidades, hospitais, onde se atingem interesses plurissubjetivos*. Em outras palavras, quando se estiver diante de interesses de natureza tal que diga respeito à garantia constitucional fundamental, assecuratória do mínimo existencial, cuja periclitação ameace de forma substancial a dignidade da pessoa humana, então estar-se-á diante de uma situação que não admite a suspensão do serviço, porque isto deporia contra a própria comunidade, no seu significado mais republicano.[399]

Ao se aferir no caso se há ou não tal ameaça de violação a direito social ou individual, revela-se inexorável avaliar, dentre os interesses e bens envolvidos, quais os que estão a demandar maior atenção e cuidados no caso, isto porque, não se esqueça, há princípios e regras jurídicas operando sobre eles: (a) na perspectiva do fornecedor da energia, a relação contratual entabulada com o consumidor, prevendo o pagamento do serviço como contraprestação e forma de viabilizar a sua continuidade, modicidade, qualidade, eficiência, para toda a sociedade; (b) na perspectiva do consumidor, da mesma forma, o de receber tal serviço nestas condições, inclusive participando do controle efetivo dos seus requisitos constitutivos.

A inadimplência de qualquer uma das partes implica sérias consequências, tanto individuais (possibilidade de suspensão do serviço e cobrança da dívida),

---

[399] Estou, pois, divergindo de algumas posições doutrinárias que sustentam, de forma radical, que constitui prática abusiva o corte de energia elétrica por falta de pagamento, eis que o serviço é considerado essencial, não prevalecendo a norma que autoriza a interrupção (art. 6º, § 3º, II da Lei 8. 987/95), pois a mesma conflita com o Código do Consumidor, prevalecendo a norma consumeirista em razão do princípio da proibição de retrocesso ao invés do princípio *lex posteriri revoga legis a priori*, como quer MARTINS, P. Luis. *Corte de energia elétrica por falta de pagamento: prática abusiva*. Brasília: Consulex, 2004, p. 39.

como sociais (inviabilizando a prestação deste serviço para os demais consumidores, por ausência de estrutura financeira necessária, o que pode gerar quiçá problemas de segurança comunitária).[400]

Ora, se a parte consumidora do serviço público não se encontra em estado de periclitação do seu mínimo existencial capaz de lhe comprometer a vida ou suas funções vitais e neurais à concretização dos direitos fundamentais, sociais e individuais, não pode simplesmente deixar de cumprir com sua quota comunitária de responder pelas condições de prestação do serviço (pagamento do preço ou tarifa públicas), sob pena de comprometer os níveis de existência digna de seus pares em igual situação de sujeitos de direito.[401]

De toda a sorte, como referido dantes, são as especificidades do caso concreto que deverão delimitar as condições de possibilidades de solução da lide.

Se é certo que inexistem soluções fáceis neste âmbito, eis que o bem jurídico tutelado diz com a dignidade da vida humana, não é menos correto afirmar que o sopesamento deste bem deve levar em conta sua natureza coletiva e societária, em face de sua dimensão individual. Ademais, veja-se que, inexistindo norma constitucional ou infraconstitucional que discipline a gratuidade ou mesmo a isenção do pagamento de tais serviços, até que sejam editadas, ou que se conclua pela responsabilidade do Estado em prestá-los por dever de ofício, gratuita e universalmente, não se pode imputar simplesmente à concessionária o ônus de suportar o inadimplemento injustificado do consumidor, porque beira a ilicitude.

Nas ações judiciais que acorrem aos tribunais brasileiros, muitas vezes, o consumidor em momento algum contesta os valores que lhe estão sendo cobrados pelo fornecedor, pela prestação do serviço, tampouco questiona a modicidade, qualidade e eficiência dos preços praticados, referindo tão somente que não tem condições de pagar o serviço prestado, sem contudo demonstrar nenhuma iniciativa de tentar o equacionamento do problema que enfrenta, como que relegando ao concessionário a obrigatoriedade de encontrar uma solução para uma situação que ele ajudou a criar.

Tais soluções devem, ao contrário de serem atribuídas somente a uma parcela dos atores sociais, contar com a participação ativa de todos os beneficiados e responsáveis por elas.

---

[400] Nesta direção, o trabalho de OLIVEIRA, José Carlos de. *Código de proteção e defesa do consumidor*. São Paulo: LED, 1998, p. 101-102. Igualmente: PINHEIRO, Claudia. *A suspensão de serviço público em virtude do inadimplemento do usuário à luz dos princípios da boa-fé e da proporcionalidade*. In Revista de Direito do Consumidor, nº 40, p. 74, out. /dez. 2001. São Paulo: Revista dos Tribunais, 2001.

[401] Veja-se que, neste sentido, a Corte Especial tem entendido não poder haver corte indiscriminado de energia elétrica, principalmente quando provoca prejuízos a toda uma comunidade, que depende desse bem para seu funcionamento. Aqui, o direito à suspensão da energia, quando o usuário deixa de efetuar o pagamento da contraprestação ajustada, não é refutado, pois decorre de previsão legal. O que se procura impedir são os resultados gravosos decorrentes do corte quando efetuado de forma indiscriminada, assim considerado o que é realizado sem que a concessionária tome as providências necessárias no sentido de preservar os serviços essenciais à população. Significa dizer que, se tais precauções forem tomadas, o corte pode ser efetivado. Ver decisão do STJ-2ª. Turma, Resp 302620-SP, rel. p/ o acórdão Min. João Otávio de Noronha, j. 11.11.03, DJ 16.02.04.

Caso 3 – A quem compete o dever de saúde no Direito Brasileiro? Esgotamento de um modelo institucional

1. Notas introdutórias

O presente estudo de caso pretende abordar o tema do direito à saúde como direito social fundamental, e os limites esgotados do modelo estatal de sua prestação, ao menos no âmbito exclusivo da responsabilidade institucional da Fazenda Pública. Para tanto, mister é que se faça uma avaliação da estrutura normativa do direito à saúde no Brasil, a partir de algumas matrizes teóricas da Teoria da Constituição, para em seguida avaliar as condições e possibilidades de ser compartilhado tal direito com outros sujeitos de direito, notadamente os familiares, haja vista o espectro ampliado que se tem hoje do conceito de obrigação alimentar. Neste ponto, impor-se-á o diálogo necessário e construtivo de institutos do direito privado (constitucionalizados) com institutos do direito público (projetados ao âmbito dos direitos subjetivos).

2. A matriz normativa do direito à saúde no Brasil: uma perspectiva à luz da teoria da Constituição

Reiteradamente, tenho dito que o tema da saúde pública constitucionalmente vem definido como direito de todos e dever do Estado (aqui entendido em todas as suas dimensões federativas, ou seja, União Federal, Estados-Membros, Municípios etc.) – art. 196 –, devendo ser garantida mediante políticas públicas sociais e econômicas comprometidas à redução do risco de enfermidades e de outros agravos.[402]

O que está em debate aqui, pelos termos do prisma constitucional, é o que posso chamar de uma das dimensões do mínimo existencial à dignidade da vida humana: a saúde. Enquanto princípio fundante de todo o sistema jurídico – a iniciar pelo constitucional –, tenho que a vida humana digna espelha e se vincula ao ideário político, social e jurídico predominante no país, ao mesmo tempo em que, na condi-

---
[402] LEAL, Rogério Gesta. A Efetivação do Direito à Saúde – por uma jurisdição Serafim: limites e possibilidades. In: *Direitos Sociais e Políticas Públicas:desafios contemporâneos*. Vol.6. LEAL, Rogério Gesta; REIS, Jorge Renato dos. Santa Cruz do Sul: Edunisc, 2006, p. 1525.

ção de princípio fundamental, em face de sua característica de aderência, ele opera sobre os comportamentos estatais ou particulares de forma cogente e necessária. Por tais razões tenho sustentado, com Hesse, que: (a) todas as normas do sistema jurídico devem ser interpretadas no sentido mais concordante com este princípio; (b) as normas de direito ordinárias desconformes à constituição e seus princípios fundacionais (dentre os quais destaco o sob comento), não são válidas.[403]

Justifica-se tal postura em face de que a saúde como condição de possibilidade da dignidade da pessoa humana, em verdade, passa a constituir o que chamo de *indicador constitucional parametrizante do mínimo existencial*,[404] porque se afigura como uma das condições indispensáveis à construção de uma Sociedade livre, justa e solidária; à garantia do desenvolvimento nacional; à erradicação da pobreza e da marginalização, bem como à redução das desigualdades sociais e regionais; à promoção do bem de todos, sem preconceitos de origem, raça, sexo, cor, idade e quaisquer outras formas de discriminação.

Na verdade, estes postulados estão dispersos ao longo de todo o Texto Político, consubstanciando-se nos direitos e garantias fundamentais, individuais e coletivos, nos direitos sociais, nos direitos à educação, à saúde, à previdência etc. Por sua vez, os Poderes Estatais e a própria Sociedade Civil (através da cidadania ou mesmo de representações institucionais dela) estão vinculados a estes indicadores norteadores da República, eis que eles vinculam todos os atos praticados pelos agentes públicos e pela comunidade, no sentido de vê-los comprometidos efetivamente com a implementação daquelas garantias.

Se isto é verdade, quero sustentar que qualquer política pública no Brasil tem como função nuclear a de servir como esfera de intermediação entre o sistema jurídico constitucional (e infraconstitucional) e o mundo da vida Republicano, Democrático e Social que se pretende instituir no país. Em outras palavras, é através de ações estatais absolutamente vinculadas/comprometidas com os indicadores parametrizantes de mínimo existencial previamente delimitados, que vai se tentar diminuir a tensão entre validade e faticidade que envolve o Estado e a Sociedade Constitucional e o Estado e a Sociedade Real no Brasil.[405]

Isto me leva a crer na existência daquilo que vou chamar de políticas públicas constitucionais vinculantes, como já referi antes, aqui entendidas como aquelas ações que o Texto Político atribui aos Poderes Estatais e à comunidade como um todo como efetivadoras de direitos e garantias fundamentais, e todas as decorrentes delas, haja vista os níveis compartidos de responsabilidades entre as entidades federativas brasileiras e a cidadania envolvendo a matéria. Consideran-

---

[403] Neste sentido ver o texto de HESSE, Konrad. *A força normativa da constituição*. Porto Alegre: Fabris, 1991, p. 39.
[404] Desenvolvo este argumento no livro LEAL, Rogério Gesta. *Estado, Sociedade e Administração Pública: novos paradigmas*. Porto Alegre: Livraria do Advogado, 2005.
[405] Há uma reflexão bastante interessante sobre as incoerências da operacionalidade do sistema capitalista, notadamente em economias demasiadamente dependentes, em UNGER, Roberto Mangabeira. *Democracy Realized*. New York: Verso, 1998.

do ainda crer, no particular, não existirem normas constitucionais despossuídas de concreção no sistema jurídico pátrio,[406] resulta claro que a responsabilidade de que se está falando aqui é, diferenciadamente, pró-ativa dos que têm tal responsabilidade, merecendo imediata implementação.

De outro lado, as ações públicas voltadas à densificação material deste direito de todos (saúde) integram um sistema único em todo o país (art. 198, CF/88), financiado com recursos do orçamento da seguridade social, da União, dos Estados, do Distrito Federal e dos Municípios, bem como de outras fontes.

No âmbito do dever público para alcançar os meios necessários à preservação da saúde, o que temos de ter em conta, a uma, são os critérios utilizados para determinar quem efetivamente necessita do auxílio do Estado para prover suas demandas a este título e quem não precisa, o que de plano se sabe não existir ao menos em *numerus clausulus*, porque impossível a matematização desta questão em face de sua natureza complexa e mutável. A duas, quem é responsável por tal mister. Assim é que cada caso envolvendo prestação de saúde pública submetido ao Estado é merecedor de uma apreciação e ponderação em face de, no mínimo, algumas variáveis necessárias: (a) as variáveis normativa-constitucional e infraconstitucional, enquanto direito fundamental assegurado à sociedade brasileira; (b) a variável responsabilidade institucional e familiar dispostas na estrutura normativa constitucional e infraconstitucional brasileira.

Daí por que aferir, primeiro, a natureza axiológico-constitucional do mandamento normativo sob comento, tendo ciência que ele se dirige a toda a comunidade, e não a uma parcela dela (os mais doentes, ou somente aqueles que possuem enfermidades letais, ou somente os que necessitam de farmacológicos curativos, etc.). Em segundo, de que forma o sistema jurídico atribui responsabilidades envolvendo esta matéria.

Significa dizer que, quando se fala em saúde pública e em mecanismos e instrumentos de atendê-la, mister é que se visualize a demanda social e universal existente, não somente a contingencial submetida à aferição administrativa ou jurisdicional, isto porque, atendendo-se somente aqueles que acorrem de pronto ao Poder Público (Executivo ou Judicial), pode-se correr o risco de esvaziar a possibilidade de atendimento de todos aqueles que ainda não tomaram a iniciativa de procurar o socorro público, por absoluta falta de condições para fazê-lo.[407]

Se a Administração Pública não construiu critérios razoáveis e ponderados para escalonar minimamente o atendimento cada vez mais massivo de perquirições envolvendo o oferecimento de medicamentos, internações hospitalares, tra-

---

[406] Direção em que caminha a melhor doutrina constitucional do país, *ex vi* o percuciente trabalho de STRECK, Lenio Luis. *Jurisdição Constitucional*. Rio de Janeiro: Forense, 2004.

[407] Além disto, é preciso lembrar que *the Courts are not well positioned to oversee the tricky process of efficient resource allocation conducted, with more or less skill, by executive agencies, nor are they readily able to rectify past misallocations. Judges do not have the proper training to perform such functions and they necessarily operate with inadequate and biased sources of information*. ALEINIKOFF, T. Alexander. Constitutional Law in the Age of Balancing. In: *Yale Law Journal*, n° 96, 1987, p. 982..

tamentos médico-ambulatorias e cirurgias à população carente, então, na prática forense atual, isto deverá ser feito na esfera da judicialização do debate. Quero insistir, entretanto, que isto deve se dar, sempre, naqueles casos em que a periclitação da vida é tal que se impõe esta intervenção, pois, caso contrário, a satisfação de um problema imediato poderá inviabilizar centenas de outros tão importantes e legítimos quanto este, haja vista que os recursos financeiros e materiais para tanto, é inexorável, são finitos – e ainda sem falar dos demais responsáveis por tal mister.

Para tal raciocínio, estou a utilizar aqui o que Konrad Hesse chama de princípio da concordância prática ou da harmonização, o qual impõe ao intérprete do sistema jurídico que os bens constitucionalmente protegidos, em caso de conflito ou concorrência, devem ser tratados de maneira que a afirmação de um não implique o sacrifício do outro, o que só se alcança na aplicação ou na prática do texto.[408] Tal princípio parte exatamente da noção de que não há diferença hierárquica ou de valor entre os bens constitucionais; destarte, o resultado do ato interpretativo não pode ser o sacrifício total de uns em detrimento dos outros. Deve-se, na interpretação, procurar uma harmonização ou concordância prática entre os bens constitucionalmente tutelados.

Numa perspectiva integrada do sistema jurídico, estou a dizer, ainda com Hesse, que na resolução dos problemas jurídico-constitucionais, deve-se dar prioridade às interpretações ou pontos de vista que favoreçam a integração política e social e possibilitem o reforço da unidade política, porquanto essas são as finalidades precípuas da Constituição.

A partir de tais considerações é que a matéria vertente precisa ser enfrentada, ponderando os bens e argumentos jurídicos que estão em jogo e que demandam abordagem à solução do caso: o bem jurídico vida do cidadão, envolvendo a moléstia de que está acoimado, correlato ao dever do Estado e da família para com a saúde pública; o bem jurídico saúde pública de toda a Sociedade para com quem este mesmo Estado possui o dever de tutela.

Há que se estabelecer, aqui, um juízo de ponderação destes bens, interesses e competências, para se chegar a alguma conclusão. Para tanto, pretendo me valer de critérios constitucionalmente consagrados para a delimitação dos índices de fundamentalidade desses direitos, a saber, os que densificam o princípio da proporcionalidade dentre eles.

Na dicção de Robert Alexy, o *princípio da proporcionalidade* desdobra-se em três aspectos fundamentais: a) *adequação*; b) *necessidade* (ou *exigibilidade*); c) *proporcionalidade em sentido estrito*. A *adequação* significa que o intérprete deve identificar o meio adequado para a consecução dos objetivos pretendidos. A *necessidade*

---

[408] HESSE, Konrad. *A Força Normativa da Constituição*. Porto Alegre: Fabris, 2001, p. 119. Fala o autor, aqui e na verdade, da tese de que, na interpretação constitucional, deve-se dar primazia às soluções ou pontos de vista que, levando em conta os limites e pressupostos do texto constitucional, possibilitem a atualização de suas normas, garantindo-lhes eficácia e permanência constante.

(ou exigibilidade) significa que o meio escolhido não deve exceder os limites indispensáveis à conservação dos fins desejados. A *proporcionalidade em sentido estrito* significa que o meio escolhido, no caso específico, deve se mostrar como o mais vantajoso para a promoção do conjunto de valores, bens e interesses em jogo.[409]

A partir de tais elementos de interpretação dos possíveis sentidos e significados do direito à saúde no Brasil, mister é que se perquira se efetivamente é o Estado o único garantidor/concretizante destas prerrogativas.

É preciso, para tanto, chamar à colação aqui a Teoria da Constituição, para que se possa compreender, por óbvio, que a partir de uma eleita matriz teórica fundante, implica reconhecer o Direito à Saúde como direito fundamental no sistema jurídico brasileiro. Neste ponto quero afirmar, com Alexy, que tal direito se apresenta com posição de tal modo importante que a sua garantia ou não garantia não pode ser deixada à simples maioria parlamentar contingencial.[410] Ademais disto, afigura-se também como uma *posição jurídico-prestacional*, já que envolve ações concretas para viabilizar o acesso e a concretização de seus comandos normativos.

Todavia, na dicção de Canotilho, é preciso sobre tais direitos se dar conta de que:

> Acresce que o facto de se reconhecer um direito à vida como direito positivo a prestações existenciais mínimas, tendo como destinatário os poderes públicos, não significa impor *como* o Estado deve, prima facie, densificar este direito. Diferente do que acontece no direito à vida na sua dimensão negativa – não matar –, e na sua dimensão positiva – impedir de matar –, aqui, na segunda dimensão, positiva, existe um relativo *espaço de discricionariedade* do legislador (dos poderes públicos) quanto à escolha do meio (ou meios) para tornar efectivo o direito à vida na sua dimensão existencial mínima.[411]

Adverte o autor português, com acerto, que aquele espaço de discricionariedade não é, todavia, total, haja vista que existem *determinantes constitucionais heterônomas* que estão a vincular os poderes instituídos (como a dignidade da vida humana, por exemplo).

De qualquer sorte, quero sustentar que o Direito à Saúde, enquanto direito fundamental constitucionalizado, dever do Estado, em primeiro plano, que é a todos garantido, configura-se como verdadeiro direito subjetivo, outorgando fundamento para justificar o direito a prestações, mas que não tem obrigatoriedade

---

[409] ALEXY, Robert. *Teoría de los Derechos Fundamentales*. Madrid: Centro de Estudios Constitucionales, 2000, p. 126. Ver também o excelente trabalho de BARCELLOS, Ana Paula de. *Ponderação, Racionalidade e Atividade Jurisdicional*. Rio de Janeiro: Renovar, 2005. Da mesma forma ver o conjunto de artigos postos no livro BARROSO, Luis Roberto. *A Nova Interpretação Constitucional*. Rio de Janeiro: Renovar, 2003.

[410] ALEXY, Robert. *Teoría de los Derechos Fundamentales*. Madrid: Centro de Estudios Constitucionales, 2000, p. 406 e seguintes.

[411] CANOTILHO, José Joaquim Gomes. *Estudos sobre Direitos Fundamentais*. Coimbra: Coimbra Editora, 2004, p. 58.

como resultado de uma decisão individual.[412] Diz-se direito subjetivo *prima facie* pelo fato de que, conforme ainda Canotilho, não é possível resolvê-lo em termos de tudo ou nada,[413] e também pelo fato de constituírem, numa certa medida e na dicção de Dworkin, direitos abstratos, isto porque representam:

> Finalidades políticas generales cuyo enunciado no indica de qué manera se ha de comparar el peso de esa finalidad general con el de otras finalidades políticas, en determinadas circunstancias, o qué compromisos se han de establecer entre ellas. Los grandes derechos de la retórica política son abstractos en este sentido. Los políticos hablan de derecho a la libertad de expresión, a la dignidad o a la igualdad, sin dar a entender que tales derechos sean absolutos, y sin aludir tampoco a su incidencia sobre determinadas situaciones sociales complejas.[414]

E por que não se pode resolver tal matéria em termos de tudo ou nada? Pelo fato de que ela envolve um outro universo de variáveis múltiplas e complexas, a saber: disponibilidade de recursos financeiros alocados preventivamente, políticas públicas integradas em planos plurianuais e em diretrizes orçamentárias, medidas legislativas ordenadoras das receitas e despesas públicas, etc. Todas estes condicionantes, por sua vez, encontram-se dispersos em diferentes atores institucionais, com competências e autonomias reguladas também pela Constituição.

Decorre daqui a tese de que a garantia de um padrão mínimo de segurança social não pode afetar de forma substancial outros princípios ou interesses constitucionais igualmente relevantes, assim que, somente quando a garantia material do padrão mínimo em direito social (previamente delimitada como prioritária em termos de sociedade) estiver efetivamente sendo ameaçada no caso concreto, é que se poderá levar a cabo uma necessária ponderação de interesses em face da potencial restrição de bens jurídicos – fundamentais ou não – colidentes com tais demandas ou pretensões. Caso contrário, dever-se-á buscar a plena integração

---

[412] Nossos Tribunais ainda não conseguiram uniformidade sobre tal percepção do direito à saúde, todavia, o Supremo Tribunal Federal já teve oportunidade de afirmar que se trata este de direito de direito público subjetivo, não podendo ser reduzido à promessa constitucional inconseqüente – Agravo Regimental no RE nº 271.286-8/RS. De igual sorte a decisão do Superior Tribunal de Justiça que asseverou que os direitos fundamentais à vida e à saúde são direitos subjetivos inalienáveis, constitucionalmente consagrados, cujo primado, em um Estado Democrático de Direito como o nosso, que reserva especial proteção à dignidade da pessoa humana, há de superar quaisquer espécies de restrições legais – REsp 836913/RS; Recurso Especial nº 2006/0067408-0. 1ª Turma, Relator Min. Luiz Fux, julgado em 08/05/2007, publicado no Diário de Justiça de 31.05.2007 p. 371.

[413] Aduz Canotilho que: *A questão da reserva do possível (Vorbehalt des Möglichen), da ponderação necessária a efectuar pelos poderes públicos (Abwägung) relativamente ao modo como garantir, com efectividade, esse direito (optimização das capacidades existentes, alargamento da capacidade, subvenções a estabelecimentos alternativos) conduz-nos a um tipo de direito prima facie a que corresponde, por parte dos poderes públicos, um dever prima facie*. Op. cit., p. 66.

[414] DWORKIN, Ronald. *Tomando los derechos en serio*. Barcelona: Ariel, 1989, p. 162. Denomina o autor que direitos concretos *son finalidades políticas definidas con mayor precisión de manera que expresan más claramente el peso que tienen contra otras finalidades en determinadas ocasiones*. Num texto mais recente (DWORKIN, Ronald. *Justice in Robes*. Massachussets: Harvard University Press, 2006), o autor americano ratifica esta sua assertiva.

mantenedora da incolumidade normativa e concretização de todos os bens jurídicos tuteladas pelo sistema jurídico.⁴¹⁵

Ocorre que, como referiu o Superior Tribunal de Justiça no Brasil, a realização dos direitos econômicos, sociais e culturais – além de caracterizar-se pela gradualidade de seu processo de concretização – depende, em grande medida, de um inescapável vínculo financeiro subordinado às possibilidades orçamentárias do Estado, *de tal modo que, comprovada, objetivamente, a incapacidade econômico-financeira da pessoa estatal, desta não se poderá razoavelmente exigir, considerada a limitação material referida, a imediata efetivação do comando fundado no texto da Carta Política*.⁴¹⁶

É por esta razão que doutrinadores como Ingo Sarlet são incisivos ao afirmar que o Estado dispõe apenas de limitada capacidade de dispor sobre o objeto das prestações reconhecidas pelas normas definidoras de direitos fundamentais sociais, de tal sorte que a questão da limitação dos recursos constitui certo limite fático à efetivação desses direitos. De outro lado, o Estado também deve ter a capacidade de dispor destes recursos para o cumprimento daqueles direitos.⁴¹⁷

O problema é que, historicamente, no Brasil, até em face das particularidades de exclusão social, miserabilidade e fragilização de sua cidadania, o Estado fora chamando para si, de forma concentrada, um universo de atribuições com caráter protecionista, paternalista e assistencialista, promovendo ações públicas de sobrevivência social no âmbito notadamente da saúde, com poucas políticas preventivas, educativas e de cogestão com a sociedade dos desafios daqui decorrentes, induzindo a comunidade a uma postura letárgica e de simples consumidora do que lhe era graciosamente presenteado, sem nenhuma reserva crítica ou constitutiva de alternativas das mazelas pelas quais passava e ainda vive.

O cenário hoje é, todavia, diferente, a uma, pelos níveis de inclusão social construídos no país nos últimos 15 (quinze) anos, propiciando cenários materiais e formais de maior participação da cidadania na gestão de seu cotidiano; a duas, em

---

⁴¹⁵ Ver o texto de SARLET, Ingo. *Eficácia dos Direitos Fundamentais*. Op. cit., p. 371.

⁴¹⁶ É bem verdade que, nesta mesma decisão, manifestou-se o STJ no sentido de reconhecer que *não se mostrará lícito, no entanto, ao Poder Público, em tal hipótese – mediante indevida manipulação de sua atividade financeira e/ou político-administrativa – criar obstáculo artificial que revele o ilegítimo, arbitrário e censurável propósito de fraudar, de frustrar e de inviabilizar o estabelecimento e a preservação, em favor da pessoa e dos cidadãos, de condições materiais mínimas de existência. Cumpre advertir, desse modo, que a cláusula da 'reserva do possível' – ressalvada a ocorrência de justo motivo objetivamente aferível – não pode ser invocada, pelo Estado, com a finalidade de exonerar-se do cumprimento de suas obrigações constitucionais, notadamente quando, dessa conduta governamental negativa, puder resultar nulificação ou, até mesmo, aniquilação de direitos constitucionais impregnados de um sentido de essencial fundamentalidade.* REsp 811608/RS; Recurso Especial nº 2006/0012352-8. 1ª Turma, Relator Min. Luis Fux, julgado em 15/05/2007, publicado no DJ 04.06.2007 p. 314.

⁴¹⁷ SARLET, Ingo. *Eficácia dos Direitos Fundamentais*. Op. cit, p. 303. Mais tarde, vai afirmar Ingo que: *o que a Constituição assegura é que todos tenham, em princípio, as mesmas condições de acessar o sistema público de saúde, mas não que qualquer pessoa, em qualquer circunstância, tenha um direito subjetivo definitivo a qualquer prestação oferecida pelo Estado ou mesmo a qualquer prestação que envolva a proteção de sua saúde.* (p. 347 – da mesma forma na p. 376). Na mesma direção ver o texto de BOYNTON, Brian. *Democracy and distrust after twenty years: Ely's process theory and constitutional law from 1990 to 2000*. Stanford: Stanford University Press, 2005, p. 51 e seguintes.

face do processo descentralizador da governança institucional que nestes últimos tempos vem ocorrendo, ensejando a abertura gradativa dos poderes instituídos e da administração pública dos interesses coletivos.[418]

Mesmo em tal quadro, a relação Estado x Sociedade é ainda marcada significativamente por graus de dependência hierárquica e alienada da segunda para com o primeiro, provocando o que Canotilho chama de *introversão estatal da socialidade*, ou seja:

1. os direitos sociais implicam o dever de o Estado fornecer as prestações correlativas ao objeto destes direitos; 2. os direitos sociais postulam esquemas de unilateralidade, sendo que o Estado garante e paga determinadas prestações a alguns cidadãos; 3. os direitos sociais eliminam a reciprocidade, ou seja, o esquema de troca entre os cidadãos que pagam e os cidadãos que recebem, pois a mediação estatal dissolve na burocracia prestacional a visibilidade dos actores e a eventual reciprocidade da troca.[419]

Sustenta o autor, e com ele concordo, que é tempo já de se descobrir os contornos da reciprocidade concreta e do balanceamento dos direitos sociais, até porque tais direitos envolvem patrimônio de todos quando de sua operacionalidade e concreção, e já que a todos são dirigidos tais prerrogativas, deve-se perquirir sobre a quota parte de cada um neste mister, sob pena de constituirmos o que o jurista lusitano denomina de uma *aproximação absolutista ao significado jurídico dos direitos sociais*, ou seja, confiar na simples interpretação de normas consagradoras de direitos sociais para, através de procedimentos hermenêuticos, deduzir a afetividade dos mesmos direitos, produzindo resultados pouco razoáveis e racionais.

Quero dizer que é preciso levar em conta que todo e qualquer exercício de direito social como a saúde, em tese, custa dinheiro – e não é pouco em nenhuma parte do mundo. Assim é que Peter Häberle, na primeira metade da década de 1970, já formulava a idéia da reserva das caixas financeiras para o atendimento de direitos sociais prestacionais, para exatamente evidenciar o fato de que estes direitos estão também vinculados às reservas financeiras do Estado, na medida em que devessem ser custeados pelo Erário.[420]

---

[418] Trato disto em meu livro LEAL, Rogério Gesta. *Estado, Administração Pública e Sociedade: novos paradigmas*. Porto Alegre: Livraria do Advogado, 2007. Talvez se possa dizer que, em verdade, é toda uma concepção de Estado que entra em mutação a partir daquele período histórico, caracterizado por seus matizes mais sociais e compromissados com o restabelecimento de equilíbrios necessários em face das diferenças gritantes e desestabilizadoras de uma ordem mínima de civilidade. Isto não implica um único modelo de Estado Social, mas vários, eis que se formam ora com viés mais paternalista e assistencialista (tal qual o modelo de Estado Getulista no Brasil), ora com feições mais curativas e compensatórias (tal qual o *Welfare State* e o *L'État d'Providence*), ora com natureza de classe social (tal qual o Estado Soviético). Ver também o texto LEAL, Rogério Gesta. *O Estado-Juiz na Democracia Contemporânea: uma perspectiva procedimentalista*. Porto Alegre: Livraria do Advogado, 2007, e também o texto de SANDULLI, Armando Mantinni. *Stato di Diritto e Stato Sociale*. Napoli: Giappichelli, 2004.

[419] CANOTILHO, José Joaquim Gomes. *Estudos sobre Direitos Fundamentais*. Op. cit., p. 102.

[420] HÄBERLE, Peter. Grunderecht im Leistungstaat. In: *VVDSTRL*, 30 (1972). Neste ponto concorda Canotilho – na obra acima citada, quando assevera que: *Parece inequívoco que a realização dos direitos econômicos, sociais e culturais se caracteriza: (1) pela gradualidade da realização; (2) pela dependência financeira relativamente ao orçamento do Estado; (3) pela tendencial liberdade de conformação do legislador quanto às políticas de realização destes direitos; (4) pela insusceptibilidade de controlo jurisdicional dos programas político-legislativos a não ser quando se manifestem em clara contradição com as normas constitucionais, ou transportem*

É claro que o simples argumento da escassez de recursos dos cofres públicos não pode autorizar o esvaziamento de direitos fundamentais, muito menos os relacionados à saúde, eis que diretamente impactantes em face da vida humana e sua dignidade mínima, e por isto estarão sujeitos ao controle jurisdicional para fins de se aferir a razoabilidade dos comportamentos institucionais neste sentido, devendo inclusive ser aprimorados os parâmetros, variáveis, fundamentos e a própria dossimetria concretizante do direito em xeque.

Como já disse antes, não se afigura simples, pois, trazer-se à colação argumentos do tipo *princípio da não reversibilidade das prestações sociais*, ou o *princípio da proibição da evolução reacionária*, como fórmulas retóricas e mágicas para poder garantir, a qualquer preço – que nem se sabe o qual –, tudo o que for postulado por segmentos da comunidade (indivíduos) em termos de saúde, pelo simples fato de que o Estado está obrigado a tanto, isto porque *o desafio da bancarrota da previdência social, o desemprego duradouro, parecem apontar para a insustentabilidade do princípio da não reversibilidade social.*[421]

É verdade que este estado de coisas tem como um dos fundamentos o fato de que o catálogo de diretos econômicos, sociais e culturais, forjado nos dois pós-guerras do século XX, compromissados com a reconstrução do próprio tecido social, elevou à máxima exaustão as expectativas de poder e ação dos poderes instituídos em prol de tais demandas, acreditando que poderiam dar concreção a tudo isto sozinhos, causando o que Arthur chama de vitimização do Estado por seu próprio sucesso.[422]

Todas estas crises identificadas, ainda no plano do diagnóstico, não me fazem propugnar pela descrença total no Estado como espaço público de gestão de interesses coletivos, mas, tão somente, no Estado instituição tradicional, concebido a partir e exclusivamente de seu *locus* insulado e tecno-burocrático de fala oficial, unilateral e arbitrariamente imposto a uma cidadania ainda mais expectadora dos acontecimentos.

---

dimensões manifestamente desrazoáveis. Reconhecer estes aspectos não significa a aceitação acrítica de alguns dogmas contra os direitos sociais. Op. Cit., p. 108. Ver o texto de GALDINO, Flávio. Introdução à teoria dos Custos dos Direitos: direitos não nascem em árvores. Rio de Janeiro: Lumen Juris, 2005.

[421] CANOTILHO, José Joaquim Gomes. *Estudos sobre Direitos Fundamentais*. Op. cit., p. 112. Ver no Brasil, uma boa abordagem do tema em DERBLI, Felipe. Proibição de Retrocesso Social: uma proposta de sistematização à luz da Constituição de 1988. In: *A Reconstrução Democrática do Direito Público no Brasil*. Rio de Janeiro: Renovar, 2007, p. 433 e seguintes.

[422] ARTHUR, John. *The unfinished Constitution: philosophy and constitutional practice*. Belmont: Wadsworth Publishing Company, 1989, p. 118 e seguintes. Com base nesta crítica, adverte o autor que uma cidadania social se conquista não através da estatização da socialidade, mas através da civilização da política (*a social citizenship is not conquered through the nationalization of the sociality, but through the civilization of the politics*). Ao lado disto, para não conhecer de sua ineficiência ou fracasso, o Estado prefere, em algumas oportunidades, negar a existência de inúmeras tensões sociais que se avolumam sem respostas satisfatórias, ou ainda, lançá-las à clandestinidade ou ilicitude, tratando-as como anomalias comportamentais que precisam ser severamente coagidas, tais como os movimentos dos sem-terra, dos sem-teto, a questão dos parcelamentos clandestinos do solo urbano, a violência generalizada, a prostituição, o narcotráfico etc.

Mas então, qual a saída para um cenário como este em que as forças prestacionais do Estado de Bem Estar se esmorecem em face de crises globais de recursos naturais e econômicos (ora concentrados demasiadamente, ora fragilizados demasiadamente)?

Concordando com Sunstein, tenho que *the mainly issues here involve the matter of the competence limits of the State in front off the rights, and if that State could involve itself in privates relations, as well as which the limits of that State performance*,[423] e tais questões precisar ser bem apreendidas, sob pena de se inviabilizar de vez quaisquer políticas públicas de gerenciamento de demandas sociais coletivas.

3. Possibilidades de compartilhamento familiar do dever de sustento à saúde

No momento em que a Constituição Federal de 1988 dispõe, em seu art. 196, que a saúde é direito de todos e dever do Estado, garantindo mediante políticas sociais e econômicas que visem à redução do risco de doença e de outros agravos e ao acesso universal e igualitário às ações e serviços para sua promoção, proteção e recuperação, não há como negar que tal dever é relacional e condicionado a garantia de acesso universal e igualitário (a todos) das ações consectárias nesta direção. Isto significa, salvo melhor juízo, que qualquer política pública, ou ação preventiva e curativa, necessitam levar em conta a demanda global que envolve tais interesses, sob pena de atender uns e desatender muitos.

Daí que proponho uma leitura mais integrada deste dever estatal para com o universo que ele alcança, ou seja, direito social da população como um todo que envolve, inclusive, co-responsabilidades societais importantes (constitucionais e infraconstitucionais). Estou falando, por exemplo: (a) do dever da família (da Sociedade e do Estado) em assegurar à criança e ao adolescente, com absoluta prioridade, o direito à vida, *à saúde*, à alimentação, à educação, ao lazer, à profissionalização, à cultura, a dignidade, ao respeito, à liberdade e à convivência familiar e comunitária, além de colocá-los a salvo de toda a forma de negligência, discriminação, exploração, violência, crueldade e opressão;[424] (b) os pais têm o dever de assistir, criar e educar os filhos menores, e os filhos maiores têm o dever de ajudar e amparar os pais na velhice, *carência ou enfermidade;*[425] (c) a família (a

---

[423] SUNSTEIN, C.; HOLMES, S. *The Cost of Rights: why liberties depends on taxes*. New York: Macmilann, 2004, p. 90. Em outro texto, o mesmo autor questiona: *But should a democratic constitution really protect the right to food, shelter, and medical care? Do "socio-economic" rights of this sort belong in a Constitution? What do they have to do with citizenship? Do they promote or undermine democratic deliberation? If such rights are created, what is the role of the courts?*. SUNSTEIN, Cass R. *Social and Economic Rights? Lessons from South África*. http://papers.ssrn.com/paper.taf?abstract_id=296657, acessado em 20/12/2008, p. 03. Ver igualmente o texto de BEN-DOR, Oren. *Constitutional Limits and the Public Sphere*. Oxford: Hart Publishing, 2007, em especial a partir da p. 95 (*The role of the People in determining Constitutional Limits*).

[424] Art. 227 da Constituição Federal de 1988.

[425] Art. 229 da Constituição Federal de 1988.

Sociedade e o Estado) tem o dever de amparar as pessoas idosas, assegurando sua participação na comunidade, defendendo sua dignidade e bem-estar e garantindo-lhes o direito à vida.[426]

É por tais argumentos que se tem asseverado, no âmbito das relações parentais, que a prestação alimentar não deva subsistir até os 21 anos, mas estender-se, com base no princípio da solidariedade familiar, além da maioridade[427]. Como o Novo Código Civil Brasileiro reduziu para dezoito anos o começo da maioridade, com maior razão este entendimento se justifica.[428]

Mesmo no plano da infraconstitucionalidade, têm-se como deveres familiares (notadamente entre os cônjuges), dentre outros, a mútua assistência e o sustento dos filhos, sendo que eles são obrigados a concorrer, na proporção de seus bens e dos rendimentos do trabalho, para o sustento da família e a educação dos filhos, qualquer que seja o regime patrimonial.[429] Ao lado disso, ainda é de se ressaltar que podem os parentes, os cônjuges ou companheiros, pedir uns aos outros os alimentos de que necessitem para viver de modo compatível com a sua condição social, nos termos do art. 1.694 do novo Código Civil Brasileiro.[430] Veja-se que, quando faltam neste dever, os familiares podem ser enquadrados inclusive nas disposições do art. 244 do Código Penal, que disciplina:

> Deixar, sem justa causa, de prover a subsistência do cônjuge, ou de filho menor de 18 (dezoito) anos ou inapto para o trabalho, ou de ascendente inválido ou maior de 60 (sessenta) anos, não lhes proporcionando os recursos necessários ou faltando ao pagamento de pensão alimentícia judicialmente acordada, fixada ou majorada; deixar, sem justa causa, de socorrer descendente ou ascendente, gravemente enfermo.[431]

---

[426] Art. 230, da Constituição Federal de 1988.

[427] In RT, 698/156; 727/262.

[428] Neste sentido, ver o texto de SANTOS, Luiz Felipe Brasil. *Os alimentos no novo Código Civil*. In Revista Brasileira de Direito de Família nº 16 – JAN-FEV-MAR/2003, p. 12. Neste texto, o autor lembra que *a extensão e a característica da reciprocidade da obrigação alimentar encontram-se previstas nos arts. 1.696 e 1.697, que repetem, ipsis litteris, o que já dispunham os arts. 397 e 398, do Código de 1916. Assim, a obrigação alimentar, pela ordem, fica limitada, em primeiro lugar, aos ascendentes, depois aos descendentes e, por fim, aos irmãos, assim germanos como unilaterais (art. 1.697). Observe-se que na linha reta, seja ascendente ou descendente, não há limitação de grau, ao passo que na colateral resta limitada ao grau mais próximo (irmão). Em cada linha, sempre os mais próximos em grau devem ser chamados em primeiro lugar, sendo a obrigação alimentar dos parentes mais remotos subsidiária e complementar. Isto é, vem depois da dos mais próximos e limita-se a completar o valor que por estes possa ser prestado.*

[429] Consoante as disposições dos arts.1566 e 1568, ambos do novo Código Civil Brasileiro. Ver o texto de OLIVEIRA, José Lamartine e MUNIZ, Francisco José Ferreira. *Direito de família (direito matrimonial)*. Porto Alegre: Sérgio Antônio Fabris, 1990.

[430] Uma discussão mais ampla desta perspectiva pode ser encontrada em: VENOSA, Silvio de Salvo. *Direito Civil: direito de família*. São Paulo: Atlas, 2002, p. 365; RODRIGUES, Silvio. *Direito Civil*. São Paulo: Saraiva, v. 6, 2002, p. 427; GONÇALVES, Carlos Roberto. *Direito Civil: direito de família*. São Paulo: Saraiva, v. 2, 2002, p. 139.

[431] Redação dada pela Lei nº 10.741, de 01.10.2003, DOU de 03.10.2003, com efeitos a partir de 90 dias da publicação. A pena prevista aqui é detenção, de 1 (um) a 4 (quatro) anos, e multa, de uma a dez vezes o maior salário mínimo vigente no País, consoante a redação dada pela Lei nº 5.478, de 25.07.1968.

Mesmo nas situações em que as famílias se desconstituem, fenômeno acelerado em nossa época, a legislação infraconstitucional confirma o disposto no Texto Político de 1988, ao assegurar que o cônjuge responsável pela separação judicial prestará ao outro, se dela necessitar, a pensão que o juiz fixar, sendo que para manutenção dos filhos, os cônjuges, separados judicialmente, contribuirão na proporção de seus recursos. Para assegurar o pagamento da pensão alimentícia, o juiz poderá, ainda, determinar a constituição de garantia real ou fidejussória, ou mesmo que a pensão consista no usufruto de determinados bens do cônjuge devedor, sendo que a obrigação de prestar alimentos transmite-se aos herdeiros do devedor.[432]

Dentre outras questões que poderiam causar espécie nesta reflexão é a que diz com a ampliação cada vez maior do conceito de obrigação alimentar e seus liames de responsabilidade parental.

De certa forma a doutrina e jurisprudência brasileiras têm operado muito bem na direção de demarcar um conceito de alimentos conforme à Constituição, ou seja, atenta para o fato de que *o direito a alimentos deve corresponder não somente ao indispensável para a subsistência, mas também ao que for necessário para o alimentando viver de modo compatível com sua condição social.*[433]

Mesmo na processualística a definição dos contornos conceituais de alimentos vem sofrendo profunda ampliação, exatamente para cumprir com que designa a norma civil (arts. 1.694 e seguintes do NCCB), no sentido de que sejam fixados na proporção das necessidades do reclamante e dos recursos da pessoa obrigada, conforme disciplina Talamini: *O sentido constitucional de 'alimentos', portanto, vai necessariamente além do direito de família: abrange indenizações, pensões, salários e outras verbas – desde que esssencialmente destinadas ao sustento do titular do crédito.*[434]

Por esta razão é que o Tribunal de Justiça do Estado do Rio Grande do Sul já teve oportunidade de asseverar que *deve a obrigação alimentar ser fixada de modo a incluir, também, valores gastos pela alimentada com saúde, não se mostrando possível a escolha do plano de saúde que será pago pelo alimentante, bem*

---

[432] Consoante disposições dos arts.19, 20, 21 e 23, da Lei n° 6.515/77.

[433] TJPE – AgRg 93939-5/01 – Rel. Des. Leopoldo de Arruda Raposo – DJPE 29.10.2003. Na mesma direção os trabalhos clássicos de GONÇALVES, Luiz da Cunha. *Princípios de direito civil luso-brasileiro*. São Paulo: Max Limonad, 1951, p. 1.287; BORDA, Guilhermo A. *Manual de derecho de família*. Buenos Aires: Abeledo-Perrot, 2002, p. 403. De igual forma as decisões jurisprudenciais antigas e recentes no país: RE 102877, STF, 2ª T., Rel. Min. DJACI FALCÃO, J. 14.09.1984; REsp 184807/SP, STJ, 4ª T., Rel. Min. BARROS MONTEIRO, J. 24.09.2001.

[434] TALAMINI, Eduardo. *Prisão Civil e Penal e 'Execução Indireta' – A Garantia do Art. 5°, LXVII, da Constituição Federal*. In Revista de Processo, São Paulo, 23(92)37-51, out./dez. 1998. Nesta direção reforça SPENGLER, Marion. Fabiana. *Alimentos – da ação à execução*. Porto Alegre: Livraria do Advogado, 2002, que quando se discute a verba alimentar, é sempre imprescindível atentar para o fato de que não se trata de uma obrigação simples, mas uma obrigação com peculiaridades, pois diz respeito à manutenção do ser humano.

como devendo ser retirada a condenação do alimentante ao pagamento de multa pela sua não inclusão em referido plano.[435]

Nos termos da responsabilidade dos avós paternos ou maternos, a jurisprudência é iterativa no sentido de que a obrigação alimentar (art. 1.696 do CCB) somente se justifica se restar comprovado que os genitores não possuem condições financeiras de suprir as necessidades do alimentando, dada a natureza subsidiária e complementar de tal obrigação. Vale dizer, o ordenamento jurídico pátrio impõe aos parentes o encargo alimentar de forma supletiva, uma vez esgotada a possibilidade dos principais obrigados em prestá-los.

Para facilitar o cumprimento de tais obrigações alimentares, o Código Civil brasileiro de 2002 reitera o princípio da divisibilidade da obrigação alimentar, carreando a cada devedor, de mesmo grau de parentesco, a responsabilidade pelo pagamento de sua quota-parte da dívida, que será fixada previamente, segundo as suas possibilidades financeiras (art. 1.698).

Sequer a maioridade do alimentando, repito, tem sido razão de afastamento do dever alimentar, eis que

> O instituto dos alimentos entre parentes compreende a prestação do que é necessário à educação independentemente da condição de menoridade, como princípio de solidariedade familiar. Pacificou-se na jurisprudência o princípio de que a cessação da menoridade não é causa excludente do dever alimentar. Com a maioridade, embora cesse o dever de sustento dos pais para com os filhos, pela extinção do poder familiar (art. 1.635, III), persiste a obrigação alimentar se comprovado que os filhos não têm meios próprios de subsistência e necessitam de recursos para a educação.[436]

Em face disto, se se toma que o dever alimentar não é solidário, mas divisível, em caso de ação judicial para concretizá-lo, a ação deve, em tese, ser proposta contra todos os co-responsáveis, visando, com isso, a delimitar a parcela de responsabilidade de cada qual na dívida. Diz a doutrina especializada que, em tese, a ação deverá ser ajuizada contra todos os co-responsáveis pela obrigação alimentar, porque, do contexto extraído do art. 1.698, este suposto dever é, na realidade, uma faculdade do credor de alimentos.[437]

Está-se falando, em verdade, também do dever de solidariedade que a Constituição Brasileira de 1988 impõe a estas relações, chamando à responsabilidade de cada qual para que contribuam na constituição de uma sociedade justa e democrática, condição de possibilidade de uma República e Estado de Direito.

Impõe-se, agora, a volta ao tema da natureza constitucional dos deveres da família para com seus pares, em especial no âmbito da saúde, objeto desta abordagem, em especial no que tange à Constituição Estadual do Rio Grande do Sul

---

[435] Apelação Cível Nº 70007665268, Oitava Câmara Cível, Tribunal de Justiça do RS, Relator: Antônio Carlos Stangler Pereira, Julgado em 20/05/2004.

[436] Comentário ao art. 1.694 do Novo Código Civil, feito por TAVARES DA SILVA, Regina Beatriz. In: *Novo Código Civil Comentado*. São Paulo: Saraiva, 2002, p. 1503.

[437] WELTER, Belmiro Pedro. *Alimentos no Código Civil*. São Paulo: Saraiva, 2004, p. 240-241.

de 1989, no seu art. 241, que dispõe sobre a saúde em seu território, a partir, por certo, da dicção da Constituição Federal de 1988, asseverando que:

Art. 241. A saúde é direito de todos e dever do Estado e do Município, através de sua promoção, proteção e recuperação.

Parágrafo único – O dever do Estado, garantido por adequada política social e econômica, não exclui o do indivíduo, da família e de instituições e empresas que produzam riscos ou danos à saúde do indivíduo ou da coletividade.

O Estado do Rio Grande do Sul introduziu em sua Constituição a participação do indivíduo e de sua família no custeio da saúde pública, sendo que, com base nestes pressupostos, foi editada a Lei-RS nº 9.908/93, determinando que o Poder Público estadual deve fornecer medicamentos especiais ou excepcionais aos seus cidadãos, desde que comprovem o seu estado de carência e também de sua família:

Art. 2º O beneficiário deverá comprovar a necessidade do uso de medicamentos excepcionais mediante atestado médico.

Parágrafo único – Além do disposto no "caput" deste artigo, o beneficiário deverá comprovar por escrito e de forma documentada, os seus rendimentos, bem como os encargos próprios e de sua família, de forma que atestem sua condição de pobre.

Este parâmetro normativo apresenta-se como condição de possibilidade da prestação de medicamentos excepcionais, mas pode servir para regulamentar o fornecimento de medicamentos normais? E o que distingue um fármaco normal em face de um excepcional?

Penso que a Constituição Estadual do Rio Grande do Sul precisa ser interpretada conforme à Constituição Federal, no sentido de ratificar este sentido solidarístico que chama à responsabilidade a família para contribuir na mantença do sistema republicano e federativo de saúde, dando sua quota-parte, seja ela qual for, na medida de sua possibilidade e diante da necessidade do parente enfermo.

Como se fará isto em nível de demandas judiciais que envolvem a prestação de medicamentos, internações hospitalares etc.? Por via simétrica – respeitada sempre a urgência e especificidades da matéria – à forma e prova judiciária que instrumentalizam os feitos que envolvem a efetivação de obrigações alimentares, oportunizando e reivindicando a demonstração da necessidade do enfermo e a possibilidade de contribuição para o atendimento da demanda dos seus familiares, tomando aqui como referência os vínculos parentais estatuídos pelo próprio sistema jurídico, a saber:

A extensão e a característica da reciprocidade da obrigação alimentar encontram-se previstas nos arts. 1.696 e 1.697, que repetem, ipsis litteris, o que já dispunham os arts. 397 e 398, do Código de 1916. Assim, a obrigação alimentar, pela ordem, fica limitada, em primeiro lugar, aos ascendentes, depois aos descendentes e, por fim, aos irmãos, assim germanos como unilaterais (art. 1.697). Observe-se que na linha reta, seja ascendente ou descendente, não há limitação de grau, ao passo que na colateral resta limitada ao grau mais próximo (irmão). Em cada linha, sempre os mais próximos em grau devem ser chamados em primeiro lugar, sendo a obrigação alimentar dos parentes mais remotos subsidiária e complementar. Isto é, vem depois da dos mais próximos e limita-se a completar o valor que por estes possa ser prestado.[438]

4. Considerações finais

Com Canotilho, tenho que efetivamente é chegada a hora dos constitucionalistas se darem conta dos limites da jurisdição e reconhecer, com humildade, que a Constituição já não é o lugar do *superdiscurso social*, levando em conta que a eventual colisão de discursos reais de aplicação da Constituição terão de ser supervisionados a partir de colisões de valores ideais (a vida, a segurança, a integridade física, a liberdade, a saúde de todos e não de alguns) que integram o *justo* de uma comunidade bem – ou mal – ordenada.[439]

Assim, o direito à saúde não pode se concretizar, ou pelo menos não se concretiza somente através de uma política constitucional, eis que esta é, *prima facie*, uma projeção imperativa sobre órgãos constitucionais do Estado das contingências de várias esferas da sociedade.

Partindo do pressuposto de Boaventura de Souza Santos,[440] que tanto a Sociedade Democrática como o Estado Democrático só se justificam a partir do reconhecimento de suas naturezas multiformes e abertas, constituindo-se ambos num campo de experimentação política emancipadora, permitindo que diferentes soluções institucionais e não institucionais coexistam e compitam durante algum tempo, com caráter de experiências-piloto, sujeitas à monitorização permanente de organizações sociais, com vista a proceder a avaliação comparada dos seus desempenhos,[441] tenho que, levando em conta aquelas políticas constitucionais, o envolvimento de toda a comunidade se faz necessário à concreção dos direitos em geral, e do direito prestacional à saúde em especial.[442]

Esta nova forma de um possível Estado e Sociedade democráticos deve se assentar em dois princípios de experimentação laboratorial:

---

[438] SANTOS, Luiz Felipe Brasil. *Os alimentos no novo Código Civil.*, op. cit.

[439] CANOTILHO, José Joaquim Gomes. *Estudos sobre Direitos Fundamentais*. Op. cit., p. 129. Ver igualmente o excelente texto de BURT, Robert A. *The constitution in conflict*. Cambridge: Harvard University Press, 2002, p. 81 e seguintes.

[440] SANTOS, Boaventura de Sousa. Reivindicar a democracia: entre o pré-contratualismo e o pós-contratualismo. In: *Os sentidos da democracia*. RJ: Vozes, 1999, p. 126.

[441] Criando, por exemplo, mecanismos de acompanhamento e avaliação permanente das instituições (Executivo, Judiciário, Legislativo), tanto no âmbito do controle interno (a ser maximizado com estratégias e instrumentos de visibilidade plena de suas ações), como do externo (com conselhos corporativos e populares, mais os tradicionais já existentes).

[442] Correta, pois, a assertiva de SILVA, Virgílio Afonso da. O Judiciário e as Políticas Públicas: entre Transformação Social e Obstáculo à Realização dos Direitos Sociais. In: *Direitos Sociais*: fundamentos, judicialização e direitos sociais em espécie. SOUZA NETO, Cláudio Pereira de; SARMENTO, Daniel Sarmento Neto (coord.). Rio de Janeiro: Lumen Juris, 2008, p. 592, ao sustentar que *Da mesma forma que a conquista de direitos civis e políticos foi uma conquista da sociedade civil, efetivada por meios políticos, a implementação de direitos sociais e econômicos não vai ser realizada de forma diversa.*

O primeiro é de que o Estado só é genuinamente experimental na medida em que às diferentes soluções institucionais são dadas iguais condições para se desenvolverem segundo a sua lógica própria. Ou seja, o Estado experimental é democrático na medida em que confere igualdade de oportunidades às diferentes propostas de institucionalidade democrática. Só assim a luta democrática se converte verdadeiramente em luta por alternativas democráticas. Só assim é possível lutar democraticamente contra o dogmatismo democrático. Esta experimentação institucional que ocorre no interior do campo democrático não pode deixar de causar alguma instabilidade e incoerência na ação estatal e pela fragmentação estatal que dela eventualmente resulte podem sub-repticiamente gerar-se novas exclusões.[443]

O segundo princípio adotado pelo pensador português, com o qual concordo e aqui quero aplicar, deixa muito clara a importância que o Estado tem ainda na constituição de uma gestão pública compartida do direito à saúde (e dos direitos fundamentais em geral), pois que deve servir de garante não só da igualdade de oportunidades aos diferentes projetos de institucionalidade democrática, mas também garantir padrões mínimos de inclusão, que tornem possível à cidadania ativa participar, monitorar, acompanhar e avaliar o desempenho dos projetos alternativos. Esses padrões mínimos de inclusão são indispensáveis para transformar a instabilidade institucional em campo de deliberação democrática.

Neste ponto está certo Tribe,[444] ao afirmar que *la Costituzione non è uno specchio in cui ognuno vede quello che vuole, né un documento affidato alle sempre mutevoli suelte politiche dei suoi interpreti. È suo compito creare una nazione attraverso le parole e, pertanto, debe godere del più ampio consenso fra i cittadini consociati.*

Em face de tudo isto, precisa-se urgentemente encontrar uma forma de contemporizar tão diferentes desafios no âmbito do direito à saúde, partindo do pressuposto de que tal mister incumbe a todos, e não somente a alguns.

---

[443] Op. cit., p. 127.
[444] TRIBE, Laurence H.; DORF, Michael C. *Leggere la Costituzione*. Roma: Il Mulino, 2005, p.

Caso 4 – Elementos jurídico-argumentativos de proteção do meio ambiente como Direito Fundamental: uma perspectiva procedimental

1. Notas introdutórias

Pretendo enfrentar neste estudo de caso as possibilidades de análise e decisão de tema envolvendo a proteção do meio ambiente. Para tanto, num primeiro momento, quero demarcar alguns pressupostos teóricos que delimitam o significado deste marco referencial utilizado, para em seguida extrair dele categorias e conceitos chaves à constituição da argumentação jurídica fundamentadora da decisão judicial, necessariamente vinculada a uma adequada Teoria do Sistema Jurídico conformada aos Direitos Fundamentais.

Ao fim, pretendo testificar estes elementos reflexivos e pragmáticos à solução de um caso concreto envolvendo o meio ambiente e sua proteção, que se deu junto ao Tribunal de Justiça do Estado do Rio Grande do Sul.

2. Elementos preliminares e identificatórios de uma Teoria Procedimental do Direito

Tenho reiteradamente asseverado que o nominado Estado Democrático de Direito estabelecido pela ordem constitucional contemporânea no Brasil tem como marca identificatória mais sensível, normativa e pragmaticamente falando, o fato de ir ao encontro de medidas urgentes voltadas às garantias da dignidade da pessoa humana, no sentido de minimizar os efeitos do modelo de crescimento econômico imposto pelo mercado transnacionalizado (sem transformá-lo radicalmente), cumprindo quiçá um papel revolucionário (tal qual o da burguesia e do Estado de Direito quando do rito de passagem do medievo à modernidade).[445]

É deste histórico e cenário que se pode visualizar, progressivamente, o surgimento de um Judiciário promovedor de medidas sociais compensatórias e mesmo satisfativas para determinadas demandas individuais e coletivas, e aqui se podem

---
[445] Ver o texto LEAL, Rogério Gesta. *Teoria do Estado: cidadania e poder político na modernidade*. Porto Alegre: Livraria do Advogado, 2003. Igualmente, ver o texto de PASCUAL, Carlo García. *Legitimidad Democrática y Poder Judicial*. Valencia: E. Alfons el Magnánin, 2001, p. 49 e segs.

citar os casos das decisões judiciais envolvendo fornecimento de medicamentos, garantia de energia elétrica e água, que se avolumam nos Tribunais de todo o país.[446]

Todavia, estes comportamentos jurisdicionais, na verdade, se são importantes numa análise de cumprimento de sua função social imediata, não podem ser tomados como fórmulas substitutivas e mesmo emancipadoras dos demais poderes instituídos e de suas funções democráticas – inclusive no plano filosófico do seu significado –, eis que precisam ser cotejados no âmbito específico da ideia revisada de Democracia Representativa, ainda vigente nos sistemas políticos ocidentais.[447]

Na verdade, o que está em jogo é saber dimensionar, neste particular, as diferenças constitutivas das atividades/funções legislativas, executivas e judicantes numa ordem democrática e os significados disto em termos de Democracia Representativa.[448]

No âmbito da filosofia, tal problemática é expressa por Habermas em termos de justificação e da aplicação do sistema normativo:

> In any case, the constitutional judicial review initiated by individual cases is limited to the application of (constitutional) norms presupposed as valid; thus the distinction between discourses of norm application and those of norm justification offers at least an argumentation-theoretic criterion for demarcating the respective tasks that the judiciary and the legislature can legitimately accomplish.[449]

O autor alemão aqui estaria interpretando a Constituição na direção que John H. Ely[450] o faz, ou seja, de uma forma processual; a Constituição como o instrumento que regula a organização e a solução processual de problemas sociais,

---

[446] Neste cenário, há toda uma rede de fomento para que os juízes desempenhem um papel especial e importante, pois, através de perquirições interdisciplinares, vão delimitando os *interesses sociais*, para os fins de equilibrar e estabelecer contrapesos jurisdicionais em face das diferentes reivindicações societárias, criando eles próprios regras apropriadas que refletem esse equilíbrio. Ver o texto de SPIRO, Peter. *The Judiciary and Legislation: on the role and legitimacy of Constitutional Adjudication*. New York: Westview Press, 2005, p. 119.

[447] Reforça esta idéia LEAL, Rosemiro Pereira. Processo e Hermenêutica Constitucional a partir do Estado de Direito Democrático. *Revista do Curso de Direito da Faculdade de Ciências Humanas – FUMEC*, v. 6, Belo Horizonte, 2003, p. 29: *A escolha axiológica e personalíssima do bom ou deontológica do correto, a pretexto de que só o intérprete-aplicador de um direito de sua exclusiva compreensão teria voz audível pela sentença, desconhece que o provimento é um discurso suscetível a igual taciturnidade quando proferido à distância da lei, porque a voz do juiz, na Sociedade Jurídico-política de Direito Democrático, há de ser legífona e não autófona.*

[448] E não estou dizendo, com isto, que *Judging serves the community in two ways: by doing justice according to law in each case and by maintaining the rule of law in the community at large*, como quer BRENNAN, Gerard. *Judicial Ethics in Australia*. Sidney: LBS, 1997, p. 119, numa perspectiva reducionista da função jurisdicional nas democracias contemporâneas.

[449] Cf. HABERMAS, Jürgen. *Between facts and norms: contributions to a discourse theory of law and democracy*. Cambridge: MIT Press, 1998, p. 119.

[450] Cf. ELY. John. *Democracy and Distrust*. Cambrigde: Harvard University Press, 2000. Habermas lembra que Ely *parte da idéia de que a Constituição Americana regula, em primeira linha, problemas de organização e procedimento, não sendo talhada para a distinção e implementação de valores fundamentais* (cf. HABERMAS, Jürgen. *Between facts and norms: contributions to a discourse theory of law and democracy*. Op. cit., p. 326).

regulação esta que possui, por sua vez, normas de operacionalização que são constitutivas das escolhas políticas e axiológicas dos envolvidos por estes problemas.

É no bojo do processo/procedimento já delineado pela norma constitucional e também pela infraconstitucional que a jurisdição deve criar um efetivo espaço democrático e participativo de comunicação intersubjetiva, voltada ao entendimento e à pacificação do conflito. Para tanto, todavia, deve estar munida e municiar a todos os envolvidos com razões de justificação e fundamentação das possibilidades de solução do caso, o que se obtém através de todos os momentos da lide, avaliando-os em face do plexo axiológico que informa o sistema jurídico e a Sociedade Democrática de Direito que o constituiu.

Fix-Zamudio lembra que *avec ce droit constitutionnel d'action, les Constitutions d'Amerique consacrent, avec une certaine ampleur, le droit à la defense en justice, considéré comme un droit inhérent à la personne humaine et inviolable*,[451] dando conta, pois, que na própria América Latina o tema dos direitos processuais constitucionais já vem sendo considerados como fundamentais à condição de sujeito de direito contemporâneo, isto desde a década de 1960.[452]

Na jurisdição alienígena, da mesma forma, a orientação segue esta senda, na medida em que, a título de exemplificação, a experiência italiana dá conta de que a garantia constitucional por ela deferida a título de direito à tutela jurisdicional não se limita a proteger o abstrato direito de ação, tal como o concebe o direito processual moderno. Todo e qualquer embaraço ao exercício dos direitos substanciais ou aos interesses legítimos, seja no plano formal, seja no material, configura denegação da tutela jurídica devida pelo Estado aos indivíduos.

O processo devido ou o justo processo tem de se mostrar idôneo a uma adequada atuação da garantia constitucional de justiça, de sorte que, nesse aspecto, é inconstitucional a lei ou o comportamento processual cujo efeito prático seja criar uma situação que, mesmo não impedindo o exercício do direito de ação (direito de acesso ao tribunal), cria tal desequilíbrio jurídico entre as partes – e suas circunstâncias materialmente identificadas – que, *in concreto*, preconstitui, ainda que de fato, o êxito do processo subordinando-o praticamente à atividade processual de uma só das partes.[453]

---

[451] FIX-ZAMÚDIO Héctor. Les garanties constitutionnelles des parties dans le proces civil en Amérique Latine. In: MAURO CAPPELLETTI et DENIS TALLON, *Les garanties fondamentales des parties dans le proces civil*. Paris: Dalloz, 1973, p. 65.

[452] Tais informações podem-se encontrar também em MIRANDA, Jorge. *Constituições de Diversos Países*. Lisboa: Imprensa Nacional – Casa da Moeda, 1979, vol. II, p. 379.

[453] Como quer COMOGLIO, Luigi Paolo. *La Garanzia Constituzionale dell'azione ed il processo civile*. Padova: Cedam, 1990, p. 155. No Brasil, ver o texto de THEODORO JUNIOR, Humberto. *As garantias constitucionais do processo civil*. In Revista de Jurisprudência Brasileira – JB-, vol.159. São Paulo: Revista dos Tribunais, 2000, p. 37/54. Neste sentido é que a jurisdição tem de se prestar como um efetivo espaço público de debate garantidor das prerrogativas dos envolvidos direta ou indiretamente com a decisão judicial decorrente, notadamente reconhecendo as diferenças que os identificam – o que demanda tratamento, por vezes, diferenciados a um

Ao longo do tempo, contudo, os sistemas jurídicos ocidentais foram se aperfeiçoando exatamente para estarem mais conforma a norma fundamental que os guia: a Constituição, nuclearmente em face dos direitos e garantias fundamentais que lhe dá sentido. Impõe-se avaliar tal perspectiva agora.

3. Prognósticos do sistema jurídico brasileiro orientado pelos Direitos Fundamentais e sua dimensão ambiental

Já tive oportunidade de sustentar, a partir de Habermas, a tese de que *the modern legal order can draw its legitimacy only from the idea of self-determination: citizens should always be able do understand themselves also as authors of the law to which they are subject as addressees.*[454]

Ratificando aqui sua crença nas teorias contratualistas de fundamentação do poder político e mesmo da noção de sociedade decorrente daí, Habermas vai mais além, porque – a partir de sua virada linguística (*linguistic turn*) e com uma Teoria do Discurso –, constrói o que se pode chamar de um novo fundamento para o poder político e o seu exercício institucional e social (dentre eles os dos Poderes Executivo, Legislativo e Judiciário), qual seja, o de entendimento deontológico (*deontological understanding*) da condição de cidadania e sujeito de direito. Em outras palavras, o modelo de discurso/ação deliberativo na democracia refunda a noção de contrato social, no sentido de conceber a comunidade regulada normativamente como constituída não pela forma do contrato jurídico avençado entre os seus pares e criador do Estado, mas constituída pelo processo discursivo/ativo da construção de consensos fundada em valores conscientemente compartilhados.

Assim é que um dos argumentos centrais desenvolvidos no texto *Faticidade e Validade,*[455] passível de ser aproveitado aqui, é o que demonstra que há uma relação interna e condicionante – e não simplesmente histórica e contingente associação – entre as normas jurídicas e a democracia (com suas representações institucionais), assim como ocorre com a relação entre as previsões formais de equidade e suas dimensões materiais, caso contrário se esvaziaria o próprio sentido do sistema jurídico como um todo.[456] Tal relação evidencia-se no âmbito do conceito de lei como resultado de procedimentos que veiculam os interesses sociais pela via da comunicação e interlocução dos sujeitos afetados pela norma,

---

e a outro, em face do interesse envolvido ou das particularidades mesmo dos sujeitos de direito de que se trata (reconhecimento de hipossuficiência de parte, inversão do ônus da prova, etc.).

[454] Cf. HABERMAS, Jürgen. *Tanner Lectures on Human Values.* New York: New York University Press, 1986, p. 28, em que o autor vai retomar estas reflexões de forma mais sistematizada no texto *Faticidade e Validade,* de 1992. Tratei desta abordagem no texto LEAL, Rogério Gesta. As potencialidades lesivas à democracia de uma jurisdição constitucional interventiva. In: *Revistado do Instituto de Hermenêutica Jurídica,* vol.1, nº 4. Porto Alegre: IHJ, 2006, p. 353.

[455] HABERMAS, Jürgen. *Between facts and norms: contributions to a discourse theory of law and democracy.* Op. cit..

[456] Idem, p. 47.

pondo-se como mais democrático aqueles procedimentos que mais se aproximam da manifestação da vontade popular direta.

A legal order is legitimate to the extent that it secures the equally fundamental private and civic autonomy of its citizens; but at the same time it owes its legitimacy to the forms of communication which are essential for this autonomy to express and preserve itself. That is the key to a proceduralist conception of law.[457]

Mas como se estabelece a relação entre a manifestação da vontade social em face do sistema jurídico que a regula no dia a dia de seu evolver? Dá-se pela via da transmutação desta vontade em códigos normativos constitucionais e infraconstitucionais (tanto princípios como regras). Tais comandos vinculantes estabelecem, em caráter exemplificativo, as possibilidades emancipatórias do convívio social, ratificando suas funções civilizatórias e compromissórias à inclusão dos sujeitos de direitos na ambiência do tecido social.

Estou dizendo que as normas insertas no sistema jurídico vigente, enquanto deontológicas, seja na forma de princípios ou regras, constituem um momento objetificante das normas axiológicas previamente demarcadas pelo processo político e legislativo legítimo da manifestação de vontade da soberania popular, identificando as eleições comunitárias atinentes à vida que desejam partilhar, a partir, por óbvio, dos pressupostos mínimos existentes para tanto (constituídos por esta mesma Soberania), a saber: *the basic rights to conditions of live which are socially, technically and ecologically secure to the degree necessary for equal ability to make use of rights.*[458]

Neste sentido, mister é que se identifique de que maneira tais parâmetros normativos abordam o tema do meio ambiente, objeto deste estudo particular.

De pronto importa referir que qualquer sistema jurídico ocidental pode ser tomado em, pelo menos e preambularmente, duas acepções: a gramatical (em face de seus enunciados que pretensamente estão racionalmente constituídos e concatenados), e a pragmática (enquanto projeção empírica de seus comandos sobre a realidade circundante do cotidiano das pessoas). Daí que se diz que o sistema jurídico é sempre o que ele expressa e a sua *testificação empiriocriticista*[459] – haja vista a com-

---

[457] Cf. HABERMAS, *Between facts and norms*, op. cit., p. 493. Tal perspectiva se afasta da assertiva de que as teses de Habermas pretendem instituir uma salvaguarda às relações sociais que não é de ordem jurídica, o que implicaria uma autonomia da Sociedade diante do Direito (como quer STRECK, Lenio Luis. *Jurisdição Constitucional*. Rio de Janeiro: Forense, 2005, p. 176), isto porque, na realidade, quaisquer salvaguardas – institucionais ou não – dos sujeitos de direito são trabalhadas pelo filósofo tedesco numa acepção epistemológico-argumentativa, tomando como pressuposto lógico-constitutivo o seu processo/procedimento de construção, bem como a forma de operacionalização individual e coletiva delas, reciprocamente condicionadas pela necessidade de justificação e fundamentação racional-comunicativa. Assim, é óbvio que é a ordem jurídica legitimamente forjada por consensos comunicativos que garante a autonomia não diretamente da sociedade, mas dos sujeitos que a constituem (os quais, por sua vez, ensejam a formatação de um modelo de Sociedade historicamente situada e compromissada, axiológica e deontologicamente).

[458] Conforme HABERMAS, Jürgen. *Postscript to Between Facts and Norms*. In New York University Law Journal, E. 154. New York University Press, sep. 2004, p. 50.

[459] VERDROSS, Alfred. *La filosofía del derecho del mundo occidental*. México: Universidad Nacional Autónoma de México, 1982, p. 118.

plexidade do processo relacional que ele mantém com a conjuntura incontrolável do tempo e do espaço em que opera. Em face disto, pode-se sustentar que as formas de interpretação e aplicação do sistema jurídico assim concebido devem ter presente a criação de condições para que a norma interpretada e aplicada ao caso concreto tenha eficácia (temporal e espacial), sempre no sentido da realização dos elementos axiológicos que o fundaram e que vinculam a todos sob sua égide.

Estou asseverando que de nada adianta a aplicação de norma que venha a ser absolutamente desconectada de uma realidade histórica que não mais comporta aquela interpretação, ou que não leve em conta o universo de variáveis que estão presentes empiricamente no caso. Entretanto, o oposto não pode ocorrer, que seria o intérprete responsável pela aplicação da norma ao caso concreto deixar de dar o seu correto direcionamento valorativo, oferecido pela Constituição, especialmente por seus princípios fundamentais.

De outro lado, a noção de sistema jurídico que tomo como base aqui, precisa ser sempre relevada na dicção do que sustenta Savigny,[460] no sentido de representar necessária concatenação interior que liga todos os institutos jurídicos e as regras de Direito a uma grande unidade ordenadora das relações sociais. Tal unidade sistêmica tem, por sua vez, à luz do que dispõe Robert Alexy,[461] três níveis, que se constituem em: *regras, princípios* e *procedimentos*; fundadas, pois, na idéia da razão prática do direito, passível de controle e constituição dialógica pelos atores atingidos ou envolvidos em qualquer relação intersubjetiva decisional sobre interesses e pretensões, privadas e públicas.

> Hay que excluir un legalismo estrictamente orientado por las reglas. Por razones de racionalidad práctica, es irrenunciable la presencia de principios y com ello – dicho com outra terminología – de valores en el sistema jurídico. En un Estado constitucional democrático, los principios tienen si no exclusivamente sí en una buena parte su ubicación jurídico-positiva en la Constitución.[462]

Quando o sistema jurídico brasileiro fala do meio ambiente, o faz pela via de dispositivos de natureza principiológica e regratória, alguns inscritos no art. 225 da Constituição Federal de 1988, bem como em outros comandos dispersos tanto na Carta Política como na legislação infraconstitucional, que orientam a interpretação e aplicação da legislação e também da política ambiental, dentre os quais se podem destacar os seguintes: o princípio da prevenção, o princípio do poluidor-pagador ou princípio da responsabilização, e o princípio da cooperação ou da participação.[463] Estes princípios, só para dizer o mínimo, estão condensados, ao lado de outros, nas disposições normativas federais, estaduais e municipais brasileiras atinentes à espécie.

---

[460] SAVIGNY, Fredrich Carl. *Sistema del Diritto Romano Attuale*. Turim: Daltricce, 1960, p. 118.

[461] ALEXY, Robert. *El concepto y la validez del derecho*. Barcelona: Editorial Gedisa, 1997, p. 174.

[462] Idem, p. 176.

[463] Como quer DERANI, Cristiane. **Direito ambiental econômico**. São Paulo: Max Limonada, 2002, p. 164 e seguintes.

Decorre daqui a tese de que a política ambiental não prescinde apenas da atuação do poder público, mas de ações solidariamente responsáveis que envolvam tanto o Estado quanto a coletividade, pois:

> [...] os administradores, de meros beneficiários do exercício da função ambiental pelo Estado que eram passam a ocupar a posição de destinatários do dever poder de desenvolver comportamentos positivos, visando àqueles fins. Assim, o traço que distingue a função ambiental pública das demais funções estatais é a não exclusividade do seu exercício pelo Estado.[464]

Canotilho chega a falar da emergência, nos dias de hoje, de um verdadeiro Estado Constitucional Ecológico (nacional e internacional), fundado na idéia de Democracia Sustentada, em face dos seguintes argumentos: (1) que o Estado Constitucional, além de ser e dever ser um Estado de Direito Democrático e Social, deve ser também um Estado regido por princípios ecológicos; (2) que o Estado Ecológico aponta para formas novas de participação política sugestivamente condensadas na expressão democracia sustentada, o que eleva o meio ambiente a um *status* de fim e tarefa do Estado, da Sociedade e do Mercado, como direito subjetivo fundamental.[465]

De outro lado, qualquer política ambiental tem de levar em conta: 1) a adoção de medidas preventivo-antecipatórias em vez de medidas repressivo-mediadoras; 2) o controle da poluição na fonte, ou seja, na origem (especial e temporal); 3) quanto à polícia do ambiente esta deve ser exercida no sentido de obrigar o poluidor a corrigir e recuperar o ambiente.[466] E tudo isto porque neste chamado Estado Constitucional Ecológico encontra-se de forma explícita a ideia de justiça intergeracional e de direitos de futuras gerações.

Nesta direção vai a doutrina italiana contemporânea, sustentando que:

> La dottrina, seguita talora dal diritto positivo, ha cercato di rispondere a questi fallimenti – l'aumento incontrollato del debito pubblico, la progressiva insostenibilità dei sistemi previdenziali, la perdita dell'ambiente salubre per mezzo della sovrapproduzione di rifiuti tossici e di gas di difficile smaltimento, la spoliazione di risorse naturali e i rischi connessi a modificazioni genetiche irreversibili – ricostruendo e proponendo diritti delle generazioni future e doveri delle generazioni presenti.[467]

---

[464] GRAU, Eros Roberto. *A ordem econômica na Constituição de 1988*: interpretação e crítica. São Paulo: Malheiros, 2004, p. 119.

[465] CANOTILHO, José Joaquim G. Estado Constitucional e Democracia Sustentada. In: SARLET, Ingo W. (organizador). *Direitos Fundamentais Sociais*: estudos de direito constitucional internacional e comparado. Rio de Janeiro: Renovar, 2003, p. 494. Lembra o autor que estes conceitos todos operam a partir da lógica do que se tem chamado de *globalismo ambiental*, que procura formatar uma espécie de *Welt-Umweltrecht* (direito de ambiente mundial), apontando para uma cidadania ambiental em termos intergeracionais.

[466] CANOTILHO, J. Actos jurídicos públicos e responsabilidade por danos ambientais. In: *Boletim da Faculdade de Direito*.Coimbra, v. 9, 1993. p. 47.

[467] ABRESCIA, Michele. *Un diritto al futuro: analisi economica del diritto, Costituzione e responsabilità tra generazioni*. Roma: Mulino, 2007, p. 72. Adverte o autor ainda, e com razão, que *una teoria giuridica dei diritti (o della responsabilità nei confronti) delle generazioni future costituisce in realtà una teoria della Costituzione, essendo quest'ultima, intrinsecamente, um processo relazionale tra generazioni*. Por esta razão, *La strada seguita dagli sistemi giuridici è infatti perlopiù orientata alla positivizzazione di doveri costituzionali imposti sulla generazione presente, e formulati in via mediata (sotto forma del principio di precauzione).*

Da mesma forma, os norte-americanos têm se ocupado deste tema, ao sustentarem que, dependendo do tipo de dano ambiental de que se esteja falando, ele pode configurar uma verdadeira catástrofe, o que demanda políticas preventivas igualmente fortes e eficazes para a proteção do interesse público envolvido. Cass Sunstein fala, por exemplo, do *Irreversible Harm Precautionary Principle*, existindo três fundamentos para justificá-lo, a saber: *an emphasis on people's occasional failure to appreciate the expected value of truly catastrophic losses; a recognition that political actors may engage in unjustifiable delay when the costs of precautions would be incurred immediately and when the benefits would not be enjoyed until the distant future; and an understanding of the distinction between risk and uncertainty.*[468]

Em um texto mais antigo, o mesmo autor faz referência à precaução como instrumento de proteção de interesses públicos indisponíveis, como o meio ambiente, asseverando que *The precautionary principle has been highly influential in legal systems all over the world. In its strongest and most distinctive forms, the principle imposes a burden of proof on those who create potential risks, and it requires regulation of activities even if it cannot be shown that those activities are likely to produce significant harms.*[469]

Em face destes princípios é que a doutrina especializada brasileira tem se referido à importância de um outro princípio, o da *precaução*, como um dos principais orientadores das políticas ambientais, além de ser elemento estruturante do direito ambiental. No Direito Positivo brasileiro, o Princípio da Precaução tem seu fundamento na Lei da Política Nacional do Meio Ambiente (Lei 6.938/81), mais especificadamente no seu artigo 4º, I e IV, que expressa a necessidade de haver um equilíbrio entre o desenvolvimento econômico e a utilização dos recursos naturais, e também introduz a avaliação do impacto ambiental como requisito para a instalação da atividade industrial.

A Constituição Federal vigente, da mesma forma, incorporou o Princípio da Precaução em seu artigo 225, § 1º, V, ao asseverar que *todos têm direito ao meio ambiente ecologicamente equilibrado, bem de uso comum do povo e essencial à sadia qualidade de vida, impondo-se ao Poder Público e à coletividade o dever de preservá-lo para as presentes e futuras gerações.*

---

[468] SUNSTEIN, Cass. R. Irreversible and Catastrophic. In: *Public Law and Legal Theory Working Paper Series*, April, 2005. Chicago University Press, 2005, p. 04.. Acessado pelo sítio: http://www.law.uchicago.edu/academics/publiclaw/index.html. Acesso em 20/12/2008. É verdade que os exemplos que o autor traz aqui são efetivamente diferenciados em termos de impactos causadores no meio ambiente natural e construído, referindo-se, por exemplo: *The normative arguments are illustrated throughout with reference to the problem of global warming; other applications include injunctions in environmental cases, genetic modification of food, protection of endangered species, and terrorism.*

[469] SUNSTEIN, Cass. R. Beyond the Precautionary Principle. In: *Public Law and Legal Theory Working Paper Series*, January, 2003. Chicago University Press, 2003, p. 01. Acessado pelo sítio: http://www.law.uchicago.edu/academics/publiclaw/index.html. Acesso em 20/12/2008. Neste ponto, lembra o autor que várias são as situações em que o princípio da precaução opera, a saber: *arsenic regulation, global warming and the Kyoto Protocol, nuclear power, pharmaceutical regulation, cloning, pesticide regulation, and genetic modification of food.* Registro que a posição do autor nestes dois trabalhos citados igualmente é a de não se radicalizar demais o princípio da precaução ambiental a ponto de gerar certa paralisia na relação entre meio-ambiente e vida social.

Tais perspectivas estão a impor ao Estado e à coletividade uma nova postura e comportamento em relação às questões ambientais, pois tais princípios exigem que sejam adotadas medidas ambientais que, num primeiro momento, obstem o início de uma atividade potencialmente e/ou lesiva ao meio ambiente, atuando também quando o dano ambiental já está concretizado, para que os efeitos danosos sejam minimizados ou cessados.

A literatura norte-americana tem dado relevo até demasiado a certas situações como estas, na dicção de Sunstein:

> As many treaties and statutes emphasize, some risks are distinctive in the sense that they are potentially irreversible or catastrophic; for such risks, it is sensible to take extra precautions. When a harm is irreversible, and when regulators lack information about its magnitude and likelihood, they should purchase an "option" to prevent the harm at a later date–the Irreversible Harm Precautionary Principle. This principle brings standard option theory to bear on environmental law and risk regulation. And when catastrophic outcomes are possible, it makes sense to take special precautions against the worst-case scenarios–the Catastrophic Harm Precautionary Principle.[470]

Assim, conforme Antunes,[471] a precaução não só deve estar presente para impedir o prejuízo ambiental, que possa resultar das ações ou omissões humanas, como deve atuar para a prevenção oportuna desse prejuízo. Evita-se o dano ambiental através da prevenção no tempo certo (na dicção de Sunstein, *Better safe than sorry*).[472]

Esta nova dimensão do direito ambiental com seus elementos normativos postos tem inaugurado ações administrativas e judiciais preventivas que não se limitam à eliminação dos efeitos lesivos ao meio ambiente, mas antecipam e previnem a ocorrência de uma atividade potencialmente danosa.

> Precaução é cuidado. O princípio da precaução está ligado aos conceitos de afastamento de perigo e segurança das gerações futuras, como também de sustentabilidade ambiental das atividades humanas. Este princípio é a tradução da busca da proteção da existência humana, seja pela proteção de seu ambiente como pelo asseguramento da integridade da vida humana. A partir desta premissa, deve-se também considerar não só o risco eminente de uma determinada atividade, como também os riscos futuros decorrentes de empreendimentos humanos, os quais nossa compreensão e o atual estágio de desenvolvimento da ciência jamais conseguem captar em toda densidade.[473]

A partir da idéia de precaução, consagra-se o critério da probabilidade na tomada de decisões que envolvam a questão ambiental, em detrimento do critério da certeza. Ou seja, enquanto ao demandado incumbe o dever de demonstrar, efetivamente, que a atividade desenvolvida não é lesiva ao meio ambiente, exigindo-se,

---

[470] SUNSTEIN, Cass. *Irreversible and Catastrophic*. Op. cit., p. 02.
[471] ANTUNES, Paulo de Bessa. *Curso de direito ambiental: doutrina, legislação e jurisprudência*. Rio de Janeiro: Renovar, 2001. p. 79 e seguintes. Da mesma forma MACHADO, Paulo Leme. *Direito ambiental brasileiro*. São Paulo: Malheiros, 2001. p. 57.
[472] SUNSTEIN, Cass. R. *Beyond the Precautionary Principle*. Op. cit.
[473] DERANI, Cristiane. *Direito ambiental econômico*. São Paulo: Max Limonada, 2002, p. 167.

portanto, certeza absoluta da inofensividade de sua prática, ao demandante cabe demonstrar que há probabilidade da ocorrência do dano.[474]

No manejo deste sistema jurídico, entretanto, importa ter presente alguns critérios de aplicação das normas (regras e princípios), por procedimentos racionais e controláveis, dentre os quais quero destacar o da ponderação dos interesses envolvidos. Tem-se, então, na dicção de Suzana Toledo, que:

> A questão da ponderação radica na necessidade de dar a esse procedimento um caráter racional e, portanto, controlável. Quando o intérprete pondera bens em caso de conflito entre direitos fundamentais, ele estabelece uma precedência de um sobre o outro, isto é, atribui um peso maior a um deles. Se se pode estabelecer uma fundamentação para esse resultado, elimina-se o irracionalismo subjetivo e passa-se para o racionalismo objetivo.[475]

É com base neste racionalismo objetivo que Canotilho assevera que as idéias de ponderação (*Abwägung*) ou de balanceamento (*Balancing*), surgem em todo o lado onde haja necessidade de encontrar o direito para resolver casos de tensão (*Ossenbühl*) entre bens juridicamente protegidos.[476]

Aqui é que o enquadramento sistêmico-constitucional ganha fôlego na solução do caso concreto, mediado pela interpretação do operador do direito, para dar relevo à idéia de que,

> (...) no momento de ponderação está em causa não tanto atribuir um significado normativo ao texto da norma, mas sim equilibrar e ordenar bens conflitantes (ou, pelo menos, em relação de tensão) num determinado caso (...). A actividade interpretativa começa por uma reconstrução e qualificação dos interesses ou bens conflitantes procurando, em seguida, atribuir um sentido aos textos normativos. Por sua vez, a ponderação visa elaborar critérios de ordenação para, em face dos dados normativos e factuais, obter a solução justa para o conflito de bens.[477]

Em face destes elementos, posso agora passar à avaliação do caso concreto densificador da reflexão que foi apresentada até aqui, verificando se é possível, a partir destes elementos, efetivamente decidir com qualidade e maior precisão as demandas sociais desta natureza que se apresentam à jurisdição.

---

[474] Ver a evolução deste debate nos textos de: FREESTONE, David; HEY, Ellen. *Origins and Development of the Precautionary Principle*. In The Precautionary Principle and International Law. New York: Macmilann, 2002; e WIENER, Jonathan. Precaution in a Multirisk World. In: *The Risk Assessment of Environmental and Human Health Hazards*. New York: Macmilann, 2004. Dizem os primeiros autores que: *Indeed, it has been claimed that the precautionary principle has become, or at least is becoming, a binding part of customary international law. In the mid-1970s, German environmental policy was founded on the basis of Vorsorgeprinzip, a precursor of the precautionary principle. With respect to risks, German policy has been described as seeing "precaution" as a highly interventionist idea, one that embodies "a loose and open-ended interpretation of precaution.*

[475] BARROS, Suzana de Toledo. *O Princípio da proporcionalidade e o controle de constitucionalidade das leis restritivas de direitos fundamentais*. Brasília: Brasília jurídica, 2000, p. 172.

[476] CANOTILHO, J. J. Gomes. *Direito constitucional e teoria da constituição*. Coimbra: Livraria Almedina, 2002, p. 1174. Ver igualmente o texto de KISS, Eduard Anthony. Hey *The rights and interests of future generations and the precautionary principle*. New York: Macmillan, 2006, p. 57 e seguintes.

[477] Idem, p. 1179.

4. O estudo de caso

O caso concreto que submeto à testificação dos argumentos construídos acima envolve Agravo de Instrumento interposto pelo Ministério Público, nos autos da Ação Civil Pública proposta contra Município gaúcho e empresa nele estabelecido,[478] em face da decisão assim exarada:

> Conforme já declarado na decisão de fl.196, mantida pelo egrégio Tribunal de Justiça (fl.254), "a exigência legal de tratamento dos despejos domésticos parece ter sido cumprida (adoção do sistema de fossa séptica – Decreto nº 23.430/74, art. 106) e ainda não há prova do descumprimento das condições previstas no art. 108 do mesmo diploma)". O ônus da prova, portanto, incumbe ao autor. Digam o autor e a ré se têm interesse em produzir outras provas, em 05 dias. (...)

Nas suas razões, o agravante argumentou que a ação civil proposta visa à indenização e à obrigação de fazer relativa ao suposto impacto ambiental decorrente da venda de unidades condominiais horizontais e, segundo os elementos constantes nos autos da referida ação, o efluente doméstico proveniente do conjunto habitacional é depositado diretamente em Arroio que cruza a cidade e de onde se faz a captação para abastecimento da população.

Diga-se de pronto que o ora Agravante já havia postulado, quando da interposição da exordial, liminarmente:*(a)* a proibição de comercialização das unidades habitacionais, sem que os esgotos produzidos nas futuras construções fossem encaminhados ao tratamento adequado, *(b)* que a segunda agravada realizasse às suas expensas o *recall* das unidades habitacionais no referido condomínio, *(c)* a fixação de multa de R$1.000,00 (um mil reais) por dia de atraso no prazo estabelecido para implementação do *recall* e multa de R$10.000,00 (dez mil reais), por unidade habitacional comercializada, sem a adoção das providências anteriores.

Tais perquirições foram indeferidas na época e, interposto agravo de instrumento, a decisão foi mantida pela 3ª Câmara Cível do Tribunal de Justiça do Rio Grande do Sul, sob o fundamento de que, diante da relevância e complexidade da demanda, se impunha a dilação probatória.

Em novo Agravo de Instrumento (objeto desta avaliação), sustentou o cabimento da inversão do ônus da prova, eis que o caso em debate se enquadra no que dispõem os arts. 6º 12 e seguintes do CDC, no que se refere à responsabilidade dos fatos danosos decorrentes dos produtos ou serviços, bem como nos termos do art. 17 do mesmo diploma legal, uma vez que, para o caso em questão, podem ser considerados como consumidores todas as vítimas de possível evento. Destacou que a inversão do ônus da prova deve ser adotado quando há verossimilhança ou hipossuficiência e, na espécie, a primeira restou demonstrada pelos elementos já constantes nos autos, enquanto a segunda restou configurada na medida em que, mantida a decisão atacada, não terá o agravante a possibilidade da arcar com os honorários periciais.

---

[478] No âmbito do Agravo de Instrumento nº 70015155823, da Terceira Câmara Cível do Tribunal de Justiça do Estado do Rio Grande do Sul, de minha relatoria.

Requereu a concessão do efeito suspensivo para determinar a suspensão da instrução processual, a fim de que a instituição autora não restasse submetida a litigar e revelar sua estratégia de posicionamento em situação na qual não lhe foi garantida vantagem processual a que teria direito. No mérito, postulou o provimento do apelo para que fosse determinada a inversão do ônus da prova em face dos fatos a serem provados, a saber: a regularidade do sistema de recepção de esgoto de seu empreendimento imobiliário, bem como que o seu funcionamento não gera qualquer sorte de degradação ambiental.

O problema central, pois, diz respeito à adequação de sistema de esgoto cloacal de condomínio residencial em comarca do interior do Estado do Rio Grande do Sul, bem como a condenação dos agravados em indenizar os danos ambientais causados. Em face disto, a problemática que surge é em relação às condições e possibilidades de se constituírem os elementos probatórios necessários à verificação da existência ou não de perigo ambiental no empreendimento imobiliário vergastado, e quem deve produzi-la. Para o enfrentamento de tal questão, importa se fazer algumas considerações.

Registre-se que, desde o informe do Patrulhamento Ambiental (Patran) que trouxe à colação os primeiros fatos do ocorrido, o que existe de concreto em termos de potencial lesividade ao meio ambiente é o despejo do esgoto sanitário proveniente de Condomínio Residencial junto ao nominado Arroio Duro, por meio de tubulação. O informe do Município de fl.109, por sua vez, dá conta de que este Condomínio possui rede de esgoto *servido por tratamento primário com fossa séptica*, sendo este o *tratamento usual da rede de esgotos públicos em todos os bairros da cidade*. Por outro lado, é o próprio Ministério Público que constatou, nos autos, que *de acordo com o projeto protocolizado na prefeitura, e que foi rigorosamente cumprido, cada apartamento é dotado de uma fossa séptica que recebe toda água utilizada em sanitário, pias e outros. Essa fossa séptica se liga ao coletor público.*

Assim, até agora, não há sequer indício de qual o impacto ambiental que pode decorrer daquele despejo noticiado. Todavia, cumpre levar em conta que, consoante informações prestadas pela empresa envolvida e pela municipalidade, não contestadas pelo Ministério Público: (a) não são indicados que recursos hídricos estão efetivamente ameaçados pelas situações descritas na exordial, inexistindo projeção quantitativa do dano lá sinalizado; (b) no nominado Arroio Duro deságuam igualmente águas de outros Bairros da cidade; (c) a comunidade não possui rede autônoma para escoamento de efluentes pluvial e cloacal, sendo ela mista; (d) o receptor de águas para o fornecimento à comunidade não é atingido em face dos despejos sob comento, eis que o receptor dos recursos hídricos para tal desiderato encontra-se localizado em outro lugar, no alto da barragem do Arroio Duro, *vários quilômetros antes e acima da zona urbana*; (e) o referido arroio, *no trecho em que ocorre colocação dos dejetos, não está em seu estado natural. Há muitos anos, por interesse econômico e para controle das cheias, o Arroio teve seu curso alterado e foi integralmente canalizado. Na zona urbana o Arroio é um canal. Repita-se: com a abertura das comportas as águas ficam totalmente limpas.*

Estes fatos trazidos aos autos, melhor cotejados, impuseram um questionamento neural à solução da controvérsia do Agravo: (1) Em nome do princípio da precaução à proteção do meio ambiente ora envolvido, que tipo de elementos probatórios iniciais devem existir a viabilizar a sindicabilidade jurisdicional postulada pelo Ministério Público? (2) Como se podem alcançar níveis maiores de certeza da ameaça ao bem juridicamente tutelado? Passo a responder tais questionamentos.

1) Os elementos necessários à ativação legítima da tutela jurisdicional do Estado no que tange à proteção de bem jurídico fundamental como o meio ambiente são aqueles que dão indícios de sua lesão ou ameaça de lesão, consoante preleciona a própria Constituição Federal, nos seus arts. 5º, XXXVI, 225 e seguintes, sendo cada caso concreto o responsável pela densificação material de tais possibilidades. De outro lado, este bem jurídico efetivamente se apresenta como relacionado diretamente ao que tem se chamado de interesse difuso ou coletivo, regulado, por exemplo, pelos termos do art. 90 do Código de Defesa do Consumidor, e pelo art. 21, da Ação Civil Pública.

Inexistindo no sistema jurídico brasileiro, acertadamente, um rol identificador exaustivo daqueles interesses, eles podem ser compreendidos em face das naturezas indivisível e indisponível que possuem, figurando como seus titulares pessoas indeterminadas e ligadas por circunstâncias de fato(CDC art. 81, parágrafo único, I), entre as quais inexiste vínculo jurídico ou fático preciso.

Tais elementos e considerações fizeram com que o magistrado de primeiro grau acolhesse a pretensão de aferir as matérias ventiladas na ação civil pública, pois atendidas as configurações delineadas acima.

2) Para o desenvolvimento regular do feito, no intento de alcançar níveis maiores de certeza sobre as ameaças ao meio ambiente sinalizadas, entendeu por bem o mesmo magistrado a não deferir a inversão do ônus da prova pretendida pelo *Parquet*, o que me parece, no caso, inadequado, a uma, pelos fatos trazidos ao processo por todas as partes, gerando dúvidas sobre, por exemplo: (a) quais os recursos hídricos que estão efetivamente ameaçados pelas situações descritas na exordial, considerando que existe o despejo de produtos poluentes no Arroio que abastece de águas a comunidade? (b) o que implica, no caso, a comunidade não possuir rede autônoma para escoamento de efluentes pluvial e cloacal? (c) afinal, o receptor de águas para o fornecimento à comunidade é ou não atingido em face dos despejos sob comento? (d) o fato de o Arroio Duro ter tido o seu curso alterado e ter sido canalizado, afasta a potencial lesividade ao meio ambiente envolvido?

A duas, porque é do interesse público, da mesma forma indisponível e indivisível, que sejam tais questões, e outras pertinentes à espécie, elucidadas no feito, o que só poderá se realizar com elementos probatórios a serem produzidos na instrução. A responsabilidade para fazê-lo, em meu sentir, é dos sujeitos passivos da ação civil pública, até em face da preliminar caracterização de responsabilidade que possuem aqui.

Veja-se que na relação Estado e Sociedade deve-se garantir tanto a liberdade individual do cidadão quanto a integridade do meio ambiente, estabelecendo diretrizes e instrumentos que possibilitem a "apropriação" e a "transformação" da natureza com vistas à sua proteção e manutenção do equilíbrio ecológico.[479] Nesta direção, já a Declaração do Rio de Janeiro adotou, em seu dispositivo nº 16, o Princípio do Poluidor-Pagador, ao afirmar que: *As autoridades nacionais devem procurar assegurar a internalização dos custos ambientais e o uso de instrumentos econômicos, levando em conta o critério de quem contamina, deve, em princípio, arcar com os custos da contaminação, levando-se em conta o interesse público e sem distorcer o comércio e os investimentos internacionais.*[480]

No Brasil, a Lei 6.938/81, de 31 de agosto de 1981, também adotou o referido princípio, ao apontar como uma das finalidades da Política Nacional do Meio Ambiente a imposição ao usuário, da contribuição pela utilização dos recursos ambientais com fins econômicos e da imposição ao poluidor e ao predador da obrigação de recuperar e/ou indenizar os danos causados.

Além disso, o Princípio do Poluidor-Pagador fora recepcionado pela Constituição Federal no seu art. 225, § 3º, que prescreve: *As atividades e condutas lesivas ao meio ambiente sujeitarão os infratores, pessoas físicas ou jurídicas, às sanções penais e administrativas, independentemente da obrigação de reparar os danos causados.*

No plano internacional, a Organização para a Cooperação e Desenvolvimento Econômico (OCDE), por meio da Recomendação C(72), 128, de 28 de maio de 1972, incorporou formalmente o Princípio do Poluidor-Pagador. Mais tarde, por força do Ato Único Europeu, os ordenamentos jurídicos de todos países da comunidade europeia e também o Conselho da Europa aceitaram o Princípio do Poluidor-Pagador.[481]

Tendo este princípio um caráter econômico destacado, porque imputa ao poluidor os custos decorrentes da atividade poluente, para a otimização dos seus resultados positivos na proteção do meio ambiente é preciso que ele seja operado com bom senso econômico, jurídico e político, haja vista que implica custos às medidas de prevenção e controle da poluição, para estimular a utilização racio-

---

[479] Conforme o trabalho de MIRRA. Princípios fundamentais do direito ambiental. In: OLIVEIRA JÚNIOR, José Alcebíades; LEITE, José Rubens Morato (Orgs.) *Cidadania coletiva*. Florianópolis: Paralelo, 1996.

[480] ANTUNES, Paulo Bessa. *Direito ambiental*. Rio de Janeiro: Lumen Juris, 2001, p. 31.

[481] Conforme ARAGÃO, Maria Alexandra de Souza. *O princípio do poluidor-pagador : pedra angular da política comunitária do ambiente*. São Paulo: Coimbra, 1997, p. 27. O objetivo do princípio do poluidor pagador é fazer não apenas com que os custos das medidas de proteção do meio ambiente (as externalidades ambientais) –sejam suportados pelos agentes que as originaram, mas também que haja a correção e/ou eliminação das fontes potencialmente poluidoras.Resumidamente, o Princípio do Poluidor-Pagador tem três funções primordiais: a de prevenção, reparação e a de internalização e redistribuição dos custos ambientais.

nal dos recursos ambientais escassos, e para evitar distorções ao comércio e aos investimentos internacionais. Quero dizer com isto que, na prática, os custos de controle da poluição que surgem devido à regulamentação ambiental devem ser suportados pelo poluidor e por todos aqueles que estão vinculados diretamente a ele, pois a sociedade não deve arcar diretamente e sózinha com as obrigações decorrentes da proteção do ambiente.

Da mesma forma:

> In 1982, the United Nations World Charter for Nature apparently gave the first international recognition to the principle, suggesting that when "potential adverse effects are not fully understood, the activities should not proceed". The closing Ministerial Declaration from the United Nations Economic Conference for Europe in 1990 asserts, "In order to achieve sustainable development, policies must be based on the precautionary principle... Where there are threats of serious or irreversible damage, lack of full scientific certainty should not be used as a reason for postponing measures to prevent environmental degradation.[482]

Para se aferir tais situações, o sistema jurídico brasileiro, reconhecendo a vulnerabilidade do consumidor em algumas situações como estas que analiso, em que se afigura difícil a estes (meio ambiente e Sociedade) a prova do fato constitutivo do seu direito, o que lhe é exigido nos termos do art. 333 do CPC, criou a possibilidade da inversão do ônus da prova, notadamente quando presente a verossimilhança das alegações *sub judice*, deixando a critério do juiz exigir que o fornecedor prove o fato extintivo, modificativo ou impeditivo do direito que lhe é oposto, mesmo sem que este tenha provado o fato constitutivo consectário de forma absoluta.[483]

É o próprio Código de Defesa do Consumidor que dispõe sobre a facilitação da defesa dos direitos de que estou tratando, inclusive com a inversão do ônus da prova a favor do hipossuficiente quando, a critério do Juiz, for verossímil a alegação, segundo as regras ordinárias de experiências" (art. 6º, VIII). Não se trata, pois, de inversão legal, pois não decorre de imposição ditada pela própria lei, mas, sim, fica submetida ao crivo judicial, cabendo ao magistrado, em face do caso, dizer se é caso de inversão, ou não, do ônus da prova, uma vez analisada a ocorrência daqueles pressupostos.[484]

---

[482] GRAHAM, John. *The Role of Precaution and Risk Assessment in Risk Managament: An American's View*. In http://www.whitehouse.gov/omb/inforeg/eu_speech.html, acessado em 20/12/2008.

[483] Vai neste sentido o texto de LISBOA, Roberto Senise. *Responsabilidade Civil nas Relações de Consumo*. São Paulo: Revista dos Tribunais, 2001, p. 95. Refere o autor que *prevalece no processo civil moderno o princípio geral da verdade formal, o que possibilita ao juiz o poder de proceder a inversão do ônus da prova pela mera constatação de que as alegações do autor possam ser verdadeiras, inclusive no que diz respeito à dificuldade de obtenção de informações técnicas sobre o produto e o serviço fornecidos.*

[484] Neste sentido, o texto de MORAES, Voltaire de Lima. Anotações sobre o ônus da prova no Código de Processo Civil e no Código de Defesa do Consumidor. In: *Revista AJURIS*, vol.74. Porto Alegre: AJURIS, 1998, p. 44. Neste texto, o autor adverte também que *a inversão do ônus da prova, com a devida vênia, não deve ser decretada* ab initio, *quando o Juiz analisa a petição inicial, pois sequer houve manifestação do demandado, não se podendo precisar, inclusive, a dimensão da sua resposta, muito menos os pontos controvertidos. Assim, mostra-se prematura e indevida a decretação da inversão do ônus da prova nessa fase do procedimento.*

Em face de tais considerações, e concordando com Moraes, parece claro que o momento adequado para a decretação da inversão do ônus da prova é aquele que se dá por ocasião do saneamento do processo, quando, inexitosa a conciliação, o Juiz tiver fixado os pontos controvertidos da lide, decidindo as questões processuais pendentes, dentre as quais o cabimento, ou não, da inversão do ônus da prova (art. 331, § 2º, do CPC), ficando, dessa forma, cientes as partes da postura processual que passarão a adotar, não podendo alegar terem sido surpreendidas, especialmente aquela que recebeu o encargo de provar.[485]

Este é o momento em que se encontra este feito, demandando a sindicabilidade dos fatos denunciados pelo Ministério Público, o que se afigura imprescindível para o deslinde da ação principal, merecendo a determinação da inversão sob comento.

Por estas razões, julguei parcialmente procedente o Agravo de Instrumento, para os fins de determinar a inversão do ônus da prova no feito, incumbindo, de forma solidária, ao Município e à Construtora, a responsabilidade pelas provas necessárias à comprovação da regularidade do sistema de recepção do esgoto de seu empreendimento descrito na inicial, e de que ele não gera degradação ambiental comprometedora do meio ambiente.

---

[485] Idem, p. 53.

Caso 5 – Possibilidades normativo-constitutivas de gestão da cidade no Brasil e suas dimensões eficaciais

1. Notas introdutórias

No presente estudo de caso, pretendo avaliar as possibilidades normativas da constituição de um novo sujeito de direito no país, a saber, a cidade, a partir dos dispositivos constitucionais e infraconstitucionais que versam sobre ela no sistema jurídico pátrio.

Para tanto, vou delimitar sua natureza política e social, em face dos seus elementos constitutivos extrajurídicos, após o que vou enfrentar os seus contornos dogmáticos, verificando se é possível reconhecê-la como detentora de objetivos, finalidades e interesses passíveis de tutela especial.

Ao fim, pretendo apresentar um estudo de caso jurisdicional testificador das teses edificadas neste ensaio.

2. Da natureza política e social das cidades no Brasil

Desde há muito, Milton Santos, geógrafo urbano brasileiro de renome internacional, tem insistido com o fato de que a cidade precisa ser concebida a partir de uma dimensão mais ampla do que a circunscrição territorial que ela possui, ou mesmo sua delimitação jurídica estrita, mas precisa ser tomada como espaço de vida, de matiz relacional: coisas e relações juntas. Eis por que sua definição não pode ser encontrada senão em relação a outras realidades: a natureza e a sociedade matizadas pelo trabalho. *Não é o espaço, portanto, como nas definições clássicas da geografia, o resultado de uma interação entre o homem e a natureza bruta, nem sequer um amálgama formado pela sociedade de hoje e o meio ambiente.*[486]

Assim é que a cidade deve ser considerada, fazendo referência à reflexão do geógrafo, como um conjunto indissociável de que participam, de um lado, certo arranjo de objetos geográficos, objetos naturais e objetos sociais e, de outro, a vida que os preenche e os anima, ou seja, a sociedade em movimento. *O conteúdo (da*

---
[486] SANTOS, Milton. *Metamorfose do espaço. habitado.: fundamentos teóricos e metodológicos da geografia.* São Paulo: HUCITEC, 1997, p. 29.

sociedade) não é independente da forma (os objetos geográficos), e cada forma encerra uma fração do conteúdo. O espaço, por conseguinte, é isto: um conjunto de formas contendo cada qual frações da sociedade em movimento.[487]

Adoto, pois, esta perspectiva de conceber a cidade e o espaço habitado como um ser social por excelência, haja vista que podemos acompanhar, a partir das matrizes urbanas, a maneira como a raça humana se expande e se distribui, acarretando sucessivas mudanças demográficas e sociais em cada continente (mas também em cada país, em cada região e em cada lugar).

O problema é que a historiografia formativa do espaço urbano no Brasil é marcada pela ilicitude e irregularidade, basta ver a trajetória do surgimento dos municípios no país, com seu território ocupado em desacordo com a legislação urbanística. Por tais motivos, posso afirmar que não se construiu e até hoje é escassa uma consciência individual e coletiva urbanística que se preocupe com as ocupações desordenadas que geram a deterioração do meio ambiente e o caos social. Assim, loteamentos clandestinos ou em área de proteção aos mananciais, favelas, condomínios em áreas rurais e invasões de terras são uma constante no cenário surreal da (des)ordem urbana brasileira.[488]

Em verdade, foi no século passado que o país mais se urbanizou. A evolução do crescimento da população urbana, conforme a tabela abaixo, é bastante significativa. No ingresso do século XXI, segundo estimativas do Instituto Brasileiro de Geografia e Estatística (IBGE), somos 169.590.693 de brasileiros, com 81,2% da população brasileira morando em áreas urbanas e 18,8% vivendo em áreas rurais. Ao contrário do que acontece na década de 50, quando 63,8% viviam no campo e 36,2% nas cidades.

Crescimento da População Urbana no Brasil

Ano	População	Percentual	nº de municípios
2000	137.755.550	81,2	5.507
1990	110.875.826	75,5	4.491
1980	82.013.375	67,7	3.991
1970	52.904.744	56,0	3.952
1960	32.004.871	45,1	2.766
1950	18.782.891	36,2	1.889

Fonte: Censos Demográficos IBGE de 2002.

De qualquer sorte, os dados demonstram que a vida nas cidades brasileiras continua a ser um desafio neste século recém-iniciado, acirrando cada vez mais os conflitantes interesses em jogo e tendo como pano de fundo uma urbanização

---

[487] SANTOS, Milton. Op. cit., p. 29.
[488] Discuti isto no livro LEAL, Rogério Gesta. *A função social da cidade e da propriedade no Brasil*. Porto Alegre: Livraria do Advogado, 1999. Da mesma forma ver o trabalho de FERNANDES, Edésio. *A Regularização de Favelas no Brasil: Problemas e Perspectivas*. São Paulo: Max Limonad, 1999.

perversa que agrava diuturnamente o quadro de exclusão social, tornando mais evidente a marginalização de grandes segmentos populacionais.[489]

3. Marcos normativos e regulatórios das cidades brasileiras

Importa referir, de pronto, que a história normativa e regulatória da ocupação do espaço urbano no país e mesmo de ordenação das cidades é deveras pobre, a começar pelo fato de que a primeira tentativa de sistematização e intervenção na política urbana remonta ao período do Governo de João Goulart, quando pela primeira vez, em 1963, o governo federal, estimulado pelas pressões de massa e envolvido com reformas de base, promoveu o Seminário Nacional de Habitação e Reforma Urbana. A despeito de o golpe militar ter frustrado as idéias surgidas dali, conseguiu-se criar o Serviço Federal de Habitação e Urbanismo, instituído em 1964, juntamente com outro organismo oficial, o Banco Nacional da Habitação (BNH) – estruturado no bojo de formulação de política habitacional que ocorreu no marcos da ditadura.[490]

Já durante a década de 1970, assistiu-se o surgimento dos pólos de desenvolvimento e das regiões metropolitanas (RMFs), delineando a fisionomia urbana atual do país. Em 1973, foram criadas as RFMs de São Paulo, Belo Horizonte, Porto Alegre, Recife, Salvador, Curitiba, Belém e Fortaleza e, em 1974, a do Rio de Janeiro. Neste ano, foi inserido um capítulo sobre a questão urbana no II Plano Nacional de Desenvolvimento (II PND), tendo ainda sido criado, a despeito de sua efemeridade, o Conselho Nacional de Desenvolvimento Urbano (CNDU).

Neste período é que foram criados o Fundo de Garantia do Tempo de Serviço (FGTS) e o Sistema Brasileiro de Poupança e Empréstimo (SBPE), que serviram, assim como o próprio BNH, à edificação de habitações voltadas para as classes de

---

[489] Reportagens da Folha de São Paulo têm dado conta desta realidade social cada vez mais aguda: *A reocupação irregular de áreas de risco obriga a Prefeitura de São Paulo a fazer obras de contenção e a desalojar moradores em locais que já foram reformados em gestões anteriores. Morros e margens de córregos da cidade, reabilitados há mais de dez anos, voltam ao mapa das regiões em perigo de deslizamento ou solapamento por falta de fiscalização da própria prefeitura. Levantamento parcial da Secretaria de Implementação das Subprefeituras (SIS) indica a existência de 525 áreas de risco habitadas na cidade, sendo pelo menos 81 em situação de perigo iminente -onde uma tragédia pode acontecer a qualquer momento. Dessas, 33 são encostas onde casas podem despencar ou ser soterradas, e 48 estão em região de baixada, onde o risco maior é de solapamento (quando o solo da margem do rio cede). O Jardim Damasceno, no distrito de Brasilândia (zona norte), é um exemplo de reocupação irregular. Das 91 obras em áreas de risco realizadas pela ex-prefeita Luiza Erundina (PSB, 1989-92), 17 foram feitas no bairro. Na época, foram gastos US$ 2,5 milhões (o equivalente a cerca de R$ 6 milhões) no local, segundo Neli Márcia Ferreira, administradora regional da Freguesia do Ó, que responde pelo bairro. Muros de arrimo e escadões, além da desocupação de áreas de encosta, foram providenciados. Cerca de 120 famílias foram removidas para um abrigo. Ao longo de dez anos, o Jardim Damaceno -um conjunto de morros de solo frágil- foi reocupado por cerca de 2.000 famílias.* In Folha de São Paulo, edição do dia 24/02/2002, Caderno Cotidiano, p. 02.

[490] Neste sentido o trabalho de OSÓRIO, Letícia Marques (org.). *Estatuto da Cidade e Reforma Urbana: novas perspectivas para as cidades brasileiras*. Porto Alegre: Sergio Fabris, 2002.

alta renda, haja vista que os programas habitacionais destinados às populações de baixa renda fracassaram.[491]

Em 1983, ainda no regime militar, o Poder Executivo enviou ao Congresso o Projeto de Lei 775/83, positivando o princípio da função social da propriedade e estabelecendo diretrizes e instrumentos para uma política urbana. Para os mais conservadores, o projeto acabaria com o direito de propriedade no Brasil, e a reação à matéria – qualificada como comunista –, foi imediata. Esse projeto, mesmo enviando ao Congresso no regime militar, foi inspirado num amplo debate que perpassou os meios acadêmicos e o movimento social em novo curso no País.

Promulgada a Carta de 1988, o senador Pompeu de Souza apresentou o Projeto de Lei 181/89, com o propósito de regulamentar os artigos 182 e 183 da Constituição Federal e estabelecer diretrizes gerais de política urbana – o *Estatuto da Cidade*. Aprovado no Senado Federal, o projeto foi para a Câmara dos Deputados em 1990, onde passou por uma tramitação lenta, de mais de 10 anos, eis que o Estatuto da Cidade somente veio a ser aprovado em 2001, através da Lei Federal nº 10.257.

Vê-se já na dicção do art. 2º da referida norma, que a política urbana tem por objetivo ordenar o pleno desenvolvimento das funções sociais e da propriedade urbana, mediante as seguintes diretrizes gerais: garantia do direito a cidades sustentáveis, entendido como o direito à terra urbana, à moradia, ao saneamento ambiental, à infraestrutura urbana, ao transporte e aos serviços públicos, ao trabalho e ao lazer, para as presentes e futuras gerações.

Assim, pela dimensão de suas disposições norteadoras, o Estatuto da Cidade adquiriu o *status* de ser o novo marco institucional na trajetória da tão apregoada reforma urbana, isto porque se preocupa com o pleno desenvolvimento das funções sociais das cidades, garantindo o direito às cidades sustentáveis. Em vários artigos e parágrafos, esse direito é especificado, propondo-se a ordenar e controlar o uso do solo de forma a evitar a deterioração das áreas urbanizadas, a poluição e a degradação ambiental.

A partir destes cenários, quero sustentar que há elementos normativos e políticos suficientes no sistema jurídico nacional (não que isso seja suficiente para resolver os problemas atinentes à espécie e referidos dantes) apontando para a persecução de uma vida urbana adequada com os compromissos humanos e comunitários desenhados pela Carta Magna (em seus princípios, direitos e garantias fundamentais). Assim é que

> (...) o imóvel urbano, espécie do gênero "propriedade privada", componente de uma teia descrita pela sua função social, mais trabalho humano e iniciativa do homem, são tempe-

---

[491] Ver o trabalho de HAHNER, June E.. *Pobreza e Política: os pobres urbanos no Brasil*. Brasília: Editora Universidade de Brasília, 1989, p. 39 e ss.

ramentos apropriados para o atingimento de um bem-estar social preconizado pela Carta Constitucional, consoante passagem diccionada pelo seu art. 182, *caput*.[492]

É possível sustentar, de forma mais pontual e em sede de marcos regulatórios vigentes que, se o legislador constituinte outorgou à Administração Pública municipal a crucial tarefa de execução da política de desenvolvimento urbano, submeteu-a às *diretrizes gerais fixadas em lei*. Em outras palavras, tal lei federal se enquadra, dogmaticamente e salvo melhor juízo, como uma norma programática, de linhas gerais, de eficácia jurídica imediata, direta e vinculante.[493] No que tange ao Município, em face de sua competência para legislar assuntos de interesse local (art. 30, CF/88), os marcos normativos desta matéria têm conteúdo específico, eis que os temas atinentes à política do desenvolvimento urbano se afeiçoam como locais.

A despeito de que o conceito de interesse local é deveras problemático, estou de acordo que ele só possa ser demarcado tendo em vista a uma situação concreta dada, a despeito de possuir significação histórica bem delimitada no campo da teoria política, dizendo respeito à circunscrição física de exercício do poder legítimo instituído no âmbito das sociedades modernas,[494] e leve em conta as competências constitucionais privativas das demais entidades federativas. Nesta direção, o interesse local não é aquele que diz respeito exclusivamente ao Município, mas aquele que predominantemente afeta à população de um lugar político circunstanciado e fisicamente limitado pelo reconhecimento dos direitos dos povos.

A partir daqui posso entender o porquê da existência de temas que interessam a todo o país, mas, por possuírem aspectos que exigem uma regulamentação própria para determinados locais, devem ser detalhados somente nestes locais e não em todo o território nacional. Em outras palavras, a competência do Município para legislar sobre assuntos de interesse local existirá sempre que, em determinada matéria, apresentarem-se aspectos que precisem de uma norma específica para a localidade, garantindo suas especificidades.

Numa outra perspectiva, tenho que o interesse local não se verifica necessariamente em determinadas matérias, mas em determinadas situações concretas específicas. Decorre daí que, aspectos da mesma matéria podem exigir tratamentos diferenciados pela União, pelos Estados e pelos Municípios; o fundamental é que não se perca a noção de sistema, verificando-se a compatibilidade entre os diversos diplomas legais e a Constituição, notadamente em face dos objetivos, fins e princípios republicanos que informam a Federação.[495]

---

[492] ARANTES, Otília B. (organizadora) e outros. *O pensamento único das cidades: desmanchando consensos.* Vozes: Petrópolis, 2000, p. 38.

[493] Neste sentido, ver o trabalho de SILVA, José Afonso da. *Aplicabilidade das normas constitucionais.* São Paulo: Malheiros, 1998. Para aprofundamento maior deste debate, numa perspectiva não somente jurídica, ver o texto de MUMFORD, Lewis. *A Cidade na História.* Belo Horizonte: Itatiaia, 1965.

[494] Ver WEBER, Max. *Economía y Sociedad.* México: Sigloveinteuno, 1995, p. 329.

[495] Conforme quer BONDUKI, Nagib Georges (Org.). *Habitat: as práticas bem-sucedidas em habitação, meio ambiente e gestão urbana nas cidades brasileiras.* São Paulo: Studio Nobel, 1996, p. 59 e ss.

Com fulcro no art. 30 da CF/88, *caput*, os Municípios vêem-se outorgados da competência de promover, no que couber, adequado ordenamento territorial, mediante planejamento e controle do uso, do parcelamento e da ocupação do solo urbano – inciso VIII –, respeitadas por óbvio as legislações federais e estaduais que estabelecem as diretrizes gerais (e só as gerais) referentes a mesma matéria.[496]

Em termos de normas atinentes especificamente à ocupação do solo, importa referir que o Estatuto da Cidade antes referido traz igualmente diretrizes nacionais a serem observadas necessariamente, formatando verdadeiros princípios infraconstitucionais, no que tange, por exemplo, aos dispositivos do seu art. 2º, aqui entendidos como opções políticas fundamentais do legislador e da comunidade nacional no campo da gestão do espaço urbano brasileiro, configurando, assim, uma eleição de valores éticos e sociais como fundantes, por sua vez, de uma idéia de Estado e de Sociedade (Democráticos de Direito). Por tais motivos, estas diretrizes não expressam somente uma natureza jurídica normativa, mas também política, ideológica e social, como, de resto, o Direito e as demais normas de qualquer sistema jurídico.[497]

Utilizando a reflexão de Carmem Rocha, traçando um paralelismo ao seu conceito de princípios jurídicos, quero crer que as diretrizes do Estatuto da Cidade afiguram-se como os conteúdos primários diretores do sistema jurídico-normativo fundamental do espaço urbano brasileiro, isto porque evidenciam decisões políticas e jurídicas contidas no ordenamento constitucional, compondo as diretrizes compreendidas na principiologia informadora do sistema de Direito estabelecido por esta comunidade. Diante disto, é o princípio sediado na norma constitucional que objetiva o conteúdo do Direito a ser observado nas relações societais contemporâneas. *A norma que dita um princípio constitucional põe-se à observância do próprio Poder Público do Estado e de todos os que à sua ordem se submetem e da qual participam.*[498]

Alguns destes valores alçados à condição de bens jurídicos protegidos pelo sistema, enquanto verdadeiros direitos subjetivos públicos (incondicionados, portanto), em sede do Estatuto, regulam o uso da propriedade urbana em prol do bem coletivo, da segurança e do bem-estar dos cidadãos, bem como do equilíbrio ambiental, fatores absolutamente prioritários para se pensar qualquer tipo de ação interventiva no solo urbano, cujo escopo é notadamente o interesse da maior parte quantitativa das pessoas e das suas relações com o meio em que vivem.

---

[496] Tratei de forma mais pontual deste tema no livro LEAL, Rogério Gesta. *Direito Urbanístico*. Rio de Janeiro: Renovar, 2003. De igual forma, recomendo a leitura do texto de SANTOS, Milton. *A Urbanização Brasileira.* São Paulo: Hucitec, 1994

[497] Como já havia referido em meu livro LEAL, Rogério Gesta. *Direito Urbanístico*. Op. cit.

[498] ROCHA, Carmem Lúcia Antunes. *Princípios Constitucionais da Administração Pública*. Belo Horizonte: Del Rey, 1994, p. 62. Estas diretrizes gerais do Estatuto da Cidade conformam o que chamei de vetores axiológicos vinculantes, no texto LEAL, Rogério Gesta. *Perspectivas Hermenêuticas dos Direitos Humanos e Fundamentais no Brasil.* Porto Alegre: Livraria do Advogado, 2000.

Dentre estas diretrizes gerais, uma das mais centrais é a que diz com a garantia do direito a cidades sustentáveis, entendido como o direito à terra urbana, à moradia, ao saneamento ambiental, à infra-estrutura urbana, ao transporte e aos serviços públicos, ao trabalho e ao lazer, todos adequados, para as presentes e futuras gerações.

De outro lado, importa destacar, por oportuno, que todos estes comandos normativos estão a vincular tanto o Estado (Executivo, Legislativo e Judiciário) como a Sociedade (mercado, relações entre pessoas físicas e jurídicas, etc), haja vista sua natureza diretiva e principiológica. Ou seja, qualquer iniciativa urbanística, pública ou privada, deve sofrer um filtro prévio de legalidade e constitucionalidade conformativa, por parte de todos os envolvidos e interessados nela.

Quando o Estado e a Sociedade Civil não realizam este filtro – que, aliás, tem de ser permanente –, correrá o risco de incidir em ilícito a ser corrigido – preventiva ou curativamente – pelos instrumentos e mecanismos políticos e jurídicos que o sistema normativo possui (controle interno e externo da Administração Pública, controles jurisdicionais, etc.).

Um destes instrumentos é a Ação Civil Pública, regida pelos termos da Lei federal nº 7.347, de 24/07/1985, com o qual o Ministério Público do Rio Grande do Sul apresenta ao Poder Judiciário gaúcho uma provocação jurisdicional a ser solvida, tema que passo a apreciar.

4. A descrição sucinta do caso

O Ministério Público do Rio Grande do Sul ingressou com uma Ação Civil Pública contra o Estado do Rio Grande do Sul e o Consórcio Intermunicipal de Saúde Região Centro do Estado do Rio Grande do Sul, em que visava, com pedido de tutela antecipada, à imediata suspensão do início de qualquer obra de terraplenagem ou construção de unidade de saúde (Hospital Regional – Rede Sarah) no local definido ou nas proximidades do Distrito Industrial de Santa Maria, sob pena de multa diária de R$ 50.000,00 (cinqüenta mil reais).

A Sra. Juíza de Direito indeferiu a antecipação de tutela, sob os seguintes fundamentos: *(a)* que havia possibilidade de instalação do Hospital na região definida pelo Estado, diante da alteração do Plano Diretor, que desmembrou a área destinada à construção do Distrito Industrial de Santa Maria; *(b)* que inexistia prejuízo pela instalação da unidade de saúde na área, visto que "*... as indústrias localizadas no Distrito Industrial não têm alto poder poluidor, até porque funciona no local uma indústria de alimentos*", e o fez com base em ofício apresentado pela FEPAM; *(c)* que na 'Certidão de Aprovação' expedida pelo órgão ambiental, consta expressamente que a aprovação do projeto deu-se 'com restrições', "*... o que evidencia que serão adotadas todas as medidas mencionadas no relatório da FEPAM*"; *(d)* que as indústrias potencialmente poluentes (usina de asfalto e fábrica de baterias), são de pequeno porte, e sua atuação não comprometeria o funcionamento do Hospital, haja vista que estas empresas encontram-se próximas a uma fábrica de massas e biscoitos, "... *sem que haja qualquer reclamação sobre poluição ou sua interferência na qualidade dos gêneros alimentícios produzidos*"; *(e)* que há uma aparente regularidade do projeto, inclusive porque aprovado pelos órgãos ambientais responsáveis; e *(f)* que não havia notícia de que a construção esteja na iminência de iniciar-se, "... *pois tudo o que restou demonstrado é que foi aprovado o Projeto Arquitetônico do hospital, para o qual o Estado disponibilizou recursos financeiros em seu orçamento, não havendo justificativa para o alegado risco na demora*".

Diante da decisão judicial de primeiro grau, o Ministério Público interpôs Agravo de Instrumento junto ao Tribunal de Justiça do Rio Grande do Sul, insistindo com a tese da irregularidade da instalação do hospital no local, em virtude do risco existente de desperdício de recursos públicos, diante da proximidade com empresas que desenvolvem atividades potencialmente poluentes, tratando-se de área recentemente desmembrada do Distrito Industrial de Santa Maria. Argumentou que o laudo elaborado por fundação pública especializada nestas questões, confirmou a inadequação do local, na forma em que se encontrava, para a instalação de unidade de saúde no local, o que foi ratificado pelos técnicos da Secretaria Municipal de Gestão Ambiental, e pelo Instituto dos Arquitetos do Brasil, consoante ampla documenta acostada no feito. Apontou, ainda, malferimento às regras inscritas na Constituição Federal (artigo 170, inciso VI), e no Estatuto das Cidades (especialmente artigos 2º, incisos I, IV, VI, e XIII; e 36 a 38). Por derradeiro, disse que a área escolhida para a instalação do hospital "... *é uma das zonas mais problemáticas do Município, em termos ambientais. Por isso, não podem os réus, à revelia do interesse social, decidir pela implantação de um equipamento de saúde que, sabe-se, consumirá mais de R$ 40 milhões, em local que as manifestações técnicas indicam ser inadequado*" (fl. 21). Pediu a concessão da liminar para suspensão do início das obras e, no mérito, o provimento do recurso.

No Tribunal, o efeito suspensivo foi deferido, oportunizando-se a manifestação dos agravados.

O Consórcio Intermunicipal de Saúde veio aos autos apresentar contra-razões, suscitando, preliminarmente, a impossibilidade jurídica do pedido do Ministério Público, haja vista a ausência de prova de que as obras de construção do hospital já tinham iniciado ou estivessem na iminência de começar. Apontou a ausência dos elementos autorizadores da concessão da tutela antecipada, em face da regularidade da obra, inexistindo qualquer óbice à instalação do hospital em área contígua ao Distrito Industrial. Argumentou quanto à efetiva obtenção de todas as licenças e autorizações para a construção da casa de saúde, inexistindo qualquer oposição da FEPAM para que as obras fossem iniciadas. Postulou, ao final, o desacolhimento do recurso.

O Estado do Rio Grande do Sul de igual forma ofereceu contra-razões, defendendo a regularidade do local escolhido para a instalação do hospital, perquirindo a manutenção da decisão hostilizada.

O Sr. Procurador de Justiça lançou parecer pelo parcial provimento do recurso, mostrando-se irregular a instalação do Hospital Regional nos limites do Distrito Industrial de Santa Maria, todavia, entendeu desnecessária a fixação de multa diária para o caso de descumprimento da ordem judicial neste momento processual.

5. Perspectivas de solução do caso

Diante da complexidade da matéria, tenho que algumas considerações precisam ser esposadas com caráter introdutório de minhas razões na delimitação da perspectiva de solução ao caso.

Cumpre consignar que tanto a propriedade como a cidade, historicamente, variaram conforme as relações sociais e econômicas de cada momento; assim, o grau de complexidade hoje alcançado pelo instituto da propriedade e pelo espaço público da cidade derivam do grau de complexidade das relações sociais. É assim que se impõe o reconhecimento de que tais institutos não têm natureza meramente jurídica, e tampouco podem ser tratados como mônadas no âmbito do tecido social em que se encontram, mas, ao contrário, afiguram-se como verdadeiros fatos/atos jurídicos e sociais, provenientes muito mais de correlações de forças múltiplas – perspectiva fenomenológica – do que de disposições normativas engessadas, desconectadas de seu tempo.

Em termos de Brasil, festejados doutrinadores do Direito Civil pátrio vêm incorporando, a despeito de que timidamente, esta evolução em suas obras. Vejamos o exemplo de Caio Mário da Silva Pereira:

> A verdade é que a propriedade individual vigente em nossos dias, exprimindo-se embora em termos clássicos e usando a mesma terminologia, não conserva todavia conteúdo idêntico ao de suas origens históricas. É certo que se reconhece ao dominus o poder sobre a coisa; é exato que o domínio enfeixa os mesmos atributos originários – ius utendi, fruendi e abutendi. Mas é inegável também que essas faculdades suportam evidentes restrições legais, tão freqüentes e severas, que se vislumbra a criação de novas noções. São restrições e limitações tendentes a coibir abusos e tendo em vista impedir que o exercício do direito de propriedade se transforme em instrumento de dominação.[499]

A função social, pois, nessa perspectiva, relaciona-se, fundamentalmente, com o *uso* da propriedade, incidindo, também, sobre o exercício das faculdades e poderes inerentes ao direito de propriedade, eis que sua utilização deve servir ao bem da coletividade.

A Constituição brasileira de 1988, de certa forma, tentou andar na direção apontada, na medida em que instituiu uma série de normas protetivas da propriedade e delineadoras de um conteúdo mínimo à sua função. Desta sorte, tem-se, por exemplo:

---

[499] PEREIRA, Caio Mário da Silva. *Instituições de Direito Civil*. Rio de Janeiro: Forense, 1991, p. 67.

1) A inclusão da propriedade privada como um dos princípios da ordem econômica, ao lado de sua função social, nos termos do art. 170, incisos II e III.

2) A inserção da função social da propriedade no âmbito dos direitos e garantia fundamentais, no inciso XXIII, do art. 5º, ao lado da proteção à propriedade privada.[500]

3) Os arts. 182 e seguintes da Constituição atual fixam regras pertinentes à propriedade territorial urbana, referindo-se ao tema da Política Urbana, assim como os arts. 184 e seguintes tratam da propriedade rural no capítulo dedicado à política agrícola e fundiária e da reforma agrária.[501]

Todas estas questões atingem diretamente o tema da ordenação do território urbano, principalmente quando se leva em conta que o espaço urbano é antes de tudo propriedade urbana, seja pública ou privada, o que explica a relação umbilical entre estes temas, destacando-se aqui e novamente a ampliação das condições e possibilidades de gestão (vinculada) desta propriedade por parte do Poder Público e o dever de tolerância e suportabilidade por parte da propriedade privada, em nome exatamente da segurança, do bem estar da população e da sustentatibilidade do desenvolvimento equilibrado do meio ambiente natural e construído.[502]

Assim é que o Poder Legislativo de cada entidade federativa brasileira, quando estiver legiferando no sentido de normatizar questões atinentes à ocupação do solo urbano, deverá fazê-lo sempre utilizando aquele filtro prévio de legalidade e constitucionalidade conformativa que mencionei, aferindo se os dispositivos que está criando não estão violando as diretrizes gerais cogentes. Do mesmo modo, quando o Poder Executivo estiver gestando aquela ocupação, também deverá fazê-lo observando as disposições que orientam tal atividade, sob pena de cometer vícios de legalidade, passíveis de serem corrigidos pela via administrativa ou judiciária.[503]

O mesmo se aplica ao Judiciário, haja vista sua função de fiscal do cumprimento da lei e os poderes aumentados que lhe foram outorgados pela Carta Constitucional vigente (maximizando as potencialidades principiológicas do texto). Em tal perspectiva, a jurisdição brasileira precisa estar atenta para o cumprimento das diretrizes gerais de política urbana demarcadas pelo Estatuto, eis que elas operam, como antes sustentado, analogicamente dentro do sistema jurídico como

---

[500] Veja-se que, na Constituição de 1967, a função social da propriedade era princípio da ordem econômica e social. Diante disso, entendemos que, nos termos do texto atual, respeitada a técnica adotada pelo constituinte, tal imposição à propriedade figura em lugar mais privilegiado, isto é, enquanto direito e garantia fundamental do indivíduo.

[501] Nesse sentido, a Constituição também disciplinou a função social da propriedade imobiliária urbana, valorizando o plano diretor a ser estabelecido por lei local – art. 182; previu o parcelamento compulsório e a tributação progressiva de solo urbano não edificado, bem como a desapropriação mediante pagamento em títulos da dívida pública, com prazo de até 10 anos, nos termos do art. 182, § 4º, I, II e III; instituiu o usucapião especial urbano -art. 183 – sob os seguintes requisitos: a) área de até 250 m2; b) 5 anos de ocupação como moradia própria ou da família; c) ausência de oposição; d) não possuir outro imóvel rural ou urbano.

[502] Neste sentido o trabalho de LEFÈBVRE, Henry. *The production of space*. London: Blackwell, 1992, p. 34 e seguintes. Ademais, os ditames do art. 2º, do Estado da Cidade.

[503] Por óbvio que o mesmo vale para o controle dos atos do Poder Legislativo.

os princípios funcionam, ou seja, elas estão postas no ponto mais alto da escala normativa reguladora da ordenação do espaço urbano, figurando como as normas supremas desta matéria. Como tais, elas se afiguram como fonte primária de regulação específica, ao mesmo tempo que destacam a ordem dos valores, objetivos e finalidades socialmente professados neste âmbito.[504]

A tese provocadora da jurisdição e apresentada pelo Ministério Público, aqui, é a de que o local definido para a instalação do Hospital Regional (Rede Sarah) é inadequado para tanto, em face dos seguintes fatores:

a) trata-se de área recentemente desmembrada do Distrito Industrial de Santa Maria, podendo acarretar danos à saúde dos pacientes, em face da exposição à poluição decorrente da atividade industrial;

b) a Sociedade de Engenharia e Arquitetura de Santa Maria reconheceu a existência de "... *atividades e/ou indústrias (Usina de Asfalto do município e indústria de baterias) que podem ser enquadradas como 'usos incompatíveis e inconvenientes'*", devido à "proximidade de usos incompatíveis e inconvenientes" à unidade de saúde;

c) de acordo com estudo elaborado por fundação especializada na matéria, a referida área apresenta-se vulnerável à poluição, seja em razão de sua geologia (predominantemente arenosa e permeável), seja porque o solo apresenta acidez e baixa fertilidade natural, possuindo "alta permeabilidade e grande índice de susceptibilidade à erosão";

d) ainda de acordo com esta fundação, há sinais de poluição, decorrentes da presença de lixão nas proximidades e da contaminação dos recursos hídricos com esgotos e lixo urbano e industrial (inclusive com emissão de resíduos sem qualquer tratamento), "... *sendo perceptível um odor muito forte e focos de proliferação de insetos*";

e) a Secretaria Municipal de Gestão Ambiental também se manifestou sobre a impossibilidade de instalação do hospital no local definido pelo Estado, apontando, além dos elementos já citados: que o regime de ventos no local não favorece a construção de unidade de saúde, que o solo não se afigura o mais adequado para a realização de obras de vulto; e que o local é desaconselhado para obras destinadas a intensa ocupação humana, em virtude da poluição;

f) o Instituto dos Arquitetos do Brasil (IAB-RS), de igual sorte, indicou suas preocupações relativas às conseqüências nocivas que poderiam decorrer da instalação do hospital no local escolhido, em face dos problemas já apontados;

g) os órgãos representativos de profissionais da saúde (Sindicato Médico de Santa Maria, Unimed Santa Maria, Conselho Regional de Medicina) apontaram,

---

[504] Neste sentido, ver o trabalho de BONAVIDES, Paulo. *Direito Constitucional*. São Paulo: Malheiros, 2000, p. 264. Pontua bem o autor que, pela função fundamentadora da ordem jurídica, os princípios ostentam uma eficácia derrogatória daquilo que lhes são contra e diretiva para todo o sistema jurídico, enquanto que, através da função interpretativa, os princípios cumprem o papel de orientarem as soluções jurídicas a serem processadas diante dos casos submetidos à apreciação do intérprete.

ainda, a ausência de rede de esgoto tratado, a presença de poluição industrial e o risco de poluição dos aqüíferos com os dejetos do hospital, impondo-se a realização de estudos aprofundados para a sua instalação; e

h) a Associação de Empresas do Distrito Industrial de Santa Maria e o IBAMA manifestou-se contra a localização da unidade de saúde no local indicado pelo Estado, referindo questões acerca da limitação da atividade industrial e do impacto ambiental na área, decorrentes da interação entre os estabelecimentos instalados no DI e a saúde dos pacientes, impondo-se a realização de estudos aprofundados para aferição da viabilidade da obra.

Todas estas manifestações trazidas aos autos, lídimas em face do princípio da participação popular no âmbito da formulação, execução e acompanhamentos de planos, programas e projetos de desenvolvimento urbano (art. 2º, II, do Estatuto da Cidade), corporificam mecanismos de gestão democrática da cidade, estabelecendo verdadeira interlocução jurisdicional à solução do caso concreto.

Aqui, efetivamente, pode-se visualizar a importância do enfoque e contextualização societal do problema sob comento, verificando, primeiro, do que se trata, em termos materiais (natureza social do conflito), identificando quem são os sujeitos conflitantes, a história detalhada e matricial do conflito de interesses, bem como suas variáveis em termos econômicos, políticos, ambientais e de saúde pública, e em que medida tais variáveis atingem os sujeitos conflitantes ou mesmo podem conformar o conflito em si.

Neste sentido, o problema jurídico é sempre um problema prático-normativo,[505] porque: (a) o seu caráter problemático-metodológico específico é regulativo (está alcançado pelo sistema de normas vigentes), com um fundamento axiológico e de realização concreta; e porque (b) estes problemas são de imediata aplicação, no sentido de realização de uma intencionalidade prática, propostos pelo próprio sistema, no âmbito de seus princípios e regras (constitucionais e infraconstitucionais), orientando validamente a práxis comunitária.

De outro lado, os riscos ambientais e de saúde pública que restaram explicitados nos autos, chama à colação o dever de precaução protetiva dos interesses públicos indisponíveis que estão sob confronto. Na dicção de Derani, citando Kloespfer, *a política ambiental não se esgota na defesa contra ameaçadores perigos e na correção de danos existentes. Uma política ambiental preventiva reclama que as bases naturais sejam protegidas e utilizadas com cuidado, parciosamente.*[506]

---

[505] NEVES, Castanheira. *Digesta.* 2º volume. Coimbra: Coimbra Editora, 1995, p. 110.

[506] DERANI, Cristiane. *Direito ambiental econômico.* São Paulo: Max Limonad, 1997, p. 165. Na verdade, o princípio da precaução vem sendo explorado pela Declaração de Wingspread, de 1970, na Alemanha, da seguinte maneira: *Quando uma atividade representa ameaças de danos ao meio ambiente ou à saúde humana, medidas de precaução devem ser tomadas, mesmo se algumas relações de causa e efeito não forem plenamente estabelecidos cientificamente.* Conforme disposto no site www.fgaia.org.br/texts/t-precau, acessado em 08/05/2006. Derani propõe um conceito preliminar deste princípio, conectando-o aos conceitos de afastamento de perigo e

Por sua vez, as ponderações que levaram a magistrada de primeiro grau a não outorgar a antecipação de tutela (acima elencadas) também se apresentam como substanciais à delimitação da fatispécie debatida.

É do cotejo destes arrazoados que, entendo, precisam ser extraídas as motivações da presente decisão, a uma, porque evidenciados problemas de ordem ambiental e de sustentabilidade da obra pública analisada, em face de sua natureza hospitalar, não espancados de forma convincente, ao menos no âmbito ainda restrito do Agravo de Instrumento; a duas, porque a complexidade da matéria (considerando os interesses jurídicos envolvidos e suas amplitudes sociais), efetivamente está a perquirir mais zelo à cognição aprofundada para decisão final, até porque se pode, eventualmente, criar situações irreversíveis, atingindo de forma violenta os recursos públicos destinados à edificação, bem como o impacto ambiental e de saúde pública já referidos.

Por todas estas razões, decidi pela manutenção da decisão agravada que deferiu o efeito suspensivo pleiteado pelo Ministério Público, mantendo a ordem de suspensão do início das obras de terraplenagem ou de construção do Hospital Regional – Rede Sarah.

Veja-se que, a despeito de esta decisão ter sido proferida em sede de Agravo de Instrumento, passível, pois, de ser reformada em decisão de mérito definitiva no âmbito da ação civil pública que se desenvolve na comarca de origem, ela também gerou alguns comportamentos políticos alternativos na comunidade, em termos de localização matricial da obra pretendida, consoante notícia do jornal Diário de Santa Maria, edição de 21/03/2006. Este veículo dá notícia de que:

> Depois de o Tribunal de Justiça do Estado ter suspendido, na semana passada, a construção do hospital regional/Sarah ao lado do Distrito Industrial, começou uma corrida frenética em busca de um novo terreno para a obra. Ontem, depois de uma reunião na Secretaria Estadual da Saúde, na Capital, ficaram definidas as candidaturas de quatro áreas: uma na Zona Leste e três na Zona Oeste. Todas em Santa Maria.
>
> A tarefa de indicar o novo terreno será de uma comissão formada por representantes da prefeitura, do governo do Estado e da Câmara de Vereadores, entre outros. Ela vai avaliar as quatro áreas oferecidas. O trabalho será corrido, pois o resultado tem de ser apresentado em uma nova reunião com o secretário estadual da Saúde, Osmar Terra, na próxima segunda-feira, quando deve ser batido o martelo sobre o novo local (veja quadro).
>
> O presidente do Conselho Regional de Desenvolvimento (Corede/Centro), Antônio Carlos Jordão, visitou no último sábado os quatro terrenos que estão na disputa pelo hospital regional/Sarah. Segundo ele, todos os locais têm chances, mas ainda é muito cedo para dizer qual deles será o escolhido.[507]

---

segurança das gerações futuras, como também de sustentabilidade ambiental das atividades humanas. *Este princípio é a tradução da busca da proteção da existência humana, seja pela proteção de seu ambiente como pelo asseguramento da integridade da vida humana. A partir desta premissa, deve-se também considerar não só o risco eminente de uma determinada atividade, como também os riscos futuros decorrentes de empreendimentos humanos, os quais nossa compreensão e o atual estágio de desenvolvimento da ciência jamais conseguem captar em toda densidade.*

[507] *Jornal Diário de Santa Maria*, edição de 21/03/2006, p. 03.

Isto mostra a importância da reflexão ponderada e que leve em conta todos os interesses que estão em jogo em matéria tão complexa e importante como é a da ocupação do solo urbano, bem como os efeitos didáticos e pedagógicos de uma intervenção judicial que não desborde de suas competências normativas e políticas.

Considerações finais

Ao longo deste trabalho, procurei enfrentar um dos temas que, a meu sentir, é candente no âmbito da jurisdição brasileira, e que envolvem problemas da Teoria do Estado e da Jurisdição contemporâneas, muito particularmente o esgotamento de algumas instituições e concepções da Democracia Moderna e suas necessárias superações em face de conjunturas societais altamente complexas e diferenciadas.[508]

Pode-se detectar isto, por exemplo, no âmbito da competição ferrenha que há, por vezes, entre o Poder Judiciário e o Parlamento, de um lado, para os fins de delimitar regras de comportamento social cotidiano,[509] e, de outro lado, em face das posturas tomadas pelo Poder Executivo no afã de atender de forma rápida e eficaz (seja numa perspectiva republicana e democrática, seja numa perspectiva casuística e eleitoreira) as demandas igualmente urgentes e velozes que lhe acorrem cotidianamente.[510]

No plano jurisdicional, o problema tem tomado proporções no mínimo polêmicas, eis que todas estas reflexões têm trazido à tona a questão da validade comportamental das cortes não tanto em referência à lei, mas em face de temas e

---

[508] Cito, a título exemplificativo, os textos de SPIRO, Peter. *The Judiciary and Legislation: on the role and legitimacy of Constitutional Adjudication*. New York: Westview Press, 2003; POST, Robert. *The social foundations of privacy: community and self in the Common Law Tort*. Boston: Harvard University Press, 2004; DWORKIN, Ronald. *The judge's new role: should personal convictions count?*, publicado no Journal of International Criminal Justice, vol.1, março de 2003. New York: Damos, 2003; TRIBE, Laurence H. *Constitutional Choices*. Cambridge: Harvard University Press, 1985. Tratei deste tema no texto LEAL, Rogério Gesta. *Possibilidades procedimentais de controle dos conteúdos morais das decisões judiciais*. In Revista Ajuris, vol.98. Junho/2005. Porto Alegre: AJURIS, 2005, p. 285.

[509] Isto ocorre também entre os Poderes Judiciário e Legislativo, quando, por ausência de norma jurídica, o Estado-Juiz precisa tomar providências asseguradoras de direitos e garantias individuais e sociais – *ex vi* o instrumento do mandado de injunção, por exemplo.

[510] Como acontece com as Medidas Provisórias, estando inclusive hoje o Poder Judiciário brasileiro já admitindo a possibilidade de controlar as razões de justificação e fundamentação dos argumentos caracterizadores de urgência e necessidade da medida. Neste sentido, o Supremo Tribunal Federal tem proferido decisões nas quais tem reconhecido – de forma excepcional – a possibilidade do controle jurisdicional sobre a configuração dos pressupostos de validade da edição de Medida Provisória (urgência da prestação legislativa e relevância da matéria a ser disciplinada), no intento de impedir que se concretizem situações tipificadoras de abuso do poder de legislar (ADI 162/DF, Rel. Min. Moreira Alves), ou que se caracterizem hipóteses reveladoras de evidente ausência desses mesmos pressupostos (RTJ 165/173-174, Rel. Min. Carlos Veloso). Na mesma direção a ADI 2.213/DF, Rel. Min.Celso de Mello).

questões sociais que, em tese, por suas naturezas políticas, deveriam corresponder à competência do processo legislativo parlamentar, pela via dos mecanismos institucionais e competentes consectários.[511]

Na dicção de Faria, no âmbito do Estado-Juiz, não preparado técnica e doutrinariamente para compreender os aspectos substantivos dos pleitos a ele submetidos, a magistratura enfrenta dificuldades para interpretar os novos conceitos dos textos legais típicos da Sociedade industrial, principalmente os que estabelecem direitos coletivos, protegem os direitos difusos e dispensam tratamento preferencial aos segmentos economicamente desfavorecidos.

> Tendo sido educada e organizada para atuar na perspectiva de uma justiça corretiva, a magistratura se revela contida, inibida e temerosa quando estimulada a atuar na dimensão de uma justiça distributiva. Por causa disso, os esforços modernizadores do legislador muitas vezes esbarram na insuficiente sensibilidade social e mesmo sociológica dos juízes.[512]

A par disso, é perceptível como, em regra, a grande parte dos operadores do direito, têm dificuldade de se aproximarem dos temas que envolvem os Direitos Fundamentais, ao mesmo tempo em que se distanciam das normativas internacionais vigentes no país que tratam desta matéria.

Se for verdade que ao menos em grande parte dos países de modernidade tardia e economia dependente, como o Brasil, o surgimento de um Judiciário promovedor de medidas sociais compensatórias e mesmo satisfativas para determinadas demandas individuais e coletivas se revelou importante para assegurar o mínimo existencial configurador da dignidade da pessoa humana, e aqui se pode citar os casos das decisões judiciais envolvendo fornecimento de medicamentos, garantia de energia elétrica e água – como se viu nos casos analisados -; é igualmente verossímil que tal comportamento não pode ser tomado como fórmula substitutiva e mesmo emancipadora dos demais poderes instituídos e de suas funções democráticas – inclusive no plano filosófico do seu significado –, eis que precisa ser cotejado no âmbito específico da idéia revisada de Democracia Representativa, ainda vigente no sistema político ocidental.

Na verdade, o que está em jogo é saber dimensionar, neste particular, as diferenças constitutivas das atividades/funções legislativas e judicantes numa ordem democrática e os significados disto em termos de Democracia Representativa.

Quero insistir com a tese de que, a princípio, não se pode fugir da premissa de que numa sociedade em que a comunicação política deve se dar de forma autônoma, com mecanismos de visibilidade plena e includente, por óbvio que os institutos da Democracia Representativa Modernos ganham força e relevo, eis que, por exemplo, o Parlamento resgata sua dimensão de formulador das ações voltadas ao atendimento dos interesses comunitários (revisando, é lógico, o tempo

---

[511] Vale a pena, neste sentido, ver o texto de PASCUAL, Carlo García. *Legitimidad Democrática y Poder Judicial*. Valencia: E. Alfons el Magnánin, 2001.
[512] FARIA, José Eduardo. Justiça e Conflito. São Paulo: *Revista dos Tribunais*, 1991, p. 131.

e a forma de sua mobilidade e resposta às demandas individuais e coletivas); o Executivo mantém-se adstrito às suas funções concretizadoras do projeto de vida eleito pela Sociedade (de igual maneira revendo as formas de fazê-lo, a ponto de abrir o máximo possível os momentos de discussão, deliberação, constituição, execução e avaliação das políticas públicas que lhe dizem respeito); o Judiciário opera sua condição republicana, no sentido de dar guarida às regras do jogo das ações e tensões vigentes no espaço público da vida cotidiana.[513]

Por tais razões que tenho sustentado ao logo deste texto que, quando um destes Poderes de Estado falham em seus misteres, o próprio sistema jurídico nacional criou mecanismos de *check and balances*, autorizando que os demais Poderes realizem autocorreções ou correções externas nos atos violadores das normas que os vinculam. A medida e a intensidade desta falha – e de sua correção – capaz de chamar o controle externo corretivo vai ser dada pelo caso concreto, observando a real necessidade da intervenção perquirida de um no outro, da sua intensidade em face do caso, e da proporcionalidade empírica do seu resultado atinente ao todo envolvido.

Talvez a partir destas considerações se possa começar a construir uma proposição de atuação jurisdicional que, não negando a importância de reconhecer a inevitável vinculação dos magistrados aos valores ínsitos à condição de ser social no mundo,[514] deva-se também criar mecanismos hermenêuticos de controle e calibração de imposição mais consciente destes plexos axiológicos identificados nos seus argumentos decisionais.[515] Para tanto, creio ser possível a constituição de uma compreensão e ação jurisdicional que vise à solução negociada dos conflitos, observando o que pode ser tomado como universal dentre não só os interesses litigantes, mas dentre os interesses e valores da própria comunidade em que estes ocorrem, levando em conta todos os sujeitos (não só de direito) atingidos potencial e efetivamente pela decisão judicial. Em outras palavras, a formação imparcial do juízo e da decisão judicial exprimem-se, por conseguinte, em um princípio que força cada um, no círculo dos concernidos, a adotar, quando da ponderação daqueles interesses, a perspectiva de todos os outros, tendo consciência do impacto supranormativo da decisão do

---

[513] Aqui ocorre o que Habermas chama de relação circular entre autonomia privada e autonomia pública, uma sendo reforçada/confirmada pela outra em movimento constante (e por vezes tenso). In HABERMAS, Jürgen. *Communication and the evolution of society*. Boston: Beacon, 1979, p. 63.

[514] É interessante destacar aqui a forma com que Danilo Zolo (ZOLO, Danilo. *Democracia y Complejidad*: un enfoque realista. In Nueva Visión, vol. IV. Buenos Aires: Aidos, 1994, p. 39) trata este tema, afirmando que os magistrados precisam se dar conta de que encontram-se sempre em um *estado de circularidade cognitiva* em face dos fatos, atos e negócios jurídicos que avaliam: *Los agentes pueden tener en cuenta críticamente – esto es, reflexivamente – la situación de circularidad en que se encuentran, pero no pueden desprenderse de su propia perspectiva histórica y social o liberarse de las desviaciones de la comunidad científica, cultura o civilización a la que pertenecen y que influye en su percepción de si mismos. No pueden conocerse objetivamente, pero tampoco pueden, siquiera, conocer objetivamente su medio ambiente, dado que ellos mismos lo alteran al proyectar en él sus propias inclinaciones cuando interactuan con él haciéndolo objeto de su cognición.*

[515] Afinal, *se come è indubitabile, i giudici fanno spesso cattivo uso del loro libero convencimento, il remédio non sta ovviamente nella sua eliminazione, bensì próprio nella costruzione e nell'attivazione di controlli razionali e procedimentali che possano assicurare un buon uso della discrezionalità nelle scelte relative all'impiego e alla valutazione delle prove.* TARUFFO, Michele. *La prova dei fatti giuridici*. Milano: Giuffrè, 2000, p. 419.

Estado-Juiz junto ao tecido social em que ela vai operar, e o que isto representa no âmbito da preservação/transformação do mundo da vida cotidiana.[516]

Desta forma, não há que se falar em hermenêutica, interpretação ou aplicação do Direito pelos magistrados tolhendo os juízos de valor que, na verdade, os constituem enquanto seres sociais forjados no mundo da vida a que pertencem,[517] mas assumir tal possibilidade como real e inafastável, para os efeitos de definir formas de controle permanente dos limites contingenciais (não universais, violando a especificidade dos casos concretos) impostos para tal atividade.

Nas palavras do ilustre professor Saavedra:

> Los límites que encuentran los jueces para hacer del derecho lo mejor que puede llegar a ser fluctúan debido a la tensión entre el derecho establecido en los textos y su necesaria justificación moral. Es imposible excluir las razones de principio de los fundamentos de las decisiones judiciales. Desde luego, en gran parte de las sentencias al uso es muy difícil encontrar este tipo de razones entre los fundamentos. Basta con las remisiones legales pertinentes. Pero un razonamiento judicial completamente explícito exige sin duda la consideración de razones de principio. Los principios jurídicos son los que controlan el razonamiento judicial, la interpretación y el desarrollo jurisprudencial del derecho. Y los principios jurídicos se caracterizan por su fuerza moral. Seguirían actuando como fundamento aunque ninguna norma legal obligase o permitiese a los jueces utilizarlos.[518]

Para que se dê efetividade a esta perspectiva de jurisdição, fundada na idéia de interlocução realmente participativa no âmbito das demandas judiciais, desvelando através da comunicação não coatada dos sujeitos de direito envolvidos o universo de interesses que está em jogo, proponho que a atuação jurisdicional se constitua no que passo a chamar de *função restauradora da ordem normativa*, levando em consideração os seguintes elementos:

1) A uma, a forma organizacional do próprio sistema de poder institucional vigente, tendo presentes as competências constitucionais e infraconstitucionais de cada entidade federativa e sujeitos de direito, bem como os ordenamentos normativos positivados decorrentes desta estrutura, sob pena de se violar a ordem democrática de representação política, instaurando-se uma totalitária substituição destas estruturas pela vontade imperial da judicatura;[519]

---

[516] O princípio da universalização deve forçar o que Mead chama de troca de papéis universal, ou ideal *role-taking* (adoção ideal de papéis). Conforme o texto de MEAD, Hary G. *The Language of Morals*. London: Oxford, 1990, p. 59.

[517] Como aparenta querer DWORKIN, Ronald. The judge's new role: should personal convictions count? In: *Journal of International Criminal Justice*, vol.1, março de 2003. New York: Damos, 2003.

[518] SAAVEDRA, Modesto. Interpretacción Judicial del Derecho y Democracia. In: *Revista Ajuris*. Vol.68 – novembro. Porto Alegre: TJRS, 1996, p. 303. Adverte, assim, o mestre espanhol: *Así pues, entre los criterios rectores de la actividad jurisidiccional en el Estado de derecho se da una constante e ineludible tensión: por un lado, el principio de legalidad somete a los jueces a la ley; por otro, la necesaria fundamentación moral de la decisión jurídica exige no perder de vista las razones de justicia mediante las cuales la ley ha de convertirse en derecho; y, por último, la soberanía popular y su expresión de que la justicia emana Del pueblo parece exigir la remisión de la decisión judicial, al menos en último término, a la voluntad del cuerpo social.*

[519] O que pode implicar um ativismo voluntarista jurisdicional muito perigoso às regras do jogo democrático. Por tais razões, tenho reservas a algumas posições garantistas deflagradas ao longo do tempo, dentre as quais

2) A duas, o necessário tensionamento destas competências em termos de ineficiência ou passividade, em face dos direitos e garantias fundamentais – notadamente os sociais – (imperativos categóricos de fundação, organização e desenvolvimento) dos cidadãos, bem como os interesses tutelados precípuos decorrentes daí, para elevá-los à condição de argumentos parametrizantes da intensidade de incisão da decisão judicial aos casos concretos.

Cotejando tudo isto, sopesados os valores e normas positivadas que estão a alcançar o problema jurídico particular, e a necessária mantença daquele sistema de organização institucional vigente (haja vista ser o resultado do pacto social fundador da Sociedade Civil e do Estado, portanto, indene de substituição/revogação a não ser por novo acertamento comunitário), e visualizando com clareza e profundidade os efeitos e impactos da decisão, impõe-se a utilização de argumentos reflexivos e interativos de ponderação, tais como o da real necessidade da intervenção judicial, da sua intensidade em face do caso concreto e da proporcionalidade empírica do seu resultado atinente ao todo envolvido.

Por certo que há muito ainda o que debater.

---

destaco: FERRAJOLI, Luigi. El derecho como sistema de garantías. In: Justicia Penal y Sociedad. *Revista Guatemalteca de Ciencias Penales*, año III, nº 05, agosto 1994, p. 49; CÁRCOVA, Carlos María. *Los jueces en la encrucijada: entre el decisionismo y la hermeneutica controlada*. In Revista Ajuris. Vol.68 – novembro. Porto Alegre: TJRS, 1996, p. 317. A tese que sustentam estes pensadores é a de que a legitimidade dos magistrados é distinta daqueles que têm poder institucional reconhecido pela representação política, oriunda da vontade das maiorias, haja vista que ela se assenta na tutela da intangibilidade dos direitos fundamentais consagrados na ordem constitucional contemporânea (nacional e internacionalmente). Em razão disto, considerando que estes direitos estão assegurados a todos e a cada um de maneira incondicionada, inclusive contra as maiorias sociais, é que o Judiciário teria a função de garantir a exeqüibilidade de todas estas prerrogativas, independentemente dos demais atores sociais públicos e privados que contracenam no mesmo espaço, com diferentes matrizes de legitimidade (Executivo e Legislativo contam com a legitimidade do sufrágio popular, por exemplo).

Bibliografia

ABRAMOVICH, Victor e COURTIS, Christian. *Los Derechos Sociales como Derechos Exigibles.* Madrid: Trotta, 2002.

ABRESCIA, Michele. *Un diritto al futuro: analisi economica del diritto, Costituzione e responsabilità tra generazioni.* Roma: Mulino, 2007.

ACKERMAN, Bruce and FISHKIN, J.S. Deliberation Day. In: J.S. Fishkin and P. Laslett (eds.) Debating Deliberative Democracy, Oxford: Blackwell, 2006.

AGESTA, Luis Sanches. *Las Antitesis del Desarrollo, Constitución, Desarrollo y Planificación.* Madrid: Técnos, 2006.

AGRESTO, John. *The Supreme Court and Constitutional Democracy.* Ithaca: Cornell University Press, 2004.

AGUILAR, Fernando Herren de. *Controle Social de Serviços Públicos.* São Paulo: Max Limonad, 1999.

ALEEN, Anita; REGAN, Milton C. *Debating Democracy's Discontent. Essays on American Politics, Law and Public Philosophie.* Oxford: Oxford University Press, 1998.

ALEINIKOFF, T. Alexander. Constitutional Law in the Age of Balancing. In: *Yale Law Journal,* nº 96, 1987, p.982..

——; GARVEY, John H. *Modern Constitutional Theory: a reader.* St. Paul: West Publishing Company, 2002.

ALESSI, Renato. *Principi di Diritto Amministrativo.* Milano: Giuffrè, 2000.

ALEXY, Robert. Constitucional Rights, Balancing and Rationality. In: *Ratio Juris,* v. 16, n. 2, jun./2003.

——. *Derecho y Razón Práctica.* México: Fontamara, 2002.

——. Direitos Fundamentais no Estado Constitucional Democrático: para a relação entre direitos do homem, direitos fundamentais, democracia e jurisdição constitucional. In: *Revista de Direito Administrativo,* vol.217, 1999.

——. *El concepto y la validez del derecho.* Barcelona: Editorial Gedisa, 1997.

——. Epílogo a la teoría de los derechos fundamentales. In: *Revista Española de Derecho Constitucional.* Nº 22. Novembro de 2002.

——. Jurgen Habermas's: theory of legal discourse. In: ROSENFELD, Michel; ARATO, Andrew (eds.) *Habermas on law and democracy: critical exchanges.* Berkeley and Los Angeles: University of California Press, 1998.

——. *Teoría de los Derechos Fundamentales.* Madrid: Centro de Estudios Constitucionales, 2000.

ALFONSO, Luciano Parejo. *Derecho Administrativo.* Madrid: Ariel, 2004;

ALFORD, Robert R.; FRIEDLAND, Roger. *Powers of Theory: Capitalism, the State, and Democracy.* New York: Cambridge University Press, 2004.

ALMEIDA, João Batista. *A proteção jurídica do consumidor.* São Paulo: Saraiva, 2002.

ALVES, José Augusto Lindgren. *A arquitetura internacional dos Direitos Humanos.* São Paulo: Civilização Brasileira, 1999.

AMARAL, Gustavo. *Direito, Escassez & Escolha: em busca de critérios Jurídicos para lidar com a escassez de recursos e as decisões trágicas.* Rio de Janeiro: Renovar, 2001.

ANDRADE, J. C. Vieira de. *Os Direitos Fundamentais na Constituição Portuguesa de 1976.* Coimbra: Coimbra Editora, 2004.

——. *O direito ao mínimo de existência condigna como direito fundamental a prestações estaduais positivas – Uma decisão singular do Tribunal Constitucional. Anotação ao Acórdão do Tribunal Constitucional nº 509/02.* In Revista de Jurisprudência Constitucional nº I; Coimbra: Editora Coimbra, 2004.

ANDRADE, Manuel de. *Teoria Geral da Relação Jurídica.* Coimbra: Editora Coimbra, 1992.

ANDREWS. George Reid. Ação Afirmativa: um modelo para o Brasil? In SOUZA, Jessé (organizador). *Multiculturalismo e racismo. Uma comparação Brasil – Estados Unidos.* Brasília: Paralelo 15, 1997.

ANTUNES, Paulo Bessa. Curso de direito ambiental: *doutrina, legislação e jurisprudência.* Rio de Janeiro: Renovar, 2001.

———. Direito ambiental. Rio de Janeiro: Lumen Juris, 2001.

ARAGÃO, Maria Alexandra de Souza. O princípio do poluidor-pagador : p*edra angular da política comunitária do ambiente.* São Paulo: Coimbra, 1997.

ARANGO, Rodolfo. Basic social rights, constitutional justice, and democracy. In: *Ratio Juris.* v. 16, n° 2, p. 141-154, jun., 2003.

———. *El concepto de Derechos Sociales Fundamentales.* Colombia: Legis, 2008.

ARTHUR, John. *The unfinished Constitution: philosophy and constitutional practice.* Belmont: Wadsworth Publishing Company, 1989.

AUGÉ, Ricardo. *Nonluoghi.* Milano: Giuffrè, 2005.

ÁVILA, Humberto Bermann. *Teoria dos Princípios.* São Paulo: Malheiros, 2002.

AZEVEDO, Eurico de Andrade; ALENCAR, Maria Lúcia Mazzei de. *Concessão de serviços públicos: comentários às Leis n° s 8.987 e 9.074 (parte geral), com as modificações introduzidas pela Lei n° 9.648, de 27.05.1998.* São Paulo: Malheiros, 1998.

BARACHO, José Alfredo de Oliveira. *Processo Constitucional.* Rio de Janeiro: Forense, 1984.

BARATTA, Antoniello. *Diritti fondamentali.* Milano: Feltrinelli, 2007.

BARBA MARTINEZ, Gregorio. *Derechos Sociales y Positivismo Jurídico.* Madrid: Dykinson, 1999.

BARCELLOS, Ana Paula de. O Mínimo Existencial e algumas fundamentações: John Rawls, Michael Walzer e Robert Alexy. In: TORRES, Ricardo Lobo (organizador). *Legimação dos Direitos Humanos.* Rio de Janeiro: Renovar, 2002.

———. *Ponderação, Racionalidade e Atividade Jurisdicional.* Rio de Janeiro: Renovar, 2005.

BARROSO, Luis Roberto. *A Nova Interpretação Constitucional.* Rio de Janeiro: Renovar, 2003.

———; BARCELLOS, Ana Paula de. *O começo da história. A nova interpretação constitucional e o papel dos princípios no Direito Brasileiro.* In: http://www.camara.rj.gov.br/setores/proc/revistaproc/revproc2003/arti_histdirbras.pdf, acessado em 21/04/2008.

BARROSO, Suzana de Toledo. *O princípio da proporcionalidade e o controle de constitucionalidade das leis restritivas de direitos fundamentais.* Brasília – DF: Brasília Jurídica, 1996.

BASSHAM, Gregory. *Original Intent and the Constitution: a philosophical study.* Pensylvania: Rowman and Littlefield, 2006.

BASTRESS Jr., Robert M. El princípio de la alternativa menos restrictiva em Derecho Constitucional norteamericano. In: *Cuadernos de Derecho Público,* n° 5. Madrid, 1998.

BENDA, Ernst. *Manual de Derecho Constitucional.* Madrid: Marcial Pons, 2002.

BEN-DOR, Oren. *Constitutional Limits and the Public Sphere.* Oxford: Hart Publishing, 2007.

BENJAMIN, Antonio Herman de Vasconcello, *et all. Comentários ao Código de Proteção ao Consumidor.* São Paulo: Saraiva, 1991.

BERCOVICI, Gilberto. Ainda faz sentido a Constituição Dirigente? In: *Revista do Instituto de Hermenêutica Jurídica.* N° 06. Porto Alegre: IHJ, 2008.

———. Constituição e Política: uma reflexão difícil. In: *Lua Nova,* n° 61. São Paulo: Centro de Estudos de Cultura Contemporânea, 2004.

BERLIN, Isaiah. Dois conceitos de liberdade. In: *Escudos sobre a humanidade: uma antologia de ensaios.* São Paulo: Companhia das Letras, 2002.

———. *Quatro ensaios sobre a liberdade.* Brasília: Unb, 1981.

BERNARDO, Ricardo Fagundes. *Políticas Públicas Igualitárias e Democracia Racial: novos paradigmas.* São Paulo: Cortez Editora, 2002.

BIANCHINI, Alice. A igualdade formal e material. In: *Cadernos de Direito Constitucional e Ciência Política,* n° 17. São Paulo: Revista dos Tribunais, 1999.

BOBBIO, Norberto. *Era dos Direitos.* Rio de Janeiro: Campus, 1988.

BÖCKENFÖRDE, Ernest-Wolfgang. Grundrechte als Grundstatznormen. Zur gegenwärtige Lage der Grundrechtsdogmatik. In: E.-W. Böckenförde, *Staat, Verfassung, Demokratie. Studien zur Verfassungstheorie und zum Verfassungsrecht.* Frankfurt: F. s/Meno, 1991.

———. Sobre la situación de la dogmática de los derechos fundamentales tras 40 años de Ley Fundamental. In: *Escritos sobre derechos fundamentales.* Baden-Baden: Nomos, 1993.

BÖCKENFÖRDE, Ernst. Grundrechte als Grundstatznormen. Zur gegenwärtige Lage der Grundrechtsdogmatik. In: E.-W. Böckenförde, *Staat, Verfassung, Demokratie. Studien zur Verfassungstheorie und zum Verfassungsrecht,* Francoforte sobre o Meno, 1991.

———. Grundrechtstheorie und Grunrechtesinterpretation. In: *Neue Juristische Wochenschrift,* Baden, Baden, 1976.

BOHMAN, J. and REHG, W. (eds.) Deliberative Democracy: Essays on Reason and Politics. Cambridge, MA: The MIT Press, 2005.

BONAVIDES, Paulo. *Curso de Direito Constitucional.* São Paulo: Malheiros, 2002.

BOROWSKY, Martin. *La Estructura de los Derechos Fundamentales.* Bogotá: Universidad Externado de Colombia, 2003.

BOVEN, Theodoor C. van. *Estudio del derecho internacional positivo sobre derechos humanos.* Barcelona: Serbal, 2004.

BOYNTON, Brian. *Democracy and distrust after twenty years: Ely's process theory and constitutional law from 1990 to 2000.* Stanford: Stanford University Press, 2005.

BRENNAN, Gerard. *Judicial Ethics in Australia.* Sidney: LBS, 1997.

BURT, Robert A. *The constitution in conflict.* Cambridge: Harvard University Press, 2002.

CABELLERÍA, Marcus Vaquer. *La acción social: un estudio sobre la actualidad del Estado Social de Derecho.* Valencia: Instituto de Derecho Público, 2004.

CALABRESI, Guido Calabresi; BOBBIT, Philip. *Tragic Choices.* New York: Norton, 1978.

CAMPOS, Gérman J. Bidart. *Teoría general de los derechos humanos.* Buenos Aires: Astrea, 1994.

CANOTILHO, J. J. Actos jurídicos públicos e responsabilidade por danos ambientais. In: Boletim da Faculdade de Direito. Coimbra, v. 9, 1993.

———. *Direito constitucional e teoria da constituição.* Coimbra: Livraria Almedina, 2002.

———. Estado Constitucional e Democracia Sustentada. In: SARLET, Ingo W. (organizador). *Direitos Fundamentais Sociais: estudos de direito constitucional internacional e comparado.* Rio de Janeiro: Renovar, 2003.

———. *Estudos sobre Direitos Fundamentais.* Coimbra: Coimbra Editora, 2004.

———. Gomes. *Direito Constitucional e Teoria da Constituição.* Coimbra: Almedina, 1997.

———. Gomes. *Estado de Direito.* Lisboa: Gradiva, 1999.

———. Metodologia "Fuzzy" y "Camaleones Normativos". In: *Problemática Actual de los Derechos Económicos, Sociales y Culturales, Derechos y Liberdades,* vol.06. Madrid: Civitas, 1998.

———; MOREIRA, Vital. *Constituição da República Portuguesa Anotada.* Coimbra: Coimbra Editora, 2003.

———; MOREIRA, Vital. Fundamentos da Constituição. In: *Direitos Sociais e Controle Judicial no Brasil e na Alemanha: os (des)caminhos de um direito constitucional "comparado".* São Paulo: Saraiva, 2000.

CARA, Juan Carlos Gavara de. *Derechos Fundamentales y Desarollo Legislativo: la garantia del contenido esencial de los Derechos Fundamentales en la Ley Fundamental de Bonn.* Madrid: Centro de Estúdios Constitucionales, 1994.

CARBAJO, Joël. *Droit des services publics.* Paris: Dalloz, 2003.

CÁRCOVA, Carlos María. Los jueces en la encrucijada: entre el decisionismo y la hermeneutica controlada. In: *Revista Ajuris.* Vol.68 – novembro. Porto Alegre: TJRS, 1996.

CARDOZO, Benjamin N. *The Paradox of Legal Science.* New York: Columbia University Press, 2001.

CARVALHO, Orlando de. *Os Direitos do Homem no Direito Civil Português.* Coimbra: Editora Coimbra, 1978.

———. *Teoria Geral da Relação Jurídica.* Coimbra: Editora Coimbra, 1984.

CASSESE, Savino. *I Diritti Umani oggi.* Roma-Bari: Laterza, 2005.

CASTRO, Carlos Roberto Siqueira. *A Constituição Aberta e os Direitos Fundamentais.* Rio de Janeiro: Forense, 2005.

CHAMON JUNIOR, Lúcio Antônio. Tertium non datur: pretensões de coercibilidade e validade em face de uma teoria da argumentação jurídica no marco de uma compreensão procedimental do Estado Democrático de

Direito. In: CATTONI DE OLIVEIRA, Marcelo Andrade. *Jurisdição e hermenêutica constitucional*. Belo Horizonte: Mandamentos: 2004.

CHELI, Enzo. *Lo Stato Costituzionale*. Roma: Editoriale Scientifica, 2007.

CHINCHILLA, Carmen Marín. *El servicio público: una amenaza o una garantía para los derechos fundamentales?* In Estudios sobre la Constitución Española, Tomo II. Madrid: Civitas, 2002.

COELHO, Inocêncio Mártires. *Interpretação Constitucional*. Porto Alegre: Fabris,1997.

COHEN, G. A. *If You're an Egalitarian, How come You're so Rich?*. Cambridge: Harvard University Press, 2000.

COMOGLIO, Luigi Paolo. *La Garanzia Constituzionale dell'azione ed il processo civile*. Padova: Cedam, 1990.

COSTA, Pietro. *Democrazia Politica e Stato Costituzionale*. Roma: Editoriale Scientifica, 2008.

COTTA, Sergio. *Il giudice e la política: um rapporto da decifrare*. In: Cotta/Benda/Malinervi (eds.). Richter und Politik, Heidelberger, 1978.

CRAVEN, Matthew. *The International Covenant on Economic, Social and Cultural Rights – a perspective on its development*. Oxford: Oxford University Press, 2004.

CRETELLA JR., José. *Tratado de Direito Administrativo*. Vol. II. Rio de Janeiro: Forense, 1967.

DA MATTA, Roberto. Notas sobre o racismo à brasileira. In SOUZA, Jessé (organizador). *Multiculturalismo e racismo. Uma comparação Brasil – Estados Unidos*. Brasília: Paralelo 15, 1997.

DAMASCA, Mirjan R. *The faces of justice and State authority: a comparative approach to the legal process*. New Haven: Yale University Press, 2005.

DAVIS, F. James. *Who is Black? One Nation's Definition*. Pennsylvania: Pennsylvania University Press, 2001.

DAWLEY, Alan. *Struggles for Justice: social responsibility and the liberal state*. Cambridge: Harvard University Press, 2006.

DENNINGER, Erhard. *Diritti dell'uomo e legge fondamentale*. Torino: Giappichelli, 2000.

DENNINGER, Ernst. *Sicherheit/Vielfalt/Solidarität: Ethisierung der Verfassung?,* in: Ulrich K. Preuss (ed.), "Zum Begriff der Verfassung. Die Ordnung des Politischen". Frankfurt: Francoforte sobre o Meno, 1994.

DERANI, Cristiane. *Direito ambiental econômico*. São Paulo: Max Limonad, 2002.

DERBLI, Felipe. *Proibição de Retrocesso Social: uma proposta de sistematização à luz da Constituição de 1988*. In A Reconstrução Democrática do Direito Público no Brasil. Rio de Janeiro: Renovar, 2007.

DIPLOCK, Karl. *The Courts as Legislators*. In HARVEY, B.W. (ed.). *The Lawyer and Justice*. London: Sweet & Maxwell, 2001.

DONZELOT, Jacques. *L'ivention du social. Essais sur le déclin des passions poliques*. Paris: Éditions du Seuil, 2005.

DORF, Michael C.; SABEL, Charles F. *A Constitution of Democratic Experimentalism*. Columbia Law Review, n° 267, 1998.

DROMI, Roberto. *Derecho Administrativo*. Buenos Aires: Ciudad Argentina, 2004.

DRYZEK, John. *Deliberative Democracy and Beyond: Liberals, Critics and Contestations*. Oxford: Oxford University Press, 2007.

DUGUIT, León. *Las transformaciones generales del derecho privado*. Madrid: Sacramento, 1960.

DÜRIG, G. *Grundgesetz Kommentar*. München: Beck, 1998.

DWORKIN, Ronald. *As matter of principle*. Cambridge: Harvard University Press, 1993.

——. *Freedom's Law. The moral reading of the American Constitution*. New York: Oxford University Press, 1996.

——. *Justice in Robes*. Massachussets: Harvard University Press, 2006.

——. *Law's Empire*. London: The Fontana Press, 1986.

——. *Levando os direitos a sério*. São Paulo: Editora Martins Fontes, em 2002.

——. On interpretation and objectivity. In: *A Matter of Principle*. Cambridge: Harvard University Press, 1985.

——. *Sovereign Virtue. The Theorie and Practice of Equality*. Cambridge: Mass.: Harvard University Press, 2000.

——. *Taking Rights Seriously*. Cambridge: Harvard University Press, 1978.

——. The judge's new role: should personal convictions count? In: *Journal of International Criminal Justice*, vol.1, março de 2003. New York: Damos, 2003.

——. *Tomando los derechos en serio*. Barcelona: Ariel, 1989.

——. *Uma questão de princípio*. São Paulo: Martins Fontes, 2001.

ECHAVARRÍA, Juan Jose Solozabal. Algunas questiones basicas de la teoría de los derechos fundamentales. In: *Revista de Estudios Políticos* (Nueva Epoca), n° 71. Madrid: Nueva Epoca, 1991.

EKMEKDJIAN, Miguel Angel. *Tratado de Derecho Constitucional*. Buenos Aires: Depalma, 2000.

ELLIS, Evelyn (ed.). *The principle of proportionality in the laws of Europe*. Oxford: Hart, 2006.

ELSTER, Jon. *The Cement of Society: A Study of Social Order*. Cambridge: Cambridge University Press, 1989.

ELY, John. *Democracy and Distrust*. Cambridge: Harvard University Press, 2000.

ENTERRÍA, Eduardo García de. *Democracia, Jueces y Control de la Administración*. Madrid: Civitas, 2001.

ESPIELL, Hector Gros. *Estudios sobre Derechos Humanos*. Madrid: Civitas.2007.

——. *Los Derechos Econômicos, Sociales y Culturales em el sistema interamericano*. San José: Libro Libre, 2004.

ETZIONI, Amitai (org). *New Communitarian Thinking – persons, virtues, institutions and communities*. Charlottesville: University of Virginia Press, 2003.

FABRE, Cécile. *Social Rights under the Constitution*. Oxford: Clarendorf Press, 2000.

FARBER, Daniel A.; FRICKEY, Philip P. *Law and Public Choice: a critical introduction*. Chicago: University of Chicago Press, 2007.

FARIA, José Eduardo. *Direitos Humanos, Direitos Sociais e Justiça*. São Paulo: Malheiros, 1994.

——. *Justiça e Conflito*. São Paulo: Revista dos Tribunais, 1991.

FERRAJOLI, Luigi. El derecho como sistema de garantías. In: *Justicia Penal y Sociedad. Revista Guatemalteca de Ciencias Penales*, año III, n° 05, agosto 1994.

——. El Estado Constitucional de Derecho hoy: el modelo y su diferencia con la realidad. In: IBAÑEZ, Andrés. *Corrupción y Estado de Derecho: el papel de la jurisdicción*. Madrid: Civitas, 1996.

FERRARA, G. *La Corte Costituzionale*. Bologna: Giuffrè, 2006.

FISCUS, Ronald J. *The Constitutional Logic of Affirmative Action*. London: Duke University Press, 2002.

FISHER, Louis. *Constitutional Dialogues: interpretation as political process*. Princeton: Princeton University Press, 2001.

FIX-ZAMÚDIO Héctor. Les garanties constitutionnelles des parties dans le proces civil en Amérique Latine. In: MAURO CAPPELLETTI et DENIS TALLON, *Les garanties fondamentales des parties dans le proces civil*. Paris: Dalloz, 1973.

FREESTONE, David; HEY, Ellen. Origins and Development of the Precautionary Principle. In: *The Precautionary Principle and International Law*. New York: Macmilann, 2002.

FREITAS, Juarez. O Estado essencial e o regime de concessões e permissões de serviços públicos. In: *Estudos de Direito Administrativo*. São Paulo: Malheiros, 2001.

GADAMER, Hans Georg. *Verdade e Método*. Rio de Janeiro: Vozes, 2000.

GALDINO, Flávio. *Introdução à teoria dos Custos dos Direitos: direitos não nascem em árvores*. Rio de Janeiro: Lumen Juris, 2005.

GAMA, Hélio Zaghetto. *Curso de Direito do Consumidor*. Rio de Janeiro: Forense, 2004.

GARCIA PELAYO, Manuel. *Las Trasformaciones del Estado Contemporáneo*. Madrid: Alianza Editorial, 1980.

GARGARELLA, Roberto. Democracia Deliberativa e o Papel dos Juízes Diante dos Direitos Sociais. In: SOUZA NETO, Cláudio Pereira de; SARMENTO, Daniel Sarmento Neto (coord.). *Direitos Sociais: fundamentos, judicialização e direitos sociais em espécie*. Renovar: Rio de Janeiro, 2008.

GERHARDT, J.; ROWE, Thomas D. *Constitutional Theory: arguments and perspectives*. Charlolttesville: Michie Company, 2005.

GEZE, Gastòn. *Principios Generales del Derecho Administrativo*. Buenos Aires: Depalma, 1999.

GIBBARD, Allan. *Wise Choices, Apt Feelings. A Theory of Normative Discourse*. Oxford: Oxford University Press, 1990.

GIL, Ernesto J. Vidal. Los Derechos Humanos como Derechos Subjetivos. In: *Derechos Humanos*, organizado por Jesús Ballesteros. Madrid: Técnos, 1992.

GLENDON, Mary Ann. *Rights talk – the impoverishment of political discourse*. New York: The Free Press, 2002.

GOMES, Joaquim B. Barbosa. *Ação Afirmativa e Princípio Constitucional da Igualdade*. Rio de Janeiro: Renovar, 2001.

GONÇALVES, Carlos Roberto. *Direito Civil: direito de família*. São Paulo: Saraiva, v. 2, 2002.

GRAHAM, John. *The Role of Precaution and Risk Assessment in Risk Managament: An American's View*. In: http://www.whitehouse.gov/omb/inforeg/eu_speech.html, acessado em 20/12/2008.

GRAU, Eros Roberto. A ordem econômica na Constituição de 1988: interpretação e crítica. São Paulo: Malheiros, 2004.

———. *Direitos, Conceitos e Normas Jurídicas*. São Paulo: Revista dos Tribunais, 1988.

———. *O direito posto e o direito pressuposto*. São Paulo: Malheiros, 1998.

———. Realismo e Utopia Constitucional. In: COUTINHO, Jacinto Nelson de Miranda e LIMA, Martonio Mont' Alveme Barreto. *Diálogos Constitucionais: Direito, Neoliberalismo e Desenvolvimento em Países Periféricos*. Rio de Janeiro: Renovar, 2006.

———. Suspensão do fornecimento de energia elétrica: constitucionalidade, código do consumidor, princípios e os postulados normativos aplicativos da razoabilidade e da proporcionalidade. In: *Revista Trimestral de Direito Público*, n. 36. São Paulo: Malheiros, 2002.

GUASTINI, Ricardo. II Diritto come linguaggio, il linguaggio del diritto. In: *Problemi di Teoria Del Diritto*. Bolonha: Daltricce, 2001.

GUNTHER, Gerald. *Constitucional Law. Cases and Materials*. Nova Iorque: The Foundation Press, 1991.

GURRERO, Manuel Medina. *La vinculación negativa del legislador a los derechos fundamentales*. Madrid: McGraw-Hill, 1996.

HÄBERLE, Peter. El legislador de los derechos fundamentales. In: PINA, António Lopes et al. *La garantía constitucional de los derechos fundamentales*. Madrid: Civitas, 1991.

———. Grunderecht im Leistungstaat. In: *VVDSTRL*, 30 (1972).

———. *Hermenêutica Constitucional*. Porto Alegre: Fabris, 1997.

———. *La liberta fondamentali nello Stato costituzionale*. Roma: Feltrinelli, 1993.

———. *Libertad, igualdad, fraternidad. 1789 como historia, actualidad y futuro del Estado Constitucional*. Madrid: Trotta, 1998.

HABERMAS, Jürgen. *Between facts and norms: contributions to a discourse theory of law and democracy*. Cambridge: MIT Press, 1998.

———. *Communication and the evolution of society*. Boston: Beacon, 1979.

———. *Consciência Moral e Agir Comunicativo*. Rio de Janeiro: Tempo Brasileiro, 1983.

———. *Direito e Democracia: entre faticidade e validade*. Rio de Janeiro: Tempo Brasileiro, 2003.

———. *Direito e Moral*. Lisboa: Instituto Piaget, 2000.

———. *Justice & Modern Moral Philosophy*. Yale: Yale University Press, 1990.

———. Postscript to Between Facts and Norms. In: *New York University Law Journal*, E. 154. New York University Press, sep. 2004.

———. *Tanner Lectures on Human Values*. New York: New York University Press, 1986.

———. *Teoria de La Acción Comunicativa*. Madrid: Taurus, 2000.

———. *Verdade e justificação: ensaios filosóficos*. São Paulo: Loyola, 2004.

HART, Herbert L A. Hay derechos naturales ? In: *Derecho y Moral: contribuciones a su análisis*. Buenos Aires: Depalma, 1972.

HAURIOU, André. *Droit Constitutionnel et Institutions Politiques*. Paris: Montcherestien, 1975.

HELLER, Hermann. *Teoría del Estado*. Buenos Aires: Fondo de Cultura Económica, 1984.

HESSE, Konrad. *A Força Normativa da Constituição*. Porto Alegre: Fabris, 2001.

———. *A força normativa da constituição*. Tradução de Gilmar Ferreira Mendes. Porto Alegre: Fabris, 1991.

———. *Elementos de Direito Constitucional da República Federal da Alemanha*. Porto Alegre: Fabris, 1998.

———. Grundrechte: Bestand und Bedeutung. In BENDA/MAIHOFER/VOEGEL (eds). Handbuch des Verfassungsrechts. Berlin, 1983.

HIRSCHL. Ran. *Towards Juristocracy. The Origins and Consequences of the New Constitutionalism*. Cambridge: Harvard University Press, 2004.

HOFMANN, Hans. La promessa della dignità umana: la dignità dell'uomo nella cultura giuridica tedesca. In: *Rivista Internazionale di Filosofia del Diritto*. Vol.XXXII. Roma: Daltricce, 2002.

HORWITZ, Morton. *The transformation of american law 1870-1960: the crises of legal orthodoxy*. Oxford University Press, 1992.

HUNTINGTON, Samuel P. *Political Order in Changing Societies*. New Haven: Yale University Press, 1968.

HUNTLEY, Lynn; GUIMARÃES, Antonio Sergio Alfredo. *Tirando a máscara: ensaios sobre o racismo no Brasil*. São Paulo: Paz e Terra, 2000.

IHERING, Rudolf Von. *El espíritu del derecho romano*. Madrid: Paidós, 1975.

IRIBARNE, Manuel Fraga. *La crisis del Estado*. Madrid: Aguilar, 2005.

JAKAB, András. *German Constitutional Law and Doctrine on State of Emergency – Paradigms and Dilemmas of a Traditional (Continental) Discourse*. In: http://www.germanlawjournal.com/article.php?id=726, acessado em 28/10/2008.

JONES, Harry W. The Brooding Omnipresence of Constitutional Law. In: *Vermont Law Review*, n° .04. New Jersey: Vermont University Press, 1979.

JUSTEN FILHO, Marçal. *Concessões de Serviços Públicos*. São Paulo: Dialética, 2002.

———. *Teoria geral das concessões de serviço público*. São Paulo: Dialética, 2005.

KARTASCHKIN, Vladimir. *Derechos Económicos, sociales y culturales*. Serbal: Unesco, 1994.

KAUFMANN, Roberta Fragoso Menezes. As diversas cores do Brasil: a inconstitucionalidade de programas afirmativos em que a raça seja o único critério levado em consideração. In: *Revista de Direito Constitucional e Internacional*. Vol.60, ano 15. São Paulo: Revista dos Tribunais, 2007.

KELSEN, Hans. *Contribuciones a la Teoría del Derecho*. Buenos Aires: Centro Editor de América Latina, 1989.

———. *Teoria Pura do Direito*. Coimbra: Armênio Amado, 1984.

KISS, Eduard Anthony. Hey The rights and interests of MIRRA. Princípios fundamentais do direito ambiental. In: OLIVEIRA JÚNIOR, José Alcebíades; LEITE, José Rubens Morato (Orgs.) Cidadania coletiva. Florianópolis: Paralelo, 1996.

KLEIN, Friedich. *Bonner Grundgesetz und Rechtsstaat*. In: *Zeitschrift fur gesamte Staatswissenschaft*. Tübingen: Ban 3 Heft, 1970.

KOOPMANS, Thomas. The Roots of Judicial Activism. In: F. MATHER and H. PETZOLD (eds), *Protecting Human Rights: The European Dimension, Studies in Honour of Gerard J. Wiarda*. New York: MacDylan, 1988.

KRAMER, Larry. We the People: Who has the last word on the Constitution? In: *Boston Review*, February/March, 2004.

KRELL, Andreas J. *Direitos Sociais e Controle Judicial no Brasil e na Alemanha: os (des)caminhos de um direito constitucional "comparado*. Porto Alegre: Sergio Fabris, 2002.

———. *Realização dos direitos fundamentais sociais mediante controle judicial da prestação dos serviços públicos básicos (uma visão comparativa)*. Brasília: Revista de Informação Legislativa, outubro/dezembro, 1999.

LARENZ, Karl. *Base del negocio juridico y cumplimento de los contratos*. Madrid: Editorial Revista Derecho Privado, 1986.

———. Derecho Civil : parte general. *Revista do Derecho Privado*. Madrid: Editoriales de Derecho Reunidas, 1978.

LEAL, Rogério Gesta. A Efetivação do Direito à Saúde – por uma jurisdição Serafim: limites e possibilidades. In: *Direitos Sociais e Políticas Públicas:desafios contemporâneos*. Vol.6. LEAL, Rogério Gesta; REIS, Jorge Renato dos. Santa Cruz do Sul: Edunisc, 2006.

———. A quem compete o dever de saúde no Direito brasileiro? Esgotamento de um modelo institucional. In: *Revista de Direito do Estado*, Ano 2, n° 08. Rio de Janeiro: Renovar, 2007.

———. As potencialidades lesivas à democracia de uma jurisdição constitucional interventiva. In: *Revistado do Instituto de Hermenêutica Jurídica*, vol.1, n° 4. Porto Alegre: IHJ, 2006.

———. *Estado, Administração Pública e Sociedade: novos paradigmas*. Porto Alegre: Livraria do Advogado, 2007.

———. *Hermenêutica e Direito: considerações sobre a Teoria do Direito e os operadores jurídicos*. Santa Cruz do Sul: Edunisc, 1999.

———. *O Estado-Juiz na Democracia Contemporânea*: uma perspectiva procedimentalista. Porto Alegre: Livraria do Advogado, 2007.

―――. Possibilidades procedimentais de controle dos conteúdos morais das decisões judiciais. In: *Revista Ajuris*, vol.98. Junho/2005. Porto Alegre: AJURIS, 2005.

―――. Possíveis dimensões jurídico-políticas locais dos direitos civis de participação social no âmbito da gestão dos interesses públicos. *Revista Direitos Sociais e Políticas Públicas*, n. IV, Santa Cruz do Sul, 2004.

―――. *Teoria do Estado: cidadania e poder político na modernidade.* Porto Alegre: Livraria do Advogado, 2003.

LEAL, Rosemiro Pereira. Processo e Hermenêutica Constitucional a partir do Estado de Direito Democrático. In: *Revista do Curso de Direito da Faculdade de Ciências Humanas* – FUMEC, v. 6, Belo Horizonte, 2003.

LIMA JR., Jayme Benvenuto. Limites e condições de exigibilidade dos direitos humanos, econômicos, sociais e culturais. In: *Os Direitos Humanos, Econômicos, Sociais e Culturais.* Rio de Janeiro: Renovar, 2001.

LISBOA, Roberto Senise. *Responsabilidade Civil nas Relações de Consumo.* São Paulo: Revista dos Tribunais, 2001.

LOPES, José Reinaldo de Lima. Direito subjetivo e direitos sociais. In: FARIA, José Eduardo(org.). *Direitos humanos, direitos sociais e justiça.* São Paulo: Malheiros, 1994.

LUHMANN, Niklas. *La differenziazione del diritto: contributi alla sociologia e alla teoria del diritto.* Bologna: Giuffrè, 2001.

―――. *Legitimação pelo Procedimento.* Brasília: Editora da UNB, 1980.

LUÑO, Antonio E. Pérez. *Derechos Humanos, Estado de Derecho y Constitutición.* Madrid: Tecnos, 2000.

MACHADO, Paulo Leme. Direito ambiental brasileiro. São Paulo: Malheiros, 2001.

MAGGIE, Yvone; REZENDE, Claudia Barcellos. *Raça como retórica: a constituição da diferença.* Rio de Janeiro: Civilização Brasileira, 2002.

MAGGIERO, Roberto. *L'evoluzione del sitema italiano di welfare e le sue specificità.* Milano: Giuffrè, 2007.

MANGIAMETI, Ágata C. Amato. *Stati post-moderni e diritto dei popoli.* Roma: Ghiappichelli, 2007.

MARCIC, Rudolph. *Rechtsphilosophie.* Frankfurt: Meinnarth, 1998.

MARTINS, P. Luis. *Corte de energia elétrica por falta de pagamento: prática abusiva.* Brasília: Consulex, 2004.

MASAGÃO, Mário. *Curso de Direito Administrativo.* São Paulo: Revista dos Tribunais, 1974.

MAXIMILIANO, Carlos. *Hermenêutica e Aplicação do Direito.* Rio de Janeiro: Forense, 1992.

MEAD, Hary G. *The Language of Morals.* London: Oxford, 1990.

MEDAUAR, Odete. *Direito Administrativo Moderno.* São Paulo: Revista dos Tribunais, 2003.

MEIRELLES, Hely Lopes. *Direito Municipal Brasileiro.* São Paulo: Malheiros, 2002.

MELLO, Celso Antônio Bandeira de. *Ato Administrativo e Direito dos Administrados.* São Paulo: Revista dos Tribunais, 1995.

―――. *Curso de Direito Administrativo.* São Paulo: Malheiros, 2005.

―――. *Elementos de Direito Administrativo.* São Paulo: Revista dos Tribunais, 1996.

―――. *Prestação de Serviços Públicos e Administração Indireta.* São Paulo: Revista dos Tribunais, 1987.

MELLO, D. Albuquerque. *Curso de Direito Internacional.* São Paulo: Saraiva. 1990.

MELLO, Oswaldo Aranha Bandeira de. *Princípios Gerais de Direito Administrativo.* Rio de Janeiro: Forense, 1980.

MENDONÇA, Eduardo. Da faculdade de Gastar ao Dever de Agir: o Esvaziamento Contramajoritário de Políticas Públicas. In: *Direitos Sociais: fundamentos, judicialização e direitos sociais em espécie.* Cláudio Pereira de Souza Neto, Daniel Sarmento Neto – coordenadores. Rio de Janeiro: Lumen Juris, 2008.

MENGER, Christian-Friedrich. *Der Begriff des sozialen Rechstsstaates im Bonner Grundgesetz.* Tübingen: J.C.B. Mohr, 2001.

MICHELMAN, Frank. *Political Truth and the Rule of Law.* Harvard Law Review, v. 114, Cambridge, 1988.

MICHELMANN, Frank I. *Welfare Rights and Constitutional Democracy.* Washington University Quartely, 1979.

MIRANDA, Jorge. *Constituições de Diversos Países.* Lisboa: Imprensa Nacional – Casa da Moeda, 1979.

―――. *Manual de Direito Constitucional.* Vol.IV. Coimbra: Coimbra Editora, 2001.

MORAES, Voltaire de Lima. Anotações sobre o ônus da prova no Código de Processo Civil e no Código de Defesa do Consumidor. In: *Revista AJURIS*, vol.74. Porto Alegre: AJURIS, 1998.

MOREIRA NETO, Diogo de Figueiredo. *Curso de direito administrativo.* São Paulo: Forense, 2001.

MOURA, Patrícia Uliano Effting Zoch de. *A finalidade do princípio da igualdade*. Porto Alegre: Fabris, 2005.

MUKAI, Toshio. *Concessões, permissões e privatizações de serviços públicos*. São Paulo: Saraiva, 1998.

MULLER, Friedrich. *Direito, Linguagem e Violência*. Porto Alegre: Fabris,1995.

——. *Métodos de trabalho do Direito Constitucional*. Porto Alegre: Síntese, 1999.

NARDULLI, Peter F. *The Constitution and American Political Development: an institutional perspective*. Illinois: University of Illinois Press, 1992.

NEVES, Marcelo. Estado democrático de direito e discriminação positiva: um desafio para o Brasil.In MAIO, Marcos C; SANTOS, Ricardo V. (orgs). *Raça, ciência e sociedade*. Rio de Janeiro: Fiocruz/Centro Cultural Banco do Brasil, 1996.

NICKEL, Robert. *Are Social Rights Genuine Human Rights?* New York: Fellow Editors, 2007.

——. *Fundamentos de Derecho Constitucional*. Buenos Aires: Astrea, 1992.

——. *Introducción al análisis del derecho*. Buenos Aires: Astrea, 1994.

NOVAIS, Elaine Cardoso de Matos. Serviço Público: Conceito e Delimitação na Ordem Constitucional. In: *Estudos de Direito Administrativo em Homenagem ao Prof. Celso Antônio Bandeira de Mello*. São Paulo: Max Limonad, 1996.

NOVAIS, Jorge Reis. *Os princípios constitucionais estruturantes da República Portuguesa*. Coimbra: Coimbra Editora, 2004.

NOVAK. *The people's welfare: law and regulation in nineteenth-century America*. Boston: Harvard University Press, 2006.

NUNES, Luiz Antônio Rizzato. *Comentários ao Código de Defesa do Consumidor*. São Paulo: Saraiva, 1997.

OESTREICH, Gerhard. *Storia dei diritti umani e delle libertà fondamentali*. Roma-Bari: Laterza, 2004.

OLIVEIRA, José Carlos de. *Código de proteção e defesa do consumidor*. São Paulo: LED, 1998.

OLIVEIRA, José Lamartine; MUNIZ, Francisco José Ferreira. *Direito de família (direito matrimonial)*. Porto Alegre: Sergio Antonio Fabris, 1990.

OLIVEN, Ruben George. A Invisibilidade Social e Simbólica do Negro no Rio Grande do Sul. In: I. B. Leite (org), *Afro-descendentes no Sul do Brasil: Invisibilidade e Territorialidade*. Florianópolis, Letras Contemporâneas, 1996.

PAIXÃO, Marcelo. *O ABC das Desigualdades Raciais: o analfabetismo entre a população negra no Rio Grande do Sul*. In: http://www.laeser.ie.ufrj.br/pdf/ABC_das_Desigualdades.pdf, acessado em 16/04/2008.

PALLOMBELA, Gianluigi. *Diritti Fondamentali: argomenti per una teoria*. Roma: Giuffrè, 2005.

PANUNZIO, Sandro. *I Diritti Fondamentali e le Corti in Europa*. Napoli: Jovene, 2005.

PASCUAL, Carlo García. *Legitimidad Democrática y Poder Judicial*. Valencia: E. Alfons el Magnánin, 2001.

PATEMAN, Carole. The Patriarcal Welfare State. In: *The Disorder of Women*. Cambridge: United Kingdom, 2000.

PECES-BARBA, Gregório. *Sobre el puesto de la historia en el concepto de los derechos fundamentales*. Anuário de Derechos Humanos, vol.04. Técnos: Madrid, 1994.

PEREIRA, Caio Mário da Silva. *Instituições de Direito Civil*. Rio de Janeiro: Forense, 1997.

——. *Lesão nos contratos*. Rio de Janeiro: Forense, 1999.

PEREIRA, Jane Reis Gonçalves. *Interpretação Constitucional e Direitos Fundamentais*. Rio de Janeiro: Renovar, 2006.

PÍCKERILL, J. Mitchell. *Constitutional Deliberation on Congress: the impact of Judicial Review in a Separated System*. New York: Duke University Press, 2007.

PINHEIRO, Claudia. A suspensão de serviço público em virtude do inadimplemento do usuário à luz dos princípios da boa-fé e da proporcionalidade. In: *Revista de Direito do Consumidor*, n.º 40, p. 74, out. /dez. 2001. São Paulo: Revista dos Tribunais, 2001.

PINILLA, Ignacio Ara. *Las transformaciones de los derechos humanos*. Madrid: Tecnos, 1991.

PIOVESAN, Flávia. Proteção Internacional dos Direitos Econômicos, Sociais e Culturais. In: *Direitos Fundamentais Sociais: estudos de direito constitucional, internacional e comparado*. Rio de Janeiro: Renovar, 2003.

——. *Proteção Internacional dos Direitos Econômicos, Sociais e Culturais*. São Paulo: Saraiva, 2004.

——. *Proteção Internacional dos Direitos Econômicos, Sociais e Culturais*: estudos de direito constitucional, internacional e comparado. Rio de Janeiro: Renovar, 2003.

PISARELLO, Gerardo. Del Estado Social Legislativo al Estado Social Constitucional: por una protección compleja de los derechos sociales. In: *Revista Isonomia*, n° 15. Octubre. Madrid: Cedam, 2001.

POLITI, Fabrizio. Dignità dell'uomo, diritti sociali e tutela dell'immigrato. In: BILANCIA, Francesco. *Paura dell'Altro: identità occidentale e cittadinanza*. Roma: Carocci, 2007.

——. Dignità dell'uomo, diritti sociali e tutela dell'immigrato. In: BILANCIA, Francesco. *Paura dell'Altro: identità occidentale e cittadinanza*. Roma: Carocci, 2007.

POST, Robert. *The social foundations of privacy: community and self in the Common Law Tort*. Boston: Harvard University Press, 2004.

QUEIROZ, Cristina M. M. *Direitos Fundamentais* (Teoria Geral). Faculdade de Direito da Universidade do Porto: Coimbra, 2002.

——. Direitos Fundamentais Sociais: questões interpretativas e limites de justiciabilidade. In: *Interpretação Constitucional*. SILVA, Virgílio Afonso da (org.). São Paulo: Malheiros, 2005.

——. *Interpretação Constitucional e Poder Judicial*. Coimbra: Coimbra Editora, 2000.

——. *O Princípio da não reversibilidade dos Direitos Fundamentais Sociais*. Coimbra: Coimbra Editora, 2007.

RAWLS, John. *A Theory of Justice*. Cambridge: Harvard University Press, 1971.

——. *La idea de un consenso entrecruzado*. In Agora, vol.02. Buenos Aires: Centro de Estudios Políticos, 1995.

——. *Political Liberalism*. New York: Mendell, 1991.

REHG, William. *Insight and Solidarity: The Discourse Ethics of J. Habermas*. Berkeley: University of California Press, 2004.

RICHARD, Lionel. *La vie quotidienne au temps de la Republique de Weimar (1919-1933)*. Paris: Éditions Hachette, 2004.

ROCHA, Fabio Amorim da. *A legalidade da suspensão do fornecimento de energia elétrica aos consumidores inadimplentes*. Rio de Janeiro: Lumen Juris, 2004.

RODRIGUES, Silvio. *Direito Civil*. São Paulo: Saraiva, v. 6, 2002.

ROSEN, Jeffrey. *The most democratic branch: how the courts serve America*. New York: Oxford University Press, 2007.

ROSENFELD, Michel. (a cura di G. Pino). *Interpretazioni: il diritto tra etica e politica*. Bologna: Il Mulino, 1998.

——. *Constitutionalism, Identity, Difference and Legitimacy*. Durham: Duke University Press, 2000.

——. Contract and Justice: the relation between classical contract law and social contract theory. In: *Iowa Law Review*, vol.70, 1985.

——. *Lo Stato di Diritto e la legittimità della Democrazia Costituzionale*. Roma: Giuffrè, 2006.

SAAVEDRA, Modesto. Interpretacción Judicial del Derecho y Democracia. In: *Revista Ajuris*. Vol.68 – novembro. Porto Alegre: TJRS, 1996.

SABINO, Alvarez Gendín. *El servicio público: su teoría jurídica administrativa*. Madrid: IEP, 2004.

SANCHÍS, Luis Pietro. El Juicio de Ponderación. In: *Justicia Constitucional y Derechos Fundamentales*. Madrid: Trotta, 2003.

SANDULLI, Armando Mantinni. *Stato di Diritto e Stato Sociale*. Napoli: Giappichelli, 2004.

SANT'ANNA, Wania. *Novos marcos para as relações étnico/raciais no Brasil: uma responsabilidade coletiva*. In: http://www.lpp-uerj.net/olped/documentos/ppcor/0100.pdf , acesso em 30/04/2008.

SANTOS, Boaventura de Sousa. Reivindicar a democracia: entre o pré-contratualismo e o pós-contratrualismo. In: *Os sentidos da democracia*. Rio de Janeiro: Vozes, 1999.

SANTOS, Luiz Felipe Brasil. Os alimentos no novo Código Civil. In: *Revista Brasileira de Direito de Família* n° 16 – JAN-FEV-MAR/2003.

SARLET, Ingo W. *A Eficácia dos Direitos Fundamentais*. Porto Alegre: Livraria do Advogado, 2007.

——. *Dignidade da Pessoa Humana e Direitos Fundamentais*. Porto Alegre: Livraria do Advogado, 2007.

——. Direitos Fundamentais, Reforma do Judiciário e Tratados Internacionais de Direitos Humanos. In: *Direitos Humanos e Democracia*. Rio de Janeiro: Forense, 2007.

——. O Estado Social de Direito, a proibição de retrocesso e a garantia fundamental da propriedade. In: *Revista da Faculdade de Direito da UFRGS* Vol. 17 – 1999.

———; FIGUEIREDO, Mariana Filchtiner. Reserva do possível, mínimo existencial e direito à saúde: algumas aproximações. In SARLET, Ingo Wolfgang Sarlet; TIMM, Luciano Benetti (org). *Direitos Fundamentais, orçamento e reserva do possível*. Porto Alegre: Livraria do Advogado, 2008.

SARMENTO, Daniel. A Proteção Judicial dos Direitos Sociais: Alguns Parâmetros Ético-Jurídicos. In: *Direitos Sociais: fundamentos, judicialização e direitos sociais em espécie*. Cláudio Pereira de Souza Neto, Daniel Sarmento Neto – coordenadores. Rio de Janeiro: Lumen Juris, 2008.

SAVIGNY, Fredrich Carl. *Sistema del Diritto Romano Attuale*. Turim: Daltricce, 1960.

SCAFF, Fernando Facury. Reserva do possível, mínimo existencial e direitos humanos. In: COUTINHO, Jacinto Nelson de Miranda e LIMA, Martonio Mont'Alverne Barreto (Orgs). *Diálogos Constitucionais: Direito, Neoliberalismo e Desenvolvimento em Países Periféricos*. Rio de Janeiro: Renovar, 2006.

SCHAUER, F. *Playing by the rules: a philosophical examination of rule-based decision-making in law and in life*. Oxford: Oxford University Press, 1998.

SCHONBERGER, Roland Jordan. *Legitimate expectations in administrative law*. Oxford: Oxford Press, 2000.

SCUDIERO, Michele. *I caratteri dello Stato Costituzionale*. Roma: Editoriale Scientifica, 2007.

SEGAL, Jeffrey A. *The Supreme Court and the Attitudinal Model Revisited*. Oxford: Oxford University Press, 2007.

SEGALLA, Alessandro. A Suspensão do Fornecimento de Energia Elétrica a Usuário Inadimplente à Luz da Constituição Federal. In: *Revista de Direito do Consumidor*, n° 37, janeiro-março/2001. São Paulo: Revista dos Tribunais, 2001.

SEN, Amartya. *Desigualdade Reexaminada*. Rio de Janeiro: Record, 2001.

SERNA, Pedro; TOLLER, Fernando. *La interpretación constitucional de los derechos fundamentales: una alternativa a los conflictos de derechos*. Buenos Aires: La Ley, 2000.

SERRANO, Rafael de Agapito. *Estado Constitucional y Proceso Político*. Salamanca: Universidad de Salamanca, 1999.

SILVA, José Afonso da. *Direito Constitucional Positivo*. São Paulo: Malheiros, 1997.

SILVA, Virgílio Afonso da. O Judiciário e as Políticas Públicas: entre Transformação Social e Obstáculo à Realização dos Direitos Sociais. In: SOUZA NETO, Cláudio Pereira de; SARMENTO, Daniel Sarmento Neto (coord.). *Direitos Sociais*: fundamentos, judicialização e direitos sociais em espécie. Rio de Janeiro: Lumen Juris, 2008.

———. O proporcional e o razoável. In: *Revista dos Tribunais*, vol.798. São Paulo: Revista dos Tribunais, 2002.

SILVA JUNIOR, Hédio. *Direito de igualdade racial: aspectos constitucionais, civis, e penais*: doutrina e jurisprudência. São Paulo: editora Juarez de Oliveira, 2002.

SOUZA NETO, Cláudio Pereira. Fundamentação e Normatividade dos Direitos Fundamentais: Uma Reconstrução Teórica à Luz do Princípio Democrático. In: Luís Roberto Barroso (Org.). *A Nova Interpretação Constitucional: Ponderação, Direitos Fundamentais e Relações Privadas*. Rio de Janeiro: Renovar, 2003.

SOUZA, Álvaro Ricardo de. Um Olhar Crítico-Deliberativo sobre os Direitos Sociais no Estado Democrático de Direito. In: SOUZA NETO, Cláudio Pereira de; SARMENTO NETO, Daniel (Coordenadores). *Direitos Sociais: fundamentos, judicialização e direitos sociais em espécie*. Rio de Janeiro: Lumen Juris, 2008.

SPIRO, Peter. *The Judiciary and Legislation: on the role and legitimacy of Constitutional Adjudication*. New York: Westview Press, 2005.

STERN, Klaus. *Das Staatsrecht der Bundesrepublik Deutschland*, III, 1 "Allgemeine Lehren der Grundrechte", Munique, 1988.

STERNBERGER, Dolf. *Patriotismo Constitucional*. Colômbia: Universidad Externado de Colômbia, 2002.

STRECK, Lenio Luis. *Jurisdição Constitucional*. Rio de Janeiro: Forense, 2005.

STUMM, Raquel Denize. *Princípio da proporcionalidade no Direito Constitucional brasileiro*. Porto Alegre: Livraria do Advogado, 1995.

SUNSTEIN, Cass R. *After the Rights Revolution*. Cambridge: Harvard University Press, 1990.

———. *Designing Democracy: What Constitutions Do*. New York: Oxford University Press, 2001.

———; HOLMES, S. *The Cost of Rights:* why liberties depends on taxes. New York: Macmilann, 2004.

———. *Social and Economic Rights? Lessons from South África*. In: http://papers.ssrn.com/paper.taf?abstract_id=296657, acessado em 20/12/2008.

———. *The Partial Constitucional*. Cambridge: Harvard University Press, 1993.

———; SCHKADE, David, ELMAN, Lisa M. and SAWICKI, Andrés. *Are Judges Political? an empiricaral analysis of the Federal Judiciary*. Washington, DC: Brookings Institution Press, 2008.

——. Beyond the Precautionary Principle. In: *Public Law and Legal Theory Working Paper Series*, January, 2003.

——. Irreversible and Catastrophic. In: *Public Law and Legal Theory Working Paper Series*, April, 2005. Chicago University Press, 2005.

SUSSEKIND, Arnaldo. *Direito Internacional do Trabalho*. São Paulo: LTr, 2003.

SZABO, Imre. *Fundamentos históricos de los derechos humanos*. Barcelona: Serbal/Unesco, Volume 1. 2005.

TÁCITO, Caio. *Direito Administrativo*. São Paulo: Saraiva, 1974.

TALAMINI, Eduardo. Prisão Civil e Penal e 'Execução Indireta' – A Garantia do Art. 5º, LXVII, da Constituição Federal. In: *Revista de Processo*, São Paulo, 23(92)37-51, out./dez. 1998.

TARUFFO, Michele. *La prova dei fatti giuridici*. Milano: Giuffrè, 2000.

TAVARES DA SILVA, Regina Beatriz. *Novo Código Civil Comentado*. São Paulo: Saraiva, 2002.

TENZER, Nicolas. *La societè dépolitisée: essai sur lês fondements de la politique*. Paris: Presses Universitaires de France, 1998.

THAYER, James Bradley. The Origin and Scope of the American Doctrine of Constitutional Law. In: *Harvard Law Review*, nº 129. Boston: Harvard University Press, 2000.

THEODORO JUNIOR, Humberto. As garantias constitucionais do processo civil. In: *Revista de Jurisprudência Brasileira – JB –*, vol.159. São Paulo: Revista dos Tribunais, 2000.

TORRES, Ricardo Lobo. A Metarmofose dos Direitos Sociais em Mínimo Existencial. In: SARLET, Ingo Wolfgang. *Direitos Fundamentais Sociais: estudos de direito consticional, internacional e comparado*. Rio de Janeiro: Renovar, 2003.

——. Justiça distributiva: social, política e fiscal. In: *Revista de Ciências Sociais* (UFG). V.2. N.2. Dez. 1997.

——. O mínimo existencial, os direitos sociais e os desafios de natureza orçamentária. In: SARLET, Ingo Wolfgang Sarlet; TIMM, Luciano Benetti (org.) *Direitos Fundamentais, orçamento e reserva do possível*. Porto Alegre: Livraria do Advogado, 2008.

TRAVESSO, Juan Antonio. *Historia de los derechos humanos y garantías*. Buenos Aires: Heliasta, 2007.

TRIBE, Laurence H. *Constitutional Choices*. Cambridge: Harvard University Press, 1985.

——. *American Constitucional Law*. New York: Mineola, 2002.

——; DORF, Michael C. *Leggere la Costituzione*. Roma: Il Mulino,2005.

TRINDADE, Antônio Augusto Cançado. A proteção internacional dos Direitos Econômicos, Sociais e Culturais: evolução, estado atual e perspectivas. In: *Tratado de Direito Internacional dos Direitos Humanos*. Porto Alegre: Fabris, 2000.

——. *Tratado de Direito Internacional dos Direitos Fundamentais*. Vol.I. Porto Alegre: Fabris, 1997.

TRINDADE, Fernando. *A Constitucionalidade da Discriminação Positiva*. In: http://www2.senado.gov.br/conleg/artigos/direito/AConstitucionalidadedaDiscriminacao.pdf, acessado em 06/05/2008.

TRUYOL Y SERRA, Antonio. *Los Derechos Humanos*. Madrid: Tecnos, 2006.

TUGENDHAT, Ernst. *Lecturas sobre ética*. Madrid: Gedisa, 2000.

TUSHNET, Mark. *State Action, Social Welfare Rights, and the Judicial Role: Some Comparative Observations*. New York: Georgetown University Press, 2007.

——. *Taking the Constitution Away from the Courts*. Priceton: Princeton University Press, 2005.

——. *The New Constitutional Order*. Princeton University Press, 2004.

UNGER, Roberto Mangabeira. *Democracy Realized*. New York: Verso, 1998.

USEROS, Enrique Martínez. *Derecho, Política e Intervencionismo Administrativo*. Salamanca: Universidad de Salamanca, 2005.

VÁRIOS AUTORES. *Tratados Internacionais*. São Paulo: Atlas, 2006.

VENOSA, Silvio de Salvo. *Direito Civil: direito de família*. São Paulo: Atlas, 2002.

VERDOODT, Antoain. *Naissance et signification de la Declaration universelle des droits de l'homme*. Paris: Louvain. 2003.

VERDROSS, Alfred. *La filosofía del derecho del mundo occidental*. México: Universidad Nacional Autónoma de México, 1982.

VESPAZIANI, Alberto. *Interpretazioni del bilanciamento dei diritti fondamentali*. Padova: Antonio Milani, 2002.

VOGT, Carlos. *Ações afirmativas e políticas de afirmação do negro no Brasil*. In: http://www.comciencia.br/reportagens/afro-descendentes/12.shtml, acessado em 16/04/2008.

WALDRON, Jeremy. *Theories of Rights.* New York: Oxford University Press, 1990.
WASSERSTROM, Richard. *Philosophy and Social Issues: Five Studies.* Notre Dame: Notre Dame University Press, 1980.
WELTER, Belmiro Pedro. *Alimentos no Código Civil.* São Paulo: Saraiva, 2004.
WIENER, Jonathan. Precaution in a Multirisk World. In: *The Risk Assessment of Environmental and Human Health Hazards.* New York: Macmilann, 2004.
YOUNG, Martin Jordan. *Justice and the Politics of Difference.* London: Farrell, 2004.
ZANETTI, Robson. *A discriminação positiva em favor das mulheres.* http://www.serrano.neves.nom.br/cgd/011201/13a025.htm, acessado em 06/05/2008.
ZANOBINI, Guido. *Corso di Diritto Amministrativo.* Vol. I. Milano: Cedam, 2000.
ZOLO, Danilo. *Democracia y Complejidad: un enfoque realista.* In: *Nueva Visión,* vol. IV. Buenos Aires: Aidos, 1994.

Impressão:
Evangraf
Rua Waldomiro Schapke, 77 - P. Alegre, RS
Fone: (51) 3336.2466 - Fax: (51) 3336.0422
E-mail: evangraf.adm@terra.com.br